SOUVENIRS CONTEMPORAINS

D'HISTOIRE ET DE LITTÉRATURE

PAR

M. VILLEMAIN

MEMBRE DE L'INSTITUT

PARIS
DIDIER, LIBRAIRE-ÉDITEUR
QUAI DES AUGUSTINS, 35
—
1854

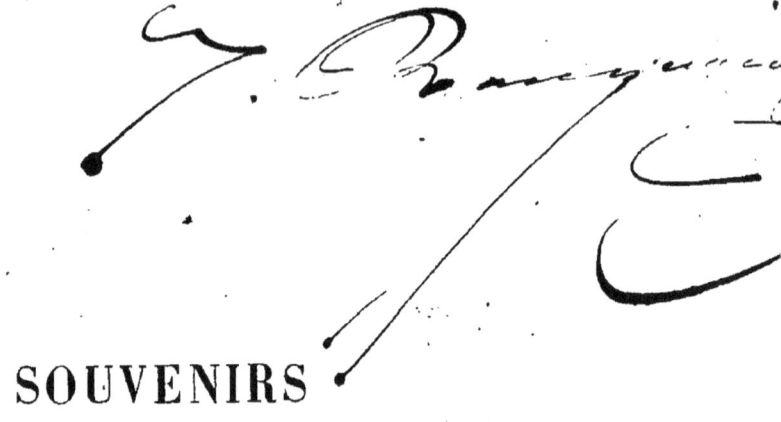

SOUVENIRS
CONTEMPORAINS

D'HISTOIRE ET DE LITTÉRATURE

AVIS IMPORTANT.

L'auteur et l'éditeur de cet ouvrage se réservent le droit de le traduire ou de le faire traduire en toutes les langues. Ils poursuivront, en vertu des lois, décrets et traités internationaux, toutes contrefaçons ou toutes traductions faites au mépris de leurs droits.

Le dépôt légal de l'ouvrage a été fait à Paris, au ministère de l'intérieur, et toutes les formalités prescrites par les traités sont remplies dans les divers Etats avec lesquels la France a conclu des conventions littéraires.

Paris. — Imprimerie de Gustave GRATIOT, rue Mazarine, 30.

SOUVENIRS CONTEMPORAINS

D'HISTOIRE ET DE LITTÉRATURE

M. DE NARBONNE

> Hic interim liber, optimi ac præcellentis viri honori destinatus, professione pietatis aut laudatus erit aut excusatus.
>
> Tacit. *in Agricola.*

CHAPITRE I.

SUJET DE CET ÉCRIT. — NAISSANCE ET JEUNESSE DE M. DE NARBONNE.

Je ne crois pas qu'à la fin du dernier siècle et dans les premières années du nôtre, à ces deux époques si remplies d'événements extraordinaires et d'hommes célèbres dans la politique et la guerre, il y ait eu un esprit plus rare et plus cultivé, un cœur plus généreux, un homme plus aimable dans le commerce de la vie, et plus hardi, plus sensé, plus capable de grandes choses, que le comte Louis de Narbonne, Ministre du roi Louis XVI sous l'Assemblée Législative, et Aide de camp de l'empereur Napoléon en 1812. La fortune seule a manqué à ce mérite qui, au jugement des meilleurs et des plus sages de l'Empire, des Daru, des Mollien, semblait fait pour suffire à tout. Bien qu'elle ait paru le favoriser dans quelques mémorables occasions, à longue distance l'une de l'autre, alors même elle ne lui offrit que des situations trop avancées, fatales, désespérées, où on pouvait s'honorer et bien mourir, mais non réparer des erreurs trop grandes, ni arrêter des conséquences irrésistibles; et dans l'intervalle, elle lui infligea ce qu'il y a de pis pour un homme éminent, vingt années d'inaction.

M. de Narbonne, en effet, patriote bien plus qu'homme de cour, quoiqu'il y fût né et qu'il en eût plus que personne l'esprit et la grâce, n'avait rien à faire avec l'Émigration ; et il était d'un cœur trop fidèle pour passer de prime abord au service de la Révolution victorieuse. La chute sanglante de la Monarchie, les malheurs inouïs de la famille royale, les iniquités sans nombre et la tyrannie des pouvoirs qui suivirent lui laissaient un long deuil, une longue aversion, et ne devaient lui permettre de nouveaux et derniers engagements, qu'au milieu d'un monde tout à fait renouvelé, dont la grandeur exclurait tout parallèle, et effacerait, un moment, tout souvenir.

Ce n'est pas, au reste, la première époque de la carrière de M. de Narbonne, son temps d'épreuve au Ministère ou dans l'exil qui occupera beaucoup de place dans ces fragments de récits. Nous ne saurions avoir là que des réminiscences de ses propres souvenirs, la confidence de ses retours ou de ses regrets sur un passé déjà loin de lui, et d'où l'éloignait plus vite encore que le temps la rapide et dévorante agitation de sa vie nouvelle.

Ce qu'il nous est donné de pouvoir retracer plus fidèlement, pour en avoir reçu bien jeune l'impression et comme la secousse électrique, c'est le spectacle même de cette dernière époque de sa destinée, sous l'influence d'une crise et d'un homme hors de comparaison. C'est de ce dernier temps qu'il s'agira surtout ici, et du rang qu'y prit pendant deux années M. de Narbonne, de l'action qu'il exerça et parut exercer, et des efforts qu'il fit, des essais de raison et de vérité qu'il tenta, parmi des difficultés qui mettaient à si rude épreuve le bon sens et le courage.

Sur sa vie avant 1789, sur son Ministère de trois mois terminé le 10 mars 1792, nous ne dirons que ce qui peut sembler nécessaire, pour montrer d'où est parti et comment s'était formé l'homme de l'ancienne Cour, qui, transporté dans un autre monde (et quel monde de bruit et de fer!) déjà sur le déclin de l'âge, se fit admirer par la hardiesse et la fermeté d'âme, étonna le maître lui-même, le charma par une raison spirituelle et forte, devint un de ses confidents les plus intimes dans d'affreux désastres, et obtint près de lui un crédit de faveur et d'estime, qui n'eut d'autre tort que d'être trop tardif et trop court.

Descendu d'une branche des antiques Lara de Castille, né en Italie, au mois d'août 1755, dans le palais d'une fille du roi Louis XV, Élisabeth de Bourbon, duchesse de Parme, à laquelle son père et sa mère étaient attachés par des charges de Cour, M. de Narbonne, à la mort de cette princesse, en 1760, fut amené tout enfant à Versailles, et élevé comme un jeune favori, sous les yeux et la gracieuse tutelle des filles du Roi.

Confié de bonne heure aux Oratoriens de Juilly, il reçut quelques enseignements d'un autre instituteur, dont les leçons devaient être fort enviées alors. Le Grand Dauphin, selon l'expression d'usage, s'associant à la prédilection des Princesses ses sœurs, se plaisait à l'instruire ; et ce Prince, dont le public, fatigué du règne présent, aimait à bien augurer, et que les écrivains du temps célébraient comme une espèce de Germanicus, un peu par vérité, un peu par flatterie, et beaucoup par protestation ironique contre les faiblesses et l'inertie du vieux Roi, ce Prince, fort affectionné aux jésuites et vanté par les philosophes, l'héritier présomptif du trône, en un mot, donna des leçons de langue grecque à l'enfant d'une précoce intelligence, que protégaient ses sœurs. Il lui faisait lire, ou plutôt il déchiffrait avec lui quelques chapitres des *Mémoires* de Xénophon sur Socrate, ouvrage qu'il avait choisi lui-même pour une de ses études favorites, dans l'oisiveté de Versailles.

Mais ce prince, d'une santé faible autant que d'une humeur mélancolique et douce, tenu dans la nullité sous la jalouse inaction de son père, allait bientôt mourir, dans sa trente-sixième année, en 1765, laissant, avec ces regrets souvent trompeurs, que fait naître la facile popularité d'un avant-règne, une fille, modèle de sainteté, destinée au martyre, et trois fils enfants qui, dans le cours de trente-sept ans, devaient tous trois passer sur le même trône, et en sortir par l'échafaud, par la simple mort et par l'exil.

Quoi qu'il en soit, un écrivain célèbre alors, et respectable en tout temps, Thomas, composait l'*éloge funèbre* du Grand Dauphin, comme il avait fait celui de Marc-Aurèle ; et Voltaire[1] vantait avec une malicieuse

---

[1] Voltaire, t. XLII, p. 396.

emphase un mot bien simple qu'on attribuait au Prince défunt : « Ne persécutons pas. » Puis, le monde oubliait le pauvre Prince aussi vite que la maxime charitable, dont il lui avait su gré.

La perte d'une protection si privilégiée n'ôta rien à l'enfant de Cour favorisé par les pieuses filles de Louis XV ; et, dès qu'il eut achevé des études fort diverses, où entraient pour une grande part les mathématiques appliquées à l'art de la guerre, il prit du service dans l'artillerie. Agé de dix-neuf ans, à la mort de Louis XV, il commençait sa carrière militaire, avec les espérances meilleures et l'esprit plus moral du nouveau règne.

Assuré de la faveur qui s'attachait à son nom, et qu'il avait si particulièrement éprouvée dès l'enfance, il voulut la mériter par un laborieux service dans diverses armes. Des rangs de l'artillerie il passa capitaine de dragons, puis guidon de la gendarmerie de France ; et à vingt-cinq ans, par un privilége que cette fois la supériorité justifiait, il devint colonel du régiment d'Angoumois, puis du régiment de Piémont, qu'il commanda plusieurs années, joignant à ce service activement rempli le titre de chevalier d'honneur de Madame Adélaïde, fille aînée du feu Roi, tante du Roi régnant, près de laquelle sa mère, élevée au titre de Duchesse, avait toute faveur.

C'était alors pour nos armées le temps d'un ministre qui, né avec de grands talents, dans une famille où l'esprit et le courage étaient déjà et sont restés héréditaires, signalé dès la jeunesse par des blessures d'éclat et une ardeur d'officier de fortune, parut méconnaître dans les autres ces droits naturels de la valeur et de l'intelligence guerrière qu'il possédait si bien.

Ce ministre avait fait admettre au conseil du Roi, et soit de sa seule et pleine volonté, soit en partie par déférence, il signait et promulguait la fameuse ordonnance qui, parmi les réformes commencées du règne de Louis XVI, confirma tout à coup l'obligation d'être noble, pour parvenir au grade d'officier. On sait à quel point ce semblant d'esprit féodal, si près de 1789, parut alors un contre-sens dangereux, irrita les esprits et aliéna l'armée.

De nos jours cependant, chez le peuple le plus libre, s'il n'est pas le seul libre de l'Europe, un historien célèbre, ministre démocrate, il y a peu d'années et zélé réformateur[1], en énumérant les avantages politiques de son heureuse patrie, compte au premier rang l'organisation d'une armée, dont les grades sont donnés presque exclusivement à la richesse, et par là presque toujours à la naissance, où le soldat ne devient pas officier, et où, séparé du peuple, sans être élevé au-dessus, il n'est qu'un bras armé, sous l'ordre de chefs appartenant à l'élite de la société et incorruptibles dans sa défense. C'est que l'esprit savant et pratique de la liberté politique ne ressemble en rien à l'esprit d'extrême égalité sociale.

L'Angleterre, après tant de luttes et de réformes, en est encore à ce premier esprit; elle considère, dans l'établissement militaire, non pas la satisfaction de l'orgueil civique et du droit personnel, mais la meilleure garantie d'obéissance et d'inviolable fidélité au Pouvoir Civil légalement établi; et elle croit trouver cette ga-

---

[1] *History of England*, etc., by Th. Bab. Macaulay, v. 1, p. 14-48.

rantie dans la caution de la richesse et du rang pour l'officier, et dans la permanence habituelle de la condition du soldat.

La France, au contraire, dans sa réforme politique spéculativement préparée, en était, avant 1789, comme après, à la pure théorie du droit individuel et de l'égalité ; et elle devait supporter impatiemment qu'on parût prétendre fortifier pour l'état militaire, par promulgation officielle, ces barrières et ces priviléges qu'elle voulait partout abolir, et qui, là en particulier, n'étaient pas toujours justifiées par une incontestable distinction de services, comme de nom.

L'ordonnance du maréchal de Ségur ne fit donc, comme il arrive des mesures trop contraires à l'esprit d'un temps, que hâter le mouvement qu'elle voulait contenir. L'avancement des sous-officiers ne fut enrayé quelque peu, que pour exciter d'autant plus la désaffection des troupes, et amener bientôt dans l'armée cette immense promotion plébéienne, d'où sortit la gloire de la Révolution.

Seulement, et M. de Narbonne l'avait vu longtemps d'avance, ce qui se donne ainsi à l'égalité absolue du droit et au seul ascendant de la valeur et du talent ne profite pas à la liberté ; et un État-major de soldats parvenus admet et supporte bien plus aisément un Dictateur, ou même plusieurs Dictateurs successifs, que ne le ferait un corps d'officiers liés par des intérêts d'honneur et de fortune aux anciennes Institutions d'un pays.

En France, et au dix-huitième siècle, un tel corps aurait mérité d'autant plus de rester populaire que, tenant par ses affinités à l'élite de la société civile, il ne s'en sé paraît nullement par ses opinions, et qu'il ne trouvait dans l'esprit philosophique, dont cette société était pénétrée, qu'un contre-poids déjà trop puissant à l'exagération du zèle militaire. N'étaient-ce pas, en effet, les héritiers de très-nobles familles qui briguaient des missions ou des enrôlements volontaires pour l'Amérique, cette nouvelle terre sainte d'une croisade de liberté? N'y voyait-on pas briller au premier rang les Lafayette, les Noailles, les Broglie, les Montmorency, les Rochambeau, les Chastellux, les Lameth, et jusqu'au fils du Maréchal de Ségur, du Ministre qu'on accusait de vouloir remettre l'armée sous le joug du privilége, pour la mieux dévouer au service du pouvoir absolu?

En honorant leur exemple, M. de Narbonne ne l'imita pas. Fort jeune, il lui échappa même de dire, qu'il y avait assez d'esprit républicain en France, pour ne pas aller en chercher ailleurs; et sous ce rapport, il fut longtemps après en parfaite intelligence avec le ministre américain à Paris, Gouverneur Morris, homme d'esprit et d'expérience, qui, à partir de 1789, demandait toujours, comment la France trouverait le moyen de porter toute la liberté qu'elle prenait à sa charge?

Se refusant donc l'éclat des aventures lointaines et des expéditions populaires, M. de Narbonne, colonel, n'eut plus d'autre ambition que l'étude attentive et la pratique de ce métier militaire, qui trop souvent alors n'était pour la jeune noblesse qu'une occasion de dissipation et de licence. Il n'en fut pas ainsi pour M. de Narbonne que tant de facilités entouraient : il prit rarement des congés extraordinaires ; et il disait souvent :
« que quelques-unes des garnisons de sa jeunesse avaient
« été ses meilleurs *semestres* de travail, et qu'il n'y avait

« rien de si favorable à l'étude que de s'ennuyer en
« quartier d'hiver. »

A Strasbourg surtout il travaillait avec une grande
ardeur, quoiqu'un peu dérangé par les exemples et
l'intimité d'un Prince allemand alors colonel au service de France, qu'il devait retrouver vingt-cinq ans
plus tard roi de Bavière, et fidèle un des derniers à
la fortune chancelante de Napoléon. Durant plusieurs
de ces résidences militaires dans la capitale de l'Alsace,
il apprit beaucoup, n'en sortant que pour aller faire
des retraites de quelques jours dans la bibliothèque
de l'abbaye de *Senones*, où il remaniait les in-folios
qu'avait malignement crayonnés Voltaire, pendant un
mois de pénitence érudite qu'il fit là, sous les yeux
de Dom Calmet, en juin 1754, à la sortie de son esclavage philosophique de Potsdam.

De ce savant cloître le jeune colonel revenait bien
vite passer les revues de son régiment, danser à quelques bals et étudier à force le *Corpus diplomaticum*, les
traités de Grotius et la langue allemande, dont la connaissance pratique et littéraire, alors si rare, fut bientôt après une de ses recommandations à l'amitié de
Turgot.

En attendant, il suivit à Strasbourg, pendant deux
hivers, avec grand fruit pour lui-même, les leçons du
savant bibliothécaire de la ville, M. Koch, qui remplissait une chaire d'histoire et de droit public créée dès
1780, et qui de là, par cette notoriété favorable qu'attirent les cours publics, fut porté en 1791 à l'Assemblée
Législative, puis devint un jour tribun, mais cette fois
bien moins libre dans sa Magistrature républicaine
qu'il ne l'avait été dans sa chaire, sous l'ancien régime,

comme le remarquait M. de Narbonne, qui le revit alors beaucoup, par curiosité.

Ce n'était pas toutefois dans ces studieuses et indépendantes retraites de province, dans cette école d'érudition allemande enlevée avec toute la prestesse judicieuse de l'esprit français, que M. de Narbonne croyait avoir le plus profité : il se félicitait aussi de ses séjours à Versailles et de bien des heures qu'il avait alors passées dans les *Archives* des affaires étrangères que lui ouvrait obligeamment M. de Vergennes, le ministre attentif et éclairé qui conclut la paix honorable de 1783. Ce fut là, qu'avec les textes des traités et la correspondance secrète de l'Europe, M. de Narbonne connut deux hommes très-habiles à les expliquer et à en faire sortir soit l'enseignement usuel en diplomatie, soit l'intérêt historique, M. de Reyneval, premier commis des affaires étrangères pendant vingt ans, la meilleure mémoire et le meilleur jugement de publiciste qu'il y eût alors, et M. de Rhulière, l'ancien secrétaire du baron de Breteuil à Saint-Pétersbourg, le confident du maréchal de Richelieu, le poëte de la duchesse d'Egmont, homme de lettres mi-partie de l'historiographe et du philosophe, narrateur fort redouté de Catherine II, et préparant par son histoire de l'*Anarchie de Pologne* le seul secours et la seule vengeance que notre Monarchie sur son déclin ait donné à ce malheureux pays, dont la France suit depuis tant d'années les funérailles.

M. de Narbonne avait gardé grande estime de ces deux hommes, appelant l'un le plus modeste des faiteurs habiles, et l'autre le plus sensé des beaux esprits. Il reportait aux bons conseils du premier ce qu'on ne pouvait s'empêcher d'admirer dans ses propres entretiens, cette précision de souvenirs historiques et diplomatiques, dont l'Empereur fut charmé et qui lui faisait dire : « Narbonne sait par cœur les négociations de « l'ancienne Europe, comme Bassano les débats de « l'assemblée constituante ; ce sont deux vieilleries « qu'ils font valoir. »

Cette habileté, ou du moins cette érudition diplomatique faillit, du reste, de bonne heure être mise à fort grande épreuve. Lorsque vint à vaquer, vers 1784, l'ambassade de Russie, on songea quelque temps à M. de Narbonne pour ce poste élevé, où la jeunesse n'était pas une objection. La pieuse princesse Adélaïde, ayant grand crédit sur la conscience du Roi son neveu, recommandait avec une naïve instance pour la Cour de Saint-Pétersbourg et de l'Ermitage, le brillant officier attaché à son service, dont elle entendait vanter le savoir précoce et les talents. Elle eut réussi sans une concurrence bien forte, celle de la Reine appuyant près du Roi, et de M. de Vergennes, un autre choix, le fils même du Ministre de la guerre, jeune aussi, non moins en faveur dans le monde, et revenu tout récemment de cette campagne américaine, dont les *états de service*, à la fois suspects et favorables à la Cour, semblaient une parure de mode, encore plus qu'un engagement de liberté. Il fallut céder à si haute influence ; et M. de Ségur, notant trente ans plus tard ce succès[1] dans ses *Mémoires*, rend une justice courtoise à l'esprit remarquable et à la grâce du candidat, sur lequel il l'avait emporté, et dont cette ambassade eut probablement fort changé la destinée politique.

[1] *Mémoires du comte de Ségur*, t. II, p. 73.

Quoi qu'il fût advenu de cette première ambition de M. de Narbonne, et de son assiduité dans les Archives des affaires étrangères, souvent de Versailles il avait fait des échappées vers Paris, cherchant avec passion cette bonne société, qui depuis longtemps était le premier pouvoir en France, pouvoir déjà transporté de la Cour à la ville. C'est là qu'il s'était marié, dès 1782, à une jeune personne distinguée de naissance et d'esprit, à peine âgée de quatorze ans, fille de M. de Montholon, ancien premier président du parlement de Rouen, et destinée du côté de sa mère à l'héritage de trois cent mille livres de rentes, dans notre colonie de Saint-Domingue. Cette union si prématurée, suivant un usage trop fréquent de la société d'alors, engagea plus encore le jeune colonel dans ce monde parisien de la haute magistrature, de la finance et de la philosophie, où il n'était pas moins accueilli, et se sentait plus attiré qu'à la Cour. C'est là qu'il trouvait dans l'élite de la société polie cette littérature si puissante alors, bien qu'elle eût déjà perdu tous ses grands hommes sauf Buffon, que la longue patience, qu'il a donnée pour symbole et définition du génie, en songeant à lui-même, servait peu dans l'éclat du monde, et qui n'y portait que sa gloire. Mais, à défaut désormais d'un grand chef, il y avait cette brillante école si forte par le nombre, l'esprit, l'ardeur, touchant à tout, remuant tout et pouvant dire, comme le malin esprit : « Je m'appelle légion. »

M. de Narbonne y fut très-recherché, sans en être l'adepte ; et il s'y plaisait infiniment. Il aimait plus tard à en citer mille traits de gaieté piquante, et de hardiesse. Il disait : « que c'était là qu'il avait le moins travaillé, mais le plus pensé; » non que par ce mot il désignât et voulût recommander le Dogmatisme déclamatoire si fréquent au dix-huitième : rien n'allait moins à son esprit, de la famille de Voltaire, esprit net, précis, courant au fait et ne supportant ni l'affectation même ingénieuse, ni la profondeur apparente; mais il aimait d'un goût vif la vraie littérature, en y mêlant la politique, qu'il prenait non dans la spéculation, mais dans l'histoire.

Après les anciens et les grands modernes, que personne ne connaissait mieux que lui, il ne goûtait, parmi les écrivains de son temps, que ceux dont le talent s'étayait de quelque connaissance fortement approfondie.

C'était d'abord Barthélemy, cet érudit admirable, auquel il n'a manqué que d'avoir un art plus simple, méditant depuis trente ans son *Voyage d'Anacharsis*, et devancé ou plutôt annoncé dans cette œuvre par un de ses élèves, le jeune comte de Choiseul-Gouffier, qui en 1787 visitait la Grèce avec Delille, et en rapportait les premiers cahiers d'une élégante description. C'était Delille lui-même, avant et après ce voyage, Delille trop aimé de son temps, brillant poëte aux couleurs qui passent, mais homme d'un cœur élevé et d'un esprit charmant par le naturel, ce qu'on ne soupçonnerait guère, en lisant aujourd'hui ses Poëmes. C'était Saint-Lambert, un autre poëte plus vanté que lu, même de son siècle, mais considérable dans le monde par ses amitiés, et par un caractère mêlé du militaire et du philosophe, que couronnait une grande renommée d'honneur et de délicatesse. Puis, entre les hommes de lettres de profession, c'était Champfort, auteur de tragédies à froides allusions, flatteur de cour au théâtre, mais peintre de mœurs très-piquant, critique d'un esprit juste et fin, hardi seulement dans la politique, où il porta toutes les rancunes de l'amour-propre gâté et toutes les rêveries de l'inexpérience, jusqu'au moment de protester par le suicide contre les derniers excès d'une Révolution qu'il avait trop servie.

C'était ensuite Beaumarchais, plus homme de talent qu'homme de lettres, esprit aventureux au théâtre, comme dans le monde, courrier avancé en fait de nouveautés hardies, préludant par le malin éclat du scandale privé à la toute-puissance des grands scandales politiques, ayant brisé de sa parole le Parlement Maupeou, comme Mirabeau allait bientôt confondre et broyer ensemble les *Trois Ordres*, Beaumarchais, l'auteur de *Figaro*, et en même temps, par une des singularités de sa vie, reçu dans la confiance familière et l'intimité musicale des pieuses filles de Louis XV. C'était encore Rivarol, esprit original aussi, quoique sans naturel, dont les conversations travaillées et piquantes, mais nécessairement inédites et perdues pour nous, semblent avoir été son meilleur titre à la célébrité. Enfin, dans un ordre tout différent, à une distance marquée par le rang, comme par l'âge, c'était Malesherbes, un des hommes les plus lettrés de ce siècle si littéraire, et un de nos éloquents écrivains, après les plus grands; Malesherbes, dont le talent s'est effacé devant sa vertu, mais qui eut le privilége rare de s'élever en vieillissant, et de terminer sa vie par sa plus belle action.

C'étaient aussi les deux savants célèbres, rivaux dans le monde et dans les Académies, opposés de talents, de caractères et de partis, et que la même Révolution devait conduire l'un à l'échafaud, l'autre au suicide, Bailly et Condorcet.

Quelque temps seulement et fort jeune encore, M. de Narbonne avait été très-accueilli par l'homme qui laissait le plus d'admiration à qui pouvait l'entendre, Turgot, qu'il aimait à citer de préférence à tout autre, « comme l'esprit le plus droit parmi tant de penseurs, « et le vrai sage parmi tant de philosophes. »

Après la perte prématurée[1] de Turgot, M. de Narbonne n'avait pas été moins accueilli d'un autre Ministre non moins célèbre, non moins homme de bien, mais ayant plus d'illusions sur les autres et de préoccupations pour lui-même. Dans le salon de M. Necker, parmi ces réunions si animées par la présence de tout ce qu'il y avait de plus renommé dans les lettres, et même de plus en crédit à la cour, M. de Narbonne parut bien supérieur à M. de Guibert, quoiqu'il fût plus jeune de dix ans, et qu'il ne fît pas de livres.

Le ton général de cette société, la pompe un peu monotone qui s'y mêlait au savoir et à l'esprit, la forme même du talent de M. Necker, et certaines prétentions de son caractère, n'étaient pas ce qui convenait le plus à la rapide justesse de sens, à la précision piquante de M. de Narbonne. Mais il honorait l'habileté du célèbre contrôleur des finances de 1781; il partageait ses principes politiques; il croyait à ses plans de réforme; et plus tard, il se prit de l'admiration la plus vive pour les premiers ouvrages et l'esprit supérieur de sa fille, mariée au baron de Staël, ambassadeur de Suède à Paris.

[1] 20 mars 1781.

CHAPITRE II.

M. DE NARBONNE MÊLÉ AUX ÉVÉNEMENTS DE 1789.

On peut donc croire que M. de Narbonne (et il ne s'en repentait, ni ne s'en excusait en 1810) était entré de plein cœur dans les enthousiasmes et dans les espérances qui précédèrent 1789 et durèrent encore par delà; il respirait cette atmosphère de la brillante société du dix-huitième siècle, que madame de Staël a dépeinte avec autant de vérité que de passion, société plus généreuse encore que frivole, ivre de joie et d'orgueil à la réunion des *trois Ordres*, à la prédominance d'un seul, au nom nouveau d'*Assemblée Nationale*, et au premier tressaillement de la tribune.

Il enviait pour la France ces Institutions de liberté qu'il avait étudiées dans Montesquieu et dans Delolme, dans le *Cours de droit public de Strasbourg* et surtout dans les débats publiés du parlement d'Angleterre, dont personne n'avait un plus vif et plus intelligent souvenir.

Profondément et finement instruit dans notre histoire, connaissant surtout les Monuments originaux et les Mémoires, il disait : « Que le progrès naturel de la France, « son œuvre collective et de prédilection, c'était la li-

« berté ; que le jour où elle s'arrêterait dans cette voie,
« elle dégénérerait, et que le despotisme consolidé, s'il
« l'était jamais, serait pour elle la décadence même. » A
l'appui de cette idée, il montrait, par des exemples d'une
variété singulière, ce qu'il y avait eu de libertés ecclésiastiques, judiciaires, municipales, de droits acquis
et reconnus, même dans notre seizième siècle, même à
travers ces temps affreux de guerres civiles, et dans les
courts répits qui s'y mêlaient. Datant surtout du chancelier de l'Hôpital la proclamation de la vraie liberté
en France, et du cardinal de Richelieu le despotisme
ministériel, il regardait le règne de Louis XIV comme
une époque non pas seulement de génie, mais de liberté
relative pour les lettres ; et par là même, il assignait à
cette époque le degré le plus glorieux, dans l'élévation
de la France invinciblement conduite, disait-il, à la
Monarchie Représentative, ou au plus misérable déclin,
alors qu'ayant épuisé tout le domaine des arts, tous
les travaux et tous les jeux de la pensée spéculative,
elle ne trouverait plus en face que l'ordre social même
à réformer par les lois, et à ranimer de toutes les forces
de l'esprit français appliqué enfin au bien public.

C'est en ce sens qu'il avait admiré Turgot, et qu'il prévoyait pour la France, après l'âge de la liberté littéraire,
une époque inévitable de liberté politique étendant à
la fois et renouvelant cette indépendance de l'esprit naturelle aux Français, la transportant sur des choses
plus sérieuses, ou du moins liées plus immédiatement
à la vie, et s'occupant à rendre la nation plus éclairée,
mieux gouvernée et plus heureuse. « Otez, disait-il, ce
but ; l'histoire de France serait une énigme sans mot,
et la civilisation une route sans issue. » Mais par cela

même qu'il concevait et souhaitait avec passion cet objet légitime de l'activité des esprits, il trouvait beaucoup à reprendre dans la philosophie du temps, et dans l'emploi stérile et dangereux qu'elle avait fait souvent du droit de discuter. « De combien d'indignes licences, disait-il, nous corrigerait la liberté? »

Lié de goût et d'amitié avec les premiers hommes de cette Assemblée Constituante, qui comptait tant de talents destinés à la célébrité et un seul grand orateur, M. de Narbonne vivait dans le commerce intime de l'Évêque d'Autun, son ami d'enfance, de Barnave, plus jeune que lui de quelques années, d'Adrien Duport, de Thouret, du marquis de Ferrières, des trois frères Lameth, de Cazalès, de Lally de Tollendal, de Mounier; et on pouvait s'étonner seulement que, dans cette brillante levée des intelligences qu'avait donnée la *Convocation des États Généraux*, il ne fût pas encore le collègue de tant d'hommes, dont il était l'émule admiré dans le monde. On devait le regretter. Par l'ascendant d'esprit aimable qu'il portait en lui, par la franchise du caractère, comme par la séduction du raisonnement, il eût été le lien souvent utile de beaucoup d'hommes appelés à servir ensemble l'État, et qui, à son grand dommage, s'entre-blessèrent, faute de s'entendre.

Il n'eut pas cette chance qu'il avait ambitionnée; il ne communiqua que du dehors avec l'Assemblée Souveraine, si promptement affranchie du trône et sitôt dominée par le peuple. Il échappa au chagrin de mécontenter ses amis, ou d'approuver par contrainte des actes et des paroles que sa raison blâmait, par exemple cette *déclaration des droits de l'homme* qu'il avait appelée :

« le plus inutile des lieux communs, ou le plus funeste
« et le plus anarchique des symboles. »

Quant à d'autres innovations dangereuses ou vaines
que faisait incessamment l'esprit révolutionnaire, et
dont la Révolution n'avait pas besoin, il eut bientôt pour
sa part à combattre et à réparer les suites de quelques-
unes. Toujours attaché à la Cour par une charge honorifique, mais, zélé colonel, il était en 1790 à la tête
de son régiment, en résidence à Besançon ; et, par une
popularité habilement ménagée, il venait d'être en
même temps élu commandant des gardes nationales
du département du *Doubs*.

Malgré cette nouvelle dénomination géographique,
l'esprit de la vieille Franche-Comté était peu changé,
au moins sur un point très-important à la paix publique.
La ville et les campagnes se souvenaient fort bien de
leurs anciennes *franchises* municipales, sous la domination espagnole, alors que toute cette province avait
compté pour une sorte de liberté d'être loin de ses
maîtres ; elles accueillaient donc volontiers la réforme
politique de 1789, et le système d'élection accrédité par
le nouveau régime. Mais, fortement pénétrée du zèle
catholique et des habitudes religieuses de la Monarchie
espagnole, n'en ayant rien perdu, ni par sa séparation
sous le règne de Louis XIV, ni par l'influence des
mœurs nouvelles dans le siècle suivant, cette province
ne pouvait patiemment recevoir les décrets de l'Assemblée relatifs à ce qu'on a vulgairement appelé *la Constitution civile du clergé*. Nulle part, cette innovation fausse en théorie et tyrannique en effet ne réussit
plus mal ; et M. de Narbonne, plus rigoureux que
beaucoup d'autres à juger Mirabeau et à marquer les

côtés faibles non pas de son éloquence, mais de son génie politique, rappelait souvent avec reproche le trouble jeté alors dans ce département par les dispositions des décrets et par certaines paroles, dont Mirabeau envenimait ses discours dans les questions ecclésiastiques [1], pour se faire pardonner ses ménagements sur le reste. « Mauvaise tactique! disait M. de Narbonne; cet « homme d'État révoltait à plaisir des milliers de con-« sciences, pour gagner quelques voix. »

Les phrases violemment philosophiques de Mirabeau, le mépris alarmant répandu par lui sur la première des libertés, celle du culte religieux, avaient fort irrité les esprits dans Besançon. Cette impression, non moins vive chez le peuple que parmi les prêtres et les anciens magistrats de la ville, gagna vite les campagnes voisines; et une sorte de Vendée, plus catholique que royaliste, fut près d'éclater. Déjà, par tout le pays, les villageois s'attroupaient avec des faux et des hoyaux, pour défendre leurs curés, qu'on voulait faire martyrs, disaient-ils. En revanche, dans les cantons de la montagne, le drapeau tricolore était abattu. La garde nationale nouvellement constituée montrait peu de zèle et peu de force contre ces désordres; et les bourgeois, blessés dans leur respect de la foi catholique, n'étaient pas moins mécontents du régime nouveau que les paysans.

Le colonel, d'une infatigable activité, se mettant à la tête des citoyens et des soldats, usant avec art de son double commandement, parvint à apaiser les troubles. Allant quelquefois seul au milieu des villages soulevés,

---

[1] *Travaux de Mirabeau*, etc., t. II, p. 309-328.

et quelquefois se portant sur un point de rassemblement avec un grand appareil de forces, il calma les rumeurs violentes du pays, et réussit à passer, sans effusion de sang, cette difficile épreuve. Les journaux démagogiques de Paris, et en particulier les *Annales* dites *Patriotiques de Carra* précurseur de l'*Ami du Peuple*, dénonçaient le colonel de Narbonne comme fauteur du fanatisme et traître à la loi. Mais il brava ces cris répétés dans quelques Clubs de province, fit relever et maintint les drapeaux tricolores à côté des croix, et ramena dans le département du *Doubs* une paix et une modération qui ne furent ébranlées que longtemps après, sous la furie croissante de la Révolution, et par les instigations de ses plus sanglants missionnaires.

Un des meilleurs historiens de 1789, Franc-Comtois lui-même, le sage Droz, alors très-jeune, passionné de philosophie et de liberté, et, bientôt après, grenadier volontaire dans les armées républicaines, avait gardé grande admiration pour la conduite habile et généreuse de M. de Narbonne. M'en parlant un jour, tout ému, dans sa vieillesse fervente d'étude et de piété, il me disait : « Voyez-vous ? pour faire impunément et heu-« reusement une grande révolution, il faudrait des « hommes comme cela, dans tous les postes difficiles ; « et où en trouver seulement deux ou trois ? »

Cependant, l'ordre paraissant rétabli dans le département du *Doubs*, un autre devoir rappela M. de Narbonne à Paris. Les princesses filles de Louis XV, les tantes du Roi, plus effrayées encore des décrets sur le culte que ne l'étaient les vieux Francs-Comtois, avaient hâte de fuir Paris et d'émigrer à Rome. Troublées dans leur élégante retraite de Bellevue par des tumultes populaires que leur inépuisable bienfaisance aurait dû désarmer et prévenir, elles se sentaient saisies d'effroi. Le chevalier d'honneur de madame Adélaïde était naturellement désigné pour les accompagner; et il réclama avec empressement cette mission; mais il aurait voulu emmener avec elles la vertueuse et charitable Princesse, madame Élisabeth, qu'il voyait partager toutes les alarmes de ses tantes et leur pieuse terreur d'un schisme religieux. Il la supplia vainement. Sœur de Louis XVI, un dévouement plus fort même que ses scrupules de *foi* la retenait près du Roi et de la Reine sa belle-sœur. Elle voyait à leur porte de trop grands périls pour consentir à les quitter, même quelques jours, même pour devancer seulement leur fuite. Son attente, on le sait, ne devait pas être trompée. Elle partagea leur prison, leurs tortures et mourut après eux sur le même échafaud.

M. de Narbonne s'inclina devant ce courage; et, sans insister contre un sacrifice qu'il admirait, il partit avec le dépôt qui lui était confié, emmenant aussi sa mère inséparablement attachée au malheur des Princesses, dont elle avait servi la prospérité. Un poëte cher au public et à la Cour, le brillant et spirituel abbé Delille, que le malheur devait trouver si fidèle, espérait être du voyage et admis dans le cortége des deux Princesses. Mais, au moment des préparatifs, il ne put obtenir de passe-ports, et fut obligé de renoncer à visiter Rome, comme il avait, quelques années auparavant, vu Constantinople et les ruines d'Athènes.

Déjà les fautes et les violences des partis avaient fait de l'Émigration comme un signal de guerre étrangère et civile. Tout Français voyageant en France était suspect, et toute sortie du royaume réputée trahison. Dans la petite ville d'Arnay-le-Duc, sur la route de Dijon, une émeute fut excitée, au passage de la voiture des deux Princesses, qu'escortaient quelques dragons à la suite de leur colonel.

Malgré les passe-ports bien en règle délivrés sous les noms de Louise et de Victoire, les autorités de la commune d'Arnay-le-Duc, mises en mouvement par le cri public, firent arrêter provisoirement les Princesses, comme voulant émigrer, au mépris des défenses de la loi, et au préjudice de la nation.

Leur guide fidèle protesta vainement contre cette tyrannie provinciale; et il ne put que revenir, en grande hâte, à Paris solliciter de l'Assemblée Constituante un décret qui levât tout obstacle au passage des deux Princesses et leur rendît la liberté de voyager.

Grâce à lui peut-être, l'Assemblée rougit promptement de cette peur patriotique et de cette vexation mesquine, et elle émit un décret d'urgence qui autorisait les Princesses à continuer leur route. Un député dit à ce sujet, d'un air de dédain, qu'il ne s'agissait pour elles que d'aller entendre la messe à Rome, plutôt qu'à Paris; il pouvait ajouter : « A Paris, où bientôt on ne la dirait plus; » la tolérance passa sous cette forme de mépris. Mais d'invoquer le droit lui-même, de vouloir que la liberté de fuir ce qu'on blâmait ne fût pas interdite, on ne l'eût osé ouvertement. M. de Narbonne repartit aussitôt, pour délivrer les pauvres prisonnières retenues par le vigilant patriotisme de la municipalité d'Arnay-le-Duc; et il les conduisit, non sans quelques nouveaux obstacles, dans les États du roi de Sardaigne, et de là à Rome, où, reçues avec respect et magnificence dans le palais du cardinal de Bernis, ces saintes filles passèrent, entre la prière et les œuvres de charité, bien des années humblement expiatoires pour les hontes et les fautes, dont le Roi leur père avait légué le poids à sa race et le contre-coup malheureux à sa nation.

CHAPITRE III.

M. DE NARBONNE MINISTRE DE LOUIS XVI EN 1792.

A son retour, le chevalier d'honneur de madame Adélaïde trouvait réprimée, au milieu du trouble général, une autre tentative d'émigration plus sérieuse, qu'il avait pressentie avant son départ, et dont le voyage de Mesdames n'était qu'un premier et timide essai. Prisonnier de guerre sans avoir levé l'étendard, Louis XVI, arrêté à Varennes par une émeute légale semblable à celle d'Arnay-le-Duc, venait d'être ramené de force dans son palais par des Commissaires de l'Assemblée Constituante, sous l'escorte des attroupements populaires. C'était un grand progrès dans l'anarchie. Le Roi se voyait le justiciable de l'Assemblée, et l'Assemblée l'exécutrice des colères du peuple.

La fuite manquée de Louis XVI, en rendant désormais sa parole suspecte à des hommes que nulle sincérité peut-être n'aurait convaincus, précipitait la Révolution. Le pouvoir était livré en proie, plus dégradé encore de fait qu'il n'était systématiquement amoindri par le projet de Constitution de 1791; et ce code mal conçu, dans son partage si faussement équilibré entre la personne royale et l'Assemblée unique, laissait encore au roi des attributions nominales trop grandes pour qu'il pût les exercer.

Provisoirement, l'Assemblée prenait la Dictature, conférait les principaux emplois, et nommait les généraux. Dans le cercle de cette prérogative usurpée, elle nomma le colonel de Narbonne maréchal de camp. Elle voulait sans doute, par une de ces compensations contradictoires qui ne déplaisent pas aux assemblées, honorer l'accomplissement d'un devoir de fidélité délicate envers la famille royale, au moment même où elle mettait la royauté sous une si rude tutelle. Mais le loyal officier, que consternait le funeste événement de Varennes, et qui en jugeait toute la portée, refusa le grade qui lui était décerné, jusqu'à ce qu'il pût le recevoir de la main du Roi rétabli dans une apparence de pouvoir et de liberté par l'acceptation publique de la Constitution de 1791.

Alors, il n'eut plus d'autre pensée que de s'associer à tout ce qui serait fait dans la voie nouvelle où on était entré, pour réparer le passé et rendre à la royauté quelque force. Le seul espoir, selon lui, était de prendre désormais pour instrument et pour appui une partie de l'*opposition* devenue modérée, par l'excès de sa victoire et par la peur qu'elle en avait. Le généreux Barnave donnait l'exemple de ce retour des esprits, par les sentiments tout nouveaux qu'il rapportait de Varennes et par le zèle de respect et de pitié, dont l'avaient pénétré le courage et les larmes de la Reine. Mais la pensée politique de M. de Narbonne voyait au delà de ces vives impressions : il était convaincu qu'il n'était pas de situation difficile, pas d'alliance onéreuse dont il ne fût possible de tirer avantage par la constance des vues et la sincérité. En un mot, la *Révolution* lui paraissait trop avancée et, il ajoutait, trop juste dans son principe, pour revenir sur ses pas ; mais il la croyait capable de s'arrêter sous l'influence et en la personne de ceux qui l'avaient faite et voulaient la maintenir.

Malheureusement, la grande erreur législative qui, en fixant à l'époque de l'*acceptation de la Constitution* le terme de la première Assemblée Nationale, *de la Constituante*, avait interdit la réélection des membres de cette Assemblée, rendait plus difficile encore la confiance exigée de la Royauté pour d'anciens adversaires politiques. Ce n'était pas La Fayette touché et inquiet du fatal événement de Varennes ; ce n'était pas Barnave, généreux tribun, devenu par émotion ce que Mirabeau avait été par calcul d'intérêt et de bon sens, défenseur des restes de la Monarchie ; ce n'étaient pas les Lameth et leur activité désormais secourable, que la Royauté mourante retrouvait devant elle ; c'étaient des ennemis nouveaux et inexorables. On n'avait voulu ni de la tradition, ni de l'expérience, pas même de cette courte expérience des choses qu'on vient de faire. Tous les noms étaient récents ; tous les hommes étaient novices dans cette Assemblée Législative qui, le 2 octobre 1791, succédait à l'Assemblée Constituante, et devait achever son œuvre.

Et cependant, malgré cette fatale exclusion des premiers auteurs de la Révolution, des hommes même qui devaient le plus tenir à sa durée, tout en voulant la régler pour la rendre durable, même dans la nouvelle Assemblée, si imprudemment séparée de sa devancière, et qui devait être sitôt pressée et effacée, par une enchère de violences électorales et législatives, il se forma dès l'abord un parti d'hommes modérés avec courage, qui, en servant la liberté, entendaient la contenir et assurer la Révolution par la justice.

Les derniers vœux de *Mirabeau* et l'esprit de *Barnave* avaient passé dans les *Ramond*, les *Dumas*, les *Jaucourt*, les *Beugnot*, et beaucoup d'autres; et cet esprit semblait devoir prendre alors d'autant plus de puissance qu'il serait moins détourné de sa voie, moins compromis ou calomnié par la passion imprudente de l'ancien parti monarchique.

M. de Narbonne, étranger à cette chambre, comme à la précédente, mais lié d'estime et d'affection à ses membres les plus considérables, voulut en bien espérer dès le commencement, et ne douta pas que la Royauté ne pût y trouver un dernier appui contre l'anarchie destructive, qu'on y entendait déjà rugir : il croyait qu'en se confiant tout à fait à la loyauté constitutionnelle des uns et au courage militaire des autres, en ayant Ramond et Dumas pour orateurs, et en dehors de l'Assemblée La Fayette pour général, on aurait force suffisante pour maintenir l'ordre et prévenir les crimes, en attendant l'occasion des bonnes lois, ou la réformation des lois imprudentes. Cette pensée seule sans doute put le déterminer à souhaiter le Ministère dans une pareille crise sociale, avec tant de périls imminents, si peu d'instruments disponibles pour le bien, tant de haines à braver et de défiances ingrates à recueillir.

M. de Narbonne avait alors trente-six ans; sa réputation dans le monde, sa supériorité d'esprit tant vantée n'avait jamais eu occasion de se risquer à aucune tribune. Il n'hésita pas cependant; et dans les derniers jours de l'année 1791, lorsque l'Assemblée Législative, déjà vieille de plusieurs mois, avançait péniblement vers son terme, entre les troubles du dehors et la domination croissante d'une minorité conspiratrice à la tribune, touché des malheurs du roi et espérant sa confiance, il accepta le Ministère de la guerre.

La fonction et l'époque étaient périlleusement choisies : il s'agissait, en effet, pour la Monarchie des Bourbons réduite aux abois, de cette terrible et dernière épreuve que lui créait l'*Émigration* encouragée et soufferte, et l'hostilité étrangère menaçant la Révolution française, en proportion de l'intérêt et des craintes que lui inspirait le danger de la Royauté.

De là contre Louis XVI une chance fatale, toute semblable à celle de Charles Ier, alors que désavouant les Catholiques Irlandais, les déclarant rebelles, et levant une armée pour les réduire, il était soupçonné d'exciter tout bas leur résistance et d'attendre leur victoire. De là contre Louis XVI ces mêmes reproches de duplicité, s'adressant plus encore au malheur de la situation qu'à la personne, mais les plus compromettants de tous, les plus destructifs du caractère royal et les plus propres à fournir aux passions populaires le prétexte d'une haine implacable.

Ainsi, pendant que Louis XVI, fidèle à la Constitution, avec un scrupule d'honnête homme, en recommandait la défense et la profession publique à tous ses ministres dans les cours étrangères, pendant qu'il condamnait officiellement l'absence et la protestation des réfugiés de France, des émigrés membres de sa famille ou non, un cruel démenti suspect de connivence préméditée, lui était donné, aux portes mêmes du royaume.

Dans les trois *évêchés* outre Rhin, sur la frontière de

France, l'*Émigration* sous ce Drapeau blanc que venait à peine de quitter la royauté et qu'elle avait porté si longtemps, l'*Émigration*, avec un camp très-faible encore, mais couverte de la protection des hautes puissances, se proclamait inévitablement la confidente et l'alliée vengeresse du roi forcé de la proscrire. Là était le nœud de la Révolution, l'embarras et l'affaiblissement des Constitutionnels défenseurs du trône; l'argument le plus envenimé des ennemis qui voulaient le détruire; la provocation la plus irritante des alarmes et des violences populaires.

C'est à ce danger, à ce soupçon pernicieux qu'il fallait remédier d'un côté par une confiance effective dans la majorité de l'Assemblée, et de l'autre par une répulsion vraie et constante des secours funestes de l'Émigration et des fausses espérances qu'elle offrait.

Le Ministère du roi Louis XVI ne croyait pas une autre conduite possible. Le principal Ministre, le fidèle et, on peut dire, le vertueux Montmorin qui donna à la royauté malheureuse son sang et celui de toute sa famille, n'avait pas eu autre pensée dirigeante, comme Ministre des affaires étrangères; et il l'avait exprimée, avec une honnête sincérité, dans tous ses actes.

Cependant les soupçons croissaient avec les apparences. Il ne suffit pas qu'une chose ne soit ni faite, ni tentée, ni voulue par les chefs. Lorsqu'elle répond aux passions de leurs adhérents, on la leur impute directement à eux-mêmes. L'Assemblée Législative était distraite de sa résistance à l'anarchie par sa crainte de la guerre étrangère et de la Contre-révolution.

Les Constitutionnels étaient en doute et craignaient d'être joués; les révolutionnaires s'irritaient du danger, et s'enhardissaient de la faiblesse qu'on leur montrait tour à tour. On touchait à ce moment toujours fatal, où les plus violents d'une assemblée paraissent les plus patriotes, et où les moindres incidents viennent favoriser une exagération de défiance et de haine, qui commence à paraître une prévoyance justifiée.

Le Ministère tour à tour timide et hautain ne savait que se retrancher dans certaines formes de la Constitution nouvelle, s'abstenant de voir les députés, de mettre le pied dans les *Commissions,* et prétendant qu'il ne devait communiquer avec l'Assemblée que par des propositions de décrets, et ne se montrer qu'à la tribune, où il était sans force.

Jeune et plein d'ardeur, avec cette brillante facilité d'esprit, qui ressemble parfois à la présomption, M. de Narbonne projeta et espéra deux choses : agir sur une grande partie de l'Assemblée par la confiance, par l'union, par la solidarité de pouvoir sincèrement offerte et donnée, rendre crédit à la royauté, l'affranchir, et faire honneur à sa parole, en la séparant tout à fait de l'*Émigration* naissante, et en lui faisant une armée contre l'étranger.

Par une de ces rencontres qu'amènent les révolutions, c'était M. Koch, de publiciste devenu législateur, qui, au nom du Comité diplomatique, comme on disait alors, avait, dans la séance du 22 décembre 1791, fait un Rapport sur les rassemblements des *Français émigrés* dans les *trois évêchés.*

Il avait conclu, par la proposition d'un décret portant : « Que le Pouvoir exécutif serait invité à prendre
« les mesures les plus promptes et les plus efficaces vis-
« à-vis les puissances étrangères, pour faire cesser ces

« rassemblements autorisés par elles, près de nos fron-
« tières. »

Le Rapport n'était qu'une œuvre technique portant sur le point de droit et le point de fait, et rédigé dans des formes assez paisibles : mais la parole d'Isnard, de Vergniaud, de Gensonné devait bien vite mettre le feu à ces matériaux inflammables. La présence et le modeste langage du Roi venant lui-même démentir les alarmes de l'Assemblée, pouvaient bien peu pour calmer des inquiétudes si violentes, et redresser une Constitution si fausse.

Il est évident que le parti le plus net et de la plus entière bonne foi était ici le plus habile et le seul praticable. L'alliance secrète avec une portion d'anciens privilégiés *dissidents* et *Émigrés*, et par eux l'appel à l'étranger, pour détruire par la force les lois que, bon gré, mal gré, le Prince avait jurées, c'était une chose insoutenable, que nulle majorité législative ne pouvait accepter et souffrir, et contre laquelle l'anarchie même avait trop raison.

Le nouveau Ministre de la guerre, pénétré de ces vérités de bon sens, et concevant l'extrême péril attaché au doute, même calomnieux, sur la sincérité du Roi, pensa que toutes les déclarations, tous les désaveux devaient être rendus incontestables par des actes, qu'après avoir solennellement renié l'*Émigration* et l'étranger, il fallait se prémunir ouvertement contre eux, au besoin les repousser par la guerre, et, dans tous les cas, s'en séparer et s'en affranchir par un armement national.

Il ne s'était pas dissimulé alors la gravité d'une telle résolution et la violence d'un tel remède ; mais il avait cru ce danger préférable aux autres : et, bien des années après, dans des temps bien différents, il ne se repentait pas du conseil, et le justifiait volontiers par les circonstances et les hommes.

« La guerre civile, disait-il, hardie et franche, a
« perdu Charles Ier. Louis XVI, qu'elle n'eût pas sauvé,
« était de plus, par ses vertus comme par ses faibles-
« ses, incapable même de la tenter. La guerre civile
« mixte et désavouée, l'attente ou l'appel furtif de l'é-
« tranger amenait avec honte et bien plus vite la même
« extrémité. La création d'une armée, au contraire, et
« la résistance sincère et forte contre l'Émigration et l'é-
« tranger, pouvaient sauver le Roi et certainement ser-
« vaient la France. Cette espérance était raisonnable, la
« seule possible; et rien, même dans nos affreux mé-
« comptes, ne l'a complétement démentie. Ce n'est pas
« de l'armée qu'est venue pour nous l'imitation anarchi-
« que et sanguinaire de la Révolution anglaise de 1640.
« En France, l'armée a subi elle-même le joug de l'é-
« chafaud et ne l'a jamais imposé. Une fois formée, elle
« pouvait être pour Louis XVI un point d'appui libé-
« rateur, un refuge d'où il aurait soutenu la majorité
« saine de l'Assemblée et intimidé les clubs, comme
« l'essaya et le voulut M. de La Fayette lui-même, mais
« trop tard et trop isolément. »

Dans cette espérance généreuse, que vingt ans de révolution n'avaient pas glacée, et dont l'impression première avait dû jadis être bien vive et bien entraînante, M. de Narbonne fut tout entier à l'ordre de pensées qu'il proposait au Roi : « Ne faire cause commune qu'avec la
« France; fortifier la majorité de l'Assemblée, en s'unis-
« sant pleinement à elle; organiser l'armée. » Sur ce

principe, il se rapprocha de tout ce qui n'était pas ennemi mortel de la royauté et pouvait lui être ramené par des sentiments de liberté, de justice, d'intérêt national. Il attira d'abord dans cette voie jusqu'à Brissot républicain, et jusqu'à Condorcet, dont la raison devait aimer à s'arrêter, en dehors des extrémités funestes pour lesquelles originairement il n'était pas fait, et qu'il n'hésita point un jour à flétrir de son indignation et de sa mort volontaire.

En même temps, M. de Narbonne appela près de lui, et s'empressa de produire toutes les ambitions capables, tous les talents, dont un autre ministre aurait pu s'inquiéter pour lui-même, et d'abord Dumouriez, général éminent et politique incertain, qui semblait mettre son opinion aux enchères de qui croirait le plus à ses plans, et voudrait le plus vite employer son épée. Le Ministre l'avait jugé, du premier coup d'œil, supérieur par l'habileté militaire, mais subalterne de cœur, mobile par défaut de principes, malgré la fermeté de l'esprit, Girondin déjà par calcul, pouvant être Jacobin dans un mois, et Émigré royaliste dans un an. Il voulut s'y confier toutefois, et le consulta beaucoup pour la prompte organisation des trois armées, dont il avait hâte de munir la France sur toute la ligne du centre et du Nord.

Dumouriez voulait plus; il proposait une quatrième armée dans le Midi, avec le commandement en chef pour lui-même. M. de Narbonne eût tout accueilli de sa main, convaincu dès lors, que cet homme de conduite ambiguë n'irait jamais de lui-même jusqu'au bout ni du bien ni du mal, mais que poussé dans la vraie route, il pouvait être grandement utile, et même fidèle. « J'en aurais, disait-il longtemps après, tiré le meilleur parti pour le salut de l'État, si j'avais duré moi-même plus de trois mois au Ministère. » Et le ton même de Dumouriez[1], dans ses Mémoires, en parlant de M. de Narbonne, confirme semblable conjecture.

Par ces démarches hardies et sincères, M. de Narbonne calma et divisa la Gironde, et ménagea au malheureux Roi une dernière occasion de rallier et de diriger ses amis à l'intérieur, de regagner les meilleurs de ses ennemis, et enfin d'éclairer sur ses intentions et de réunir à sa cause quiconque n'était pas invinciblement défiant par haine ou par calcul.

Avec ces préliminaires, le nouveau Ministre obtint sans peine du vote de l'Assemblée Législative tout ce qu'il jugeait nécessaire à la bonne organisation des troupes, et il partit aussitôt pour les visiter. Ce voyage fait au nom du Roi, la libre disposition des suppléments de ressources votées par l'Assemblée, l'inspection des places fortes, le remplacement des officiers émigrés, l'appui donné aux officiers nobles restés à leur rang, le patriotisme recommandé à tous au nom du Roi, le rapport fait à l'Assemblée et la proposition de nommer maréchaux de France Rochambeau, Luckner et La Fayette, tout cela, fait en un mois, saisit le public et entraîna généralement approbation et confiance.

Ce qui choquait, dans cette conduite, certaines passions n'en était pas moins sensé. L'épreuve des faits montra plus tard que, dans le péril où était tombé le Roi, malgré bien des sujets de prévention et de plainte, l'honneur et le courage de La Fayette pouvaient encore

[1] *Collect. de Mémoires.* Dumouriez, t. II, p. 133.

donner un secours qu'on ne trouvait pas ailleurs; et puisque cet homme irrita les Jacobins jusqu'à se faire proscrire des premiers, aussitôt leur victoire, évidemment il aurait pu être employé à les combattre, et à prévenir cette victoire et l'heure de la proscription pour les autres comme pour lui-même. Sans aveuglement sur les insuffisances de tel ou tel homme et les séductions toutes puissantes de l'amour-propre et de l'esprit de parti, ces deux conseillers dangereux qui souvent s'entendent, M. de Narbonne voulait que la royauté, si affaiblie, adoptât de cœur des défenseurs qu'elle n'aimait pas, pour repousser des ennemis implacables.

Malheureusement, à cette époque de crise suprême, tous les genres d'ambition et de rivalité que nous avons vu croître et fleurir dans la paix d'un Gouvernement Constitutionnel établi étaient déjà en pleine vigueur; et sur le bord de l'abîme non pas caché, comme il arrive parfois, mais tout béant, et trop proche pour que la tête n'en tournât pas, les Ministres du Roi étaient tourmentés des mêmes passions, des mêmes rivalités, en proie aux mêmes misères d'amour-propre qui se déploient à loisir dans des temps plus calmes. Un article de journal divisait le Ministère; un mot d'éloge écrit par Condorcet, sur l'activité de M. de Narbonne, alarmait ses collègues, et paraissait un signe décisif de trahison secrète, ou d'ambition envahissante. Les succès obtenus près de l'Assemblée avaient été plus suspects encore; et tandis que tout le monde aurait dû vouloir en profiter, chacun en était inquiet et offensé. Et ainsi, le crédit rapidement naissant du nouveau Ministre, au lieu d'être un appui pour l'administration si faible du malheureux Roi, en précipita la désunion et la perte.

Sous ce rapport, le principal adversaire, ou plutôt l'ennemi personnel de M. de Narbonne dans le Conseil, était un homme de bien d'ailleurs, Bertrand de Molleville, Ministre de la marine. Cet homme qui a tant écrit sur la Révolution, mais que d'après ses récits même on peut juger un faible politique, croyait arrêter cette Révolution par de petits moyens de police, et prévenir les attaques et les calomnies par la précaution de ne faire à l'Assemblée que des discours écrits, dont il déposait *copie signée et paraphée* sur le bureau du Président.

L'esprit élevé de M. de Narbonne ne pouvait s'accommoder à ce niveau, et sentait trop la futilité de pareils efforts. Traversé par la majorité de ses collègues, regretté, mais peu défendu par le respectable M. de Montmorin, contredit avec haine par le zélé Bertrand de Molleville, sans appui dans le Roi, qui ne goûtait qu'à demi cet esprit juste, mais prompt et décisif, bientôt il se vit en butte à la fureur des anarchistes que contrariait sa fermeté polie, et abandonné ou mal secouru par les *modérés*, qui se défiaient de sa hardiesse. Il fit face cependant; et je me souviens d'avoir entendu un des hommes éclairés de cette Assemblée, un spirituel historien du dix-huitième siècle, Lemontey, redire qu'émerveillé d'abord des succès du Ministre de la guerre, de sa résolution adroite et mesurée, de son habile ascendant, il n'avait pas compris sa chute, au bout de trois mois. C'est que Lemontey, avec toute sa finesse de raisonnement et de langage, était surtout un philosophe, un libre penseur, un légiste de liberté, mais non pas un tacticien de Cour ou d'Assemblée.

M. de Narbonne, qui de longue main connaissait la

première de ces deux tactiques et, en quelques jours, avait deviné l'autre, s'aperçut que le terrain était partout miné sous ses pas.

Ce qui restait de la Cour, au milieu de ce désarroi tumultueux, les nobles zélés, les royalistes de profession, les mécontents nombreux qu'avaient faits les réformes de la Révolution, en attendant les victimes que firent ses iniquités, accusaient sans cesse le jeune Ministre, élève des théories anglaises, et ancien ami de M. Necker. Ce parti, trop dénué d'influence dans l'Assemblée pour y être obstacle à aucun mal, pouvait y nuire encore en s'unissant aux implacables ennemis de la paix publique. Ceux-ci, quoique étourdis d'abord de la loyale activité du Ministre pour armer le pays, se ravisèrent bien vite ; ils sentirent d'instinct qu'il ne fallait pas laisser à la royauté un si intelligent défenseur ; et parmi les voix qui de ces rangs extrêmes s'élevèrent contre lui, éclatait déjà par un sinistre augure la voix encore inconnue du sanguinaire Couthon.

Au milieu de ce concours de défiances et d'hostilités parties de tous les points d'un ténébreux horizon, un orage ne pouvait tarder. Sur les trois généraux qu'avait désignés le Ministre pour la dignité de maréchal de France, M. de La Fayette n'avait pas été nommé. Les deux autres, Luckner et Rochambeau, n'étaient que des officiers vétérans sans influence et sans idées politiques. Le zèle que tous trois montraient pour le Ministre de la guerre, une lettre où ils parlaient de sa retraite comme d'un malheur public, accrurent les soupçons du parti royaliste, tout en offensant l'Assemblée.

M. de Narbonne ne résista pas plus longtemps. « On « peut, » disait-il par allusion à cette époque, « mourir

« de grand cœur pour une cause; mais encore faut-il
« avoir un peu le consentement de ceux auxquels on
« donne sa vie. » Le Ministre de la guerre, dont la parole avait été d'abord si puissante, se vit assailli de
chicanes misérables et d'insidieuses attaques, et ne mit
plus la même précaution dans ses défenses.

Un jour qu'il avait répondu sur un fait, en invoquant comme indubitable le témoignage des esprits
les plus distingués de l'Assemblée, on se souleva d'indignation contre cette hypothèse, apparemment aristocratique, d'une distinction même intellectuelle; et
on se récria avec violence, de plusieurs bancs, M. Couthon en tête. « Pas de ces expressions-là; nous sommes
« tous distingués. » « A la bonne heure, » reprit le Ministre, et il continua sa démonstration; mais le coup
était porté; le prestige de popularité détruit.

On avait reproché à M. de Narbonne les ménagements qu'il inspira d'abord aux plus raisonnables des
révolutionnaires; on exploita sans scrupule l'hostilité
des plus violents, pour le faire tomber, avec leur aide
et leurs applaudissements.

M. de Narbonne, presque au sortir de cette séance,
trois mois avant le 20 juin, fut destitué par cette lettre
laconique du roi : « Je vous préviens, Monsieur, que je
« viens de nommer M. de Grave au département de la
« guerre; vous lui remettrez votre portefeuille, » et
le Ministère resta plus faible et plus divisé que jamais,
autour d'une royauté mourante.

Ce n'est pas qu'au souvenir de ces incidents bien
secondaires du grand naufrage, on puisse croire qu'il
eût été donné à personne alors de prévaloir contre
la marée montante de la Révolution. Il y a des mo-

ments où un homme maintenu au pouvoir est un obstacle irrésistible; il y en a d'autres où il n'est qu'une victime de plus écrasée sous la roue qui passe. M. de Narbonne regretta de n'avoir pu payer toute sa dette, et lutter plus longtemps. Il lui semblait toujours, disait-il : « qu'il n'aurait pas laissé le Roi attendre le « 10 août, ni peut-être le 20 juin dans le château des « Tuileries, et qu'armé d'un titre et d'un reste de pou- « voir, il aurait trouvé retraite pour Louis XVI, non « pas à l'étranger, mais à la frontière. »

Sa disgrâce, d'ailleurs, ne le sauva de rien. Remplacé au Ministère le 10 mars, il était aussitôt reparti pour l'armée du Nord, où il donna l'exemple de la plus active discipline. Rappelé, après quelques mois, par un ordre secret du Roi, il arriva à Paris seul et sans parti formé, pour assister avec désespoir à l'insurrection du 10 août ; et le lendemain de ce jour fatal, il fut décrété d'accusation et mis hors la loi, « très-justement, disait- « il, aussi justement que s'il fût resté au feu, qu'il « avait quitté malgré lui. »

Dénoncé avec fureur dans les clubs jacobins comme l'ancien fauteur du traître La Fayette, accusé d'avoir perfidement organisé l'armée pour la défense du Tyran, il ne dut son salut qu'à l'amitié courageuse et à la situation privilégiée de madame de Staël.

Caché en même temps que le comte Mathieu de Montmorency, dans l'hôtel de l'ambassadrice de Suède, il y passa quelques jours, après la destruction, sans combat possible alors, des derniers débris de royauté, et l'arrestation du Roi. Et à travers les agitations populaires qui allaient aboutir au 2 septembre et au 21 janvier, seul et déguisé il sortit de France. Sa femme, que, dans les périls prévus de son sort, il avait éloignée, était en sûreté à Rome avec l'aînée de ses filles encore enfant : sa seconde fille fut laissée aux soins d'un ancien serviteur du Château de Bellevue; et lui, réfugié d'abord en Suisse, vint de là s'embarquer pour l'Angleterre, où il rencontrait dans la société du même malheur ses adversaires royalistes de l'année précédente.

CHAPITRE IV.

SÉJOUR DE M. DE NARBONNE A LONDRES. — L'ÉMIGRATION FRANÇAISE. — LE PARLEMENT BRITANNIQUE. — PROCÈS DE LOUIS XVI. — OFFRE GÉNÉREUSE DE M. DE NARBONNE.

Aborder à Londres dans les jours qui suivirent le 10 août, c'était échapper au spectacle et aux dangers de la plus hideuse tyrannie, pour toucher une terre de liberté, de justice et de salut. M. de Narbonne cependant ne se sentit pas expatrié sans une profonde tristesse, qu'aggravaient chaque jour les nouvelles venues de France.

Lié déjà par son nom, ses opinions, son esprit, à plusieurs personnes illustres de la société anglaise, parlant leur langue avec la même intelligence qu'il appréciait leurs lois et leurs principes de gouvernement, il retrouva dans son désastre toute leur ancienne estime, accrue de l'intérêt qui s'attachait à un témoin si récemment sorti des conseils du malheureux Louis XVI.

Londres, comme Paris l'avait été plus d'un siècle auparavant, était rempli d'*émigrés* déplorant la chute du Roi leur maître, et conspirant de leurs vœux pour lui.

Mais, comme le remarquait M. de Narbonne, ces gentilshommes anglais réfugiés en France de 1645 à

1650, les Waller, les Cowley, les Montross, la reine Henriette elle-même, y trouvaient presque les rébellions et le désordre de la patrie qu'ils avaient fuie. L'Angleterre de 1792, au contraire, dans la liberté de ses Institutions, dans le frémissement fréquent de ses masses populaires, sous les flammèches de feu qui, du volcan voisin, tombaient sur ses rivages, demeurait paisible, ou du moins légalement soumise. Ni de dangereux émissaires, ni des doctrines plus dangereuses encore, armées de la contagion du succès, n'ébranlaient profondément cette société cimentée par le lien puissant du droit, et que présidait un grand homme d'État nourri dans les luttes des assemblées, et sachant tirer des lois obéies et de l'opinion excitée une force suprême.

L'Angleterre affectait alors cette singularité d'être en arrière des puissances du continent dans la protestation hostile contre la Révolution française, de garder encore avec elle une stricte neutralité, tout en offrant aux réfugiés et aux bannis qu'elle faisait une hospitalité plus généreuse que celle d'aucun autre État. Le rapport des Institutions anglaises avec les premières espérances de 1789 explique ces dispositions du gouvernement d'ailleurs hardi et vigoureux de M. Pitt. Les Anglais parvenus au terme de leur Révolution, et en recueillant des fruits de paix et de prospérité, ne pouvaient à la hâte frapper d'anathème chez un autre peuple des efforts qu'ils avaient faits, et un but qu'ils avaient atteint.

Divisés qu'ils étaient en partis puissants sous l'action régulière des lois, leur gouvernement ne pouvait rien entreprendre contre la liberté même anarchique d'une autre nation, tant qu'il n'avait à l'intérieur que la force ordinaire de sa *Majorité* législative, et qu'il voyait l'*Opposition* tout entière couvrir de son approbation et de ses vœux les efforts de ce peuple voisin.

Ainsi l'Angleterre, qui fut l'âme des coalitions antifrançaises, ne devait y prendre qu'une part tardive et forcée, pour ainsi dire, par une nécessité de défense intérieure et presque unanime. On ne peut mettre en doute que tel n'ait été le calcul de M. Pitt, quand on voit la patience de sa haine à supporter les menaces de la tribune française, à laisser d'abord s'avancer isolément la Prusse et l'Autriche, à rester neutre et presque silencieux même devant le procès de Louis XVI, à n'éclater enfin qu'après le meurtre de la reine Marie-Antoinette, ce dernier sceau de l'iniquité, ce dernier raffinement de crime et d'infamie dans le régicide.

Quoi qu'il en soit, ce temps d'épreuve et d'attente qui précéda chez les Anglais la rupture avec la France, cette sorte de quarantaine imposée à leur passion politique, offrit un des plus mémorables spectacles de l'histoire, celui d'une grande société émue par le contre-coup d'une révolution voisine, délibérant sur l'alternative de tenter aussi sa réforme intérieure, ou de s'en distraire par une grande guerre. Alors, on vit un peuple libre, soulevé d'abord, puis retenu par l'exemple d'un peuple violemment délivré, s'arrêter par la puissance des lois sur le penchant de l'anarchie, et le bon sens de la nation ajourner l'extension de ses droits politiques, pour garder intactes ses libertés acquises. L'esprit de M. de Narbonne était resté singulièrement frappé des circonstances et du dénoûment de cette crise sociale, dont il avait été, dans son exil, le témoin attentif et souvent consulté.

A son arrivée, en effet, accueilli avec empressement par Fox et par Shéridan, par lord Granville, par le jeune lord Grey, par le célèbre Erskine, il vécut, tout pauvre et banni qu'il était, dans le milieu le plus élevé de ce monde politique anglais, si agité alors des idées et des troubles de la France. Le seul homme considérable qu'il n'entrevit que peu, ce fut Burke, ce prévoyant et implacable ennemi de la Révolution française, la dénonçant au monde dès 1790, diffamant ses erreurs comme des crimes et portant sur elle le triste horoscope trop vérifié plusieurs fois, mais dont il faut douter encore, que cette Révolution, si violente dès l'origine, manquerait finalement la liberté et n'aboutirait qu'au despotisme.

L'esprit généreux et poli, le noble caractère de Burke était bien fait pour aimer l'élégante supériorité de M. de Narbonne. Mais cette invincible répugnance, née en lui des premiers attentats de la Révolution, le prévenait amèrement contre tous ceux qui en avaient quelque temps secondé le cours et partagé la fortune.

Parmi les Constituants, il ne louait guère que les hommes qui avaient émigré dès le lendemain du 5 octobre, les Mounier, les Lally. L'Assemblée Législative lui était en mortelle déplaisance, et à plus forte raison les Ministres, qu'une part du côté gauche de cette Assemblée avait un moment soutenus.

Tout préoccupé, tout irrité qu'il était cependant, Burke, dans son ardente conversion, fut touché d'apprendre que l'ex-ministre de Louis XVI venait, au premier bruit du procès du Roi, de réunir ses anciens collègues présents alors comme lui à Londres, et de leur proposer une Déclaration en commun, pour réclamer, chacun aux termes de la Constitution de 1791, la responsabilité des actes de son Ministère, et l'autorisation de venir à la barre de la Convention se défendre en son nom, et pour sa part, dans le procès du Roi. Mais ce généreux élan, que Burke appelait une tradition de Strafford, trouva peu de sympathie dans ceux mêmes des collègues de M. de Narbonne qui naguère accusaient son dévouement de tiédeur. Bertrand de Molleville, si zélé pour la royauté, lorsqu'il était Ministre, jugea la proposition fort loyale sans doute, mais inexécutable. « Comment, disait-il, demander une « telle autorisation ? comment l'accepter ? C'était renon-« cer à toute récusation, à toute réserve d'incompétence « contre la Convention transformée en tribunal. C'était « reconnaître et presque invoquer une juridiction illé-« gale et monstrueuse. »

Bref, on se sépara sans rien croire possible, et sans rien oser en commun pour la défense du malheureux Roi ; et M. de Narbonne écrivit seul à la Convention pour demander la faculté de comparaître en son nom, à raison des trois mois de son Ministère de la guerre et de tout ce qui avait été fait ou préparé dans cet intervalle.

La Convention refusa, comme elle rejetait à la même époque la demande d'un sauf-conduit pour M. de Lally-Tollendal empressé de venir plaider la cause de Louis XVI, sous les auspices de cette phrase de Cicéron : *Potestas modo veniendi sit ; dicendi periculum non recuso.*

Mais ce n'était pas seulement le péril de la défense et de la parole publique devant la Convention que bravait et que sollicitait M. de Narbonne : c'était la solidarité dans toutes les chances de l'accusation, le droit d'être victime à la place ou à côté du Roi. Repoussé dans ce vœu par un simple ordre du jour, il adressa sans retard à MM. Tronchet et Malesherbes ce qu'il appelait « la dé- « claration de Louis de Narbonne, ancien Ministre de la « guerre, dans le procès du Roi. » C'était la revendication la plus complète des actes les plus calomniés alors, de tout ce qui concernait l'armement du pays et la préparation de la guerre, de tout ce qui avait été inspiré par l'intérêt de la défense nationale, et s'appelait, dans le langage des *Clubs,* la Conspiration du tyran contre le peuple.

Mais d'abord, M. de Narbonne s'expliquait sur le procès même, sur l'oubli de tous les souvenirs, de tous les serments, qui faisaient de l'inviolabilité de la personne du Roi un principe solennellement consacré.

« Il n'est plus au pouvoir de la Convention [1], disait-il, « de donner à la mort du roi aucune apparence de lé- « galité; tous les caractères de l'assassinat appartien- « nent déjà à l'instruction du procès. Les expressions « des orateurs qui ont parlé dans cette cause, loin de « rappeler l'impartialité du juge, surpassent la féroce « ivresse de la vengeance personnelle. »

Ce langage si énergiquement accusateur, cette représaille du droit contre la tyrannie, M. de Narbonne n'en use pas cependant par une haine générale de la Révolution et de l'ordre nouveau qu'elle promettait. Il déclare que, Ministre fidèle au Roi et à la France, il aurait voulu arrêter la Révolution à la Constitution qu'elle avait produite; que, malgré les graves défauts de cette Constitution, il n'a vu l'intérêt du Roi et l'intérêt de l'État que dans la sincérité, l'activité des efforts, pour

---

[1] *Procès impartial de Louis XVI.* 8 vol.

faire marcher le gouvernement tel qu'il était institué. C'est là qu'expliquant sa destitution de la manière la plus noble, il rend un éclatant témoignage à la loyauté du malheureux Roi. « Profondément inquiet, dit-il, des dan-
« gers que je voyais s'approcher avec tant de violence, je
« montrai à quelques-uns de mes collègues une opposi-
« tion directe et publique qui dût déplaire au Roi et le
« décider à éloigner un homme, dont la jeunesse ne pou-
« vait inspirer une confiance qui résistât aux attaques
« multipliées contre lui. Mon éloignement du Ministère
« ne peut donc être considéré comme une action inter-
« prétative des desseins du Roi. Je ne le présenterai pas
« non plus, il est vrai, comme une raison de croire à
« mon témoignage dans la cause de Louis XVI; quel
« homme peut rester même impartial à l'aspect de tant
« de malheurs ?

« J'ai été dans le conseil du Roi depuis le mois de
« décembre jusqu'au mois de mars 1792, c'est-à-dire à
« l'époque où la grande question de la guerre était sans
« cesse agitée.

« J'ai vu constamment le Roi s'identifier avec l'hon-
« neur de la nation, approuver, seconder les efforts que
« je fis pour rétablir en trois mois une armée désorga-
« nisée, écrire aux généraux les lettres les plus encou-
« rageantes pour leur zèle, nommer aux places que la
« Constitution laissait à sa disposition les hommes les
« plus connus par leur patriotisme, et montrer aux
« Français qui servaient la cause de la liberté, qu'on
« blessait son cœur et son opinion, en s'unissant aux
« émigrés ennemis de la Constitution nouvelle. »

Cette déclaration si nette d'un Ministre révoqué était la meilleure réponse à ces calomnies meurtrières qui alors même accusaient le Roi d'avoir prescrit que les places et les troupes fussent mal approvisionnées, afin que le royaume demeurât livré sans défense aux armées étrangères.

« Quand je suis sorti de place le 10 mars, ajoutait
« M. de Narbonne, il fallait encore deux mois de soins
« continus, et, j'ose le dire, actifs comme les miens,
« pour achever de mettre l'armée en état d'entrer en
« campagne. Et depuis le 10 mars jusqu'au 20 avril,
« époque de la déclaration de guerre, ce sont des mi-
« nistres jacobins, c'est M. Dumouriez et bientôt après
« M. Servan qui ont tout dirigé : comment donc le Roi
« serait-il responsable de la précipitation de leurs me-
« sures? Quelle influence pouvait-il avoir sur leur ad-
« ministration? En est-il aucun qui osât dire que le roi
« leur avait demandé d'affaiblir la garnison ou l'artil-
« lerie de Longwy et de Verdun? Et s'il leur avait fait
« cette demande, auraient-ils dû lui obéir? Et n'étaient-
« ils pas par la *Constitution* absolument les maîtres de
« diriger à leur gré les préparatifs de la guerre? Les
« premiers échecs cependant qu'a reçus l'armée fran-
« çaise à Mons et à Tournay ont eu lieu sous un mi-
« nistère jacobin. »

Ainsi le loyal Ministre réduisait à néant le seul grief vraiment pernicieux au malheureux Roi, le reproche de vœux secrets, de complaisances cachées pour l'étranger : il montrait la volonté active de la défense, là où on avait supposé l'inertie calculée : il montrait, pour lui-même, son œuvre d'armement, sous les yeux et avec l'appui du Roi, avancée assez vite pour rendre, contre sa propre conjecture, la guerre possible, un mois après sa retraite. Qu'aurait fait ce langage, s'il avait pu se pro-

4

duire à la barre, en face des juges accusateurs? On ne saurait le présumer. La passion était trop grande, l'ardeur du crime trop excitée, l'intérêt du régicide trop décisif pour être vaincu par l'évidence. Mais il sied à l'homme de bien d'avoir souhaité ce combat, au péril de sa vie, et d'avoir donné un démenti de plus à l'iniquité.

En recevant cet écrit, au milieu des angoisses du procès de Louis XVI, M. de Malesherbes remercia plusieurs fois M. de Narbonne de ses offres et de son témoignage. Ces réponses d'une telle main, dans un tel moment, ressemblent à ces attestations saintes que, dans les premiers siècles chrétiens, les martyrs, près du supplice, envoyaient à leurs frères expatriés ou détenus dans les mines. « Le seul usage, écrivait pour dernier « adieu M. de Malhesherbes à M. de Narbonne, que j'ai « fait de votre lettre et de la Déclaration qui y était « jointe a été de les lire à celui que cela intéressait. Il « en fut touché et même attendri, et me recommanda « de ne les pas publier par la crainte de vous compro- « mettre; car il a eu sur cela les attentions les plus « scrupuleuses jusqu'à son dernier soupir. » Mais cette précaution, M. de Narbonne l'avait rendue bien inutile, en faisant imprimer à Londres et à Paris, et en adressant aux membres de la Convention la défense qu'il lui était interdit de prononcer devant eux.

Une juste estime s'attacha, même au milieu des partialités les plus violentes, à cette noble action de M. de Narbonne. Pour lui, sentant avec désespoir la faiblesse de tout effort privé devant la fureur de la Convention et des clubs, le cœur brisé d'affliction sur Louis XVI et de honte sur notre patrie, il essaya d'intéresser l'honneur britannique à quelque démarche solennelle, pour épargner un crime au monde. Fox, Erskine, les derniers soutiens, les voix les plus illustres de l'opposition anglaise, avaient eu la même pensée, et tentèrent avec éclat le même effort. Ce n'était pas seulement un cri de justice et d'humanité dans ces âmes généreuses; elles sentaient combien un tel crime pèserait sur la liberté qui leur était chère. Mais que pouvait pour conseiller, pour déterminer une intercession efficace, un parti politique déjà trop réduit de nombre et affaibli d'autorité dans le parlement?

Quant à Pitt, stoïque et calme dans sa prévoyance passionnée, longtemps impénétrable au public, peu accessible dans les entretiens privés, il offrait encore moins de prise à l'espérance d'une intervention possible en faveur de Louis XVI. Admis une fois près de lui, dans les jours qui précédèrent la crise fatale, et essayant de l'émouvoir par tous les motifs de religion, de prudence et de gloire humaine, M. de Narbonne comprit bientôt à ses courtes réponses et à son silence, que l'excès du mal pouvait lui paraître un remède, et que représentant des intérêts britanniques et non de ceux de l'humanité, il ne s'effrayait pas à l'idée d'un crime qui entacherait la France. Cette froideur et peut-être ce calcul, M. Pitt les couvrait d'un manteau de fierté nationale. « L'Angleterre ne pouvait, disait-il, pour aucune considération quelconque dans le monde, s'exposer à intercéder en vain sur une telle chose, et devant de tels hommes. »

L'immolation du 21 janvier se prépara donc et s'accomplit sans obstacles extérieurs. Car l'intercession isolée du Résident d'Espagne Ocáritz ne fit que renouveler plus faiblement la tentative, que les États républicains de Hollande et la Monarchie espagnole avaient opposée jadis au supplice de Charles Ier. Louis XVI périt, sans qu'aucun grand effort ait été fait pour le sauver. Mais ce sang versé rendit par le contact les âmes furieuses, dans le rang des meurtriers et dans celui des spectateurs; et comme ces grands crimes qui, au dire des anciens, ne s'expiaient que par de longues calamités, il marqua pour la France le commencement de vingt années de guerres les plus cruelles et les plus destructives qui eussent encore déchiré l'Europe.

Restait pour M. Pitt de sortir enfin de son apparente neutralité, ou plutôt de son inaction contrainte et indignée; restait d'ouvrir cette terrible époque de rétributions vengeresses. Un Message solennel du roi d'Angleterre à son Parlement, sur les événements de France, ne laissa pas en doute comment étaient ressentis le Jugement et l'exécution à mort de Louis XVI. Au même moment, d'autres incidents ne manquaient pas, pour donner à la réprobation publique de cet attentat toutes les formes d'une hostilité déclarée.

La faction sanguinaire qui traînait au supplice le Roi, que la Constitution déclarait inviolable, envahissait du même coup plusieurs territoires étrangers, dont cette Constitution interdisait la conquête. Violant les promesses publiques de la France, comme elle brisait toutes les autres entraves, elle menaçait de ses principes nouveaux et de ses actes l'indépendance nationale des peuples, autant que les trônes des rois. S'étant mise hors du droit public de l'Europe, elle n'avait plus à lui apporter que la guerre, et la guerre révolutionnaire armée du soulèvement des masses ignorantes, à l'appui du renversement des États.

C'était le moment prévu, souhaité peut-être, qu'avait

attendu M. Pitt, pour cesser cette espèce *d'armistice* sans convention où il se tenait depuis deux ans, et pour déclarer lui-même la guerre au nouveau Gouvernement du peuple français.

Le débat sur ce sujet, la délibération Législative, avant de résoudre cette guerre de *principes*, qui devait coûter plusieurs millions d'hommes à l'Europe, n'était pas seulement un grand fait historique, et le préliminaire d'immenses catastrophes : c'était, par les incidents et par les conséquences, une grande leçon de morale. Si, en effet, il n'y avait pas eu cette discussion publique ouverte chez un peuple libre, et jouissant, par la parole et la presse, du droit absolu d'examen, si on avait aperçu seulement, d'une part la France armée en république, assiégée et menaçante, donnant le péril de ses frontières pour prétexte de ses tyrannies intérieures, et tout en ajournant la liberté jusqu'à la paix, combattant du moins pour l'indépendance, et d'autre part les Monarchies absolues se liguant contre un seul État, l'assaillant à l'envi, non pas seulement pour ses infractions au Droit diplomatique, mais pour ses revendications du Droit naturel, non pas seulement pour ses violences, mais pour ses réformes et pour les libertés qu'il s'était promises, alors, certes, la conscience du monde aurait hésité, le choix entre les deux causes aurait paru problématique ; ou plutôt la tentation eût été trop forte d'un côté, et les vœux se seraient portés là peut-être, où le but annoncé était la liberté et la justice, et où les iniquités et les abus de la force, mêlés à la défense, n'auraient paru qu'un accident de la lutte imposée.

L'intervention de l'Angleterre faisait cesser cette apparence inégale. En face de la Révolution française proclamant la liberté, mais la déshonorant et la détruisant par la plus sanglante oppression, il y avait dans le camp des adversaires une nation qui avait également voulu et qui possédait la liberté, qui la promulguait par ses lois, par ses exemples, et qui gardait dans son sein ce foyer de lumières, que la vengeance ou la précaution des Monarchies absolues et la violence tyrannique de la démagogie française menaçaient d'étouffer dans le reste du monde. L'Angleterre, libre par ses institutions fondamentales et par la pratique constante de son Gouvernement et de ses mœurs publiques, ne fut pas seulement le nerf de la coalition qu'elle aidait de ses subsides, elle en fut le principe moral ; elle lui assura le moyen et le droit de vaincre dans un avenir plus ou moins éloigné, parce que cette victoire ne serait pas celle du Despotisme royal sur le Despotisme révolutionnaire ou militaire, mais celle des gouvernements anciens à titre divers, depuis l'Autocratie jusqu'à la Monarchie Constitutionnelle, sur le pouvoir arbitraire d'une Convention, ou d'un Despote disposant d'un peuple asservi.

Ces points de vue que le temps devait ouvrir, et qu'apercevait certainement le regard de Pitt, n'étaient encore que très-confus, quand la question de la guerre fut résolue par le Parlement Britannique. L'opposition whig répudiée par Burke alléguait encore, après le 21 janvier : « que les causes d'une guerre avec la France ne devaient pas être autres aujourd'hui qu'elles n'auraient été sous Louis XIV et sous Louis XV; qu'il fallait considérer non pas les personnes, mais les actes, et non pas seulement ces actes, mais les conséquences qu'on y attache, la volonté ou le refus de les réparer. »

« Que dès lors même les usurpations territoriales, l'envahissement du Brabant, de la Savoie, des bouches de l'Escaut, n'étaient cause de guerre que si la France refusait sur ce point des satisfactions qu'on ne lui avait pas encore demandées; mais que la mort du Roi, toute lamentable et odieuse qu'elle était, n'était pas une cause de guerre, qu'autrement cette cause serait unique, absolue, sans compensation possible; car on ne pourrait supposer, dans ce cas, que l'évacuation de la Savoie et du Brabant, ou la remise des bouches de l'Escaut, effaçât le grief. »

Mais quelle que fût la force tantôt subtile, tantôt populairement menaçante donnée à ces arguments, l'Opposition était faible contre Pitt et Burke, ces deux gardiens de la société, venus de points opposés et s'entendant pour la défendre. Alléguant toujours sa longue neutralité, le premier persistait à donner pour cause de guerre les infractions de la France à l'ordre européen et son usurpation récente de territoires étrangers : c'étaient toujours la Savoie, le Brabant et les bouches de l'Escaut. Puis, dans ce système d'agrandissement par la conquête qu'il reprochait à la France, et dont il faisait un *cas de guerre* pour les peuples même dont ce système n'avait pas atteint le territoire, il comprenait le décret du 19 novembre 1793, jeté comme une invitation à tous les peuples de fraterniser avec la France, et comme un défi à mort pour les anciens pouvoirs de l'Europe.

Concluant ainsi que la guerre, en fait et en droit révolutionnaire, était commencée par la France, que cette guerre se fondait sur des principes violents, incompatibles, inexorables, dont le supplice même du Roi n'était qu'une conséquence, M. Pitt en déduisait la nécessité impérieuse d'une hostilité immédiate, d'une réponse par les armes ; et il laissait à la gravité morale, à l'indignation vertueuse de Burke, le soin de passionner encore les esprits pour cette guerre, par le récit de tout ce que la tyrannie de la Convention et des clubs avait accumulé en France de calamités et fomentait de passions antisociales.

Une grave circonstance du régime intérieur de l'Angleterre prouva combien ce langage et ces craintes avaient pris d'empire. Depuis longtemps déjà, on songeait, on aspirait dans ce libre pays à une réforme des lois électorales.

Tout le monde sait quelles inégalités choquantes, quelles anomalies singulières y dominaient, les unes venues d'anciens usages, les autres amenées par le temps et par les changements qu'il avait faits dans la population des bourgs et dans les rapports numériques des principaux centres d'industrie et de richesses ; de telle sorte qu'au milieu du progrès des lumières et des lois, le régime électoral était devenu, à quelques égards, moins raisonnable et moins régulier dans sa forme qu'il ne l'était sous Jacques Ier ou sous Élisabeth.

Ces incohérences, les corruptions et les abus qui en étaient la suite, étaient partout dénoncés. M. Pitt lui-même, ce Ministre-né, ce conservateur essentiel du pouvoir, s'était occupé de bonne heure de la réforme électorale, comme de *l'abolition de la traite des noirs;* et il avait eu l'intention de présenter sur ce point un système nouveau et fort agrandi.

C'était le précédent qu'invoquaient, le gage que réclamaient aujourd'hui Fox et ses amis, ceux-là même qu'on accusait de complaisance pour la révolution française, et qui certes auraient passionnément voulu que la date d'une si grande émancipation, chez un peuple voisin, ne fût pas marquée par le procès et le supplice d'un Roi. Cette époque vit donc en Angleterre un grand effort, une grande levée d'armes parlementaires pour obtenir la réforme. Fox, Grey, Erskine s'épuisaient à dénombrer les contradictions, les inégalités, les vices du système actuel, les nombreuses députations de bourgs issues de quelques centaines d'électeurs, la majorité de la Chambre des Communes nommée par la moindre partie du corps électoral, et ce corps lui-même laissant en dehors la majorité de la nation, et beaucoup même de propriétaires et de commerçants.

Mais tous ces calculs se brisaient devant la raison, ou si vous voulez la passion d'État, et contre le nouveau langage de Pitt et de Burke, qui, sans rien désavouer de leurs anciens principes, opposaient à toute réforme actuelle la liberté dont jouissait l'Angleterre, la justice, la sécurité dont elle était en possession, et les malheurs où la vaine poursuite d'un perfectionnement théorique avait jeté un autre peuple tombé sous le joug des passions turbulentes, et sous le despotisme instable de la démocratie.

« J'ai moi-même autrefois, disait M. Pitt[1], présenté
« une motion pour la réforme; et je désire constater
« les motifs qui m'engagent aujourd'hui à la com-
« battre. J'avais fait ma proposition durant une pé-
« riode de paix profonde, quand nul nuage n'appa-

[1] *History of Europe*, etc.; by Arch. Alison, t. I, p. 520.

« raissait sur l'horizon politique, et que le moment
« semblait favorable pour amender nos institutions, en
« vue de les préserver ; aujourd'hui le cas est tout dif-
« férent.

« La Révolution française a tout à fait changé, non
« seulement l'opportunité d'une telle réforme, mais la
« classe d'hommes par qui, et le but pour lequel cette
« réforme était appuyée.

« Depuis que ce grand bouleversement a commencé,
« j'ai remarqué qu'il s'est élevé dans notre pays un
« parti peu nombreux, mais formidable, qui poursuit
« un objet très-différent d'une réforme modérée, n'as-
« pirant à rien moins qu'à introduire ici les principes
« français avec toutes leurs horreurs.

« Dans ces circonstances, le bien pratique à espérer
« d'une réforme a disparu, et les dangers à craindre de
« l'adoption de tout changement considérable ont dé-
« cuplé.

« Sur cette base, quand même je priserais aussi haut
« que jamais les avantages d'une réforme, j'aimerais
« mieux abandonner mon projet, que d'affronter un tel
« danger. Il est évident maintenant que la question
« n'est pas de savoir, s'il convient d'accorder une ré-
« forme modérée, mais s'il faut ouvrir passage au tran-
« chant de l'épée, qui, une fois tirée à l'intérieur, frap-
« pera çà et là, et déchirera l'Empire.

« D'où viennent aujourd'hui les pétitions pour la
« réforme? Est-ce des amis de la Constitution britan-
« nique, de ceux dont le caractère et les principes sont
« une garantie convaincante, que leur but est de ra-
« jeunir, et non de renverser nos institutions ? Non :
« elles viennent toutes des associations formées dans le

« pays, pour la propagation des principes jacobins;
« elles viennent des admirateurs avancés et ardents de
« la République française, des correspondants et imita-
« teurs de l'Assemblée nationale, de ces hommes chez
« qui tous les maux que ces principes ont produits, et
« tout le sang qu'ils ont fait répandre, ne font naître
« aucune défiance de leur certitude.

« Il faut que nous soyons aveugles, si nous n'aperce-
« vons pas quel est le réel objet d'une innovation sou-
« tenue par un tel parti. En France, à ce moment
« même, ils préconisent la réforme parlementaire
« comme le moyen de promouvoir tous leurs plans
« de révolution dans notre pays; et un changement
« dans notre représentation n'est à leurs yeux qu'un
« pas vers la formation d'une Convention britannique,
« et le renversement total de nos institutions civiles et
« religieuses. »

Il y avait peut-être exagération dans cette crainte et dans le tableau de ce renversement présumé; mais n'entendez-vous pas là le cri de guerre et de résistance absolue contre des assaillants trop formidables?

Le bon sens anglais répondit à cette puissante alerte : la proposition de réforme [1] présentée par lord Grey fut rejetée par une majorité de 282 voix contre 41. Les menaces de révolution tombèrent du même coup; d'autres actes inspirés du même esprit, la suspension de l'*alien bill*, l'interdit légal jeté sur certaines correspondances à l'étranger, la poursuite de certaines affiliations avec la France, raffermirent le patriotisme local contre cet esprit de propagande armée qui lui est

[1] *History of Europe*, etc.; by Arch. Alison, t. I.

si contraire. L'Angleterre, libre encore (car elle gardait les discussions publiques et illimitées de son parlement, sa presse indépendante, son jury d'accusation et son jury de jugement, son droit de réunion publique), l'Angleterre, concentrée, mais non emprisonnée dans des lois plus sévères et une répression plus rigoureuse, parut ce qu'elle devait rester longtemps après, le plus direct et le plus opiniâtre antagoniste de la Dictature française, sous sa forme démocratique ou militaire.

Dès ce moment, elle fut l'arbitre des Coalitions, signant à Londres, le 25 mars 1793, un traité d'alliance intime, de commerce et d'armement solidaire avec la czarine de Russie; signant, le 25 avril, une convention d'alliance militaire et de subsides avec le roi de Sardaigne; le 25 mai, une alliance de garantie territoriale réciproque avec le roi d'Espagne; le 14 juillet, une alliance offensive contre la France, avec le royaume des Deux-Siciles et avec le royaume de Prusse; et, enfin, signant, le 30 août, des traités de confédération semblables avec l'empereur d'Allemagne et avec le roi de Portugal.

Ainsi, dans l'intervalle de six mois, l'activité diplomatique de l'Angleterre avait réuni tous les États de l'Europe, sauf le Danemark, la Suède, et les petites principautés d'Italie, dans une hostilité commune contre la France en révolution. Que si pour cette œuvre l'Angleterre ne promettait d'abord qu'un contingent de vingt mille hommes, cela même était la politique de Pitt, avare du sang anglais, ne voulant pas, au début de cette lutte qu'il prévoyait longue, exposer son pays, sur aucun point, à la chance d'une défaite, et préférant pousser à prix d'argent, contre la France, les forces des autres nations de l'Europe. C'était, d'ailleurs, aussi la nécessité et le vœu de l'Angleterre, encore accoutumée chez elle à la défiance d'un établissement militaire trop nombreux, à l'emploi de petites armées, et bien éloignée, à cette époque, de la pensée des immenses efforts où elle fut plus tard entraînée par les pertes des Coalitions successives.

Quoi qu'il en soit, dès lors l'aspect seul de l'Angleterre réunie dans sa prévention violente, exhalant par ses journaux l'insulte et la haine, en recrutant contre la France les armes de tous les peuples, l'hospitalité même de ce pays qui maudissait le nôtre devenait intolérable à tout cœur français, que le malheur et le ressentiment n'avaient pas dépouillé de ses instincts d'origine.

CHAPITRE V.

DERNIÈRE ENTREVUE DE M. DE NARBONNE AVEC M. PITT; SON DÉPART DE L'ANGLETERRE.

Émigré involontaire, ne désavouant ni ses premiers principes, ni ses actes, M. de Narbonne, malgré ses liens d'affection intime avec d'illustres membres de l'opposition britannique, se sentait mal à l'aise à Londres, comme s'il eût été captif dans un arsenal ennemi. Un fait particulier aggrava pour lui les déplaisances et les difficultés de ce séjour. M. Pitt, près duquel il n'avait eu, peu de temps après son arrivée, qu'un accès fort passager et de nul effet, nous l'avons dit plus haut, M. Pitt qu'il ne rencontrait pas d'ailleurs dans le cercle désormais plus fermé des principaux whigs, désira tout à coup le voir particulièrement. M. de Narbonne, averti par un des amis du Ministre, se rendit à cette entrevue, dont bien des années après il avait gardé vif souvenir : « Rien, disait-il, ne l'ayant plus convaincu de
« l'inexpiable prévention qu'avaient suscitée dès l'o-
« rigine certains attentats, certaines violences irréli-
« gieuses du parti révolutionnaire de France. Car,
« ajoutait-il, les plus grandes erreurs en politique, ce

« sont toujours des offenses à la justice et à la loi mo-
« rale; il n'y a pas de grande iniquité qui finalement
« n'ait été une grande faute. »

M. de Narbonne, dans cette entrevue à la maison de campagne du premier Ministre, dînant en tiers avec lady Stanhope, trouva cet homme d'État, d'un courage habituellement si haut et si calme, frappé d'un secret effroi, en même temps qu'ulcéré d'une haine implacable contre tout ce qui se faisait en France. Évidemment il n'en espérait pas la répression prochaine au prix d'aucun effort humain, bien éloigné en cela de l'illusion des émigrés; mais il croyait la guerre, la guerre sur tous les points, le seul préservatif pour son pays, contre une contagion d'opinions armées et destructives qui, si elles triomphaient, disait-il, ne laisseraient nulle part en Europe ni armes ni opinions. Il haïssait donc la Révolution française d'une haine politique et personnelle, la redoutant pour la Constitution, pour les lois, pour le foyer domestique des Anglais, si elle n'était arrêtée par quelque obstacle plus fort qu'elle.

Après les expressions d'horreur et de regret si naturelles à cette époque, sous le coup réitéré des événements de France, depuis le procès de Louis XVI jusqu'à l'échafaud de Marie-Antoinette, M. Pitt, tournant vite à son but, pressa M. de Narbonne de questions habiles sur l'état intérieur de la France, ses forces actuelles, ses ressources possibles.

« Vous aviez fait merveille pour ce pays, lui dit-il,
« avant les dernières folies et les derniers crimes de la
« faction jacobine, pendant qu'il était permis encore de
« le servir, sans mettre le bras jusqu'au coude dans le
« sang. En quelques mois vous aviez remonté le maté-

« riel de ses places fortes, rétabli ses garnisons et mis
« sur pied une armée de cent cinquante mille hommes.
« Mais aujourd'hui il n'y a plus que le chaos et le défi-
« cit, une banqueroute à combler avec les dépouilles de
« l'Église et les biens des émigrés.

« La Convention en est à créer huit cents millions
« d'assignats, tant elle est pauvre avec tout ce qu'elle
« a pris! Comment suffira-t-elle à ce que vous aviez si
« bien commencé et à ce que vous laissiez à faire en-
« core, dans vos places fortes et dans vos ports, de Stras-
« bourg à Toulon et de Metz au Havre? Je crois que,
« pour le salut de l'Europe et de la société civile, nous
« devons être décidés à une longue guerre, à une guerre
« irrémissible jusqu'à l'extinction du fléau; mais je ne
« m'étonnerais pas qu'elle fût abrégée par le soulève-
« ment d'une partie de la population, dans vos pro-
« vinces de l'Ouest et du Midi.

« La défection même de quelques chefs militaires est
« probable, dans l'horreur qu'inspire la tyrannie de la
« Convention, et dans le doute sur sa durée. »

La réponse de M. de Narbonne fut d'abord générale, et plus en réflexions qu'en faits. Il conseillait au Ministre de ne pas mettre en avant ce principe d'une guerre implacable, cette déclaration d'un duel à mort, si bien faite pour susciter une résistance désespérée. Il rappelait que les menaces violentes du Manifeste du duc de Brunswick avaient précipité l'armement de la France, que cet armement pouvait prendre des proportions imprévues, la prudence et la mesure ordinaire des efforts n'étant plus applicables à un pays en révolution, où la souffrance publique multiplie les instruments de guerre, où la misère recrute les camps.

« Ah! dit M. Pitt, je savais bien que vous étiez *whig*,
« vous parlez comme fait Erskine, pour déconseiller et
« décréditer cette guerre; mais je sais aussi que vous
« êtes bon Français, aussi noble de cœur que de nom. Le
« Roi dont vous étiez Ministre est supplicié, la Reine,
« sa famille, votre ordre entier, les nobles, les prêtres,
« les propriétaires sont mis à mort, comme dans une in-
« vasion de barbares; il n'y a plus de Français que sur
« le Rhin, et Paris n'est plus qu'un réceptacle de mal-
« faiteurs décimant un troupeau d'esclaves, comme
« dit Burke. »

« L'honneur est encore dans les camps de la Répu-
« blique, reprit M. de Narbonne; et, au milieu des cri-
« mes de la Dictature Conventionnelle, je ne m'étonne-
« rais pas que l'horreur même qu'ils excitent ne réagît
« utilement sur notre ligne de défense, en y portant
« toute la force vitale et tous les sentiments généreux
« du pays. Prenez garde d'unir, malgré eux, tous ceux
« que vous enveloppez de la même haine.

« Nous autres bannis, et condamnés par contumace,
« nous sommes de mauvais témoins sur la force et l'es-
« prit de la France; nous ne voyons que les crimes par-
« tiels, dont nous avons senti l'atteinte; mais défiez-vous
« de ce qu'ils peuvent recéler derrière eux d'audace et
« d'énergie. »

« Oui, dit M. Pitt; mais c'est ici une question de vie ou
« de mort pour la civilisation. Il faut que tous les gens
« de bien s'entr'aident. Aristocrates ou Constituants,
« partisans des trois Ordres ou d'un seul, Royalistes
« ou *Fayettistes*, vous êtes tous également dénoncés,
« dépouillés, assassinés. Certes, quand vous reformiez
« si vite le cadre de l'armée, quand vous y maintenez

5

« sur leur parole, sans serments officiels, tant de jeunes
« officiers riches et de bonne famille, vous ne vouliez
« pas préparer des gardes du corps aux bourreaux.
« Quel doit être maintenant le désordre de ces régi-
« ments, avec le ferment jacobin qu'on y verse chaque
« jour! quelle est la confusion d'idées des généraux,
« des officiers! ne croyez-vous pas que beaucoup ont
« en haine la dictature conventionnelle et peuvent lui
« échapper, d'un moment à l'autre?

« Vous, comte de Narbonne, qui êtes séparé de ces
« hommes par vos sentiments, votre proscription, vous
« savez les côtés faibles de la France en convulsion,
« sous la main des oppresseurs qui la torturent.

« Sur quel point croyez-vous la délivrance plus fa-
« cile? c'est un Cobourg qui va commander l'armée
« des alliés; l'Angleterre n'aura d'abord qu'une action
« limitée, vingt mille hommes qui débarquent en Hol-
« lande et se réuniront à dix mille Hanovriens ou Hes-
« sois. Mais l'Europe entière est solidaire dans cette
« œuvre de libération; et elle doit encore compter pour
« alliés les Français proscrits par la tyrannie, qu'elle
« veut détruire. Le patriotisme même consiste à abré-
« ger par tous les moyens la durée de la guerre et de
« l'oppression qui pèse sur la France. Que devons-nous
« faire pour cela? Vous savez les ardeurs d'espérances
« des émigrés; je suis de leur part accablé d'avis et de
« projets sans noms, ou trop signés; mais vos vues, vos
« moindres conjectures nous seraient d'un bien grand
« prix. »

« Pour cela, reprit M. de Narbonne, je ne suis bon
« à rien; je ne sais aujourd'hui de la France qu'une
« chose : c'est que l'excès du péril peut la rendre in-

« domptable, et que sous la tyrannie intérieure qu'elle
« subit, au nom de la liberté, elle est passionnée pour
« l'indépendance de son territoire.

« A la menace de la guerre et de l'invasion, j'ai vu
« accourir sous le drapeau tricolore des milliers de
« volontaires; j'ai vu des officiers royalistes devenir ré-
« publicains sous le feu de l'ennemi, et le point d'hon-
« neur de naissance, bien moins puissant que la con-
« signe.

« Quant aux côtés faibles du pays, aux passages mal
« gardés, aux consciences mal défendues, je ne les
« connais pas; je ne les dirais pas aujourd'hui. Vous
« avez peut-être quelques avis particuliers sur Dumou-
« riez, sur Biron et tel autre fugitif ou non. Soyez sûr
« que ces hommes-là manquant, demain il s'en fera
« d'autres par la vertu de la terre; il en sortira du
« pavé des rues, comme il en est venu des châteaux.
« Personne ne vous livrera le secret et la force de la
« France. Ce secret et cette force sont partout.

« Les menaces de l'étranger contre-pèsent les excès
« du régime intérieur; et, sous un pouvoir détesté, vous
« rencontrerez un peuple dévoué à la patrie sanglante
« qu'il défend. J'ai fait trop peu, pendant mon court
« passage au Ministère; mais ce qu'alors j'ai vu et su
« est sacré pour moi. Les hommes qui ont touché au
« gouvernement de leur pays ont contracté une autre
« dette encore que celle de la fidélité commune. Ils
« sont engagés à ce pays comme, dans notre culte,
« le prêtre l'est à l'homme dont il a reçu la confession
« et vu l'état intérieur; il y a là un secret que rien
« ne permet de révéler, ni le malheur, ni même le
« crime de ceux qui l'ont confié.

« Je hais, comme vous, monsieur, la politique san-
« guinaire des Comités de la Convention; je n'en at-
« tends pour moi que la proscription et la mort. Mais
« si de mon administration de la guerre et des souve-
« nirs qu'elle m'a laissés, je tirais un seul mot nui-
« sible à la défense militaire de mon pays, je me croi-
« rais un traître, et je le serais; j'aime mieux n'être
« qu'un réfugié, chassé bientôt peut-être de son exil,
« comme il l'a été de sa patrie. »

On concevra que ce point d'honneur envers un parti
détesté, cette délicatesse politique dans l'*Émigration*
touchât peu M. Pitt, tout entier à ses inquiétudes et à
sa haine politique. L'entretien ne se prolongea point; la
séparation fut froide; et quelques semaines après, M. de
Narbonne, au milieu des cris de guerre chaque jour
plus bruyants, reçut l'avis impératif de quitter l'Angleterre.

CHAPITRE VI.

RETRAITE DE M. DE NARBONNE EN SUISSE. — SES RELATIONS AVEC D'AUTRES BANNIS. — SON JUGEMENT SUR UN D'EUX. — SA CORRESPONDANCE AVEC FOX. — SON DOUTE SUR LA PAIX. — SON REFUS DE RENTRER EN FRANCE, AUSSITÔT APRÈS LA *Terreur*.

Réfugié de nouveau en Suisse, M. de Narbonne devait y consumer quelques années obscures et en apparence tout à fait oisives, durant les terribles préludes et les premiers incidents de cette longue Guerre Européenne, que lui avait annoncée M. Pitt. Il apprit là les victoires des armées républicaines, ces victoires enlevées à grands sacrifices d'hommes, cette invasion de la Belgique, cette reprise de Toulon sur les Anglais, ces camps glorieux de Sambre-et-Meuse, toutes ces héroïques diversions de la Révolution française, qui la jetèrent de si bonne heure dans les voies de la conquête, et sur la route inévitable du despotisme.

A la même époque vivait fort retiré dans le même pays, sous la faible protection de la Neutralité Suisse, un Prince banni et dépouillé, que nous avons vu depuis, au milieu des soins de sa fortune à reconstruire, s'acheminer lentement au Pouvoir, y monter dans une tempête, le diriger longues années d'une main adroite et ferme, suffisant à chaque jour, mais ne dominant pas l'avenir, luttant de toute sa force pour vivre sur le trône, mais n'en ayant pas assez peut-être pour fonder après soi. Philippe d'Orléans, non moins pauvre alors, non moins dénué d'appui que M. de Narbonne, donnait l'exemple de la plus infatigable constance contre l'adversité : il patientait et jouait avec elle, comme on l'a vu plus tard ruser habilement avec les difficultés d'un gouvernement nouveau et d'une liberté souvent ennemie, par ignorance de ce qu'elle possédait et pouvait perdre.

Les haines de l'Émigration, alors dans toute leur âpreté de rancune et toutes leurs illusions d'espérance, ne pardonnaient pas au jeune Duc l'attentat de son père, ni son propre courage, et les preuves qu'il en avait données à Valmy.

Suspect à tous, entre la France d'où il était proscrit, sa parenté royale dont les souvenirs l'accusaient, les Puissances étrangères qui lui portaient défiance et malin vouloir, il avait beaucoup à faire pour remonter graduellement à son rang, même dans l'exil, pour désarmer d'abord les préventions des siens, arriver à la main d'une Princesse choisie dans la branche royale la plus contraire aux principes qu'il avait servis, et accomplir, pour ainsi dire, sa restauration de Prince dans sa propre famille et dans celle des Rois Européens, avant que le cours des événements rendît possible la Restauration de la Dynastie des Bourbons sur le trône de France.

Cette tâche si compliquée, le jeune duc de Chartres la commençait alors, dès l'âge de vingt ans, par la rigide simplicité de sa vie, son travail assidu et sa réserve prudente. Il ne désavouait pas ce qui avait entraîné son extrême jeunesse ; il ne désertait pas, même en exil, le Drapeau sous lequel il avait combattu; il ne recevait de l'étranger ni consigne, ni subsides. Sauvé de France après le 21 janvier, apprenant à Francfort l'emprisonnement et le procès de son père, ne pouvant rien contre le malheur qu'il prévoyait, et occupé de protéger sa sœur, madame Adélaïde, fugitive comme lui, il s'était d'abord arrêté avec elle dans la petite ville de Zug, en Suisse. Mais en butte au Magistrat de cette ville, qui se montrait fort mécontent d'avoir à réfugier un proscrit de la République française, sitôt qu'il eût mis en sûreté sa sœur dans le couvent de Sainte-Claire, près de Bremgarten, il avait obscurément repris une vie errante à travers la Suisse, souvent rebuté, souvent menacé de la misère, jusqu'au commencement d'octobre 1793, que venu à Lucerne, il se trouva tout heureux d'obtenir, sous un nom étranger, après examen de capacité parfaitement soutenu, une place de professeur de mathématiques et de langues modernes, dans le pensionnat établi au village de Reichenau. Ce fut dans cet asile qu'avec 1,400 francs de salaires laborieusement gagnés, il passa quinze mois, et devint duc d'Orléans par la mort cruelle de son père; mais duc d'Orléans proscrit, ruiné, séparé du monde et ayant tout à faire pour remonter de degrés en degrés jusqu'au point d'où sa famille était si effroyablement déchue.

M. de Narbonne, que plus d'un rapport d'opinions rapprochait du jeune Prince, quoiqu'il eût détesté l'ambition et les fautes de son père, le vit alors plusieurs fois avec grand respect, dans l'intervalle qui s'écoula depuis le départ de madame Adélaïde pour la Hongrie, en mai 1794, jusqu'à celui du Prince pour Hambourg, un an plus tard. On dit même que chez la baronne de

Montolieu et dans quelques autres cercles d'émigrés français, réunis de points fort divers, M. de Narbonne ne craignit pas de montrer dans l'avenir, pour le jeune Duc, une destinée que lui avait déjà brutalement prophétisée Danton, au retour de Valmy.

Cette idée que faisaient naître la personne même du jeune professeur de Reichenau, son esprit facile et pénétrant, sa conversation déjà pleine d'idées et habilement circonspecte, M. de Narbonne l'avait gardée très-présente, et l'exprimait longtemps après, tout en disant que cela comme autre chose « pourrait bien être une halte plutôt qu'un terme, dans les vicissitudes de la France. » Mais il était singulièrement frappé de ce que parfois à Paris, et plus tard à Lucerne et à Glaris, parmi les agitations du Palais-Royal, et dans plus d'une promenade solitaire aux environs de Reichenau, il avait remarqué d'instinct politique et de résolution sensée dans ce jeune Prince si peu changé par l'infortune; et bien des années après, vers 1809, lorsqu'à l'époque des premières atteintes portées en Espagne à la gigantesque fortune de l'Empereur, on parlait en haut lieu de l'intention du duc d'Orléans de passer dans ce pays, et de prendre un Commandement militaire, sous les Cortès de Cadix : « J'y crois tout à fait, dit confidentiel-
« lement M. de Narbonne ; cela me paraît être de son
« courage et de son bon sens : c'est sa première Cam-
« pagne d'Émigration qu'il veut faire ; et il en choisit à
« merveille le terrain et le moment. »

La Suisse, à la fin de 1792 et plus tard, était l'asile d'une autre personne éminente à laquelle appartenait, par attrait de cœur, par admiration du talent, par reconnaissance d'un récent service, tout le dévouement de M. de Narbonne. Retirée près de son père, au château de Coppet, madame de Staël ne cessait de suivre avec une douloureuse angoisse les agitations de notre malheureux pays placé si près d'elle et désormais si hostile ou si funeste à tout ce qu'elle aimait. La mort du Roi et les crimes de la Terreur, le 2 septembre, le 21 janvier, le 31 mai, toutes ces dates du Martyrologe nouveau l'avaient jetée dans une tristesse profonde, dans une sorte de désespoir de tout bien qui suspendit quelque temps l'activité de cet esprit si animé, et semblait, à force de pitié, ralentir en elle le mouvement de la vie, en la glaçant d'horreur. Ainsi l'ont dépeinte quelques amis dignes d'elle, étrangers ou français, et dans ce nombre M. de Narbonne, ramené plusieurs fois vers elle, pendant son obscur et errant séjour en Suisse. Elle n'avait plus aucune force de travail; et sa pensée, toujours prête à se soulever d'indignation, était étouffée par les larmes.

La menace d'un dernier crime la tira de cet abattement. A la nouvelle du procès de la Reine de France, le cœur brisé, comme femme, comme mère, elle avait écrit quelques pages d'une simplicité déchirante, jetées au vent du côté de la France, pour y exciter, s'il était possible, dans le peuple, et porter jusqu'aux plus sanguinaires tyrans quelque instinct de honte et de pitié.

Ce crime, le plus hideux et le plus vil des meurtres révolutionnaires, s'était achevé comme les autres; et il n'y avait plus eu de trêve à l'effusion du sang et à la torture des âmes honnêtes, jusqu'au jour où l'expiation avait commencé par la révolte d'une partie des bourreaux contre le pire d'entre eux, et par la chute de Robespierre jeté, la mâchoire brisée, sur l'étal de boucher de la sanguinaire Commune de Paris, en attendant l'échafaud.

Ce jour, qui relâchait enfin les liens de fer de la Terreur, donna à la France une de ces joies telles que l'histoire les a peintes, à la mort de Tibère, de Caligula, de Domitien ; joies d'abord muettes et sombres, comme troublées par le doute, puis éclatant, lorsqu'elles se croient sûres, en transports effarés, en folles danses, et en insultes infâmes, comme leur objet. Rien n'avait manqué à cette ressemblance de l'antique et du moderne ; car, de même que le premier jour où fut annoncée à Rome la mort de Tibère, les cruautés ordinaires ne s'étaient pas encore arrêtés, et les condamnés politiques de la veille avaient été conduits au supplice et frappés de la hache, comme un autre jour ; ainsi la charretée de victimes marquées pour le 9 thermidor ne se détourna pas de l'échafaud, où Robespierre allait être traîné mourant ; et la terreur de son règne continua de tuer, le jour même de sa chute et de sa mort.

Cependant, comme aucune âme n'était plus que madame de Staël tourmentée par la pitié et consternée par la douleur, aucune âme aussi ne revenait plus vivement à l'espérance, dès qu'il apparaissait quelque signe de changement. La destruction de Robespierre, et bientôt après la rémission de tous les ressorts de la Terreur, cette révolution presque inespérée, ce premier arrêt dans la route entraînante du crime, ranima madame de Staël. Quoique des noms odieux et des mains sanglantes gardassent encore le pouvoir, elle recouvra presque aussitôt, avec un sentiment plus grave de reconnaissance pour Dieu, cette confiance dans les idées de perfectibilité humaine, cette croyance à l'ascendant suprême de la justice et de la raison, qui avaient été la foi de sa première jeunesse.

Il lui sembla qu'après cette grande délivrance, pour ramener l'ordre et la liberté dans notre pays, il ne fallait plus qu'une chose, la cessation de la guerre extérieure, ce stimulant et ce prétexte de toutes les violences. Ce fut dans cette pensée que, déjà plus calme et souriant à l'avenir, elle publia son écrit intitulé : *Réflexions sur la paix, adressées à M. Pitt et aux Français.*

M. de Narbonne ne partageait pas l'illusion généreuse qui avait dicté cet écrit : il avait vu de trop près M. Pitt et ses amis, il connaissait trop bien les craintes et la haine que 1793 avait excitées dans la Société Anglaise, pour croire que le renversement de Robespierre suffît seul à réconcilier la France avec ses ennemis. Il n'attendait la paix que de victoires si extraordinaires, qu'elles donnassent à l'Europe une crainte plus forte que son aversion.

C'était alors le dissentiment de cet esprit si juste, avec la noble imagination de madame de Staël. Il s'empressa cependant de faire passer à M. Fox, auquel il écrivait souvent, le livre de son illustre amie; et celui-ci, d'une philanthropie presque aussi candide, malgré ses vingt années de parlement, s'appuya de cet écrit et en fit un digne éloge, en même temps qu'il en reproduisait les pensées principales, pour exhorter à la paix le Ministre son rival, qu'il avait si obstinément détourné de la guerre. Mais il n'était pas temps de réussir en cela; et il fallait bien des mécomptes, des abandons et des revers, pour que M. Pitt admît, même en se retirant en arrière, et par d'autres mains que les siennes, la tentative d'une paix, qui ne pouvait être à ses yeux qu'une trêve douteuse et courte.

La France, délivrée d'un monstre, revenait du paroxysme de la terreur à une fièvre de guerre qui ne pouvait tomber de sitôt, et qui prolongeait la ruine de toute autre activité, le bouleversement des classes sociales, l'ardeur désordonnée des esprits, et la promotion soudaine des courages et des talents sortis de la foule.

Toutefois, de ce fait seul que la guerre se continuait désormais, sans l'appui des échafauds, que la Convention, longtemps si implacable, revenait à des maximes d'humanité, que des hommes sanguinaires proposaient des actes d'amnistie et de réparation, il y avait un grand répit dans la violence du mouvement qui emportait la France; et dès la fin de 1794, cette terre, qui avait dévoré tant de victimes, redevenait habitable. La Convention, comme ces grands foyers volcaniques qui, après avoir éclaté, s'affaissent au milieu des ruines qu'ils ont faites, s'éteignait dans la modération, en laissant après elle cette constitution de 1795 d'où sortait le Directoire, comme une espèce de terme moyen entre la *Terreur* et la liberté légale, gardant encore au pouvoir quelques hommes du Régime de sang, mais avec des adversaires pour collègues, et une autre atmosphère autour d'eux.

Quoi qu'il en soit, cette substitution d'un Gouvernement faible et corrompu à un Gouvernement assassin était une grande amélioration dans le sort intérieur de la France. Ce pays n'était plus fermé, sous peine de mort, à tous ceux qu'il avait proscrits; les lois cruelles de la Révolution s'atténuaient par la désuétude et l'horreur. Des lois plus justes étaient promulguées, pour rendre les biens aux enfants des condamnés. Bientôt il n'y eut plus d'échafauds, même contre ceux qui en avaient fait un si épouvantable abus.

Faut-il blâmer les esprits confiants qui, dès lors, après avoir détesté la Révolution dans ses crimes, s'empressaient de la suivre dans cette voie nouvelle, où elle semblait entrer? Certes, leur sécurité n'était pas assez prévoyante; le Directoire ne pouvait rien fonder. Mais dès que le mal s'arrête, dès que le repentir ou même la nécessité ramène les hommes publics à quelques principes de justice et de modération, il sera toujours bon de ne pas les délaisser dans cet effort.

Madame de Staël se hâtant de rentrer en France, à l'avénement du Directoire, y prenant, au milieu de l'espèce d'ordre déjà rétablie, une part d'influence, donnait par sa présence un signe favorable; elle marquait le retour de l'humanité, et pour ainsi dire la renaissance de la société polie dans Paris. Elle n'y rappelait pas seulement cette élégance de mœurs et cette supériorité d'intelligence qui excluent certain degré d'iniquité publique; elle y représentait, femme, et femme de génie, les principes de liberté politique, de dignité morale et de générosité, sans cesse invoqués dans ses écrits. Elle leur donnait ces formes élevées de l'imagination et de la passion, qui dans une société mal assise et troublée sont parfois nécessaires, pour recommander même le bon sens et l'équité. Il était consolant, il était heureux que, deux ans après la tyrannie des Comités, la femme éloquente qui avait écrit *la Défense de la Reine*, et qui plus tard avait gravé le stigmate d'infamie au front des *Terroristes*, dans sa description de ce qu'elle appelle *la passion du crime*, revînt tenir son salon à Paris. Le despotisme démagogique paraissait plus détruit, et désormais plus impossible, quand elle parlait.

Mais dans les accidents et les retours de la vie politique, il est des choses qui ne vont qu'à certaines personnes, qui n'ont de grâce et de puissance que dans certaines bouches.

M. de Narbonne, à cette même époque, obscurément et pauvrement retiré dans la ville de Glaris, en Suisse, ne songea à profiter d'aucune facilité nouvelle pour rentrer en France; il déclina même un appui, dont profitaient quelques autres de ses amis exilés. Il voyait la France, tout en se reposant de la Terreur, sous un gouvernement plus licencieux que libre, rester en proie à ce mal de l'incertitude qui est la phthisie des États. Il attendait donc avec impatience, mais sans illusion, sachant que les révolutions s'abaissent comme elles se sont élevées, qu'elles ont leurs stations de décroissance plus ou moins sûres, plus ou moins longues, et qu'il ne faut se rapprocher de celle qui semble s'offrir à vous, que lorsqu'on y trouve honneur d'abord, et quelque chance de durée.

CHAPITRE VII.

CORRESPONDANCE DE M. DE NARBONNE AVEC MALLET-DUPAN. — SES VUES SUR UNE RESTAURATION POSSIBLE. — SON ÉLOIGNEMENT DE SUISSE. — SA RENTRÉE EN FRANCE A L'ÉPOQUE DU CONSULAT.

C'est dans cette disposition de solitude et d'attente, au milieu d'une active et studieuse retraite, que M. de Narbonne reçut le témoignage affectueux d'un homme célèbre alors et digne de souvenir, le publiciste émigré Mallet-Dupan, monarchique de cœur et de théorie, ayant une volonté forte et une prévoyance d'esprit que nulle peur, nulle surprise ne troublait. Mallet-Dupan avait, à d'autres époques, sévèrement jugé les efforts désespérés que M. de Narbonne faisait pour servir la cause royale. A ces efforts honorables, du moins par le désintéressement et le courage, il n'avait donné pour réponse, au nom du parti royaliste, que des censures faciles et de sinistres prédictions. Maintenant, comme tous les esprits fermes, plus instruit qu'abattu par l'extrême malheur, il restait le plus fidèle et était devenu le plus sage conseiller de l'*Émigration*. Il voulut donc avoir l'avis et l'adhésion de M. de Narbonne sur un acte fort important, dont il était dépositaire. C'était une *déclaration* à publier, pour la France et l'Europe¹, une lettre du comte d'Artois, recommandant et proclamant l'union de toutes les nuances de l'opinion monarchique, et par conséquent cette sincère adoption des Principes Constitutionnels que M. de Narbonne avait toujours conseillée, et dont ne le corrigeait, disait-il, nulle faute commise en leur nom, et nul malheur souffert pour les défendre.

Mallet-Dupan, fort actif alors en vue des chances de succession que lui semblait offrir l'autorité instable et avilie du Directoire, désirait vivement que le Manifeste destiné à justifier un des princes de la Maison de Bourbon, et à soutenir les bonnes intentions de l'aîné de ces princes, Prétendant direct de la Couronne, obtînt le suffrage de l'ancien Ministre constitutionnel du malheureux Louis XVI. Le fond de cette pièce, sous la forme d'une lettre à l'ancien évêque d'Arras, était déjà la Charte de 1814, non pas seulement la transaction entre les hommes, l'amnistie imposée ou promise, mais la déclaration de certains principes, la reconnaissance de certaines règles inviolables de justice et de liberté, que les peuples ont droit d'obtenir, quand ils ont travaillé et souffert pour cela. C'est la rançon nécessaire des maux et des fautes de tous; rançon qui peut encore être plus d'une fois interceptée par la ruse et la violence, mais sans laquelle le sort d'un peuple ne sera jamais fixé, ni ses vœux raisonnables satisfaits, ni par conséquent le Pouvoir fondé pour un long avenir.

Convaincu de cette vérité, M. de Narbonne répondit avec empressement au loyal publiciste qui se rappro-

¹ *Mémoires et correspondance de Mallet-Dupan*, publiés par M. Sayous, t. II, p. 220.

chait de lui sur des ruines également déplorées de tous deux : « Royaliste par principe, lui écrivait-il, et at-
« taché à la maison royale par des liens que rien ne
« peut rompre, c'est avec un véritable bonheur que je
« la verrais suivre la marche indiquée dans cette lettre ;
« mais la mesure me paraît bien tardive ; et je doute
« presque de l'authenticité du conseil : ce doute levé,
« je regarderais comme un devoir sacré de faire tout ce
« qui est en moi pour le succès d'une cause qui, sou-
« tenue avec franchise et loyauté, satisferait enfin à
« ce qu'un honnête homme doit à son pays et se doit à
« lui-même. Car, aujourd'hui, ajoutait-il, quelle est la
« place que peut prendre l'homme qui a besoin d'obéir
« à sa raison et à sa conscience ? Vous, Monsieur, qui
« êtes si bien fait pour éclairer l'une et l'autre, n'avez-
« vous pas été condamné à déplaire à tous les partis, en
« leur disant des vérités sévères et utiles ? Si on eût voulu
« vous écouter, depuis longtemps, sans doute, cette
« lettre de M. le comte d'Artois eût tenu lieu de pro-
« clamation. Mais je crains bien qu'à présent même elle
« ne soit pas adoptée par le Roi[1]. »

Singulières vicissitudes d'opinions et de renommées !
C'était le comte d'Artois, le candide et fatal destructeur
de la Charte de Louis XVIII, qui levait alors le Drapeau
de la Constitution, trop oubliée quelques mois auparavant, dans la Proclamation de Vérone ! c'était le comte
d'Artois, dont M. de Narbonne craignait que le langage
légal et modéré ne fût pas admis dans la Cour émigrée
du futur fondateur de cette Charte, aujourd'hui radi-
calement détruite en vertu de la Souveraineté popu-

---

[1] *Mémoires et correspondance de Mallet-Dupan*, t. II, p. 221.

laire, après avoir été, il y a vingt-deux ans, suspendue en vertu du Droit divin, et trois jours après revendiquée et agrandie par le Droit parlementaire, qu'on jugeait alors, avec raison, la forme sérieuse et effective des Droits nationaux, celle qui donne et maintient la liberté pour tous, au lieu de la supprimer en leur nom.

Quoi qu'il en fût, vers 1796, de ces espérances et de ces préparatifs de Restauration, qui frappaient dès lors à nos portes, M. de Narbonne n'y vit pas assez clair, pour affecter de les servir par de vains efforts. Tout en méprisant le Directoire, et en niant la durée de la République, il croyait trop à la durée de la Révolution, pour concevoir sitôt le prodigieux changement prophétisé dès lors, avec une imprudence qui en doublait les obstacles.

N'attendant d'une démonstration prématurée de royalisme qu'une rechute vers la démagogie, ou quelque incident d'autocratie militaire à l'intérieur, il quitta même le voisinage inutile de la France et remonta en Allemagne, s'arrêtant tour à tour en Souabe près du lac de Constance, et en Saxe, où d'anciennes relations de cour et d'amitié lui assuraient un bienveillant accueil.

En même temps qu'il y connut par occasion, et y rechercha par goût plusieurs des grands esprits de la littérature germanique, il s'y rendit plus familiers et l'idiome allemand, et quelques-uns des monuments de l'antiquité classique, qui sont là si savamment étudiés : il notait encore ce temps, avec plaisir, comme une de ces époques de grande lecture, si rares et si disputées dans la vie ordinaire du monde. « Il y eut là, me disait-il un jour, pour moi d'autres Quartiers d'hiver, un autre Semestre de garnison, avec cette différence que, moins jeune et plus pauvre, j'en profitais encore mieux. » Aussi prolongea-t-il ce séjour, pendant toute la nouvelle crise qui suivit la journée du 18 fructidor (4 septembre 1797), ce coup d'État sans avenir, dont Augereau était le Bonaparte.

De loin, il jugea cet événement comme un nouvel accès révolutionnaire, qu'il fallait encore laisser passer, et qui rapprochait d'autant plus la France de quelque autre dénoûment obscur encore, mais certain : car il croyait toujours que l'iniquité ne fonde pas, et que dans les relais successifs pour revenir à l'état social régulier, à la stabilité nécessaire, à la liberté promise, la violence illégale finit par se heurter contre un Droit armé qui la renverse. Le Directoire, en effet, pouvait proscrire et non régner. Persécuteur à la fois de Carnot et de Barbé-Marbois, et devenu plus odieux, sans être moins méprisable, ce Pouvoir qui, après son triomphe, se sentait exposé par la haine de tous au premier Chef militaire assez ambitieux pour lui désobéir, fut bientôt mis en face d'un jeune guerrier, dont les victoires avaient seules soutenu cette honteuse administration, qu'elles accablaient maintenant. Vainement les prétendus Dictateurs avaient cru l'écarter ou le perdre par l'expédition d'Égypte : son retour soudain était pour eux l'heure fatale ; et il trouvait mûr enfin le fruit qu'il n'avait pas tenté d'arracher quinze mois auparavant.

Son coup d'État à lui frappait une Assemblée plus ou moins complice des proscriptions du Directoire, et dont le proscripteur Augereau était le secrétaire. Tout en ne vengeant que par une violence nouvelle l'infraction violente des lois, ce coup d'État semblait un retour à l'ordre et à la justice; et par une heureuse fatalité, il entraînait pour conséquences une foule d'actes tutélaires et généreux qu'on a célébrés comme des inventions de génie, et qui naissaient des iniquités accumulées par tous les Pouvoirs précédents. Aussi, quand Bonaparte fit la facile révolution du 18 brumaire (3 novembre 1799), tout courut docilement à sa rencontre; tout se pressait pour obéir, par un sentiment de délivrance bien plus que de servitude.

Grâce à l'abondance de malheurs, de persécutions, de spoliations qu'on lui donnait à réparer, il avait plus de faveurs à distribuer, plus de bienfaits à répandre que n'en eut jamais aucun Roi. Il avait la Dictature de la clémence et de l'amnistie, venant après plusieurs *Terreurs*, depuis celle des échafauds et des massacres de prison, jusqu'à celle de la déportation arbitraire et des assassinats politiques. Tant de persécutions entassées, tant de biens confisqués et non vendus encore, tant de citoyens bannis, tant de familles aux abois, cette horreur et ces misères que laisse l'abus de la force, lui offraient partout des chances de bienfaits et de popularité. Ses actes de pouvoir discrétionnaire même étaient bénis. Son ambition semblait une sauvegarde dont tout le monde avait besoin.

Par une rencontre particulière enfin, il succédait immédiatement, non pas aux erreurs, aux impuissances, aux divisions de la liberté gardant du moins encore ses enseignes et son nom, mais aux excès d'une Domination tyrannique et de deux Assemblées viciées dans leur principe, décréditées dans leur action. Survenant après ces violences et cette honte, il était le grand Juge de paix du pays, qui rassurait en commandant, et conciliait en faisant taire ; et tour à tour le soulagement qu'il accordait aux intérêts anciens abattus si violemment et l'appui qu'il maintenait aux intérêts nouveaux excitaient de grandes joies, et toute la reconnaissance d'un parti nombreux. On lui savait gré d'insérer au *Bulletin des lois*[1] de petits décrets arbitraires, mais assez opportuns, qui cassaient un arrêt de cour d'appel inquiétant pour les acquéreurs de biens nationaux, ou un *verdict* de jury trop timide dans la répression du brigandage armé, dont quelques districts étaient encore infestés; et l'opinion publique, complaisante à ces envahissements de pouvoir, s'habituait à voir dans un homme le correctif et le supplément de la loi.

Fatale disposition des esprits, qui donne aux intérêts longtemps menacés par l'anarchie quelques moments de sécurité hâtive, et au bon sens même quelques satisfactions vengeresses, mais qui retarde l'époque de la stabilité régulière et légale, et rend les peuples moins capables et moins dignes d'y atteindre jamais! Car il en est de la liberté, comme du crédit public : toute infraction qu'on y fait n'apporte pas seulement un dommage passager, mais laisse après soi affaibli et ruiné l'appui apparent qui subsiste encore.

La France n'y songea pas d'abord dans ce premier enthousiasme de renaissance sous l'épée d'un jeune héros; et jamais, il faut l'avouer, illusion plus générale ne sembla plus excusable, et par la terreur de ce qui avait précédé, et par l'éclat nouveau de ce qui s'annonçait. Le passé en effet et le passé tout récent, et comme imminent encore, ce n'étaient pas seulement les menaces

[1] *Collection des Lois, Décrets*, etc., t. VII, p. 558, 571, etc.

démagogiques de quelques sophistes spoliateurs et les soulèvements de quelques bandes aveuglées : c'était un long règne de tyrannie sanguinaire et de pillage légal, le règne de l'échafaud et de la confiscation s'étayant l'un l'autre, les Rois, les prêtres, les vieillards, les femmes égorgés chaque matin, et la délation, le vol, l'assassinat promenés sur toute la France.

Le premier répit qui avait suivi ces horreurs les laissait encore en vue et menaçantes. Le Directoire, né d'abord d'une réaction contre la Terreur, mais y retombant misérablement au 18 fructidor, et, par la proscription dans son sein de Barthélemy et même de Carnot, se montrant l'ennemi déclaré de tout ce qui avait quelque vertu, ou quelque grandeur, le Directoire, acculé à l'échafaud, n'avait plus eu que cette arme de défense, après la déportation épuisée; et déjà dans des écrits officiels, il avait annoncé comme une réserve extrême, comme une arrière-garde de la Révolution, les hommes de sang, les hommes du 10 août et du 2 septembre, chiens d'enfer qu'il s'était vanté de tenir en laisse, et de pouvoir lancer tout à coup. Déjà même il avait prélude aux exécutions sanglantes par des brigandages tolérés dans Paris, et des attentats privés commis sous le manteau de l'oppression publique.

C'est à de tels périls, à de telles ignominies que succédait comme par enchantement la jeunesse, la gloire, l'espérance, le plus brillant général qu'ait vu la France depuis les grandes années de Louis XIV, un vainqueur de Rocroy plébéien, un officier de fortune qui, à vingt-six ans, avait chassé d'Italie cinq armées étrangères, conquis la paix sur la route de Vienne, négocié habilement, comme il avait vaincu, humilié les rois, honoré le pape, fondé une république au delà des monts, et illustré celle de France, libre ou non, mais comblée de victoires.

Ce n'est pas tout : parti de nouveau, comme ces grands Capitaines que les Césars de Rome exilaient dans une lointaine conquête, il avait, en quinze mois, soumis l'Égypte, repris Alexandrie, comme sa ville natale, défait une grande armée turque, occupé l'isthme de Suez, menaçant de loin les Anglais sur le plus court passage qui conduise aux Indes; puis, maître du Delta, il avait envahi le désert et la Syrie, conquis comme un Croisé les villes de Gaza et de Jaffa, et gagné des batailles au pied du Thabor, comme devant les Pyramides : et maintenant, à travers ces bruits de renommée qu'un lointain mystérieux rend plus éclatants, avec cet attrait pour les imaginations, qui est nécessaire à la gloire, il arrivait inattendu, au jour le plus favorable, à l'heure de l'impatience et de la crise.

Il arrivait de cet Orient judaïque d'où, vers l'époque de Vespasien [1], on avait prophétiquement annoncé et espéré dans le monde les maîtres de l'empire; et malgré l'incrédule insouciance du temps, cette particularité même de sa prodigieuse fortune frappait les esprits; il arrivait presque seul, à travers les *croisières anglaises* surprises par sa promptitude; et, du rivage de Fréjus, dont il avait franchi dédaigneusement la quarantaine, les acclamations populaires et la foule accourue sur son passage lui avaient fait cortége jusqu'à Paris ; et là, quel accueil l'attendait ! Quelle cu-

---

[1] *Profecti Judæâ rerum potirentur.* Tacit. *Histor.*, lib. V.

riosité enthousiaste le suivait partout! Il faut avoir entendu des contemporains, jeunes alors, et d'une imagination sensible à la gloire pour se faire quelque idée de cette apothéose. Tout plaisait, tout imposait en lui, son front héroïque, sa parole originale et souvent gracieuse, son regard, dont la noblesse et le charme impérieux étaient vantés, je m'en souviens, non pas seulement par des Conseillers d'État et des dames ambitieuses, mais par des gens rebelles à la séduction comme au Pouvoir, un Ducis, un Lemercier, un Andrieux, esprits trompés quelquefois, mais cœurs honnêtes et libres, dont il y aurait à redire ailleurs bien d'attachants souvenirs; mais poursuivons.

Cette armée, que le général Bonaparte n'avait pas ramenée d'Égypte, et qui devait, hélas! y laisser tant de morts et de prisonniers, il la retrouvait dans tout ce qui portait la Cocarde tricolore. Les Généraux, les plus faits pour ne plier devant aucune gloire, reconnaissaient la sienne; et son État-major, le jour où il détrôna le Directoire, était formé de ceux qui auraient pu prétendre à la succession. Le lendemain avait encore bien surpassé cette prise d'assaut, où la hardiesse du génie avait été mêlée de quelque trouble, comme à l'abord et dans l'éblouissement d'une si grande conquête : le lendemain avait mis tout le monde aux pieds du vainqueur; et par l'étendue rapide des vues, le calme et la netteté du commandement, il avait paru le Chef naturel de tous ceux qu'entraînait sa fortune.

Le prestige de cet avénement, la féconde activité des débuts Consulaires, si admirés en France, ne jetaient guère moins d'éclat à l'étranger. Alors, pour la première fois, cette puissance révolutionnaire, qu'on avait regardée comme une surprise effroyable qui passerait, cette lave répandue à pleins bords, dont l'épuisement était attendu et prédit depuis tant d'années, on commença de croire qu'elle se fixait en granit, brûlante encore, mais accessible; et on eut le désir de traiter avec la France, comme avec une force indomptable qui devenait régulière. Cet aspect du Consulat, cette annonce d'une ère nouvelle est marquée dans tous les écrits du temps. On en voit l'aveu demi arraché dans l'écrit que publiait alors M. Necker, *Ses dernières vues de politique et de finances*, testament d'un esprit libre qui blessa beaucoup le dominateur, dont il prédisait le despotisme dans les éloges mêmes donnés à ses triomphes; elle apparaît encore plus dans la polémique anglaise du temps et dans le mouvement de tout un grand parti, qui imposait au Gouvernement Britannique les négociations et la paix d'*Amiens*.

CHAPITRE VIII.

RENTRÉE DE M. DE NARBONNE EN FRANCE. — AMIS PUISSANTS QU'IL Y RETROUVE. — M. DE TALLEYRAND.

Dans l'empressement de confiance qui ramenait alors vers la France paisible tant de Français expatriés, on ne doit pas s'étonner que M. de Narbonne ait été des premiers à repasser la frontière, sous le bon plaisir du Pouvoir nouveau. Il haïssait l'exil, et regardait cette peine, que les Gouvernements arbitraires prodiguent avec une légèreté si cruelle, comme une des plus douloureuses à supporter. Il disait « qu'à l'étranger il y avait beaucoup à apprendre, mais rien à faire, parce qu'il ne fallait jamais servir que son pays. » L'émigration lui avait donc singulièrement pesé; et en Angleterre, où il avait rencontré dans l'Aristocratie tant de nobles cœurs, et de hautes intelligences, en Suisse, où il avait retrouvé tant d'amitiés françaises et étrangères, en Allemagne, où il avait été aussi bien accueilli que doit l'être un esprit indépendant de son parti et supérieur à ses propres souffrances, par tout pays enfin, il ne vit autre chose qu'un asile de passage, jamais un lieu à s'y fixer et à s'y dévouer.

Il en convenait d'ailleurs, le premier éclat du Gouvernement Consulaire l'avait séduit. Sans rendre l'au-

gure favorable qu'il en portait aussi public que le
firent beaucoup d'autres, il s'en expliquait dans des
lettres, dont quelques-unes n'échappèrent pas, selon
toute apparence, à l'inquisition vigilante, que le nouveau maître de la France étendait à mille détails et
multipliait déjà sous toutes les formes. Rentré dès le milieu de 1800, M. de Narbonne, neuf ans plus tard, crut
remarquer, dans la faveur dont il était l'objet, quelque
souvenir de bons propos de sa part, gardé dans une
mémoire qui n'oubliait guère ni un service ni une injure. Si la chose était vraie, et non une modeste supposition de sa part, il en profita bien peu, pendant fort
longtemps. Une seule démarche, une lettre noble et
simple [1], dans laquelle rappelant quelques détails de sa
vie, la dispersion de sa famille, la ruine entière de sa
fortune, il demandait du service militaire ou civil au
Premier Consul, demeura sans réponse.

M. de Narbonne vécut dès lors tout à fait éloigné
du Pouvoir dont il avait si bien auguré, n'attendant
plus de lui que cette part d'abri qu'il donnait à tous,
passant du reste sa vie dans des sociétés de famille et
de jeunesse peu affectionnées au nouveau Dominateur
de la France, parmi de libres entretiens, dont bien
des choses devaient déplaire, et où l'esprit, le bon
goût et parfois aussi une juste représaille de deshérités, n'épargnaient pas les Puissances du jour.

De toutes ses liaisons d'amitié, la plus chère, la plus
consacrée par l'admiration du caractère et du talent, la
plus assidûment cultivée pour le charme de l'esprit, c'était celle de madame de Staël. Mais il n'en était aucune

[1]. Papiers de famille.

qui, dès les premiers temps de la Grandeur consulaire, fût politiquement plus suspecte, et éloignât davantage de toute chance ambitieuse. M. de Narbonne avait sans doute d'autres amis, dont le crédit déjà grand sous le *Directoire* s'était accru, au nouvel avénement appelé ou servi de leurs efforts. Mais s'il éprouva, pour sa rentrée en France, leur intervention efficace, ou leurs vœux obligeants, il n'eut d'ailleurs aucune part à leur fortune publique. Intime ami de M. de Talleyrand, presque dès l'enfance, rapproché de lui pendant l'Assemblée Constituante, proscrit et errant comme lui en 1793, du même avis sur la Révolution, du même parti dans l'exil, rentré comme lui, mais bien plus tard que lui en France, vivant à Paris dans des sociétés communes, et ne pouvant pas plus être séparé de lui par les souvenirs qu'il n'en différait pour les agréments de l'esprit, il resta cependant tout à fait étranger à son influence de faveur ou d'opposition.

M. de Talleyrand a été sévèrement jugé, parfois calomnié, comme tous les hommes d'État qui ont longtemps prospéré, sous des températures et dans des conditions fort diverses. Les hommes ne pardonnent pas la continuité du succès, surtout quand elle survit à l'extrême mobilité des circonstances. Cette faveur perpétuelle de la fortune, qu'on supporte jusqu'à certain point dans une ancienne et tranquille Monarchie, est suspecte et irritante, en temps de révolution ; et on l'explique alors par de méchants motifs. Forcé de reconnaître l'habileté de l'esprit, on accuse le caractère ; et on suppose que, pour avoir réussi toujours, il faut avoir assez souvent trahi. Dans la réalité, M. de Talleyrand ne trahissait personne ; mais il retenait peu ceux qu'il voyait sur le penchant de l'abîme; et il oubliait vite ceux qui étaient tombés. Incapable de donner un conseil pervers, ennemi de la violence par goût et par justesse d'esprit, il ne se retirait pas, au premier excès de pouvoir. Il blâmait doucement, résistait avec finesse, assez pour ne pas rompre, et pour se dégager un peu. Sans ardeur d'affection, il était aussi sans rancune; et, dans sa longue carrière, s'il n'a pas toujours fait le bien, il n'a jamais encouragé le mal, ni appuyé l'oppression. Seulement, comme il avait un grand calme d'esprit, il paraissait quelquefois d'une résignation trop grande sur le malheur de ses amis.

Il s'habituait à leur disgrâce, comme à sa propre élévation, et finissait par trouver, en cela, chaque chose à sa place. Son esprit ingénieux lui fournissait mille raisons de patience pour autrui. « Narbonne, disait-il, « est toujours chevaleresque. Il n'a rien, ne veut rien, « n'a besoin de rien. Il aime l'étude. Des livres, des « amis; voilà tout. Il ne faut pas s'inquiéter pour lui, « qui ne souffre, ni ne s'inquiète sur lui-même. »

Cette quiétude, ce sang-froid d'ami, dont les exemples se renouvellent à toutes les époques, avec moins de grâce que n'en mettait M. de Talleyrand, s'alliait, en cette occasion, au sentiment le plus vif et le plus avoué des rares talents de M. de Narbonne. « Il a plus d'esprit « que moi, disait quelquefois le Ministre du Directoire devenu Ministre du Consulat, cent fois plus; « mais il est moins sage. On l'accusait d'être léger, « du temps de l'Assemblée Législative : ces propos-« là sont une représaille des esprits lourds; au fond, il « n'y a de léger en lui que sa conversation qui est « charmante. Il est, du reste, très-sérieux, trop sérieux

« même. Il s'attache, il se passionne, il a trop de zèle.
« S'il rentrait dans les affaires, il se dévouerait sans
« mesure, dans un temps où on n'est que trop porté à le
« faire, et à en abuser. Soyez-en sûr, cela ne vaut rien. »
— « Il faut en politique, comme ailleurs, ajoutait-il
« gravement, ne pas engager tout son cœur, ne pas
« trop aimer; cela embrouille; cela nuit à la clarté des
« vues, et n'est pas toujours compté à bien. Cette exces-
« sive préoccupation d'autrui, ce dévouement, qui s'ou-
« blie trop soi-même, nuit souvent à l'objet aimé, et
« toujours à l'objet aimant, qu'il rend moins mesuré,
« moins adroit, et même moins persuasif. »

A part cette théorie, que nous ne voulons pas discuter ici dans ses applications politiques ou mondaines, le prudent Ministre *des Relations extérieures* sous le Consulat restait fort affectueux et fort aimable pour son ancien et brillant compagnon de jeunesse; il le recherchait, le vantait en tous lieux, hormis dans le cabinet de Saint-Cloud, l'attirait dans ses splendides soirées de Neuilly, et se parait de lui devant les étrangers célèbres qu'amenait à Paris la paix de Lunéville (9 février 1801), puis celle d'Amiens (1802), ces deux reconnaissances provisoires des Conquêtes de la France et de son Établissement nouveau, ou plutôt cette halte d'un jour dans nos grandes guerres.

CHAPITRE IX.

ASPECT DE LA FRANCE DANS LA SECONDE ANNÉE DU CONSULAT. — AFFLUENCE D'ÉTRANGERS CÉLÈBRES. — M. DE NARBONNE REVOIT A PARIS M. FOX. — CONSÉQUENCES POLITIQUES DE LEUR INTIMITÉ.

Après huit ans d'une guerre terrible poursuivie à travers des Révolutions et des coups d'État presque aussi fréquents que nos victoires, la France, maîtresse des deux rives du Rhin, de la Belgique, de l'Italie, et bordée au Midi d'une ceinture de républiques que couvrait son drapeau, était glorieusement rouverte à l'Europe; et de toute part les curieux accouraient pour visiter le volcan au repos et descendre dans ces abîmes qui naguère jetaient tant de torrents de fumées et de flammes. Ils passaient avec admiration, auprès des riches cultures et des usines croissantes de ce sol renouvelé, qu'ils n'avaient pas vu depuis la défaite du duc de Brunswick; et ils se hâtaient vers Paris, la Cité du bien et du mal, l'élégante Persépolis de Voltaire, et le Camp de la Convention, la Métropole de la *Terreur*, alors toute renaissante à l'éclat du luxe, et parée de tous les monuments des arts, dont la victoire avait dépouillé Rome et l'Italie. Puis, dans Paris, même ce qu'on cherchait, ce qu'on enviait de voir, c'était un homme, le jeune Conquérant, le jeune Dictateur, celui qu'on n'avait pu vaincre sur aucun point de l'Europe, ni retenir en Égypte, le héros du 14 juin 1800, le triomphateur de Marengo, pour lequel l'Italie semblait être non plus seulement une terre conquise, mais un Champ Clos de victoire, où il attendait et détruisait successivement les armées des peuples du Nord.

Au premier rang, parmi les explorateurs de la France et de son nouveau Gouvernement, se pressaient les Anglais, qu'une si longue animosité allait séparer de nous. Ils se hâtaient de jouir de la Paix et du Continent, à la faveur de ces deux traités que devait bientôt suivre une guerre viagère, selon la forte expression de M. Pitt. L'obstination clairvoyante de cet homme d'État avait cédé pour un temps : adversaire public et implacable de la Révolution française depuis 1792, maintenant qu'il s'était agi de traiter avec elle, M. Pitt avait voulu se retirer, pour faire place à l'apparence de la Paix ; et quoique, par la force de son ascendant personnel, il eût gardé grand pouvoir sur le choix des hommes qui lui succédaient dans la conduite des affaires, par le jeu naturel des Institutions Britanniques, le parti qui, dès l'origine, avait en Angleterre adhéré de ses éloges et de ses vœux aux principes de la Révolution française, excusé ses violences et protesté contre la guerre que lui faisait l'Europe, ce parti, sans avoir encore le Gouvernement dans ses mains, avait déjà l'influence.

Célébrant les Paix de Lunéville et d'Amiens comme son ouvrage, il en espérait la durée, et n'attendait plus pour la garantir tout à fait que l'entrée de ses chefs au Ministère. Jusque-là, il s'empressait de marquer à la France une sorte de partialité curieuse et admirative. Le général Fitz-Patrick, Erskine, Samuel Romilly, lord

Spencer, l'illustre Fox arrivaient à Paris, quelques-uns avec une certaine défiance et un certain étonnement de quelques actes arbitraires du Premier Consul, mais généralement sous une impression de respect pour son génie, et de confiance satisfaite dans la paix qu'il avait signée.

Déjà cependant, l'Empire semblait en perspective; et les grands levers du palais des Tuileries en donnaient un avant-goût. Là se trouvaient, comme pour marquer la pacification de l'Europe autour de la France, les envoyés réunis de toutes les Puissances[1]. Là paraissaient l'Ambassadeur anglais, M. Merry, venant démentir par sa présence toute récidive de Coalition, le chevalier Azara offrant plus que jamais à la France nouvelle l'adhésion amicale des Bourbons d'Espagne; l'Ambassadeur turc, pouvant être plus fier que d'autres (car l'Égypte musulmane nous avait échappé; et la Porte ne nous rendait que les prisonniers français restés dans notre Conquête perdue); l'Ambassadeur de Russie, le comte Markoff, couvert de diamants, comme pour marquer, par la magnificence de sa parure, les bons sentiments de sa Cour; le Ministre de Prusse, le marquis de Luchézini; le représentant des Bourbons de Naples, le marquis de Gallo; l'Ambassadeur extraordinaire d'Autriche, le vénérable comte de Cobentzel, obligé d'assister à cet avénement d'une politique et d'une grandeur nouvelle déjà si fort accrue des dépouilles de la Monarchie de Joseph II; le Ministre des États-Unis, le sage Livingston, sous le modeste habit

---

[1] *Memoirs of the later years of the right honor. C. F. Fox*, by Trotter, p. 259, 260, 261.

noir du savant et du démocrate américain, et enfin, comme le consécrateur de tout ce cérémonial, et comme le précurseur d'une inauguration plus imposante encore, le Cardinal Caprara, Légat du Saint-Père; puis une foule de gentilshommes anglais et d'officiers russes, allemands, suédois, qui se pressaient avec une autre curiosité que celle d'un lever royal, et venaient contempler le grand Capitaine, dont ils avaient senti la main victorieuse et étudié les plans de bataille.

Au milieu de cette foule, qui remplissait aux Tuileries ce qu'on a nommé plus tard la salle du Trône, traversait le Premier Consul, déjà Consul à vie, essayant sa Souveraineté nouvelle, et distribuant avec rapidité les mots gracieux et les questions précises. Déjà M. Fox, à son arrivée à Paris, ayant fait demander, quand il pourrait être admis à offrir ses devoirs au Premier Consul, la réponse avait été : que le Premier Consul serait charmé de recevoir M. Fox à toute heure du jour et de la nuit.

Celui-ci, cependant, avait borné son ambition à se présenter à une grande Réception ordinaire, après *la Parade*, et sous les auspices de l'Ambassadeur anglais; et le Premier Consul s'était arrêté avec complaisance, pour lui dire : « Ah ! monsieur Fox [1], j'ai appris avec
« plaisir votre arrivée : et j'avais grand désir de vous
« voir. J'ai longtemps admiré, en vous, l'orateur ami de
« son pays qui, en élevant toujours la voix pour la
« paix, servait et les meilleurs intérêts de son pays et
« ceux de l'Europe et de l'humanité. Les deux gran-

[1] *Memoirs of the later years of the right honor. C. J. Fox*, by Trotter, p. 266.

« des nations de l'Europe ont besoin de la paix ; elles
« n'ont rien à craindre, rien à envier ; elles savent se
« comprendre et s'estimer l'une l'autre. Je considère en
« vous, monsieur Fox, avec toute satisfaction, le grand
« homme d'État qui recommandait la paix, parce qu'il
« n'y avait pas juste sujet de guerre, et qui voyait avec
« douleur l'Europe livrée à des ravages sans but et
« luttant seulement pour l'atténuation de ses maux. »

Devant ces paroles jetées, non sans quelque faste par le Premier Consul, le grand orateur s'inclinait et ne trouvait rien à répondre, sans doute de peur de trop louer. Puis le Premier Consul, après quelques courtes questions, passait et laissait M. Fox aux mains de M. de Talleyrand, qui faisait les honneurs de la France à tant d'étrangers illustres étonnés de s'y voir.

Il n'est besoin de dire que, plus d'une fois encore, le Premier Consul accueillit M. Fox à ses réceptions et à sa table, mettant un grand prix à se concilier le chef de l'*opposition* anglaise, et pour cela ne négligeant rien, jusqu'à flatter dans cet illustre étranger des vues d'humanité et de philosophie, dont il était lui-même peu touché sans doute.

C'est ainsi que, dans une autre réception plus intime, il disait au généreux et éloquent ami de Wilberforce : « Ah ! monsieur Fox [1], quand me sera-t-il donné de « voir entre les hommes un grand traité d'alliance scellé « par une main blanche pressant une main noire ? »

Malgré ces avances d'une philanthropie si gracieuse, et quoique M. Fox blâmât toujours l'ancien système de M. Pitt, un témoin confidentiel affirme qu'il ne rem-

[1] *Memoirs of the later years*, etc., p. 291.

porta de ses entretiens qu'une médiocre admiration pour le grand Général français. Sans doute, l'esprit de liberté légale le défendait de la séduction, et lui faisait pressentir de bonne heure ce qui manquait à la racine et au cœur de ce Pouvoir si éclatant.

L'intention politique du Premier Consul, dans son accueil empressé au chef du *libéralisme* anglais, ne fut pas perdue cependant. Cet accueil accrédita l'idée que le grand orateur avait été frappé de toutes les paroles du Premier Consul; qu'il en conservait une sorte de partialité pour la France, et que cette disposition aurait pu servir au maintien de la paix, si Fox, revenu dès lors au Ministère, eût vécu et gardé le pouvoir.

On peut en douter. Fox était plus Anglais encore que whig ou que philanthrope; il ne se fût pas plus pressé que Pitt ou que les élèves de Pitt de rendre les clefs de Malte. Il se fût bientôt inquiété, comme eux, des envahissements continus, que le Maître de la France faisait, en son nom. Et on peut croire que même, avec l'avénement de cet homme d'État au Ministère, quelque prochain qu'il eût été, le traité de paix *scellé par deux mains blanches* n'eût pas longtemps duré entre la France du Consulat ou de l'Empire et l'Angleterre.

C'était la conjecture de M. de Narbonne, qui vit beaucoup M. Fox, pendant son séjour en France. Car on peut le croire, malgré l'attrait de cette Cour naissante et ce spectacle curieux d'un grand homme, M. Fox dut se plaire encore plus aux libres entretiens de quelques-uns des esprits éminents que renfermait Paris, et qu'il retrouvait presque tous, dans les dîners de M. de Talleyrand, à Neuilly. Aucun d'eux n'attirait plus son attention que M. de Narbonne qu'il avait tant accueilli à Londres, à travers ses propres travaux du Parlement, qu'il avait suivi plus tard en Suisse de son souvenir et de ses lettres, et qu'il retrouvait, aujourd'hui en France, libre d'engagements et fidèle aux mêmes opinions. M. Fox, tout flatté, tout attiré qu'il était par la société officielle, ne préféra nul entretien à celui de l'ancien émigré, dont il goûtait, en 1793, la fermeté d'esprit et la généreuse persévérance dans les maximes de liberté qui leur étaient communes.

Occupé, durant les loisirs de son voyage à Paris, de recherches historiques, et passant une partie de ses journées, dans les Archives des Affaires Étrangères, à recueillir des extraits de dépêches du temps de Louis XIV et de Charles II, M. Fox était heureux de rencontrer, dans cette paisible étude qu'il faisait, au bruit d'une fondation d'Empire, un esprit pénétrant et élevé comme le sien, avec lequel il pouvait raisonner du présent et du passé, remonter aux causes de la fatalité des Stuarts, et méditer sur l'histoire des *Restaurations* royales, et aussi de cette *Restauration* d'un peuple remis, après Jacques II, en possession de ses lois.

M. de Narbonne, formé de longue main à l'école de Montesquieu, et de ce qu'il y a d'idées justes dans Voltaire, était grand admirateur de Hume, jugé sévèrement de nos jours, mais plus déprécié que surpassé dans son propre pays.

Il lui savait gré de sa clarté, de sa méthode élégante, et de son impartialité philosophique qui n'a pas exclu l'attendrissement pour les malheurs de Charles Ier. Il était à la fois moins aristocrate et moins whig que l'illustre chef du *Libéralisme anglais;* et il lui opposait touchant la Révolution de 1688 quelques vues dont M. Fox n'a pas assez tenu compte peut-être, dans son récit rapide et inachevé de cette Révolution. Plus d'une fois, pendant ce séjour de M. Fox à Paris, si près de son retour en Angleterre, et à quelques années de son dernier passage au pouvoir, ces grands sujets d'études historiques revenaient dans de libres entretiens, chez lui [1], à des dîners d'amis; et la mémoire si sûre, l'esprit si juste, la parole si élégante de M. de Narbonne, édifiaient parfois les Anglais sur de curieux incidents de leurs propres Annales; puis, se reportant du même coup à notre Révolution qu'il connaissait un peu, disait-il, pour en avoir souffert comme noble, comme Ministre, comme citoyen et comme émigré, s'arrêtant surtout à ce qu'il appelait les *signalements* opposés des Révolutions de France et d'Angleterre, l'esprit de légalité et l'esprit d'anarchie, le culte du droit et l'admiration pour la force, il marquait et paraissait déjà pressentir, dans toute leur portée, les différences de l'histoire des deux peuples, et les conséquences diverses qu'ils ont tirées eux-mêmes d'épreuves trop semblables.

[1] *Memoirs of the later years of the right honor. C. J. Fox*, b Trotter, p. 312.

CHAPITRE X.

RETOUR DE FOX EN ANGLETERRE. — CONSIDÉRATIONS SUR LES ÉVÉNEMENTS GÉNÉRAUX DU TEMPS, ET SUR LA DIFFICULTÉ DE LA PAIX. — MISSION CONFIDENTIELLE DE M. DE NARBONNE, RENDUE TOUT A FAIT VAINE PAR LA MORT DE FOX.

Après plus de deux mois de séjour à Paris, dont bien des moments furent passés dans l'intimité de M. de Narbonne et de ses amis, M. Fox, vers le milieu de novembre 1802, retournait en Angleterre où, dans ses objections à un accroissement de l'armée déjà demandé par les Ministres, il protestait contre le renouvellement prochain de la guerre, tout en déclarant que l'honneur d'un Peuple est lié intimement au droit de défense nationale, et que cet honneur offensé est à lui seul un motif légitime d'hostilités immédiates.

Ce principe une fois reconnu par le Chef même de l'Opposition, il était facile d'en faire sortir une cause de rupture et de guerre avec un allié aussi remuant et aussi envahissant que Napoléon.

Aussi cette conclusion fut bientôt tirée même par le faible Ministère qui représentait provisoirement M. Pitt, et qui dut, aussitôt la cessation de la paix, se retirer à son tour, et faire place à son puissant prédécesseur, que la guerre rappelait, comme le seul homme égal à de si grands périls et pouvant susciter et conduire de nouvelles Coalitions. Le retour de M. Pitt au Pouvoir ramenait, avec ces luttes parlementaires, auxquelles la santé de M. Fox devait désormais moins répondre, les grands efforts d'hostilités Européennes, que l'Angleterre animait de sa passion et de ses subsides.

De là cette mémorable Campagne de 1805, qui brisa la nouvelle Confédération des trois grandes Puissances, écrasa la forte armée de l'Autriche, à la foudroyante journée d'Austerlitz, rejeta le jeune Czar de Russie dans l'alliance de Napoléon, et tua M. Pitt. Car ce grand homme d'État, dans sa vie austèrement dévouée au travail et aux luttes politiques, dès longtemps miné par de continus efforts et d'ardentes inquiétudes, ne put résister à l'humiliante douleur d'une telle défaite pour ses desseins et pour sa prévoyance. La Coalition dissoute et mise en pièces sous le canon d'Austerlitz, la paix de Presbourg signée le 6 décembre 1805, M. Pitt expirait, le 23 janvier suivant. Et, par la force même des choses, par la grande place que cet homme avait tenue dans les affaires de son pays, il n'y avait plus que l'extrême opposé de son opinion, que son Antagoniste opiniâtre qui pût être son successeur immédiat.

Les collègues de M. Pitt en effet, sentant trop leur impuissance, privés d'un si grand Chef, se retirèrent aussitôt, en conseillant au roi d'appeler des rangs du parti whig le noble et modéré lord Granville. Mais celui-ci était trop fidèle à l'honneur politique, pour ne pas réclamer la présence de M. Fox, comme Ministre des affaires étrangères dans le nouveau Cabinet. Le Roi d'Angleterre céda, malgré de fortes répugnances; et il signa cette nomination de M. Fox, à peu près comme le Czar venait de signer la paix de Presbourg.

Ainsi, après vingt-deux ans d'opposition constante aux influences royales, après douze ans de résistance à la politique de guerre, contre la France révolutionnaire ou consulaire, M. Fox, dans une crise formidable, au milieu de la ruine apparente de cette politique par l'abandon et par la mort, était appelé, au Gouvernement de son pays, pour les affaires extérieures.

Que pourrait-il faire, et que devait-on espérer? Allait-il reprendre les conversations amicales de son voyage de 1802? Avait-il la même confiance dans la droiture du Chef de la France? ce Chef même, revêtu de l'Empire, et vainqueur de l'Autriche et de la Russie par une sanglante bataille, et par un traité, était-il le même à ses yeux que le Consul, dont il avait reçu les gracieuses avances?

On peut douter du fait; on peut douter du vœu intime et de la pensée secrète. Cette paix, dont M. Fox avait maudit la rupture en 1802, il pouvait n'en pas vouloir le renouvellement, n'en pas concevoir la durée en 1806, quand l'ascendant de la France avait si prodigieusement grandi sur le Continent, et qu'il n'y avait plus de libre que ce qui était isolé. Pour un grand cœur, à la tentation de la paix pouvait succéder alors le vœu de la guerre, et l'orgueil d'être le dernier défenseur de l'indépendance du monde. Quelques paroles mêmes, qui échappèrent à M. Fox devenu Ministre, dans un premier débat où il s'agissait de la France, feraient supposer ce changement.

C'était à l'occasion de la Prusse notifiant au Gouvernement Britannique l'intention de prendre, jusqu'à la paix, possession du Hanovre, en vertu de la remise que

lui en faisait la France, qui s'en était emparée. M. Fox s'indigna de cette prétention, comme d'une insulte et d'une lâcheté : « Le roi de Prusse, disait-il à la Cham-
« bre des Communes, n'a reçu en don qu'une possession
« purement nominale du Hanovre [1]; loin d'être fortifié
« par ce présent des mains de la France, il en est d'au-
« tant plus vaincu et asservi. L'Autriche a été forcée par
« la fortune de la guerre de céder nombre de ses pro-
« vinces ; mais l'Autriche n'a cédé que ce qui était à
« elle; et elle n'a jamais été l'agent des injustices, ni le
« vassal des spoliations d'autrui.

« On verra bientôt jusqu'à quel point la Cour de
« Prusse sera autorisée à gouverner les affaires du Ha-
« novre. C'est, en effet, une circonstance remarquable
« et un fait bien connu, qu'un Général français a été
« envoyé en Hanovre, pour exercer une inspection
« supérieure et pourvoir à ce que les choses soient
« administrées, là comme il convient aux intérêts et
« aux vues futures de la France. Tout spécieux langage,
« toute raison d'équité, ou même tout ce qui en serait
« l'ombre a été mis de côté; et il est notoire que la
« France a traité la Prusse de la manière dont elle a peut-
« être quelque droit d'en user avec elle, c'est-à-dire, en
« vassale dégradée et abjecte. Sa Majesté le roi d'Angle-
« terre a, dans les termes les plus explicites et les plus
« forts, exprimé son dégoût de tels actes injustifiables
« et détestables; et nous, en assurant Sa Majesté de
« notre résolution de la soutenir contre de si injustes
« et si honteuses attaques, nous échappons au reproche

---

[1] *Recollections of the life of late right honorable Charles James Fox*, etc., by Walpole, esq., p. 223.

« d'être jamais capables de prêter appui à un si odieux
« mode de transférer une possession, un territoire, d'une
« Puissance à l'autre. Bon Dieu, est-il tolérable, même
« en idée, que des Princes puissent se croire autorisés
« à transférer des sujets, d'un État à un autre État,
« comme d'autres objets de pure utilité, et ainsi que
« nous ferions pour des bestiaux qui seraient cédés
« avec le champ, par dessus le marché, dans une vente
« faite à l'amiable?

« Je suis assuré qu'il ne peut y avoir qu'un seul senti-
« ment à ce sujet dans cette chambre; et c'est pourquoi
« j'ai eu grand plaisir à envoyer au Ministre prussien,
« au baron Jacobi, une note pour l'informer que Sa
« Majesté ne consentirait jamais à transférer des sujets
« qui s'étaient montrés si inviolablement attachés à
« elle, et à qui le Roi se sentait lui-même uni par
« tant de liens d'affection et de reconnaissance. »

M. Fox, ici sans doute, fait un peu comme ce personnage de comédie, qui n'adresse qu'à sa belle-sœur les reproches trop vifs qu'il n'ose faire à sa femme. Il est bien plus amer contre la Prusse, dépositaire passif de la dépouille, qu'il ne l'est contre le puissant spoliateur. Toutefois, ce n'est plus là son ancien langage et son empressement admiratif pour l'alliance française. Dans son pays, au reste, et près de lui cette vivacité déplut d'abord à quelques-uns. On crut y voir un désir de flatter le roi d'Angleterre par un grand zèle à défendre la Souveraineté personnelle que ce Prince joignait à la Couronne Britannique. Mais pourquoi n'y pas reconnaître plutôt une indirecte et juste résistance au système de Conquête qui menaçait l'Europe ?

M. Fox se devait à lui-même cependant d'essayer

quelque changement dans la politique toute agressive de l'Angleterre ; mais cette tentative fut timide, et n'aboutit qu'à une mission confidentielle, dont se chargea lord Lauderdale. Par une réserve analogue, ce fut M. de Narbonne, l'ancien ami de M. Fox, que l'Empereur désigna secrètement pour conférer avec le Délégué du Gouvernement Britannique. Mais ces souvenirs personnels, ces rapports d'esprit et d'affection qui facilitent les entretiens, agissent souvent bien peu sur les résultats, dans les questions vitales de la politique. La négociation n'avança point, et peut-être ne fut crue sérieuse ni de l'une ni de l'autre part. M. Fox, d'ailleurs, soit qu'il doutât de son ancienne politique, soit qu'il y persistât, soit qu'effrayé des pertes déjà supportées par l'Angleterre, il entrevît quelque nouveau motif de souhaiter la paix, soit qu'il la désirât moins désormais, par le sentiment des périls qu'elle pouvait renfermer aussi, M. Fox n'eut pas le temps de mettre fortement la main à cette œuvre. Repris avec violence par un mal dont il souffrait, dès le temps de son voyage en France, épuisé par les travaux et les émotions, il touchait au terme de sa vie. Et, moins de huit mois après M. Pitt, il expirait Ministre aussi du roi d'Angleterre, mais déjà, depuis quelques semaines, vaincu par la souffrance, et impuissant à s'occuper d'autre chose que des affections de famille et des tendres soins qui entouraient son lit de mort.

Cependant, avec lui tombait cette faible espérance de paix que semblait entretenir son nom ; et à sa place reparaissaient, non pas la grande physionomie, mais la passion et la ténacité de M. Pitt représentées dans des élèves, que l'infériorité même de leur génie rendait plus fidèles imitateurs de sa politique.

Quoi qu'il en soit, M. Fox, à qui ces derniers mois de vie souffrante et bientôt d'agonie, passés au Ministère, avaient donné peu d'occasions nouvelles de grandir dans l'estime de ses concitoyens, laissa surtout de chers souvenirs dans le cœur de ses nombreux amis, et une renommée de grand orateur, dont la postérité ne pourra juger assez. Nul ne lui donna plus de regrets et ne lui portait une admiration mieux sentie que M. de Narbonne. L'espoir d'un succès quelconque ne lui avait guère apparu dans les négociations commencées; mais il aimait, disait-il, à s'occuper d'une idée, à cultiver une espérance qu'avait eue M. Fox. Il aimait à lire quelques notes intimes de la main de cet illustre ami; et il se croyait sûr de bien mériter de son pays, s'il parvenait à concilier quelque crédit de plus à la parole d'un si loyal adversaire, et d'un Ministre si honnête homme.

Dans le commerce privé, l'amitié de M. de Narbonne pour M. Fox, sa confiance dans l'active bonté de ce noble cœur, étaient telles qu'il disait souvent que, s'il venait à mourir, c'était à M. Fox, cet homme si occupé et si dissipé, qu'il confierait la tutelle de sa seconde fille, élevée près de lui, avec autant de soin que de tendresse, depuis qu'elle lui avait été rendue. Mais cette épreuve, qui n'eût pas trompé, ne vint pas : le Ministre anglais précéda de sept années dans la tombe le Français, son ami, qui devait mourir aide-de-camp de l'empereur Napoléon.

Cette première occasion, où, après un si long éloignement des affaires, M. de Narbonne eût à s'en occuper, ne sembla pas d'abord le rapprocher de la haute faveur, à laquelle il fut appelé plus tard. L'Empereur, alors au faîte de la gloire, et dans ce cours impétueux de succès qui ne souffre pas d'obstacles, eut quelque impatience de la lenteur et de la stérile issue des négociations confidentielles qu'il avait permises. La difficulté de la question en elle-même, et la mort de M. Fox ne lui parurent pas une explication suffisante. Il eut un moment d'humeur et de défiance sur le choix du Négociateur français; et il chargea son Ministre de la Police d'une enquête sur ce point, sur le zèle et l'aptitude portés dans cette mission secrète, et sur les causes de l'échec éprouvé.

Quelque singulière que fût cette recherche posthume d'un travail de diplomatie officieuse qui avait dû ne laisser aucune trace, Fouché, soit équité d'esprit, soit calcul personnel, rendit bientôt le plus favorable témoignage. Il affirma que l'intérêt de l'Empereur et de la France avait été parfaitement servi, avec un zèle égal à la discrète sagacité du Négociateur; que lord Lauderdale avait été aussi habilement abordé que possible, et que les événements seuls et le changement du Ministère anglais avaient rendu tout cet art inutile. M. de Narbonne qui, pendant son mystérieux mandat, n'avait rien changé à sa vie ordinaire de sociétés intimes et d'études, connut le bon procédé de Fouché; et de là se forma entre ces deux noms, que tant de choses séparaient, un rapport de bienveillance qui ne s'est pas rompu depuis. Le duc d'Otrante, en homme qui avait beaucoup à réparer, beaucoup à faire oublier, avait jugé à propos d'être utile à un homme d'honneur et d'esprit, qui n'avait pas réussi dans une œuvre impraticable. M. de Narbonne en garda souvenir, sans songer dès lors à la suite qu'aurait pour lui ce service rendu par un Ministre disgracié deux ans après, pour avoir tenté lui-même aussi, sans autorisation, il est vrai, de négocier secrètement avec l'Angleterre.

Des soins de famille jamais oubliés par M. de Narbonne, mais rendus longtemps impossibles dans sa vie errante et proscrite, l'occupaient alors tout entier et faisaient, comme il disait, sa dernière ambition. Après quinze ans de séparation, il avait revu dans le château laissé à son vieux père près de Grenoble, sa femme, qui lui ramenait sa fille aînée, conduite dès l'enfance à Rome, à l'époque du départ fugitif de Mesdames. M. de Narbonne amenait de son côté sa seconde fille, retrouvée en France en 1800, et retirée, non sans effort, de la famille des pauvres et honnêtes gens qui s'étaient affectionnés à elle et l'avaient élevée comme leur enfant; et il réunissait enfin, sous ses yeux, ses deux filles qui, séparées dès la plus tendre enfance, ne se connaissaient pas.

Cette dispersion et ces caprices du sort, que tant de nobles familles avaient éprouvées en France, ne cessèrent qu'à demi pour celle de M. de Narbonne. Ne prétendant rien pour lui-même des débris de fortune restés aux siens, il put alors même, en 1806, marier la première de ses filles, âgée de vingt ans, dans un rang distingué, mais qui devait encore l'éloigner de lui. L'amitié d'une femme célèbre par sa grâce et son esprit, madame de Flahaut, devenue madame de Souza, ménagea cette union, et fit rechercher la main de la jeune Louise de Narbonne par un noble Portugais, le comte de Braamcamp, que ses lumières et son talent ont, pendant plus de trente ans, mêlé sous les titres les plus honorables aux vicissitudes de sa mobile patrie, où il fut tour à tour Député, Président des Cortès, deux fois Ministre des finances, et enfin Sénateur.

CHAPITRE XI.

RETRAITE CONTINUÉE DE M. DE NARBONNE. — SA VIE D'ÉTUDE ET
DE MÉDITATION POLITIQUE. — QUELQUES SOUVENIRS DE SA SO-
CIÉTÉ PARTICULIÈRE.

L'incident d'activité que nous venons de rappeler avait été fort court, sans éclat extérieur; et M. de Narbonne resta véritablement, jusqu'en 1809, dans la silencieuse obscurité qu'avait peinte autrefois Tacite parlant de ces longues années perdues sous le Pouvoir absolu, et de cette douceur du repos qui gagne insensiblement les âmes, et finit par faire aimer une inaction d'abord odieuse : *Subit quippe inertiæ, dulcedo, et invisa primùm desidia postremò amatur.*

Tous les hommes qui, sortis des affaires publiques, ne sont pas repris par l'activité de l'étude, ont fait plus ou moins l'épreuve de cette paresse d'âme que décrit Tacite : et je ne sais s'ils s'en trouvent aussi bien qu'il le dit, et si cette langueur d'esprit, qui plaît à la tyrannie, n'est pas pour ceux qui s'y livrent une ennuyeuse résignation, bien plus qu'un plaisir. Soumis longtemps à cette expérience, M. de Narbonne n'y succomba nullement : la curiosité de l'étude et la méditation attentive sur les événements remplaçaient pour lui la vie publique, pour laquelle il était fait; et on était charmé autant qu'honoré de voir de près cet homme de Cour, cet ancien Ministre de la guerre, cet exilé, dont l'entretien avait étonné les hommes les plus considérables de la politique européenne, retiré dans un modeste rez-de-chaussée tout rempli de livres, donnant là de longues heures aux lectures les plus diverses, et parfois jetant à quelques auditeurs choisis les trésors de son esprit et de ses souvenirs.

Littérature ancienne dans ses monuments d'art et de goût, érudition même, comme pouvait l'avoir un élève du savant abbé Barthélemy, langues étrangères, philosophie, histoire politique et anecdotique, histoire contemporaine, toujours si obscure, et particulièrement sous l'Empire, connaissance détaillée des forces de chaque État de l'Europe, des influences diverses, des caractères et des talents, tout lui était présent; tout partait à propos de sa bouche, avec autant de précision que de grâce. Les plus fraîches mémoires sorties des laborieux Lycées de l'Empire savaient moins bien Virgile et Salluste, Horace et Tacite. Il aimait, entre tous, ce sujet d'entretien, qu'il appelait quelquefois, en plaisantant, *Materiem uberiorem securioremque*.

Parlait-on devant lui, pour en être bien venu, de quelque dominant souvenir décrit par le grand historien, la vieillesse d'Auguste, l'avénement de Tibère, les troubles des légions, la marche de Germanicus après ces troubles apaisés, la visite funèbre du Camp dévasté de Varus, la chute d'Othon et de Vitellius, l'élévation de Vespasien et sa descente d'Alexandrie sur Rome, il achevait, il devançait les citations; il éclairait les tableaux militaires de l'historien par d'autres souvenirs, par l'impression des lieux qu'il avait vus, par des témoignages antiques ou modernes, depuis tel marbre du premier siècle, qu'il avait déchiffré, jusqu'à ces inscriptions qu'un docte évêque allemand du dix-septième siècle avait fait placer dans son diocèse de Paderborn, aux principaux lieux du massacre de l'armée romaine; puis il contrôlait, pour ainsi dire, la stratégie de ce récit, par le témoignage d'un autre habile historien, narrateur d'un désastre tout semblable, l'Espagnol Hurtado de Mendoza, décrivant la défaite et la mort de don Alonzo de Cardenas et des siens dans les gorges d'Apulaxara; et alors, avec cette géographie de l'homme de guerre, la plus précise de toutes, il mettait sous les yeux les accidents analogues des deux terrains, les mouvements probables des troupes, les surprises, les paniques fatales, et comment se perdent ou se gagnent les batailles, et meurent ou triomphent les hommes de cœur.

C'était un grand charme de voir cet homme déjà sur le déclin de l'âge, avec ses cheveux blancs, rares et couverts de poudre; le front haut, le visage ouvert et riant, les yeux pleins d'esprit et de feu, marquant au compas, sur la carte, les points importants que sa parole rendait visibles, et ramenant les souvenirs d'histoire et d'éloquence à une leçon involontaire de tactique, à laquelle il ne manquait qu'un témoin plus intelligent, un émule de M. Thiers, au lieu d'un humble disciple de la Harpe. Cet inconvénient disparaissait, lorsque les interlocuteurs naturels de M. de Narbonne se trouvaient près de lui. Tous les sujets de haut entretien lui venaient alors; et il se montrait égal à tous : philosophie, économie politique, droit public, littérature, tout ce que beaucoup d'études solitaires et beaucoup d'expérience de la vie peuvent rendre familier à un esprit supérieur était rapidement parcouru, avec autant de liberté que de savoir, par des hommes dignes de s'entendre et de se répondre.

C'était M. le comte de Tracy, voisin de M. de Narbonne, à Paris, son ami d'enfance qu'il tutoyait, qu'il honorait et qu'il argumentait parfois avec une charmante malice sur de graves problèmes de *Psychologie;* c'était M. le colonel de Tracy, très-jeune et très-brillant officier, qu'il aimait à faire causer sur l'École Polytechnique, sur le progrès des Armes Savantes et sur le génie naissant de M. Poisson.

C'était aussi M. le duc de Broglie, dont il estimait singulièrement l'esprit élevé, le savoir déjà si varié dans une grande jeunesse, les études opiniâtres de droit public, et le vif sentiment, les notions précises de liberté légale, aussi rares et aussi nouvelles alors qu'elles semblent oubliées aujourd'hui.

C'étaient ses anciens amis, M. le marquis de Jaucourt, d'un nom honoré dans les lettres, d'une intelligence non moins calme qu'étendue, véritable sage mêlé aux révolutions, sans y avoir perdu ni un principe, ni un ami, toujours également fidèle aux mêmes sentiments d'honneur et de patrie, servant alors l'Empire, comme il seconda plus tard les commencements de la Restauration, homme rare, que nous avons vu naguère prolonger à quatre-vingt-seize ans une vieillesse saine et heureuse, témoignage de force d'esprit, autant que de sérénité d'âme; M. de Choiseul-Gouffier, le camarade d'enfance de M. de Narbonne, l'ancien Ambassadeur de Louis XVI à Constantinople, l'ami passionné des beaux-arts, l'émule en action du voyage savamment imaginaire d'*Anacharsis*, écrivain éloquent, s'il eût moins travaillé son langage, étranger du reste au temps nouveau, et détestant presque autant l'Empire que la Terreur, et la liberté que l'Empire.

C'était aussi le comte de Riccé, modèle de la politesse du dernier siècle, un de ces nobles ralliés à l'Empire, qui plus tard servirent la Restauration d'autant mieux qu'ils se crurent obligés d'honneur à être plus modérés dans leur zèle; c'était encore le marquis de Saisseval, reste piquant du ton et des manières de l'ancien régime, trop endetté dès sa jeunesse pour avoir été ruiné par la Révolution, mais l'accusant de tout, et la poursuivant, sous toutes ses formes anarchiques ou serviles, par d'implacables railleries; c'était enfin M. de Giambonne, qu'on disait fils naturel de Louis XV, esprit original et frondeur, qui semblait avoir contre Napoléon une animosité de race, et lui faire, en toute occasion, une guerre de prétendant déshérité.

A ces relations fréquentes il faut joindre quelques intimités plus proches : et d'abord le gendre de M. de Narbonne, le digne mari de sa seconde et si aimable fille, M. de Rambuteau, qui lui était dévoué avec une sorte d'admiration et de culte filial, et dont il aimait particulièrement l'esprit actif et net et le noble caractère.

Puis, entre les amis familiers, un homme qui portait dans ses affections, et surtout dans son attachement pour M. de Narbonne, un enthousiasme qu'on eût accusé d'exagération, si l'accent en eût été moins sincère et la fidélité moins constante, M. Desrenaudes, conseiller à vie de l'Université, homme de savoir et de goût, grand ami des lettres, et d'une bonté toute partiale pour tout ce qui semblait offrir quelque espérance de talent.

CHAPITRE XII.

RAPPEL INOPINÉ DE M. DE NARBONNE DANS L'ARMÉE ACTIVE. — SA PRÉSENCE A VIENNE. — SON COMMANDEMENT A RAAB, EN HONGRIE. — SA DÉSIGNATION POUR LE GOUVERNEMENT DE TRIESTE, AUSSITOT APRÈS LA PAIX. — SON SÉJOUR PRÈS DE SA MÈRE A TRIESTE. — SA NOMINATION DE MINISTRE PLÉNIPOTENTIAIRE EN BAVIÈRE. — INCIDENT DE SON PASSAGE PAR VIENNE. — SON RAPPEL EN FRANCE AU MOMENT DU MARIAGE DE L'EMPEREUR. — SA SITUATION A LA COUR.

C'est au milieu de cette société que M. de Narbonne reçut, en 1809, une nouvelle marque d'attention de l'Empereur.

Le duc de Feltres, Ministre de la guerre, homme d'un loyal caractère, que ses relations de famille et quelques circonstances de sa première élévation sous la République rendaient favorable aux souvenirs de l'ancien régime, le vit, l'invita à reprendre du service, et lui annonça bientôt que l'Empereur lui rendait le titre de Général. Appelé en cette qualité à Vienne, pendant la Campagne d'Essling et de Wagram, il fut chargé d'aller prendre, jusqu'à la paix qui se négociait alors dans la Capitale ennemie, le Gouvernement de la ville de Raab, où les Autrichiens venaient d'éprouver une dernière défaite.

Jeté sur ce point important de la Hongrie, avec des instructions secrètes et un instinct politique qui les eût prévenues, M. de Narbonne avait moins un Commandement militaire qu'une Mission politique. Il devait avoir l'œil et la main sur la Hongrie et la Bohême, accueillir, sinon exciter les ambitions patriotiques qui tendraient à l'émancipation du joug de l'Autriche, et à la création de Souverainetés indépendantes protégées par la France.

On le conçoit sans peine, après ce qui s'est vu récemment des efforts de l'esprit de race et du patriotisme local pour se séparer violemment de l'Autriche, la tentation devait être bien grande alors, sous le coup dont cet Empire venait d'être frappé à la journée de Wagram, et dans l'instabilité que des secousses si violentes donnaient aux plus vieux États.

Je ne sais si l'Autriche connut d'abord toute la grandeur du péril qu'elle avait couru; mais, il est certain que dans le flot de pensées qui assaillirent l'Empereur Napoléon après Wagram, et sous l'impression que lui avait laissée cette terrible et laborieuse victoire, il lui passa devant les yeux le projet de disloquer la Monarchie de Marie-Thérèse, de la réduire à Vienne et à quelques provinces, en lui ôtant le Danube, et en lui attachant à ses côtés, comme ennemis assidus, de petits Royaumes de Bohême et de Hongrie sous le patronage de la France.

Ce calcul, soupçonné par les convoitises hostiles qui s'en accommodaient, trouva de zélés instruments, et gagnait vite dans une partie de la Noblesse des deux pays; la passion populaire venait au devant. Confident de quelques ambitions qu'il encourageait, et centre actif d'une foule de menées ou de projets, M. de Narbonne voyait déjà s'avancer le dénoûment, et s'effrayait presque de la facilité du succès. Heureusement pour l'Autriche, ce travail si menaçant, cette mine près d'éclater n'échappa point aux regards d'un homme d'État que son rang et ses services rapprochaient de l'Empereur.

Le général Bubna entrevit le péril, et pressa d'un effort désespéré l'acceptation du Traité de Vienne, traité si onéreux, rachat si dur de la défaite, mais répit dans la destruction, laissant place à d'autres combinaisons et dès lors à des chances nouvelles non pas seulement de salut, mais de puissance.

Aussitôt ce grand acte connu, M. de Narbonne rompit tous les fils qu'il tenait préparés, découragea les espérances qu'il avait entretenues, et changea tout à fait de langage et d'intention. Par là même, il n'eut rien de plus à cœur que d'obtenir son prompt départ de Raab, et, s'il était possible, une délégation à Trieste, où, à défaut d'intérêts politiques, l'appelaient de pieux devoirs. Son scrupule fut compris; et aussitôt après la signature de la Paix qui laissait l'empire d'Autriche debout, et mutilé seulement de quelques provinces, il fut rappelé de son poste provisoire.

Quittant donc le triste séjour de Raab, où il avait reçu naguère la visite du Prince de Ligne, un des anciens amis de sa jeunesse, et laissant la haute société de Vienne toute effarée de la rude Paix qui lui était accordée, M. de Narbonne alla prendre possession du Gouvernement de Trieste, alors compris dans les possessions directes de l'Empire français. Un touchant souvenir, un vif intérêt d'affection filiale lui rendaient cette mission précieuse : c'était là que les pieuses Princesses dont il avait, en 1791, escorté la fuite jusqu'à Rome, madame Victoire et madame Adélaïde, chassées plus tard de la ville sainte et du palais hospitalier du

Cardinal de Bernis, étaient venues se réfugier et mourir. Sa mère à lui-même, leur dévouée compagne, était demeurée dans le lieu où reposaient leurs corps; et sur quelques faibles débris de patrimoine, elle y vivait dans des œuvres de piété et de charité, avec ce reste de magnificence malaisée, dont certains caractères généreux, longtemps flattés par la fortune, ne peuvent guère se défaire.

On a rapporté que, peu de temps auparavant, cette Dame s'était même rendue aux obsèques de la Princesse épouse du comte de Provence, morte à Londres en 1808, et ensevelie à Westminster avec la pompe et le titre affecté de Reine de France. Mais l'anecdote n'est pas exacte. Déjà d'un âge avancé, madame de Narbonne n'avait point songé à mêler le faible hommage de sa présence à cette démonstration de funérailles de Cour, qui voulait être hostile à l'Empire, et que remarqua impatiemment l'Empereur, au faîte de sa puissance. Elle était donc restée constamment à Trieste, veillant sur le tombeau des deux royales défuntes, continuant quelques-unes de leurs aumônes et toujours occupée de leur souvenir.

On peut juger quelle joie ce fut pour elle, dans une telle vie, de revoir le fils séparé d'elle, depuis tant d'années, et dont la destinée incertaine l'avait si souvent agitée de vives craintes. Rien n'égala pour M. de Narbonne le prix de cette vie en commun, pendant quelques semaines, près d'une mère, dont il avait beaucoup reçu, pour le cœur et pour les dons de l'esprit, et que sa tendresse comblait de bonheur. Elle était triste cependant de le trouver enrôlé sous le drapeau d'un vainqueur qu'elle n'aimait pas; et dont elle voyait avec douleur le joug s'étendre jusqu'aux lieux où, dix années auparavant, elle avait fui pour échapper à la République française transportée dans Rome. Mais toute cette contrariété cédait à l'entretien d'un fils, à ses soins affectueux, à ses récits et aux promesses qu'il faisait de la modération prochaine du nouvel Empire enfin consolidé par tant de victoires.

Madame de Narbonne, en l'écoutant, finissait par se résigner à tout, sauf à la captivité du Pape, alors prisonnier dans Savone. Sur ce point, elle était intraitable, associant son indignation à celle qu'auraient eue les pieuses Princesses, ses bienfaitrices, et jadis les filles bénies de l'Église de Rome, parlant avec passion de ce deuil et de cette honte de la Chrétienté, et s'inquiétant par moments pour son fils du danger que cette œuvre d'anathème, disait-elle, faisait courir à l'Empire et à tous ceux qui le servaient avec trop de zèle.

« Prenez bien garde, cher Louis, disait-elle; cela est
« plus terrible encore que la constitution civile du
« clergé, que la messe des prêtres assermentés, et que
« toutes ces horreurs dont vous nous avez sauvées,
« quand vous avez conduit avec tant de courage, à tra-
« vers le Royaume en feu, nos chères Princesses, nos
« chères saintes, aujourd'hui dans le ciel, et que vous
« êtes revenu si vite les délivrer, avec un décret arraché
« à l'Assemblée révolutionnaire.

« C'est bien pis aujourd'hui : c'est le Vicaire de Jésus-
« Christ, le Chef de tous les fidèles qui est prisonnier;
« il a été traîné hors de son Église comme un malfai-
« teur ; il est détenu au secret dans une citadelle, sans
« communication avec ses prêtres et avec la chrétienté,
« qui est son peuple; il est malade de fatigue et de

« douleur; il va mourir dans sa captivité; et, pour
« ajouter à tant de péchés contre l'Esprit-Saint le vice
« de l'ingratitude, le Prince temporel qui le traite ainsi,
« est celui-là même que le Saint-Père était venu à
« Paris, consacrer de ses mains, par une grande faute,
« Dieu me pardonne, comme peuvent faillir les saints.
« Vit-on rien de pareil depuis les temps de Dioclétien
« et de Maximin? Néron, du moins, n'avait pas été sa-
« cré par saint Pierre, qui souffrit martyre à Rome,
« sous son règne.

« Aussi, mon cher fils, il n'y a qu'un cri de douleur
« dans le monde et qu'une prière vers Dieu; les héré-
« tiques mêmes sont indignés de ces violences.

« Quelques-uns de nos Italiens qui sont allés der-
« nièrement à Londres, aux funérailles de feue Sa Ma-
« jesté la Reine de France et de Navarre, m'ont dit que
« tous les anglicans sont indignés de l'oppression du
« Saint-Père, et qu'il se fait à la Chapelle Catholique des
« conversions sans nombre. Pensez-y bien, mon cher
« Louis; quand le Temple est forcé, et le Pontife traîné
« dehors par les cheveux, Dieu se venge sur Antiochus,
« sur Héliodore, et sur tous leurs instruments. »

M. de Narbonne écoutait avec respect les naïves in-
dignations de sa pieuse et spirituelle mère; il n'en souriait des lèvres, ni du cœur.

Philosophe tout autrement qu'on ne l'était au dix-
huitième siècle, il était attendri et sérieusement frappé
de cette préoccupation si vive, dans une personne à la
fois du monde et de Dieu, appartenant à l'ancienne société par son âge, mêlée à toutes les classes de malheureux par son active charité; il y voyait un témoignage
instructif de ce qui devait se passer dans bien des âmes

de tous les pays chrétiens et de toutes les conditions.

Ce souvenir toujours présent ne servit pas peu à le fortifier dans le jugement invariable qu'il portait sur une des plus grandes fautes de l'Empereur, et dans les loyaux efforts qu'il ne cessa de faire, pour en abréger la durée. « Rien, disait-il, n'est plus mauvais, en fait de
« Gouvernement, que de révolter les âmes honnêtes.
« Pour durer longtemps, il faut les avoir pour soi, et
« mettre dans son parti la conscience humaine : c'est ce
« qu'avait fait avec génie l'Empereur par le *Concordat*,
« et ce qu'il travaille malheureusement à détruire. »

Quoi qu'il en soit de cette opinion discrètement exprimée, mais non dissimulée par M. de Narbonne, quelque chose des amertumes plus vives de sa mère arriva jusqu'aux oreilles du Conquérant. A la prière de son Gouverneur de Trieste, il avait accordé quelques faveurs, quelques libéralités, à des artistes italiens que recommandait madame de Narbonne, comme par un soin pieux que lui avaient légué ses augustes bienfaitrices, si passionnées pour les arts. Il aurait fait volontiers davantage pour elle-même ; mais madame de Narbonne n'avait pas moins de répugnance pour les bienfaits de l'Empereur que pour son pouvoir.

L'Empereur le sut et ne s'en fâcha pas trop. On a cité le mot qu'il dit plus tard à ce sujet, en revoyant M. de Narbonne, et la réponse ingénieuse qu'il reçut :
« Ah çà, mon cher Narbonne, il n'est pas bon pour mon
« service que vous voyiez trop souvent votre mère ; on
« m'assure qu'elle ne m'aime pas. — Il est vrai, Sire, ré-
« pondit le sincère courtisan ; elle en est restée à l'ad-
« miration. »

A part cette réponse authentique, qui ne déplut pas,

le séjour de Trieste, précieux pour M. de Narbonne par la présence de sa mère, ne pouvait lui être longtemps laissé, sous un Prince qui entendait toujours tirer de chaque dévouement la plus grande somme de service actif et d'utilité. L'Empereur, que sa récente paix avec l'Autriche ne rendait pas moins attentif à s'approprier directement la soumission des Puissances secondaires d'Allemagne, sachant que M. de Narbonne avait été dans sa jeunesse le camarade de garnison, à Strasbourg, et l'ami du Roi de Bavière, le nomma Ministre Plénipotentiaire près de ce Prince, à l'époque même où, sans doute par un récent souvenir de ses entretiens, M. de Narbonne était demandé pour l'Ambassade même de Vienne par le Comte de Schwartzemberg ; mais Napoléon, tout en écoutant gracieusement l'éloge d'un esprit qui lui plaisait, et d'un dévouement dont il était sûr, ne voulut rien changer à la légation de Vienne, confiée à M. Otto, que recommandaient une expérience et une habileté non douteuses : et il se contenta de désigner M. de Narbonne pour Munich.

Ce fut alors qu'ayant déterminé sa mère à quitter Trieste pour la France, où il espérait la revoir plus souvent, et étant aussitôt reparti lui-même pour l'Allemagne, il eut, en repassant à dessein par Vienne, une part plus grande qu'on ne l'a su dans l'événement pacifique le plus considérable du temps.

Au milieu du mouvement rapide et de la vie nouvelle dont il était emporté, M. de Narbonne, toujours serein et libre, n'avait rien perdu des souvenirs d'une autre époque ; il en gardait les affections ; il en honorait les débris. Il retrouvait à Vienne, avec un grand attrait de cœur, un homme célèbre, son devancier dans la science du grand monde, le prince de Ligne qui, de Perth en Hongrie, était déjà venu le visiter à Raab et lui avait rendu, nous disait-il, la sensation de Versailles et de Paris avant 1789, par ce feu d'esprit et ce jeu brillant d'idées, où ils excellaient l'un et l'autre. Dans le fait, de vingt ans l'aîné de M. de Narbonne, le prince de Ligne, Belge de naissance, Parisien d'habitude, homme de Cour et vraiment homme de guerre, célèbre par des grâces légères et des talents sérieux, espèce de chevalier de Grammont, plus honnête, et plus capable de grandes choses que le premier, estimé de Marie-Thérèse et favori de Catherine II, ayant servi avec distinction dans la Guerre de sept ans et dans la Campagne de Belgrade en 1789, disgracié par l'Autriche, comme suspect d'avoir souhaité l'indépendance des Pays-Bas, puis rappelé en 1808 et nommé feld-maréchal par l'empereur François II, à la veille de sa lutte désespérée contre la France, le prince de Ligne, sous le poids de soixante-treize ans, était encore un type de l'ancienne société, fait pour charmer les plus hommes d'esprit de la nouvelle.

M. de Narbonne, intermédiaire entre les deux et voulant, disait-il, ne se laisser arracher par l'une ni par l'autre ni ses cheveux noirs ni ses cheveux blancs, ne se lassait pas des inépuisables souvenirs et des fines railleries du prince de Ligne. Seulement il l'avertissait parfois que le monde avait changé, que la force était déplacée, et qu'il ne fallait pas perdre peut-être une Monarchie par un bon mot.

Près du prince de Ligne, dans ce même asile aristocratique récemment ouvert de force aux glorieux parvenus de l'Empire français, M. de Narbonne retrouvait un émule de sa jeunesse, le comte de Lamarck, l'ami généreux de Mirabeau, très-digne par son esprit de cette amitié, et n'en ayant fait qu'un noble usage pour servir au salut d'une Reine et d'une cause qu'il conseillait sagement, et jusqu'au dernier moment, défendit avec courage. Que de souvenirs communs entre ces hommes si bien faits pour s'entendre et jetés alors dans des intérêts si divers! Ce fut avec eux et le comte de Metternich que, dînant en très-petit comité, sinon en très-intime confiance, M. de Narbonne eut occasion de frapper un coup d'une grande portée.

Naturellement, sous l'impression toute vive des sollicitudes et des regrets que laissait aux serviteurs de la Maison d'Autriche la rude paix si récemment imposée, on parla de ce qui avait précédé, on récrimina, quoique avec réserve, on aborda par plus d'un point l'ex-Gouverneur de Raab, tout en paraissant atténuer les symptômes de ce qu'il avait vu ou même de ce qu'il avait préparé, et en insistant sur ce fonds d'antique loyauté qui, malgré les secousses violentes et les catastrophes inattendues, liait la Noblesse Hongroise à la Monarchie de Marie-Thérèse et de Joseph II.

Au milieu de ces ballons d'essai, qu'il croyait voir lancés autour de lui, et de cette conversation inquisitive, dont il sentait l'objet dans les insinuations et les allusions qui lui étaient adressées, sur des tons divers, par ses trois interlocuteurs, M. de Narbonne laissa tout à coup éclater sa pensée avec une impétueuse franchise. Grand moyen diplomatique! moyen puissant et toujours neuf! tant on y a peu souvent recours!

Ainsi, le personnage le plus diplomatique du dîner, après quelques mots sur les sourdes agitations, dont les

États-Réunis avaient été travaillés naguère, se félicitant d'une paix qui enfin assurait tout, maintenait le *statu-quo* et coupait court aux espérances de troubles et d'anarchie, l'ex-gouverneur de Raab s'écria tout à coup : « Allons donc, Messieurs, moi je m'étonne de vo-
« tre étonnement récent et de votre confiance actuelle.
« Est-ce qu'il peut échapper à des esprits aussi éclairés,
« que toutes nos paix faciles ou dures ne sont que des
« trêves à courte échéance, qu'on marche à pas accé-
« léré, qu'on est entraîné dès longtemps vers un terme
« aujourd'hui prochain, dont elles sont les étapes ? Ce
« terme, c'est la réduction du Continent européen à
« deux Empires prépondérants. L'un de ces deux em-
« pires, vous voyez sa croissance rapide et le chemin
« qu'il a fait dans le monde, depuis 1800. Pour l'autre,
« il n'est pas encore nommé par le sort : ce sera l'Au-
« triche ou la Russie, selon la suite qu'on entendra
« donner à la Paix de Vienne; car cette Paix même est
« un péril, si elle n'est pas le commencement d'une
« alliance plus intime, d'une alliance domestique, et si
« elle ne rend point par ses conséquences, plus qu'elle
« n'a ôté par ses débuts; en un mot, vous êtes mal, si
« vous vous arrêtez dans votre inclination pour la
« France. » La conversation languit après cette apostrophe, qui donnait tant à réfléchir; on essaya d'autres sujets; on conta des anecdotes; on se souvint de Versailles, de Catherine II, de Potemkin; on tâcha de parler librement et de rire dans le passé; mais le mot décisif était dit, et pesait sur la gaîté de tout le monde.

Dès le lendemain de grand matin, M. de Narbonne fut mandé chez l'empereur François II; et là, sans beaucoup d'art, et en se félicitant seulement d'avoir à se confier au loyal comte de Narbonne, le Monarque Autrichien toucha la question de la paix récente, les grands sacrifices qu'il avait consentis par dévouement à son peuple, sa disposition même à fortifier cette paix par des nœuds plus intimes. Bref, il parla de sa fille et de la possibilité de sceller l'union des deux Empires par un mariage qui fonderait sur une descendance directe et toute royale la Dynastie de Napoléon.

M. de Narbonne, en recevant avec respect cette auguste confidence, ne rétracta rien de ce qui lui était échappé très-volontairement, au dîner de la veille. Seulement, ému et grave devant le Monarque honnête homme et malheureux, dont il voyait la douloureuse anxiété, il dit quelques mots sur l'ordre providentiel qui semblait amener en Europe la prédominance de deux Empires, puis, sur l'affaiblissement et la dépression imminente de tout État intermédiaire entre ces deux Empires, si le Maître de la France, jusqu'au Rhin et au Vézel, tendait, par dessus l'Allemagne, la main au Czar de Russie, et s'unissait à lui par une alliance d'affection et de famille.

Pour contraste à cette chance que rendait vraisemblable, disait-il, un attrait personnel de l'empereur Alexandre, et une ambition plus excitée que satisfaite par la facile acquisition de la Finlande, il montrait avec ardeur tous les avantages de paix et de stabilité assurés à l'Europe centrale, sous les auspices d'une union qui la rapprocherait dans toutes ses parties, et la couvrirait jusqu'au Danube. Par le fait seul de cette alliance, et à part les dédommagements que l'Autriche y trouverait à ses pertes récentes, la Russie se verrait éloignée du premier plan sur la carte de l'Europe, et rejetée en

dehors de ce groupe compacte de civilisation que formeraient les deux Empires d'Occident; puis, dans quelques paroles dites avec âme, il s'abandonna tout entier et témérairement, disait-il plus tard, à ce qu'il pensait entrevoir alors, « à l'espérance qu'un tel couronnement
« de tant de prospérités humaines, qu'une Archidu-
« chesse d'Autriche de nouveau confiée à la France,
« tenterait Napoléon de s'arrêter enfin à la paix, de
« jouir de sa gloire, au lieu de la hasarder sans cesse, et
« de travailler au bonheur des Peuples, de concert
« avec le vertueux Monarque, dont il deviendrait le fils
« d'adoption. »

M. de Narbonne ne se borna donc pas à recueillir avec ardeur la première révélation, ou plutôt la confidence expresse de l'union projetée; il fortifia cette pensée dans l'esprit du Prince, qui l'avait admise, plutôt par désespoir que par ambition. Il rendit au Prince lui-même des motifs plus hauts et plus nobles, les seuls dont l'existence pouvait être durable; puis il s'empressa de donner avis d'un fait si nouveau, et cela par un organe, dont le choix devait étonner.

Ce ne fut pas M. de Talleyrand, alors grand Dignitaire de l'Empire, et gardant toujours le crédit de son esprit dans sa disgrâce. La lettre qui renfermait le premier avis des dispositions actuelles, du vœu secret et même de la tentative de l'empereur François II, fut adressée, pour être mise sous les yeux de l'Empereur, au duc d'O-trante, dont M. de Narbonne avait éprouvé, dans une occasion précédente, le ferme appui de bienveillance ou de calcul. Il se fiait à lui, à cause d'un premier service rendu; et il savait d'ailleurs la grande part que l'ancien Ministre avait prise à la détermination du *Divorce*.

Cet avis qui précéda de six semaines la délibération des grands Dignitaires et des Ministres consultés par l'Empereur, paraît avoir été la première origine et la cause du choix arrêté, avant le Conseil que l'Empereur tint à ce sujet, de ce choix plutôt deviné qu'inspiré par l'adhésion habilement motivée qu'y donna M. de Talleyrand.

Quoi qu'il en soit de ces influences, toujours assez obscures, qui déterminent de près ou de loin une volonté toute puissante, la chose une fois résolue se pressa et s'accomplit avec l'impérieuse promptitude que le vainqueur de Wagram mettait à tous ses actes. Pendant qu'une autre négociation semblable, entamée avec la Cour de Russie, pour la plus jeune sœur de l'empereur Alexandre, et souhaitée, disait-on, par ce Prince, mais éludée, différée par sa mère, sur des scrupules de religion, échouait sans refus direct, la demande publique de la main de l'Archiduchesse d'Autriche par l'empereur Napoléon éclatait dans le monde; et sous des pressentiments bien trompeurs, cette nouvelle changeait pour quelque temps les conjectures des politiques, et les craintes ou les espérances du monde.

On sait de quelles pompes fut accompagnée cette mémorable union. Évidemment, celui que tant de grandeur réelle élevait au-dessus du faste voulut pourtant faire de ce mariage une date nouvelle dans sa destinée, et marquer même au dehors par un plus grand luxe de Cour l'accroissement présumé de sa puissance. Cet ordre d'idées, et le souvenir d'un récent et secret service lui indiquait naturellement le nom de M. de Narbonne. Bientôt il le rappela de Munich, par un congé sans terme, goûta de plus en plus son entretien, fut frappé de ses connaissances si étendues sous une forme courte et piquante, et parut le garder près de lui, comme à l'essai.

Tout à coup, il marqua l'intention de le faire Grand Maître de la Maison de l'Impératrice, qui se formait avec une magnificence digne des deux Couronnes. Mais quelques difficultés s'élevèrent : l'Impératrice Marie-Louise, d'une douceur si soumise à son puissant époux, montra cette fois une volonté contraire. Et, soit bonté de femme, soit fierté de Souveraine, soit scrupule superstitieux de seconde épouse, elle insista pour maintenir dans le premier poste d'Impériale Domesticité le comte de Beauharnais ; elle ne voulut, à aucun prix, paraître exclure, en la personne de ce parent de Joséphine, le premier nom de la Princesse qu'elle remplaçait sur le Trône de France. On peut supposer, d'autre part, qu'elle voulut écarter, dans l'aimable et brillant comte de Narbonne, des choses qu'elle connaissait peu, et dont elle s'effrayait, les grâces légères, l'esprit moqueur de l'ancienne Cour, et sans doute aussi les tristes pressentiments attachés, pour la jeune Archiduchesse d'Autriche, à tout ce qui rappelait Versailles et les filles de Louis XV, devenues les tantes de la reine Marie-Antoinette. En un mot, froide et calme, Marie-Louise fut inflexible dans sa répugnance au choix que lui annonçait l'Empereur. Celui-ci céda ; et termina brusquement la difficulté, en nommant M. de Narbonne un de ses Aides de camp, faveur singulière s'adressant à un homme de cinquante-cinq ans, débris d'une ancienne Cour, jeté tout à coup dans le plus guerrier et le plus actif des États-majors de Monarques.

On n'en fut pas trop étonné cependant ; car alors on

n'osait s'étonner de rien ; et les politiques seulement, les personnes qui raisonnaient encore tous bas, au milieu de l'obéissance universelle, soupçonnèrent que ce choix cachait une autre destination. La disgrâce de M. de Talleyrand, cette disgrâce, encourue pour d'honorables motifs, non pas sans doute pour une résistance de Stoïcien, mais pour des conseils de modération qui, fussent-ils calculés sur un intérêt personnel de repos, n'en étaient pas moins sensés, au profit d'autrui, cette disgrâce méritoire, après tout, allait s'approfondissant sous l'éclat des Dignités, qui semblaient l'avoir compensée et couverte.

L'ex-Ministre des affaires étrangères, dissident d'abord par quelques objections intérieures, puis par quelques propos trop répétés sur la guerre d'Espagne, avait beau, depuis sa démission, suivre avec empressement ou deviner juste la pensée de l'Empereur sur d'autres sujets, sa retraite, et, comme dit une fois l'Empereur, *sa seconde Pétition pour être relevé de ses vœux*, laissait un vide dans la confiance impériale : et ce vide était plus sensible chaque jour et plus importun au Maître, à mesure que les doutes contrariants, et les blâmes malins qui en avaient été la cause, devenaient des prévoyances trop justifiées. En un mot, les difficultés croissantes de la guerre d'Espagne augmentaient l'humeur contre M. de Talleyrand, et le désir de se passer plus complétement de lui. L'instinct de pouvoir, qui ne manquait jamais, au milieu des plus grandes témérités, avertissait donc l'Empereur de chercher ailleurs un autre instrument analogue, supposé plus docile, du reste emprunté à la même époque, aux mêmes souvenirs, également originaire de l'ancienne Cour, et également passé au feu de la Révolution.

Le nouvel Aide de camp parut tout d'abord aux esprits attentifs un Plénipotentiaire confidentiel en disponibilité, et peut-être un Ministre des relations extérieures en expectative; car celui de 1801 et des années suivantes, le signataire des traités d'Amiens, de Lunéville et de Tilsit, avait été depuis un an plus écarté que remplacé; et l'Empereur, plus que jamais, était lui-même son ministre des affaires étrangères, simplification fâcheuse, même pour le génie et dans le cours des plus heureux succès; car elle supprime à l'intérieur toute délibération contradictoire, tout libre examen, là où on ne peut attendre du dehors que résistances ou piéges, hostilités plus ou moins irritantes ou concessions plus ou moins trompeuses; et elle livre l'homme puissant à toutes les tentations de sa fortune et de son orgueil.

Quoi qu'il en fût de ces chances nouvelles dès lors ouvertes à M. de Narbonne, ce changement immédiat n'altéra rien d'abord aux habitudes de sa vie, sauf sa présence obligée des jours et des nuits de service; il continua d'habiter souvent le même salon, d'y recevoir les mêmes amis, d'y converser aussi agréablement, aussi naturellement.

Peut-être même les entretiens spéculatifs et littéraires devinrent-ils plus fréquents, par une distraction un peu calculée, pour prévenir d'autres questions. Mais c'était toujours la même grâce de bienveillance et d'esprit, la même attention à toutes personnes et à toutes choses.

Durant le court déjeuner que, dans les intervalles de ses assiduités officielles, M. de Narbonne donnait chaque matin à quelques amis, un jour que le plus jeune des convives parlait assez étourdiment de la lettre de Brutus à Cicéron, pour lui reprocher ses avances et ses recommandations près d'Octave, le nouvel Aide de camp du nouveau César qui avait passé la nuit précédente à Saint-Cloud, dans la chambre de l'Empereur, sur un lit de camp en travers de la porte, prouva d'abord très-bien, à ma grande satisfaction, que malgré tous les arguments de quelques incrédules d'Allemagne, cette lettre n'était pas apocryphe, qu'un Romain de la République, et nul autre, avait dû l'écrire. Puis, venant au fond, il résuma brièvement les politiques diverses de Cicéron et de Brutus, qu'il appela la politique de l'éloquence et la politique de l'humeur, l'une pleine d'illusions, tournée à l'effet, dominée par l'apparence, croyant avoir garanti la liberté, quand elle l'a célébrée par un beau discours, croyant maîtriser Octave, dont elle est l'instrument, élevant elle-même à plaisir celui qu'il fallait écarter, et se montrant toute fière, toute joyeuse de lui avoir remis en dépôt, par décret du Sénat, les légions de César; l'autre se trompant tout autrement, faisant avec plus de sérieux la même imprudence, croyant voir un peuple libre dans une Aristocratie sans clients, et s'obstinant à toute fin dans une lutte impossible, qu'elle va clore par le suicide, après l'avoir déshonorée par l'assassinat.

A ce sujet, M. de Narbonne dit avec simplicité d'excellentes choses sur le Patriciat romain, sur l'intolérance des gens de bien, sur l'impuissance et les écueils de la Démocratie, sur l'utilité du Pouvoir absolu à certaines époques, sauf la nécessité d'un grand homme pour porter ce Pouvoir, et dès lors, le vice d'une forme de Gouvernement qui a besoin d'une condition si rarement remplie par le hasard, soit de la naissance, soit de l'élection. Puis, il nous demanda si nous connaissions la lettre d'un autre républicain, d'un second et meilleur Brutus, quoiqu'il le fût à moitié par imitation, Sidney, le fils du comte de Leicester, l'ami de la liberté et l'adversaire de Cromwell, dédaignant plus tard l'amnistie que lui offrait Charles II, s'exilant d'Angleterre pendant dix-sept ans, et y revenant, pour y mourir sur l'échafaud et entacher de son supplice la Royauté des Stuarts, qu'il avait noblement refusé de frapper dans Charles Ier.

Là encore, il dit de belles choses sur l'Aristocratie anglaise, comparée au Patriciat romain, sur les services mieux entendus qu'elle rend à la liberté, sur l'appui plus grand qu'elle tire de la loi, sur la Noblesse de Cour et la nuit du 4 août, sur la Noblesse militaire faite avec des victoires et des dotations, sur la Noblesse politique enfin, Sénat ou Pairie, qui n'est pas seulement une décoration, mais une Institution, à laquelle il faut pour Dot des droits publics à défendre. Revenant alors à Sidney, dont il avait visité, pendant l'exil, le vieux château de Penhurst, et laissant les Généraux plébéiens devenus Ducs pour les Ducs républicains de la Révolution anglaise, il me dit : « Apportez-moi cette lettre de Sidney,
« traduite avec le respect que vous auriez pour un an-
« cien. Je veux la faire lire au juge suprême, à qui sou-
« vent on dénonce votre antiquité classique comme
« séditieuse et gâtant l'esprit de la jeunesse par des
« déclamations ; il faut qu'il voie, République à part,
« quelles âmes se formaient à cette école, et de com-
« bien cela dépassait les Démagogues de la Convention. »

La Commission fut fidèlement remplie ; et l'infatigable

génie qui tenait alors ses regards plongés dans tous les détails de la plus immense organisation militaire que le despotisme savant ait remuée, depuis ces cohues armées que le despotisme barbare jetait d'Asie sur l'Europe, Napoléon, en 1812, trouva le temps de lire cette Lettre, de s'en souvenir et d'en raisonner.

A la vérité, l'ordre d'idées qu'elle suppose, les problèmes qu'elle réveille, rentraient dans la préoccupation politique, dont l'Empereur était alors obsédé, la destinée future des peuples vieillis, l'indépendance nationale supérieure à tout, les Dominations absolues parfois nécessaires à cette indépendance, et ne l'assurant qu'au prix de la liberté, tout ce qui, en effet, agitait cette grande âme et la poussait au formidable dénoûment de 1812.

CHAPITRE XIII.

UNE VISITE A L'ÉCOLE NORMALE EN 1812.

Parmi bien des souvenirs politiques, bien des confidences reçues, ou des témoignages recueillis sur l'histoire de nos quarante dernières années, je veux choisir aujourd'hui l'anecdote la plus littéraire, la plus inoffensive pour tout le monde. Je me reporte en pensée à l'origine d'un établissement universitaire que nous possédons encore, et que j'ai eu l'occasion de bien connaître et de servir en différents temps et sous des formes très-différentes : je suis à l'École normale, dans les premiers jours de sa fondation de 1811 à 1812, époque où, créée magnifiquement sur le papier par Décret Impérial, elle n'occupait encore qu'un réduit fort modeste dans les combles de l'ancien Collége Louis-le-Grand, avec une quarantaine d'élèves et trois ou quatre maîtres seulement.

J'avais, quoiqu'à peine à l'âge de la Conscription, l'honneur d'être un de ces maîtres pour une partie de l'enseignement des lettres latines et françaises. Un savant homme, le premier grammairien de notre temps, le père et l'instituteur de l'*orientaliste* et du *critique* de génie que nous envient l'Allemagne et l'Angleterre, M. Burnouf, faisait le cours principal de littérature ancienne. Un Italien de l'esprit le plus fin et helléniste d'un goût exquis, M. l'abbé Mablini, ancien secrétaire du respectable évêque de Casal, enseignait la philologie grecque; enfin, ce qui importait beaucoup, un célèbre professeur de l'ancienne Université, habile et sévère écrivain dans une difficile traduction, d'un esprit peu étendu, mais singulièrement ferme et juste, M. Guéroult, *Conseiller à vie* de l'Université Impériale, dirigeait l'École, et la voulait inflexiblement classique, sans distraction et même sans diversité d'études, par la seule méditation de l'antique et de l'excellent.

C'était là sans doute, en ce qui touche les lettres, dont je m'occupe exclusivement ici, un plan d'études bien peu compliqué et un choix de maîtres bien restreint. Toutefois, par une sorte de privilége qui semble attaché aux premières années des créations heureuses, de celles qui manquaient, qu'on a longtemps attendues et dont la matière était prête, avant qu'on essayât de la régler, ces commencements de l'École normale comptèrent bien des noms qui ne sont pas encore oubliés, dans nos jours de renouvellement rapide; et elle forma dès lors quelques-uns des premiers écrivains de notre époque, de ceux dont le talent est aujourd'hui présent et incontesté. C'est à ce temps, en effet, qu'appartiennent quelques-uns des hommes qui firent tant d'honneur à cette Université de France, si ébranlée maintenant. Quoique plusieurs des talents qui en sortirent alors ne soient plus, et que la mort ait cruellement moissonné sur la route, déjà longue, parcourue depuis la fondation de l'École, c'est de là que datent deux écrivains, dont les noms sont un des grands titres de la Littérature du dix-neuvième siècle, M. Cousin, créateur dans la philosophie par la passion et l'éloquence du langage, esprit actif et étendu, qui a relevé du même coup dans la science le spiritualisme et la méthode, l'enthousiasme du beau et l'érudition; M. Augustin Thierry, créateur dans l'histoire moderne par la nouveauté des recherches et l'éclatante vérité du coloris, peintre inimitable dans le récit épique, tel que le comportent les mœurs barbares du moyen âge, seule poésie de notre histoire, et publiciste plein de sagacité inventive et de précision dans l'examen des institutions et des usages, d'où sont sortis les temps nouveaux de l'Europe. Là s'annonçait aussi le professeur d'un esprit si juste et si délicat, l'homme de goût éminent auquel notre littérature doit un de ses plus durables monuments sur l'antiquité classique, M. Patin, l'auteur de l'*Histoire du Théâtre tragique des Grecs*.

Ces noms seuls, réunis sous la même date, suffiraient pour illustrer une Institution naissante; mais tout auprès, dans le même mouvement d'études, se rencontraient des mérites faits pour honorer toute grande école; et dans ce nombre rappelons d'abord ceux qui n'achevèrent pas les espérances qu'ils donnaient, un jeune homme, M. Maignien, dont les premières pages, en 1815, annonçaient le talent d'un publiciste, et ce jeune Charles Loyson, qui, sans autre secours que d'excellentes études de lettres et de philosophie, sortait à vingt-deux ans de l'École, poëte touchant et pur, écrivain polémique assez redoutable pour embarrasser de ses premiers coups Benjamin Constant, et penseur assez solide et assez grave pour mériter l'entretien fréquent et l'amitié des deux orateurs illustres qui devaient rendre si respectable à la France cette Tribune politique aujourd'hui reléguée dans l'histoire, M. de Serres et M. Royer-Collard : rare et noble jeune homme, dont la fin si prématurée fut entourée et bénie des soins affectueux d'un autre homme de bien éloquent, M. l'évêque d'Hermopolis !

A cette époque de l'École se rapportent encore des noms justement distingués, le fondateur d'une des premières feuilles de critique savante dans le mouvement littéraire de la Restauration. M. Dubois, écrivain d'un savoir consciencieux et d'un talent libre et animé, auquel il aurait fallu seulement, pour achever d'importants travaux, une partie du loisir qu'on lui a désormais trop rendu; M. Damiron, véritable sage, philosophe de cœur comme M. Droz, avec une science étendue, aussi estimable par le but élevé de ses travaux qu'il est ingénieux dans le détail de ses recherches, le premier homme qui ait appliqué la critique littéraire à presque tous les noms importants de la philosophie depuis trois siècles, et qui ait ainsi donné à l'histoire des idées l'intérêt instructif et sensible de la biographie; M. Guigniaut, conduit par la philologie à la connaissance intime de l'antiquité, et qui dans un livre, fruit de trente ans d'études, a offert l'exemple, si rare aujourd'hui, d'un grand sujet d'histoire complétement approfondi, et d'un travail aussi sincère pour les opinions que neuf et curieux pour l'étude des faits.

D'autres noms encore nous seraient rappelés ou par d'utiles travaux historiques [1], ou par une diversité de

---

[1] Sous cette désignation générale, je renfermais tacitement, lorsque pour la première fois je publiai ce morceau, dans la *Revue des Deux-Mondes*, un nom que je dois énoncer aujourd'hui qu'une destitution

savoir, une sûreté de goût trop renfermées dans la retraite, et auxquelles il n'a manqué que plus de confiance et de liberté pour obtenir autant de célébrité que d'estime. Quoi qu'il en soit, cette abondante moisson de la première École normale, et cette impulsion si honorablement continuée, qu'elle donna dès lors aux études, prouve sans doute que le moment de la créer avait été bien choisi et que le plan de cette Création était bien conçu. C'est à ce sujet qu'il ne me paraît pas indifférent de recueillir ici quelques souvenirs dont j'ai été, il y a bien des années, l'occasion et le confident.

Un matin que, dans les premiers mois de 1812, la section la plus nombreuse de l'École normale était réunie avec son jeune professeur pour la conférence de poésie latine et de littérature française, on annonça dans la salle où se tenait l'assistance un Aide de camp de l'Empereur, accompagné de quelques amis connus dans le monde et dans l'enseignement. M. le général de division comte de Narbonne entra le premier, avec sa grâce élégante et polie, s'assit au milieu de ses amis sur un banc fort simple ; et le cours continua ou plutôt recommença. Ce cours était une suite d'études réfléchies et soudaines sur quelque monument d'art, quelque œuvre consacrée, puis une lecture fort débattue d'essais modestes sur quelque sujet de morale et d'histoire

---

inattendue l'a frappé : c'est celui de M. Poirson, un des plus habiles administrateurs de l'Enseignement public, auteur de savants travaux sur l'histoire romaine, et occupé d'études non moins remarquables sur la nôtre. Dans la première Université, un pareil homme n'eût quitté la direction active d'un des grands Lycées de l'État que pour siéger comme Conseiller à vie au Conseil supérieur de l'Instruction publique, tel qu'il était compris dans la pensée du fondateur.

littéraire. On s'exerça dans la séance à juger l'œuvre un peu artificielle d'un grand écrivain et l'effort quelquefois heureux d'un habile et noble rhéteur. Ce furent d'abord quelques pages du *Dialogue d'Eucrate et de Sylla* passées à l'épreuve d'une censure historique et verbale, sévère comme s'y plaît la jeunesse, puis l'analyse rapide et la critique incidente des meilleurs passages du *Marc-Aurèle* de Thomas, rapprochés de quelques grands traits de l'original antique. Ensuite on lut et on discuta sans pitié quelques *Considérations* écrites par un élève sur Fénelon et Vauvenargnes. Deux heures se passèrent dans cette étude, où le principal auditeur jeta quelques mots justes et fins et quelques souvenirs d'un parfait à-propos, et où beaucoup d'élèves avaient pris part brièvement, avec cette liberté bienséante et cette promptitude d'esprit qui préparent le mieux les hommes à la vie ou du moins à la parole publique. A la fin de la séance, on était tenté de crier vive l'Empereur, et on saluait avec grand respect son noble représentant ; car les cœurs des jeunes gens, surtout alors, étaient bien remplis, bien éblouis de la gloire de l'Empereur, malgré le terrible impôt du sang, dont cette gloire était déjà si chèrement payée ; et on était loin de prévoir les funestes obscurcissements qu'elle allait subir, et dont quelques mois à peine nous séparaient.

Cependant l'Université, en sa qualité d'œuvre nouvelle, étant dès lors fort attaquée dans des intérêts et des vues très-différentes, et toutes les attaques, dans le silence du Pouvoir absolu, devant aboutir à l'oreille du Maître, cette visite inusitée, cette inspection d'un genre nouveau fut très-remarquée et fit raisonner beaucoup. Le respectable *Conseiller à vie* Chef de l'École s'en inquiéta des premiers. Il craignait également deux choses : l'accusation de retour vers le passé, de tendance routinière, et l'accusation plus grave encore d'innovation imprudente, le reproche d'ultra-montanisme ou de philosophisme. De sa personne, il avait aimé la philosophie du dix-huitième siècle et la Révolution, comme un esprit modéré peut les aimer, bien entendu, sans scepticisme épicurien et sans approbation de la violence et de l'iniquité ; mais enfin il les avait aimées ; et il avait même écrit un petit livre élémentaire et savant, d'une exactitude assez hardie, sur le système régulier, les obligations légales et la courte durée des Magistratures romaines.

Tout cela sans doute se perdait dans son admiration bien connue pour l'Empereur, qui était pour lui la Révolution, la République, plus la gloire et le génie ; mais enfin il craignait que son zèle ne fût pas aussi bien jugé qu'il méritait de l'être, et qu'une opinion moins impériale et plus monarchique que la sienne, qu'il rencontrait parfois au Grand-Conseil de l'Université, ne se fît jour ailleurs et ne lui valût une mauvaise note en haut lieu. Un Aide de camp de l'Empereur, ancien émigré, grand seigneur de manières et de nom, l'inquiétait ; et il avait besoin de se rappeler que M. de Narbonne avait été Ministre de la guerre au temps de l'Assemblée Législative, et qu'il avait grandement contribué, dans un Ministère de trois mois, à organiser les armées qui gagnèrent les premières batailles de la Révolution. Du reste, l'inquiétude dura peu : on sut bientôt que le rapport avait été favorable, que M. de Narbonne avait dit qu'il était charmé de tout à l'École, hormis du logement ; qu'il ne voulait pas en tirer un horoscope sur l'avenir littéraire des élèves, mais qu'il n'avait jamais vu tant de jeunes gens d'esprit dans un grenier. Quelqu'un ajouta presque officiellement, qu'on était près de l'Empereur content d'une Institution à laquelle, nous dit-on, Sa Majesté mettait le plus grand prix, et qui était présente à sa pensée. Cela fit espérer à notre respectable Chef que bientôt l'École serait constituée comme l'annonçait l'article 110 du Décret du 17 mars, avec les trois cents élèves qui lui étaient promis, un vaste mobilier scientifique, de grands bâtiments à part, et un beau jardin pour les études botaniques. M. Guéroult espérait que ce Décret d'installation nous arriverait dans quelques mois, daté au moins de Varsovie ou de Vilna.

Pour moi, sans prévoyance, comme on l'est dans l'extrême jeunesse, je me bornais à l'envie de savoir quel air avait eu notre conférence, et si l'homme supérieur autant qu'aimable, qui m'honorait de sa bienveillance, était content de nous. J'allai, trois ou quatre jours après, à la découverte chez M. de Narbonne, qui arrivait de Saint-Cloud, où son service l'avait retenu, et où il était souvent, je le savais, admis à l'entretien familier de l'Empereur. «Eh bien! me dit-il, ma visite a-t-elle fait
« plaisir, rue Saint-Jacques? car j'en ai été un peu
« grondé ailleurs; mais j'ai entendu en revanche de
« très-graves réflexions sur l'École normale, l'Enseigne-
« ment public, et, comme le dit l'Empereur, la moyenne
« intellectuelle nécessaire à un peuple, et la gloire des
« lettres nécessaire à un grand peuple. Je vous aurais
« souhaité là, dans un coin, avec votre vive attention,
« pour n'en rien perdre; mais, malgré la difficulté de la
« controverse avec un homme qui commande à plus de

« trente légions, j'ai assez discuté pour me bien sou-
« venir des objections et des avertissements du Maître ;
« et je veux vous en dire quelque chose, pour votre
« bien. »

Je fus alors, je l'avoue, tout étonné de cette importance de Cabinet donnée à l'incident d'une visite à l'École normale ; et malgré cette présomption, maladie trop naturelle des commençants littéraires, je ne concevais pas qu'il y eût dans la tête qui dominait l'Europe une place réservée pour l'École normale et une attention curieuse pour l'objet de ses études. Je marquai cette surprise. « Vous n'y entendez rien, me dit
« M. de Narbonne. L'Empereur, si puissant, si victo-
« rieux, n'est inquiet que d'une chose dans le monde,
« les gens qui parlent, et à leur défaut les gens qui
« pensent ; et cependant il les aime assez, ou du moins
« il ne peut s'en passer. Il veut, et il me l'a dit vingt
« fois, que son règne soit signalé par de grands travaux
« d'esprit, de grands ouvrages littéraires. Être loué
« comme inspirateur de la science et des arts, être le
« chef éclatant d'une époque glorieuse pour l'esprit
« humain, c'est l'idée qui le flatte le plus ; c'est ce qu'il
« a cherché par ses *Prix Décennaux* ; et il s'impatiente
« de la lenteur des grands talents à paraître, quand il
« les demande. N'ayant pas d'abord réussi par en haut,
« il reprend de plus bas, à la racine de l'édifice, et il
« veut que de fortes études saisissent de bonne heure
« la jeunesse et suscitent les talents supérieurs, en
« élevant le niveau général ; il a compté pour cela sur
« l'École normale et sur l'enseignement des lycées ré-
« généré par une laborieuse milice de jeunes maîtres ;
« il y veut des études fortement classiques, l'antiquité

10

« et le siècle de Louis XIV; puis quelques éléments de
« sciences mathématiques et plus tard la haute géo-
« métrie, qui est, dit-il, le sublime abstrait, comme la
« grande poésie, la grande éloquence est le sublime
« sensible. Seulement, il entend que tout cela soit d'ac-
« cord avec le pouvoir concentré de l'Empire, et,
« comme il le dit, que la pensée agrandie par son règne
« tourne dans son orbite. Aussi, mon cher, le choix
« de vos lectures déplaît, et je n'ai pas fait ma cour, en
« ne vous grondant pas. »

Mon étonnement redoubla, non pas d'être blâmé, mais d'être aperçu dans ce mouvement du monde. Bientôt j'appris que rien même d'imperceptible n'échappait à ce coup d'œil d'aigle, et ne devait dévier du cercle magique de ses regards. M. de Narbonne avait été d'abord interrogé, pressé, redressé sur sa visite. « Eh bien! lui avait dit l'Empereur à la première vue, vous êtes donc allé hier au Lycée impérial, visiter mon École normale, et pour entendre quelles choses? Deux déclamations, l'une contre Sylla, l'autre pour Marc-Aurèle. Franchement, je vous croyais bien au-dessus des illusions de l'Athénée, et de l'*idéologie* du professeur Garat, qui, Dieu merci, ne fait plus de leçons publiques, et ne vote plus contre moi qu'au scrutin secret du Sénat. Je ne suis pas fâché cependant que vous me fassiez songer à mon École normale. Parlons-en : j'y tiens beaucoup; c'est ma création, une création nécessaire. Qu'y a-t-il en France aujourd'hui pour l'avenir des lettres et l'honneur de l'esprit humain? Quelques talents qui vieillissent sans successeurs. Plus de loisirs et plus de solitude; plus de corporations riches, paisibles, où on travaille à la grande littérature, soit par besoin de distraction, soit par piété; un clergé pauvre et militant, qui sera tel encore pendant bien des années, et qui, quand il deviendra autre, exigera d'autant plus un contre-poids de science séculière. Regardez-moi plutôt : j'ai relevé l'Église, et elle m'a consacré; et cependant que de querelles entre nous! quelles difficultés avec Rome! Mais, d'autre part, les études civiles, on ne les veut, où ne les cherche que pour des professions lucratives ou des places, pour être avocat, médecin ou auditeur au conseil d'État. Il me fallait donc créer de ma main une profession civile, désintéressée, grave, qui ne travaillât que pour les lettres et la science, du reste nullement exclusive, point fermée, ouverte au clergé en même temps qu'elle sert à exciter son zèle : c'est l'idéal de mon Université de France, et je puis dire d'outre-France. Voyez le beau rapport de Cuvier sur les écoles de Hollande! Il n'est pas une institution dont je m'honore plus, et que je veuille davantage maintenir forte et durable : c'est pour cela que je l'ai dotée d'un impôt et d'une juridiction. J'ai bien entendu donner l'inamovibilité à ses membres, comme à des magistrats. J'ai voulu surtout qu'elle fût fortement lettrée : j'aime les sciences mathématiques et physiques; chacune d'elles, l'algèbre, la chimie, la botanique, est une belle application partielle de l'esprit humain : les lettres, c'est l'esprit humain lui-même; l'étude des lettres, c'est l'éducation générale qui prépare à tout, l'éducation de l'âme. Aussi voyez comme, pour organiser mon Université, j'ai préféré Fontanes à Fourcroy, qui pourtant m'était aussi bien dévoué, et à qui cette disgrâce a fait grand mal, je le crains; mais, dans un chef d'Empire, pas de faiblesse humaine : il y allait de l'avenir de la jeunesse et des traditions de l'esprit français. »

— Puis, s'avançant vers son ingénieux interlocuteur, dont il croyait probablement saisir la pensée dans quelque regard échappé : « Les lettres, la science, le haut enseignement, savez-vous bien, mon cher Narbonne, que c'est là un des attributs de l'Empire, et ce qui le distingue du Despotisme militaire ? Ce sont là nos *pouvoirs intermédiaires* et *dépendants*, comme le disait votre Montesquieu, quand il voulait, dans son classement des États, faire une place de faveur à la Monarchie française. Sans cela, sans l'égalité de gloire de ma Légion-d'Honneur pour toutes les primautés militaires ou civiles, je serais un Despote. Voyez donc ! Jugez par là si je dois veiller sur ce feu que j'ai rallumé, et qui est le feu sacré de l'Empire. En pareille matière, il n'y a pas de petite faute, ni par conséquent de négligence permise.

« La plus grande faute qu'un homme pourrait faire, ce serait de vouloir gouverner, en dehors des lumières du temps, cette nation, la plus intelligente de la terre. Aussi j'ai deux ambitions : élever la France au plus haut degré de la puissance guerrière et de la conquête affermie, puis y développer, y exciter tous les travaux de la pensée sur une échelle qu'on n'a pas vue depuis Louis XIV. C'était le but de mes Prix Décennaux qu'on m'a gâtés par de petites intrigues d'*idéologues* et des couronnements ridicules, comme celui du catéchisme de Saint-Lambert ; mais, soyez-en sûr, le fond de la pensée était grand. Ce pays-ci ne peut pas plus se passer de raisonnement et d'esprit qu'il ne peut se passer d'air. Je le distrais par des batailles gagnées ; mais il faut aboutir; il faut pourvoir à l'entretien moral d'un grand peuple savant, industrieux, frondeur, quoique soumis. Il faut pour la classe aisée et pour les esprits bien nés de toute classe cent Lycées dans l'Empire, des groupes d'écoles supérieures dans toutes les grandes villes, des Académies universitaires au siége de chaque Cour Impériale. Jugez quelle sera l'émulation d'une jeunesse d'élite prélevée sur quarante millions d'âmes! Quelle prime offerte au talent, et quelles chances multipliées de le faire naître! Le mouvement qui, au dix-huitième siècle, partait de la société et ensevelissait le pouvoir, je veux qu'il parte du trône et que partout il réveille et dirige.

« Mais, pour tout cela, mon cher Narbonne, il faut une base solide, il faut ce bon sens qui, comme dit Bossuet, je crois, *est le maître de la vie humaine.* Je n'aime pas, la philosophie politique du dix-huitième siècle; je ne l'aime pas même dans ceux qu'on répute les plus sages. Voyez-vous, il y a toujours en eux du déclamatoire. Ceux qui doivent agir ne faisaient pas alors d'assez grandes choses pour que ceux qui regardent et raisonnent pussent écrire avec élévation et simplicité. Aussi, voyez Montesquieu lui-même, que d'erreurs, avec un esprit merveilleux! Il est magistrat dès l'enfance; il veut une Monarchie tempérée par des gens de robe; et il perce de mille traits l'esprit chrétien, il déchire tant qu'il peut la robe de l'Église; il admire en platonicien ces républiques grecques plus inapplicables de nos jours que le gouvernement de la tribu de Juda; et il prétend être Monarchiste; il pose en principe l'*honneur* pour ressort principal de sa Monarchie; et il vante jusqu'à la corruption du Gouvernement Britannique. Sans doute, grâce au fil conducteur que lui tendait Machiavel, il a bien jugé les institutions et le génie des Romains; il a même supérieurement compris le mécanisme de la légion romaine, et je lui en sais gré pour l'honneur du métier; mais qu'est-ce que cette conversation de Sylla et d'un sophiste grec, dont vous étiez hier si fort occupé? De quelle lumière, de quelles idées justes cela peut-il remplir de jeunes esprits de notre temps et de mon règne? Quel faste de langage! En vérité, si je m'en souviens bien, dans ce tête-à-tête c'est Sylla qui est le bel esprit et le rhéteur. Que veut-dire ce *bouclier qu'il avait* sur les *murailles* d'Athènes *et ce javelot qu'il avait à Orchomène?* Jamais général romain eut-il un javelot? et est-ce ainsi, par quelques images physiques toujours misérables et inaperçues dans la grandeur des masses, qu'on fait saillir la puissance du génie et sa domination sur les hommes? Non : des colonnes dirigées, des marches tout à coup commandées, une force irrésistible jetée sur un seul point, et un homme à l'écart, immobile, qui prévoit, qui juge et qui inspire tout de sa pensée, voilà le grand Capitaine, soit avec la tactique et les feux de l'art moderne, soit avec les instruments inférieurs de mort, dont disposait l'antiquité. »

« Pour nous qui avons tant fait la guerre, pour vous qui avez su l'organiser, voilà l'idée qu'il faut donner de cette puissance divine du Commandement militaire. Maintenant allons au fait. Quelle est la morale de ce parlage magnifique de Sylla? Aucune. L'écrivain, ou son pseudonyme grec, a l'air de donner des regrets à cette ancienne République Romaine qui ne pouvait plus durer trois jours. Il craint que Sylla n'ait donné un fâcheux exemple, en prenant le pouvoir, et une inutile leçon de modération, en le quittant. Est-ce là ce qu'aurait dit Machiavel et ce que devait penser un esprit politique? N'était-ce pas le moment de comprendre et de bien expliquer la nécessité de ce qui, dans le monde, revient à certaines dates, de ce que moi je devais faire dix-neuf cents ans plus tard? Non, je le répète, rien de cette pompeuse analyse des actes de Sylla n'est vrai; et la faire admirer, c'est fausser de jeunes esprits. Il y a cependant un grand mot, dans ce dialogue de brillant sophiste. « J'ai étonné les hommes, dit Sylla; et c'est « beaucoup. » Sans doute; mais ce n'est pas tout. »

« J'étonnais les hommes, en revenant de Campo-Formio, après avoir battu Wurmser et tant d'autres. J'étonnais les hommes, en débarquant tout seul d'Égypte. Cela est bon pour commencer; mais il a fallu quatre ans de bonne administration, de ralliement des partis, d'équité, d'actes réparateurs, pour fonder quelque chose. Il a fallu mettre ensemble Treilhard et Tronchet, Merlin et Barbé-Marbois, les dominateurs déchus et les proscrits réhabilités, et faire marcher de front tout le monde à la gloire d'une époque nouvelle. Ma plus grande victoire, ce fut mon gouvernement civil. Sauf deux ou trois opiniâtres, je ne laissai rien de considérable en dehors, et j'enveloppai tout dans ma Toge consulaire. »

« Mais le dix-huitième siècle, hormis Frédéric II, n'entendait rien à l'art de gouverner. Celui-là seul avait appris la politique, en faisant la guerre. Le reste et les gens de lettres surtout, y compris Montesquieu, singeaient Tacite et ne voyaient rien au delà; et Tacite, vous le savez, fausse l'histoire pour peindre éloquemment. Il calomnie l'Empire; il est de la minorité, du vieux parti de Brutus et de Cassius. C'est un sénateur mécontent, un boudeur d'*Auteuil*, qui se venge la plume à la main dans son cabinet. Il a des rancunes d'Aristocrate et de Philosophe tout à la fois; il subtilise avec mauvaise humeur, et ne comprend pas la grande unité de l'Empire, cette unité qui, même avec des Princes médiocres ou à moitié fous, tenait tant de peuples dans l'obéissance de l'Italie romaine. Le règne des Empereurs fut une grande ère d'égalité, sauf l'esclavage domestique, s'entend. Il donna au monde ce qu'aime aujourd'hui la France. Claude même fut populaire, en nationalisant Romains tous les peuples d'Occident, du Danube à l'Èbre et du Rhin à la Seine. Tacite dit que le peuple regretta Néron. Cela prouve que, pour le temps, la bonté de l'institution l'emportait même sur les crimes de l'homme. Et cependant l'historien ne songe pas aux conséquences de cet aveu qui lui échappe; et il continue sa guerre sourde, même contre Vespasien, un des plus grands hommes de l'Empire. Il faut, en toute cette matière, redresser les préjugés d'école ou les malices de salon, et surtout en préserver les maîtres futurs de la jeunesse. »

M. de Narbonne aimait Montesquieu, que personne n'avait mieux lu, et il avait un grand goût pour le génie de Tacite. « Ah! Sire, dit-il, que l'Empereur ne m'oblige pas de répéter plus faiblement ce plaidoyer pour Tacite qu'a fait devant vous M. Wieland, et dont l'Allemagne ne s'est que trop entretenue. Votre Majesté crut alors qu'il y avait dans cette défense une représaille de vaincus; mais ce ne sont pas les vaincus seulement, c'est la conscience du genre humain qui est du parti de Tacite contre les Césars de Rome. L'histoire n'a pu les calomnier ; et nul grand homme n'est intéressé à diminuer l'horreur qu'en a donnée l'histoire. »

« Il n'importe, reprit l'Empereur plus doucement ; Tacite et ses imitateurs modernes, les gens qui, sous l'apathique Louis XV, avaient peur de Tibère, ne sont pas de bons guides en histoire. Point de cette imagination chagrine et conjecturale, en parlant à la jeunesse. Montrez-lui la grandeur simple et vraie ; faites-lui lire les *Commentaires* de César. J'aurais mieux aimé à l'École Normale, et devant vous, quelque analyse bien sentie des beaux récits que fait César de ses campagnes et de ses négociations. Vous me direz qu'il ne s'agit pas de former des Conquérants ; d'accord : puis, cela ne s'apprend guère dans les livres. On est né César ; on ne le devient pas ; mais ce qui s'apprend, ou du moins se fortifie, c'est le sens droit pour juger un peu les choses humaines, comprendre l'œuvre du génie, reconnaître à temps César, au lieu de déclamer contre lui. C'est à cela, parmi bien des choses, que sert l'étude ; elle vous donne la raison de l'instinct des masses, et vous fait distinguer de loin les hommes venus pour commander aux autres ; et c'est ce que n'enseignent pas du tout ni le rhéteur Eucrate croyant mesurer Sylla, ni le rhéteur Thomas faisant sur la tombe de Marc-Aurèle un pamphlet contre les lettres de cachet et le Parlement Maupeou de Louis XV. »

M. de Narbonne honorait le nom de Thomas, qu'il avait beaucoup connu dans les salons de madame Necker, et qu'il avait trouvé parmi les gens de lettres du temps plus scrupuleux, plus savant et plus réellement citoyen qu'on ne l'était alors ; puis il tenait encore du fond du cœur à ces belles espérances, à ces promesses légales de 1789, et au travail philosophique qui les avait précédées. Il concevait que la liberté eût été ajournée par la victoire; mais il ne la reniait pas. En admirant l'Empereur, il n'aimait pas l'Empire tout guerrier et absolu; et il croyait ce régime glorieux, mais violent, condamné à périr, s'il ne se réformait. Pour lui, Turgot était le ministre regrettable, et Thomas le libre penseur honnête homme; et, malgré la distance où son esprit si juste laissait l'emphase doctorale trop fréquente dans le dix-huitième siècle, le fond des choses à ses yeux rachetait les torts de la forme.

Il ne se fit donc pas faute de répondre que, dans l'éloge de Marc-Aurèle, le héros et même le panégyriste n'étaient pas une mauvaise étude pour l'imagination de la jeunesse. « Les Antonins, disait-il, ont donné soixante ans de bonheur au monde; et Marc-Aurèle est leur type le plus grand et le plus pur. Cette peinture du bien-être de tant d'hommes par la volonté d'un seul, cet enthousiasme de grandeur morale mêlé au Pouvoir suprême, est un spectacle salutaire à tous, et qui, certes, ne nuit pas à l'obéissance. L'Empire d'un tel Prince, rigoriste de vertu sur le trône, est la meilleure apologie de cette Puissance illimitée que commande parfois l'état du monde. Il est bon qu'elle soit placée à cette hauteur. Nulle autre forme de gouvernement à la même époque n'aurait pu faire autant de bien, suspendre autant de maux, et mieux mériter du genre humain. Marc-Aurèle ne fut pas seulement un sage sur le trône; il fit la guerre en habile et heureux général. Il frappa d'un grand coup les Barbares, comme Marius deux siècles auparavant. Il tint en soumission tout le Nord, campa sur le Danube, durant plusieurs hivers; il y était quand la mort le surprit : et rien à cette mort ne fut ébranlé dans l'obéissance des peuplades vaincues et dans la paix si bien établie de l'Empire. Si Tacite a exagéré contre le pouvoir des Césars, la vraie réponse à lui faire, c'est le règne de Marc-Aurèle. »

« Là, là, dit l'Empereur en riant ; il ne faut décourager personne : ce règne patriarcal des Antonins sera la retraite de nos vieux jours. Vous savez mon goût passionné des détails et le plaisir que j'aurais, après la guerre, à faire pénétrer partout l'industrie et le bien-être. En attendant, nous vous mènerons plus loin que votre Empereur modèle n'est allé. Nous couvrirons Vienne, sans y stationner, nous ; et nous jetterons nos têtes de ponts non pas sur le *Danube* seulement, mais sur le *Niémen*, le *Volga*, la *Moskwa*, et nous refoulerons pour deux cents ans la fatalité des invasions du Nord. C'est bien là aussi, mon cher Narbonne, un service rendu à l'humanité. Du reste, je ne vous tiens pas quitte ; et je vous ai pris en flagrant délit de philosophie sentimentale, vous, homme d'expérience, comme de cœur, et qui avez vu la Révolution. Je connais bien cet éloge de Marc-Aurèle, qui a été une des œuvres d'avant-scène de nos réformateurs philosophes. Fort jeune, je l'ai entendu vanter et déclamer au Représentant Fréron, quand il était Proconsul dans le Midi. Cela me semblait très-sonore ; mais ni l'écrivain, ni même le héros n'est à mon gré. Marc-Aurèle, c'est une sorte de Joseph II dans de plus grandes proportions, philanthrope et sectaire, en commerce avec les sophistes, les idéologues du temps, les flattant, les imitant et persécutant les chrétiens, comme Joseph II les catholiques des Pays-Bas. J'aime mieux Dioclétien, sur la peau duquel Chateaubriand a voulu m'égratigner un peu, dans ses *Martyrs*. Il a bien choisi la comparaison ! Je n'abdique pas, moi ; je ne vais pas planter des laitues à *Salone*. C'est une différence. Du reste, Dioclétien, jusqu'à sa maladie de langueur, fut un grand prince, administrateur, guerrier, nullement contemplatif, et par là plus utile à l'Empire que Marc-Aurèle entre sa femme Faustine et son fils Commode. »

« Je me résume sur cette question très-grave des études; car l'éducation publique, c'est l'avenir et la durée de mon œuvre, après moi. Il faut que l'Enseignement public soit avant tout judicieux et classique. Point d'histoire systématique, point de ces conjectures déclamatoires qui expliquent mal les grands hommes et falsifient les événements, pour en tirer une morale de commande. Que veut dire Montesquieu avec ces distinctions raffinées, avec cet héroïsme de Sylla qui, dit-il, « était un héroïsme de principe plus funeste qu'un héroïsme d'impétuosité ? » Toiles d'araignée que tout cela ! Dans l'homme fort, tout est à la fois raison et mouvement; il veut impétueusement ce qu'il a conçu par une réflexion profonde; et son héroïsme est d'une seule pièce. Sylla a saisi violemment le pouvoir, parce qu'il se sentait capable de le porter, parce que le temps de l'Empire approchait et qu'il y a toujours des essais, avant la fondation finale. Il l'a quitté, parce qu'il vieillissait, qu'il était malade, qu'il avait un *spleen*, une humeur noire, un de ces accidents intérieurs de l'homme qui, dégoûtant de la vie, peuvent bien dégoûter de l'Empire. Je n'aime pas le livre du Sénateur Cabanis; mais, j'en conviens, le physique est pour beaucoup dans l'homme; et il y a bien des choses qui s'expliquent mieux par là que par la métaphysique creuse et par les distinctions entre l'*âme grande* et l'*âme haute,* comme en fait Montesquieu. »

« Avant tout, mettons la jeunesse au régime des saines et fortes lectures. Corneille, Bossuet, voilà les maîtres qu'il lui faut. Cela est grand, sublime, et en même temps régulier, paisible, subordonné. Ah! ceux-là ne font pas de révolutions; ils n'en inspirent pas. Ils entrent, à pleines voiles d'obéissance, dans l'ordre établi de leur temps; ils le fortifient, ils le décorent. Quel chef-d'œuvre que *Cinna!* comme cela est construit! comme il est évident qu'Octave, malgré les taches de sang du Triumvirat, est nécessaire à l'Empire, et l'Empire à Rome! La première fois que j'entendis ce langage, je fus comme illuminé, et j'aperçus clairement dans la politique et dans la poésie des horizons que je n'avais pas encore soupçonnés, mais que je reconnus faits pour moi. Le cardinal de Richelieu se plaignait de Corneille; il ne lui trouvait pas un *esprit de suite,* une dépendance assez docile. Cela se peut. Ce génie, tout paisible et modeste qu'il était dans le train ordinaire de la vie, ne devait reconnaître la souveraineté du Génie que dans une pensée maîtresse pour son propre compte. Un premier Ministre, un favori servant et régnant n'était pas son chef naturel; mais comme il m'eût compris! »

« Quant à Bossuet, c'est la plus grande parole de l'univers chrétien et le meilleur conseiller des Princes. Ce que j'ai appris de lui depuis mes difficultés avec Rome me le fait encore plus grand. Je l'avais cru d'abord un poëte, un Homère biblique. On nous instruisait très-mal à Brienne : j'avais quinze ans; on ne me mettait dans les mains que d'insipides extraits de Domairon. »

« Des extraits! méthode pitoyable! La jeunesse a du temps pour lire longuement et de l'imagination pour saisir toutes les grandes choses. Plus tard, je réparai cette lacune en lisant prodigieusement, mais avec peu de choix, au hasard d'une bibliothèque de garnison. Le grand côté de l'histoire ne m'apparaissait pas. A Valence, mon âme dormait encore; et ce que j'écrivais, car j'écrivais beaucoup, était faible et pâle. »

« Le jour où par bonheur je rencontrai Bossuet, où je lus, dans son *Discours sur l'histoire universelle*, la suite des Empires et ce qu'il dit magnifiquement des conquêtes d'Alexandre, et ce qu'il dit de César qui, *victorieux à Pharsale, parut en un moment par tout l'univers*, il me sembla que le voile du temple se déchirait du haut en bas et que je voyais les dieux marcher. Depuis lors, cette vision ne m'a plus quitté, en Italie, en Égypte, en Syrie, en Allemagne, dans mes journées les plus historiques, et les pensées de cet homme me revenaient plus éclatantes à l'esprit, à mesure que ma destinée grandissait devant moi. Mais en même temps, et c'est ce que je sens bien aujourd'hui comme le côté pratique du génie fondé sur le bon sens, voyez comme ce pieux évêque, si digne d'être Cardinal et qui ne le fut pas, si grand défenseur de l'Église contre les dissidents et les incrédules, s'est montré le champion fidèle de la Royauté devant l'Église. Tout ce que je lis de lui, tout ce que m'en ont dit le bon évêque de Casal et l'évêque de Nantes, me remplit d'admiration. Si cet homme existait, il serait depuis longtemps archevêque de Paris, et le Pape, ce qui vaudrait mieux pour tout le monde, serait encore au Vatican : car il n'y aurait pas alors dans le monde de Chaire pontificale plus élevée que celle de Notre-Dame, et Paris ne pourrait avoir peur de Rome.

« Avec un tel président, je tiendrais un Concile de Nicée dans les Gaules. — « Je comprends, Sire, reprit M. de Narbonne, habitué à ces rapides mouvements de pensées qui, dans les entretiens de l'Empereur, transportaient en un moment l'esprit d'un hémisphère à l'autre; je comprends; mais, que Votre Majesté permette qu'en ce moment je n'abandonne ni ne défende la question, sur laquelle elle sait ma tristesse et mon profond dissentiment. Le sage et religieux Bossuet ne serait pas l'auxiliaire d'un schisme impossible. Vous le savez, Sire; il n'y a pas assez de religion en France pour en faire deux : ce qui serait ôté à la hiérarchie régulière serait infailliblement donné à la licence des opinions et à l'anarchie sceptique; mais je m'arrête : il vaut mieux aujourd'hui, sur des questions d'art et de goût, qui sont aussi des questions sociales, suivre, comme je le fais, cette variété d'idées qui vous échappent, et où rien ne semble au-dessous de la pensée politique, à laquelle sans cesse elles vous ramènent. Je voudrais que le monde pût vous entendre. »

« C'est qu'il n'y a pas, mon cher Narbonne, de littérature séparée de la vie entière des peuples. Leurs livres, ce sont leurs testaments, leurs conversations ou leurs rêves : judicieux, élevés, magnanimes, quand le peuple est grand; vicieux, frivoles ou insensés, quand il se corrompt et s'abaisse. Ayons donc des lettres françaises dignes du concordat et de la paix de *Presbourg*, de *Marengo* et de *Tilsit;* et pour cela ayons de fortes études et une jeunesse nourrie dans l'admiration du grand et du beau. »

En recueillant ces débris de l'entretien d'un homme qui a fait et dit tant de grandes choses, en les liant avec certitude à quelques empreintes prédominantes gravées jadis en moi, et dont l'invention serait plus invraisemblable que le long souvenir, j'ai cru qu'il ne serait pas sans intérêt pour l'histoire de montrer les curiosités d'esprit, les digressions à la fois spéculatives et pratiques, dont se préoccupait par moments le Dominateur de l'Europe, si près de la dernière tentative et du naufrage de sa gigantesque fortune. Il m'a semblé aussi que c'était justice envers tous de rappeler le sentiment que ce Dictateur sans pareil avait de la dignité morale de la France, et la part que, dans ses vœux du moins, il faisait à la liberté des intelligences et à la gloire des lettres, au moment même où il se croyait obligé de faire peser sur l'une et l'autre un pouvoir si absolu et si funeste à lui-même.

Ce qui me reste à rapporter du même temps, les fragments d'entretiens intimes qu'il m'est donné de pouvoir emprunter à d'autres souvenirs, sont des choses non pas moralement plus grandes, mais plus extraordinaires, plus intéressantes pour tous, plus disproportionnées encore au narrateur, et où sa personne d'obscur et indirect témoin devra s'anéantir encore plus, devant la grandeur des situations et des noms.

CHAPITRE XIV.

DES PROJETS DE L'EMPEREUR NAPOLÉON, ET DE QUELQUES OBJECTIONS QUI PRÉCÉDÈRENT LA CAMPAGNE DE 1812. — RÉPUGNANCE DE L'EMPEREUR A RÉTABLIR LA POLOGNE. — CONFIANCE A L'ÉGARD DE LA TURQUIE. — VUES GIGANTESQUES SUR L'ORIENT. — QUELQUES FRAGMENTS DES NOTES DE M. DE NARBONNE. — CURIEUX TÉMOIGNAGE DE L'ILLUSION DU TEMPS.

Il semble qu'on s'est souvent trompé sur les motifs de la fatale expédition de Russie, et qu'on a trop pris pour la cause essentielle de la guerre ce qui en était simplement l'occasion. Malgré l'animosité de l'Empereur contre les Anglais et sa prétention de leur fermer partout l'Europe, comme ils lui fermaient la mer, ce n'était pas l'exécution plus rigoureuse du Blocus Continental qu'il poursuivait sur la route lointaine de Moscou. Ce Blocus, il y contrevenait lui-même par ses *Licences*; il le savait finalement impraticable, tout en le rendant le plus nuisible qu'il pouvait à l'ennemi. L'Ukase de l'Empereur Alexandre, du 25 décembre 1810, qui admettait les marchandises anglaises sous pavillon neutre, l'a blessé surtout, comme acte d'indépendance, et comme pronostic de la rivalité terrible qu'il prévoyait pour l'Occident, et qu'il voulait anéantir de son vivant, « la croyant, disait-il, trop redoutable pour quiconque ne serait que son héritier. »

11

Cette crainte, Napoléon l'avait conçue avant Tilsit, avant la journée d'Austerlitz, avant l'Empire, et du premier jour où il avait vu les Russes en Italie, et la frontière de la France protégée contre eux par la bataille de Zurich. Dès lors, sa pensée nourrie d'histoire et pleine de la contemplation de l'Empire romain, s'était reportée à cette ancienne loi des invasions du Nord sur le Midi, et des grandes inondations barbares descendant des plateaux de la haute Asie sur l'Europe occidentale.

Il s'était dit : que la civilisation anticipée de ces mêmes races Tartares ne changeait pas aujourd'hui ce rapport des climats, et cette tendance naturelle de la Conquête; que seulement elle en doublait l'impulsion, mettant au service de la force brutale, et des convoitises d'un climat indigent les Arts perfectionnés de la guerre, et les instruments de victoire que donne la science; qu'il fallait donc se hâter, avant que l'éducation des envahisseurs fût complète, et, profitant de l'énergie surabondante créée par 1789, vaincre la barbarie par la Révolution, et les peuples septentrionaux par le peuple des nations du Midi.

C'étaient là les pensées qui débordaient de son âme dans de fréquents entretiens, dont M. de Narbonne était l'interlocuteur préféré. Napoléon revenait sans cesse à ce but par des raisonnements, des allusions, des images, que sa vive parole prodiguait, pour arracher l'assentiment; car le silence, l'admiration même ne lui suffisait pas; il voulait persuader, redoublant d'efforts, en proportion du prix qu'il attachait à la conquête de certaines intelligences, plus pénétrantes et plus libres.

« N'êtes-vous pas encore convaincu, disait-il un jour

« à M. de Narbonne, vous qui savez si bien l'histoire ?
« N'est-ce pas ainsi qu'il y a dix-huit siècles Marius;
« ce rude contemporain d'une civilisation avancée, ce
« paysan d'Arpinum, élevé par la guerre au-dessus du
« *Patriciat* romain, avec ses recrues de prolétaires du
« Latium, avec ses vétérans brûlés au soleil d'Afrique,
« écrasa deux fois les armées du Nord près d'Aix et de
« Verceil, et ajourna de trois siècles l'invasion des peu-
« plades gothiques ? J'en ai vu la trace dans les ruines
« des *Aquæ Sextiæ*, près Marseille. Marius a fait César.
« L'extermination des Cimbres est le premier titre de
« fondation de l'Empire ; et c'est dans le même sang,
« ou dans un sang pareil, que l'Empire s'est retrempé,
« chaque fois, sous Trajan, sous Aurélien, sous Théo-
« dose.

« Je suis donc poussé à cette guerre aventureuse
« par la raison politique. Les condescendances d'A-
« lexandre, cette admiration qu'il affectait, qu'il avait,
« je crois, ce concours si empressé d'abord à toutes mes
« vues, pouvait seul m'arrêter dans cette logique fa-
« tale. Demandez à la Secrétairerie d'État ma note sur
« l'occupation du grand Duché d'Oldenbourg : vous
« direz, en la lisant, que je voulais une querelle. C'est
« la force des choses qui la veut. Une union de famille
« même ne l'aurait pas prévenue. Rappelez-vous Souva-
« roff et ses Tartares en Italie : la réponse est de les re-
« jeter au delà de Moscou ; et quand l'Europe le pour-
« rait-elle, si ce n'est maintenant, et par moi ? »

Puis, s'arrêtant avec une réflexion profonde : « La
« difficulté pour cette guerre n'est que d'ordre moral.
« Il faut, en se servant de la force matérielle accrue
« par la Révolution, n'en pas déchaîner les passions,

« relever la Pologne, sans l'émanciper, assurer l'indé-
« pendance de l'Europe occidentale, sans y ranimer
« aucun ferment républicain. C'est là tout le problème. »
Et alors, apostrophant plus directement M. de Narbonne : « Vous-même, lui disait-il, vous avez été em-
« babouiné de toutes ces idées-là ; vous avez cru à la
« Constitution de 1791, au Roi citoyen, à l'Assemblée
« Souveraine faisant la paix et la guerre. Je ne vous en
« veux pas. Le plus honnête se trompe ; le plus habile
« a besoin d'expérience ; mais vous vouliez l'impossi-
« ble ; et vous avez eu ce tremblement de terre, où a
« péri mon pauvre oncle Louis XVI.

« Encore un coup, vous agissiez en bon Français ;
« vous travailliez à faire une armée au pays, en atten-
« dant un Chef, pour la commander. Vous ne saviez pas
« où j'étais : je ne me connaissais pas moi-même. Mais
« nous n'en sommes plus là. La société, grâce à moi,
« s'est refaite, comme elle commence toujours, dans un
« camp.

« Reste à la préserver. Croyez-le bien ; nous avons en-
« core nos Sidney, comme l'Angleterre, et nos petits
« professeurs pour les traduire. Il y a de ces esprits-là,
« je le sais, jusque dans mon Conseil d'État ; ils se tai-
« sent, parce que je suis là. Mais la propagande des an-
« ciens livres et des souvenirs de 1789 n'est pas loin ;
« et en fait de Révolution à recommencer, il n'y a ja-
« mais d'expérience acquise pour les jeunes, et souvent
« il n'y en a pas même pour les vieux.

« Vous le savez : la guerre a été dans mes mains
« l'antidote de l'Anarchie ; et maintenant que je veux
« m'en servir encore, pour assurer l'indépendance de
« l'Occident, j'ai besoin qu'elle ne ranime pas ce qu'elle

« a comprimé, l'esprit de liberté révolutionnaire. Voyez
« Bassano; il vous parlera de mes difficultés sur la Po-
« logne; il vous fera causer sur les trois *Partages* et sur
« les plans de Vergennes. Vous avez vu la fin de ce
« temps-là. M. de Bassano le connaît bien aussi; de
« plus, il a le cœur Polonais, et un peu les illusions
« d'homme de lettres.

« Moi, j'aime les Polonais sur le champ de bataille;
« c'est une vaillante race; mais, quant à leurs assem-
« blées délibérantes, leur *liberum veto*, leurs diètes à
« cheval, sabre nu, je ne veux rien de tout cela. C'est
« bien assez sur notre Continent de ces folles Cortès de
« Cadix. Ne vous y trompez pas; la résurrection de la
« Pologne semi-républicaine serait un bien autre em-
« barras que sa durée, sans interruption. Elle pouvait
« vivoter, sous son ancienne forme, sans trop grand
« dommage. Aujourd'hui, il lui faudrait mettre le feu
« aux maisons voisines, pour assurer les siennes. Elle
« n'aurait de force que par une propagande diabolique.
« J'y ai bien songé; je veux dans la Pologne un Camp,
« et pas de *forum*. Nous aurons cependant un bout de
« diète, à l'appui des levées à faire dans le Grand-Duché
« de Varsovie; mais rien au delà. Je ferai à Alexandre
« la guerre à armes courtoises, avec deux mille bouches
« à feu et cinq cent mille soldats, sans insurrection.

« Je lui enlèverai Moscou; je le rejetterai en Asie.
« Mais je ne souffrirai pas un club à Varsovie, ni à Cra-
« covie, ni ailleurs. Ce que j'en dis n'est pas égard de
« famille pour l'Autriche, qui a eu la main et le bras
« dans l'écartèlement de la Pologne. Au fond, je pour-
« rais la dédommager sur un autre point, lui rendre
« l'Illyrie, et à ce prix lui reprendre sa part de la Po-

« logne, sans qu'elle se plaigne trop haut du procédé;
« l'échange même est prévu. Mais, ce n'est pas à moi à
« refaire un foyer républicain en Europe, chez une na-
« tion de vingt millions d'hommes, guerrière, sans
« industrie, qui touche à la Bohème, à la vieille terre
« des Hussites et des Thaboristes, et serait capable de
« je ne sais quel fanatisme mystique ou démagogique
« qui ne nous accommoderait pas. Non, mon cher
« Narbonne, je ne veux de la Pologne que comme force
« disciplinée, pour meubler un champ de bataille.

« Toute la question est là. Exciter en Pologne la
« fibre nationale, sans réveiller la fibre libérale, et
« pour cela passer vite, aller loin, entraîner toute la
« masse virile, la pousser vers le Nord, frapper devant
« soi à la tête et au cœur, et du même coup, mais di-
« versement, étourdir par la rapidité les ennemis et les
« auxiliaires. Voyez Bassano; convainquez-le bien de
« l'identité permanente de ma pensée; car alors, il la
« croira excellente; et il agira pour s'y conformer en
« tout. »

Malheureusement M. de Narbonne, très-accueilli de
M. de Bassano, qui goûtait sans jalousie son esprit supérieur et se fiait en sa loyauté, avait sur la Pologne
les mêmes dispositions, les mêmes vues que ce Ministre. Il les avait même plus fortement. Moins dominé
par l'éblouissement du génie de l'Empereur, moins
assujetti à cette pensée, à cette fortune, dont il approchait depuis peu, il ne bornait pas son opinion à quelques velléités de doute et de dissentiment. Il était prêt
à exprimer, en toute sincérité et à tout risque, ce qu'il
croyait la seule condition de succès possible, et à la fois
l'honneur et le ressort de l'entreprise.

« Sire, dit-il, je n'apprendrais rien à M. de Bassano.
« Je connais sa pensée ; et il sait la mienne, que je ne
« puis extirper en moi. Non pas révolutionner, mais
« organiser nationalement la Pologne, couvrir de vos
« armées tout le cours de la Vistule et du Niémen, puis
« rétablir derrière ce rempart un Peuple Polonais, qui
« alors vous donnerait sur son territoire affranchi deux
« cent mille soldats ; et vous, Sire, du Grand-Duché de
« Varsovie, rejoint aujourd'hui nominalement à la Saxe,
« diriger toute cette renaissance, reprendre d'un coup
« les frontières usurpées que s'est données la Russie,
« jeter vos avant-postes à l'extrémité de la vieille Po-
« logne, et attendre là l'ennemi ; et, s'il ne vient pas,
« tenir pour une grande bataille gagnée la délivrance
« immédiate d'un vaste territoire et de plusieurs mil-
« lions d'hommes, voilà quel doit être le but de la Cam-
« pagne de 1812 ! A quelle ambition ne suffirait-il pas ?

« Que l'Empereur permette de le dire ! sa gloire ici lui
« est un piége. La Prusse, l'Autriche ont été vaincues à
« Berlin et à Vienne. La Russie ne le serait pas à Mos-
« cou. La pensée même de l'Empereur, de prévenir
« l'invasion barbare, de refouler d'avance le déborde-
« ment du Nord, avertit que ce n'est pas ici la grande
« guerre ordinaire, la guerre des peuples civilisés. Il
« faut cette fois non pas un autre génie pour vaincre,
« mais un autre mode de victoire.

« L'Empereur qui, dans son expérience de douze
« ans de victoires, a imité si puissamment la prompti-
« tude de César et si souvent frappé du premier coup
« les ennemis au cœur, en prenant d'emblée les Capi-
« tales, aurait cette fois à lutter contre la longueur de
« la route, à travers des pays demi-déserts ou dévas-

« tés à dessein. C'est la guerre des anciens Scythes.
« Alexandre avec sa phalange et ses troupes grecques
« ne s'y engagea pas. Passé le Niémen, c'est un autre
« monde, une autre race d'hommes, où l'explosion
« même d'un grand succès de guerre n'aurait pas pour
« effet d'abattre la résistance, d'amener la soumission
« de grandes villes, et de faire tout abonder dans le
« camp du Vainqueur. Autour de l'armée victorieuse,
« derrière son sillon de feu, tout se refermera ; tout
« restera hostile et barbare.

« Quel Triomphe au contraire si, sur une ligne conti-
« nue, la Pologne est nationalement rétablie de Posen et
« de Dantzick à Vilna ! Dans l'ordre politique l'effet sera
« prodigieux et le plus moral qu'ait vu l'Europe. La dé-
« plorable faute du règne de Louis XV sera réparée. La
« Pologne partagée sans la France, contre la France, sera
« reconstituée, un frein donné à la Russie, un contre-
« poids à l'Autriche, un complément d'humiliation à
« la Prusse ; et le Protectorat de la France apparaîtra
« fondé sur un des plus grands actes de réparation
« qui se soient accomplis. Sans doute, une telle révo-
« lution, ou plutôt un tel retour à l'ordre ne s'achè-
« vera pas, sans une grande guerre. Ce n'est pas
« là ce qui peut s'éviter. Mais le terrain de cette guerre
« sera le meilleur, le but atteint dès le commencement,
« et les chances militaires grandes avec certitude pour
« le bien, et nulles pour le mal, au lieu d'être incal-
« culables, comme dans une invasion aventureuse et
« sans limite.

« Dédommagée en Illyrie et au delà du Danube,
« l'Autriche se résignera à la perte de ses Provinces
« Polonaises, lambeaux sanglants si péniblement arra-

« chés, et encore si mal réunis. Elle n'aura pas du
« moins ces tentations d'espérances ennemies et d'al-
« liances étrangères, que peut lui donner une expédition
« douteuse, qui aurait passé devant elle, pour aller s'en-
« foncer, cinq cents lieues plus loin, dans les hasards
« d'une guerre inconnue. On a mesuré les Russes en
« Italie, en Prusse, en Allemagne ; on en a eu raison
« partout : on ne sait pas encore ce qu'ils peuvent être
« au fond de la Russie, armés de leur climat, de leur
« barbarie et de leur fanatique désespoir. »

L'Empereur, difficile à convaincre, écoutait volontiers, lorsqu'il croyait aux lumières et au dévouement : et alors la vérité même la plus directe ne le blessait pas. Au contraire, il semblait, mettant sa force d'esprit à tout, être d'autant plus attentif à ce qui lui était plus déplaisant.

Il est vrai qu'il n'y était pas souvent exposé. Comme jadis, à la cour de Louis XIV, l'adulation ou, plutôt l'idolâtrie admirative était le ton général autour du Prince ; et ce qu'il y avait de moins en élégance d'esprit et en délicatesse, loin de rien ôter à la flatterie, la rendait seulement plus lourde. Bien peu de Grands officiers et de Ministres, M. Daru, M. de Caulaincourt, le grand maréchal Duroc, quelques autres peut-être échappaient à cette loi du temps, et restaient devant le Maître la tête droite et l'esprit libre. L'Empereur s'en blessait rarement ; et il se plaignait au contraire parfois de l'adhésion trop uniforme qu'il rencontrait ailleurs ; elle devait bientôt lui manquer, du même coup que la prospérité. Mais auparavant, dans les années de son enivrante fortune, il lui arriva de dire un jour à tort, sans doute, et malignement, mais tout à la louange de M. de

Narbonne : « On flatte trop autour de moi; j'en suis
« excédé. Le croiriez-vous? Pour n'être pas flatté même
« au bivouac, il m'a fallu prendre, comme Aide de
« camp, un courtisan, homme d'esprit de la vieille
« cour : » et le Sénateur, qui recevait cette confidence,
se garda bien de réclamer quelque exception. Tant il
craignait de contredire!

Cette fois, sans impatience, en écoutant la parole
sincère et animée de son Aide de camp: «Vous me taxez
« donc d'imprudence, repartit doucement l'Empereur,
« mon cher Général; vous ne voyez pas que ma témérité
« même est un calcul, comme cela doit être dans un
« Chef d'Empire, que je frappe au loin, pour contenir
« près de moi; et qu'en fait même d'entreprises extra-
« ordinaires, je ne veux tenter que l'utile et l'inévitable.
« Je puis sans doute tant bien que mal dédommager
« l'Autriche; et peu m'importe l'humeur de la Prusse.
« Mais, où trouverais-je un roi pour la Pologne? Je
« n'en ai pas dans ma famille; et il serait dangereux
« d'en prendre ailleurs. Ce n'est pas là un royaume de
« Naples; il y faut un nouveau Sobiesky : il faut plus; il
« faut un politique, autant qu'un grand Capitaine. Et où
« le trouverai-je? Et qui m'en répondrait? Me conseil-
« lez-vous de le chercher et de le faire sortir de terre,
« s'il est caché quelque part? Mon Dieu! je connais les
« illusions du cœur humain. Il y a quelqu'un qui a
« pensé à cela pour son compte, dans l'intérêt de
« l'Empire, je le veux croire. Il a tenu grande maison à
« Varsovie, en attendant qu'il puisse y tenir cour.
« L'ours s'est adouci; il a été indulgent, poli, gracieux,
« plein de promesses, prêt à donner à pleines mains les
« faveurs et les *Constitutions*, Dieu me pardonne! je lui

« rends justice; il accepterait volontiers l'héritage des
« Jagellons; il ose y penser peut-être : me conseillez-
« vous de le lui donner? Êtes-vous certain que j'aie
« bien fait, ailleurs, de laisser prendre, en survivance,
« à Bernadotte la Couronne de Suède? Non, mon cher,
« c'est un mauvais jeu de distribuer de son vivant des
« Couronnes. Alexandre n'a fait de Rois, parmi ses Gé-
« néraux, qu'après sa mort, et des débris partagés de
« son Empire. »

Ces paroles, trop faiblement reproduites ici, se rapportaient à un grave incident de l'intimité guerrière de l'Empereur, la rivalité haineuse du Maréchal Davoust, Prince d'Eckmulh, et du Major général Berthier, Prince de Neuchâtel, tous deux dévoués et infatigables, le dernier de beaucoup préféré, comme sachant surtout obéir. Le Maréchal Davoust, au contraire, Général habile et politique, n'acceptant aucun ordre que ceux de l'Empereur, et parfois les devançant, ou les rendant inutiles par sa prévoyance, le Maréchal Davoust, plus d'une fois vainqueur sans les instructions de l'état-major général, était suspect d'aspirer à tout. Organisateur militaire admirable, d'un ordre rigoureux, d'une intégrité absolue, détestant le pillage comme la plus dangereuse des indisciplines, n'en laissant jamais à ses soldats ni l'impunité ni le besoin, son Corps d'armée était toujours le mieux réglé, le mieux pourvu, le plus prêt à la marche et à l'action. Attentif au détail, recrutant, exerçant, entretenant ses hommes avec un soin sans relâche, ayant eu la précaution d'attacher à chacun de ses régiments des industries de toute sorte, pour le service et le bien-être commun, il réalisait dans des proportions plus grandes ce que Végèce [1] avait dit de l'ancienne légion romaine, « si bien « munie des choses nécessaires, dans quelque genre de « guerre que ce soit, qu'en tout lieu où elle fixait son « camp, elle formait une ville armée. »

Cette soigneuse activité en campagne et en marche, cette prévoyance universelle, le Maréchal Davoust l'avait rendue plus efficace encore, et peut-être suspecte, en l'appliquant à l'administration des provinces qu'il occupait. Au moment où, après Iéna et l'abaissement de la Prusse, l'Empereur passa en Pologne, pour en ranimer les débris et en recoudre entre eux quelques lambeaux épars, on avait vu ce Maréchal, seconder ardemment l'Érection du Grand-Duché de Varsovie, sous le protectorat fictif de la Saxe, s'en faire pour ainsi dire le concitoyen par de grandes possessions de terre honorablement acquises, puis représenter l'Empereur à Varsovie, et deux hivers de suite, comme Gouverneur militaire de la ville et du duché, attirer par des fêtes toute la Noblesse polonaise dans son palais, dont la Maréchale, belle, polie et fière, faisait les honneurs en Vice-reine.

De là, sans doute, à l'ambition du Trône, au milieu des flatteuses instances de cette race opprimée, partagée, pour laquelle un Maître à elle seule eût semblé l'indépendance, il n'y avait qu'un pas à faire ; et le Maréchal était accusé tout bas d'en avoir l'idée et l'audace.

Personne n'était mieux au fait de cette ambition menaçante et surveillée, que M. de Narbonne, intime ami du prince Berthier, qu'il avait eu près de lui dans

---

[1] Universa quæ, in quoque belli genere, necessaria esse creduntur, secum legio debet ubique portare ut, in quovis loco fixerit castra, armatam faciat civitatem. *Veget. in lib.* 11.

les bureaux de la guerre, en 1792, dont il avait dès lors avancé la fortune et gagné le cœur, et qui, longtemps après et déjà dans la plus haute faveur, avait souhaité la main d'une de ses filles. Mais supérieur à toute prévention, comme à tout intérêt personnel, regardant les difficultés intérieures de Cour, les jalousies d'État-major, les défiances même de la Toute Puissance, comme bien subalternes devant le grand but, et il ajoutait, le grand moyen de la guerre actuelle, le sérieux rétablissement de la Pologne, M. de Narbonne insista de nouveau.

« Sire, dit-il encore à l'Empereur, nous irons sans
« regarder en arrière, où nous mènera Votre Majesté.
« Je suis fait à tout, depuis 1792, il y a juste vingt ans :
« mais, j'ose vous en supplier, au nom de tous ceux qui
« se taisent, ne conduisez pas au fond de la Russie cette
« merveilleuse fortune de la France qui a tant de fois
« vaincu l'Europe, et qui peut la dominer longtemps
« par vous et par votre dynastie. Relever sur la fron-
« tière de l'Empire Russe une Nation rétablie de votre
« main, avec un Gouvernement indigène formé sous
« vos auspices, occuper toute la Lithuanie, et rejeter
« la Russie dans ses déserts et en Asie, n'est-ce rien,
« Sire, pour une première Campagne ? Que ferait de
« plus une marche sur Moscou ? Mettre huit cents lieues
« entre la France et vous, enhardir les espérances en-
« nemies, en ouvrant pour vous et pour le monde les
« chances de l'imprévu et l'infini du hasard, tandis
« qu'aujourd'hui, dans une concentration de vos forces
« sur la Vistule et le Niémen, dans la Pologne réunie,
« armée, reconstituée, il n'y a pas d'imprévu ; tout de-
« vient clair, conséquent, inflexible, comme la volonté

« du génie. Vous désarmez l'avenir de ses hasards, et
« vous ôtez l'espérance aux haines secrètes. Je crains de
« la Russie sa barbarie et son immensité ; je crains
« même pour votre gloire un gigantesque effort. »

L'Empereur rougit, et reprenant aussitôt avec calme :
« Je ne vous conçois pas, mon cher Narbonne, vous
« ordinairement si confiant, et d'un courage si gai.
« Votre vieil ami Choiseul de Gouffier vous aura trou-
« blé avec ses contes d'ancien émigré, et son admira-
« tion de Pensionnaire de la Russie. Tout cela tombera
« devant les faits. Les peuples barbares sont supersti-
« tieux et ont des idées simples. Un coup terrible porté
« au cœur de l'Empire sur Moscou la grande, Moscou la
« sainte me livre, en un moment, cette masse aveugle et
« sans ressort. Je connais Alexandre; j'ai eu de l'ascen-
« dant sur lui; cela se retrouve toujours. Il faut frapper
« son imagination d'un grand effet de hardiesse et de
« puissance; il viendra à moi. Peut-être cédera-t-il de-
« vant le seul aspect de l'armement inouï que je ras-
« semble et de la Revue Européenne que je vais passer
« à Dresde, avant de lui envoyer par vous mon *ultima-*
« *tum* ; sinon!... Eh bien! que le destin s'accomplisse
« et que la Russie soit écrasée sous ma haine de l'An-
« gleterre! Sa barbarie, dont vous avez peur, est une
« infériorité devant notre génie de tactique et d'organi-
« sation. Et quant à son immensité, ce sont des étapes
« de plus à marquer par des victoires. A la tête de
« quatre cent mille hommes, dont la solde est réglée,
« l'attirail et les fournitures établies dans des propor-
« tions sans exemple, avec des réserves sur nos flancs,
« des Corps Lithuaniens de même sang qu'une partie des
« populations à traverser, je ne crains pas cette longue

« route bordée de déserts, au bout de laquelle est la
« conquête et la paix. ».

Puis, avec un éclat soudain de regard, qui glaça de
surprise son interlocuteur : « Après tout, mon cher, dit-
« il, comme dans l'exaltation d'un rêve, cette longue
« route est la route de l'Inde. Alexandre était parti
« d'aussi loin que Moscou, pour atteindre le Gange. Je
« me le suis dit, depuis Saint-Jean-d'Acre. Sans le cor-
« saire anglais et l'émigré français qui dirigèrent le
« feu des Turcs, et qui, joints à la peste, me firent aban-
« donner le siége, j'aurais achevé de conquérir une
« moitié de l'Asie, et j'aurais pris l'Europe à revers,
« pour revenir chercher les trônes de France et d'Italie.
« Aujourd'hui, c'est d'une extrémité de l'Europe qu'il
« me faut reprendre à revers l'Asie, pour y atteindre
« l'Angleterre. Vous savez la mission du Général Gar-
« danne et celle de Jaubert en Perse; rien de considé-
« rable n'en est apparu ; mais j'ai la carte et l'état des
« populations à traverser, pour aller d'Érivan et de
« Téflis jusqu'aux Possessions anglaises dans l'Inde.
« C'est une Campagne peut-être moins rude que celle
« qui nous attend sous trois mois. Moscou est à trois
« mille kilomètres de Paris; et il y a bien quelques
« batailles, en travers de la route. Supposez Moscou
« pris, la Russie abattue, le Czar réconcilié, ou mort
« de quelque complot de palais, peut-être un trône
« nouveau et dépendant; et dites-moi, si pour une
« grande armée de Français, et d'auxiliaires partis
« de Téflis, il n'y a pas accès possible jusqu'au Gange,
« qu'il suffit de toucher d'une épée française, pour
« faire tomber dans toute l'Inde cet échafaudage de
« grandeur mercantile. Ce serait l'expédition gigan-

« tesque, j'en conviens, mais exécutable du dix-neu-
« vième siècle. Par là, du même coup, la France aurait
« conquis l'indépendance de l'Occident, et la liberté
« des mers.

« Vous le voyez donc. Le certain et l'incertain, la
« politique présente et l'avenir illimité, tout nous jette
« sur la grande route de Moscou, et ne nous permet pas
« de bivouaquer seulement en Pologne.

« Je crois, au reste, pouvoir compter pour cette pre-
« mière campagne sur la continuation d'une diversion
« hostile des Turcs contre la Russie; non que je ne
« doive donner aussi aux Turcs quelque inquiétude, et
« qu'ils ne m'en veuillent de l'Égypte; mais les hommes
« sont toujours dominés par leurs principales craintes
« et leurs principales haines. La Russie a trop menacé
« Constantinople, sans la prendre.

« Depuis les poteaux indicateurs du chemin de
« Byzance, que Catherine rencontrait partout, sur son
« passage, en Crimée, les Turcs ont été trop maltraités
« par la Russie pour ne pas lui être implacables, à la
« première occasion. Je la leur donne belle; et je m'en
« fie à eux.

« Telle est donc notre entrée de jeu : tout le gros
« de l'Europe d'Occident confédéré bon gré, mal gré,
« sous nos Aigles; une pointe de quatre cent mille
« hommes pénétrant la Russie et marchant droit sur
« son Palladium, Moscou, que nous prendrons; de
« grandes armées de réserve françaises et alliées; le
« maréchal Gouvion Saint-Cyr et Schwartzemberg cou-
« vrant nos flancs et les provinces polonaises; le peuple
« moscovite, entre ses grands seigneurs ruinés et ses
« serfs mécontents, traversé par une invasion, comme il

« n'y en eut jamais ; un Empereur russe qui ne gagne
« pas lui-même de batailles, qui sera vaincu en per-
« sonne, s'il combat, et décrédité, s'il fuit : puis, à l'autre
« extrémité de son Empire envahi, la vieille Turquie
« acharnée pour mon alliance, en haine de l'ennemi
« commun, occupant l'armée de Kutusof avec bien des
« milliers de Spahis contre ses Cosaques, et je l'espère
« même entrant par un coin dans la Russie. Vous voyez
« donc, mon cher Narbonne, que tout cela est assez
« sagement combiné, sauf la main de Dieu toutefois
« qu'il faut toujours réserver et qui, je le pense, ne
« nous manquera pas. »

Puis, regardant M. de Narbonne, que ce torrent
d'espérances et de projets semblait avoir plutôt troublé que convaincu, il s'arrêta, et reprit gravement :
« Ne vous y trompez pas ; je suis un Empereur ro-
« main ; je suis de la meilleure race des Césars,
« celle qui fonde. Châteaubriand, dans je ne sais
« quel numéro du *Mercure*, m'a sourdement comparé à
« Tibère, qui ne remuait de Rome, que pour aller à
« Caprée. Belle idée ! Trajan, Dioclétien, Aurélien, à la
« bonne heure, un de ces hommes nés d'eux-mêmes et
« qui soulevaient le monde. Vous qui savez si bien l'his-
« toire, est-ce que vous n'êtes pas frappé des ressem-
« blances de mon Gouvernement avec celui de Dioclé-
« tien, de ce réseau serré que j'étends si loin, de ces
« yeux de l'empereur qui sont partout, et de cette Au-
« torité Civile que j'ai su maintenir toute puissante dans
« un Empire tout guerrier ?

« Je voudrais bien voir nos idéologues, votre ami
« Tracy, Garat, Volney, qui scrutinent contre moi dans
« le sénat, mis en demeure d'en faire autant. Le lende-

« main d'une Constitution promulguée, ils tomberaient
« sous le joug de la multitude, parce que ces hommes-là
« ne connaissent pas la Dynamique sociale. Moi, j'ai
« pacifié le peuple, en l'armant ; et j'ai rétabli les Ma-
« jorats, l'Aristocratie, la Noblesse héréditaire, à l'ombre
« des carrés de la Garde Impériale, toute composée de
« fils de paysans, petits acquéreurs de biens nationaux,
« ou simples prolétaires.

« Encore une ressemblance : Dioclétien confiait en
« grande partie à des Prétoriens la police de l'Em-
« pire. Rien de mieux ; les militaires sont attentifs,
« point tracassiers. J'ai bien des traits communs avec
« Dioclétien, depuis l'Egypte jusqu'à l'Illyrie : seu-
« lement, ni je ne persécute les chrétiens, ni je n'ab-
« dique l'empire. Quant à Trajan, le parallèle, j'es-
« père, n'est pas une flatterie d'opéra. Comme lui,
« j'ai vaincu en Orient et sur le Rhin ; et j'ai reconstitué
« la société à l'intérieur par la modération qui, quoi
« qu'on en dise, est la loi de mon Gouvernement. J'ai
« succédé aux souvenirs du Terrorisme, comme Trajan
« à Domitien ; et, comme lui, j'ai étendu et illustré
« l'Etat. J'ai repris ses traces au delà du Danube et de
« la Vistule. Mais il faut que j'aille plus loin, dans le
« Nord ; car c'est là qu'est le péril et l'avenir. On ne
« fonde que derrière des remparts inexpugnables ; et
« nous n'en avons pas du côté du Nord. Dantzick n'est
« qu'une tête de pont ; et vous savez comme elle m'est
« enviée. J'ai voulu amicalement refouler Alexandre
« vers l'Asie ; je lui ai offert Constantinople, cela est
« vrai.

« Il a voulu moins d'abord, la Finlande à sa porte,
« dans ses faubourgs. J'ai consenti ; c'est peut-être une

« grande faute ; mais elle n'a que deux ans de date et
« est réparable par la guerre. Sauf une dernière tenta-
« tive de paix, dont je vous chargerai, nous allons
« donc jouer bientôt le grand jeu de l'Europe.

« C'est après cela seulement qu'il sera possible de
« tout arranger et d'en finir avec cette affaire de Rome
« et du Pape. Ne croyez pas cependant que je veuille
« innover en religion. Je ne suis pas un Abdallah-Me-
« nou. Je serai un Constantin, mais ni docile temporel-
« lement, ni schismatique dans la foi. Si je garde Rome
« pour mon fils, je donnerai Notre-Dame au Pape. Mais
« Paris alors sera élevé si haut dans l'admiration des
« hommes, que sa Cathédrale deviendra naturellement
« celle du Monde Catholique.

« C'est la suite, et non le démenti de ce que j'ai fait;
« c'est le Concordat de 1802, agrandi comme l'Empire.
« Mais pour avoir ainsi pleine raison de l'Eglise, il faut
« avoir réussi encore davantage devant les hommes.
« Vous avez lu l'*Histoire des Juifs* de Josèphe. Quand
« Alexandre, vainqueur de l'Orient, approcha de Jéru-
« salem, le Grand Prêtre lui apporta le livre des Pro-
« phètes qui annonçait sa venue. Nous reparlerons
« de tout cela. Voyez Bassano, et songez à notre *ulti-*
« *matum.* »

L'entretien dont se conservent ici les principaux traits, bien effacés sans doute, avait lieu dans les premiers jours de mars 1812. Je ne sais pas exactement ce qu'il dura ; je n'y étais pas, on peut le croire. Oublié dans la voiture du Général, où je lisais, avec une curiosité de vingt ans, l'*Itinéraire* de M. de Chateaubriand à Jérusalem, perdu avec un indicible plaisir dans les belles images, les réminiscences classiques, les phrases harmonieuses de ces aventureux récits, je n'avais guère la mesure du temps. Je me souviens seulement que le jour, qui m'avait paru par moments traversé d'assez brillants rayons de soleil, commençait à baisser. Toujours lisant, je m'approchais davantage de la portière. Tout à coup il se fit un bruit de gens de service. Les chevaux, plus ennuyés que moi d'attendre, remuèrent, la voiture avança de quelques pas, et le Général s'y jetant brusquement : A Paris, dit-il, grand train, chez le duc de Bassano.

Puis, tandis que la voiture débouchait rapidement des cours du Château, la main appuyée sur son front, large et chauve, et comme repassant d'une seule vue intérieure tout ce qu'il venait d'entendre : « Quel « homme ! disait-il à demi-voix ; quelles grandes idées ! « quels rêves ! Où est le garde-fou de ce génie ? C'est « à ne pas y croire. On est entre Bedlam et le Pan- « théon. » Puis, après quelques minutes de douloureux silence, se tournant vers moi qui ne lisais plus, et m'apercevant, par ce besoin de distraction qui suit la fatigue d'une longue pensée, il prit un de mes volumes, que j'avais retirés près de moi, le remua comme machinalement dans ses mains, et en lut enfin le titre tout haut : « *Itinéraire de Paris à Jérusalem, en passant par la Grèce,* etc. ! Que vous êtes heureux, jeune homme, dit-il, de vous occuper ainsi ! *Itinéraire de Paris à Jérusalem !* La route est longue ; mais nous en avons une autre à faire ; une autre carte à étudier, ma foi ; un autre pèlerinage armé pour arriver jusqu'à Moscou et à la Croix du grand Ivan ; il ne s'agira pas là de brûler sur la grande route la moustache d'un Turc paisible qui se promène à cheval, ni de crier trois fois Léonidas dans les décombres de Sparte, qui naturellement ne répond pas. »

En disant ces mots, cet esprit, habituellement d'une élévation si sereine et si aimable, semblait avoir dans la pensée, dans la voix, dans le mouvement des lèvres, un mélange d'irritation, de tristesse et d'ironie, une représaille amère contre toutes choses, que je ne lui avais jamais vue, qui me confondait de sa part, et me rappelait ce sarcasme du désespoir dans la bouche d'Oreste :

> Grâce aux Dieux ! mon malheur passe mon espérance ;
> Et je te loue ô ciel de ta persévérance.

Je restais silencieux avec respect, devant cette douleur patriotique; et, commençant à rougir un peu en moi-même de l'extase littéraire où j'étais tombé tout à l'heure, il me semblait que j'entrevoyais en un moment, sur les tristes réalités de la vie, plus de choses que je n'en aurais apprises, dans bien des heures de lecture.

Arrivés à l'hôtel *des relations extérieures*, « J'irai vous prendre chez moi bientôt, dit-il, pour être à huit heures chez la Princesse de Vaudémont; » et il demanda le duc, dont les salons étaient déjà remplis de nombreux invités à son dîner du jour. Une heure après, M. de Narbonne était de retour chez lui; et avant de sortir, suivant une habitude nouvelle qu'il prenait, dit-il, en vieillissant, il voulut fixer par écrit quelques souvenirs de la journée. Il dicta rapidement par des mots expressifs plutôt que par des phrases complètes les principales vues de l'Empereur et ses propres objections, résumant ce qu'il venait de dire à M. de Bassano. « Je l'ai

« trouvé, disait-il dans ce mémento, d'après les plus ré-
« centes nouvelles qu'il a reçues, plein de confiance
« dans la persévérance de la Porte à continuer la guerre
« contre la Russie, et dans l'efficacité de cette diversion,
« qui aurait bien en effet son importance. Le duc se
« félicite de ce résultat de ses négociations comme d'un
« succès assuré ; il y reconnaît l'étoile de l'Empereur
« qui, dans les plus grands périls, lui a toujours suscité
« des secours extraordinaires. Dieu vous entende ! n'ai-
« je pu m'empêcher de lui dire ; mais cela même est un
« triste symptôme des vices de l'entreprise, qu'on y ait
« si grand besoin du secours éventuel de la Turquie, et
« qu'il faille, pour une grande part, manœuvrer sur la
« foi de cette puissance barbare et ignorante de ses
« vrais intérêts.

« Dieu vous entende ! Mais les Anglais, quand ils s'en
« mêlent, sont de bien dangereux conciliateurs : ils ex-
« cellent à traiter avec les barbares ; témoin, durant la
« Campagne d'Égypte, leur intimité cordiale avec Djez-
« zar pacha. Je crains bien qu'aujourd'hui, maîtres de la
« mer, pouvant, avec ou sans flottes russes, renouveler
« la journée de Tchesmé, bombarder Constantinople, et
« tenir le Divan à la merci de leurs boulets et de leurs
« guinées, ils ne fassent cesser promptement une diver-
« sion, dont ils sentent la conséquence, et qu'ils ne dé-
« barrassent la Puissance, qui fait face pour eux, du
« seul ennemi qu'elle ait derrière elle. Ils le peuvent ;
« et certainement ils le voudront. »

Frappé de ce danger, espérant moins le détourner
qu'en faire un argument préventif et un obstacle au
plan démesuré de l'Expédition, M. de Narbonne voulut qu'à l'instant même une note circonstanciée ré-

sumât quelques autres objections encore; et il ajouta, avec un instinct vraiment prophétique, mais simple comme les déductions impérieuses du bon sens : « La « Porte-Ottomane ne peut oublier nos victoires d'É- « gypte; elle sait ce qui s'est dit aux Conférences d'*Er-* « *furt;* les Anglais lui ont montré la Carte, sur la- « quelle on délibérait son démembrement. Elle est sûre « que tout le monde aspire à la partager, hormis l'An- « gleterre qui ne veut pas que Constantinople change « de mains. Le Divan croira donc infailliblement, même « au profit de la Russie, l'Angleterre qui ne peut man- « quer d'arguments pour le persuader et d'argent pour « l'acheter. »

Cette note entière écrite, et mise en réserve pour un dernier effort à tenter sur l'esprit de Napoléon, M. de Narbonne m'emmena fort tard dîner avec lui, chez la Princesse de Vaudémont, son ancienne et fidèle amie, et fort attachée à l'Empereur, dont elle avait reçu de nombreux bienfaits. Là, seul avec elle, il laissa échapper encore bien des traits épars et inoubliables de l'entretien du matin, dont il était obsédé, et auquel il cherchait des réponses, avec une anxiété d'honnête homme et de citoyen dévoué.

« La résolution de l'Empereur, disait-il, est bien « décidément prise : elle est ardente et profondément « méditée. Je l'observais avec douleur; ses raisons spé- « cieuses, ses sophismes d'espérances, ses illusions gi- « gantesques sont burinés dans son esprit, et en res- « sortaient, dans le cours de l'entretien, comme des « axiomes ineffaçables. » « Il faut tout essayer cepen- « dant, ajoutait-il; c'est notre faute, si nous ne savons « pas éclairer l'Empereur; naturellement il aime la

« vérité. Quelque grand que soit son orgueil, il est
« patient, attentif; et, sauf les ressources inépuisables
« et quelquefois les paradoxes désespérants de sa dis-
« cussion, c'est un excellent interlocuteur; mais il fau-
« drait savoir persévérer dans une ferme contradiction;
« et cela est difficile, devant tant de puissance et de
« génie. On finit par être ébranlé soi-même ; on se met
« les mains sur les yeux ; on doute, et on se demande
« si la logique d'un tel homme n'est pas la vérité, et
« si son ambition n'est pas le pressentiment de l'a-
« venir. »

CHAPITRE XV.

DÉPART DE L'EMPEREUR NAPOLÉON. — SON PASSAGE A DRESDE. — M. DE NARBONNE PORTEUR DE L'ULTIMATUM A VILNA ; SON RETOUR ET LA RÉPONSE QU'IL RAPPORTE. — PREMIÈRES INCERTITUDES ET SÉJOUR PROLONGÉ DANS VILNA, POUR LE RALLIEMENT DES TROUPES.

Il semble que dans certaines expéditions fatalement conçues, les fautes commencent dès l'origine et que l'erreur de la pensée première se répande sur les détails les plus essentiels de l'exécution. Ne partant de Paris que le 9 mai 1812, pour la plus lointaine de ses guerres, Napoléon avait déjà dangereusement perdu plus d'un mois sur la Campagne qu'il entreprenait. Et ce retard, rendu sans doute inévitable par l'immensité des préparatifs, devait s'accroître encore par les pompes du voyage et toutes les adulations royales et populaires, qui semblaient enrayer le char du Conquérant. La première grande station fut Dresde, où l'empereur d'Autriche venait recevoir sa fille et son gendre, et où plusieurs princes souverains se pressaient en vassaux fidèles d'un autre et plus grand Empereur. Des témoins attentifs ont peint avec ivresse la grandeur éblouissante de cette réunion, et ce spectacle d'un Maître élevé si fort au-dessus des autres hommes par sa gloire, et par leur prosternement volontaire. M. de

Narbonne n'en avait gardé qu'un souvenir triste et inquiet, par la pensée de tout ce qu'un tel triomphe de puissance, étalé aux yeux d'une Capitale étrangère, avait dû nourrir de dépits et de haine dans les cœurs de ces princes écrasés comme leurs peuples. Il ne pouvait oublier le roi de Prusse, coudoyé dans la foule des officiers de la suite, au lever de Napoléon, dans le palais du roi de Saxe; et il regrettait d'avoir lui-même, en passant par Berlin, pour rejoindre l'État-major de l'Empereur, engagé le roi à ce voyage qui n'était qu'un affront. Mais une nécessité plus forte avait dicté ce conseil: c'était l'intérêt vraiment politique d'alléger les sacrifices et les rigueurs qui pesaient sur la Prusse, et de ne pas réduire au désespoir un peuple, qu'on allait employer comme auxiliaire, dans la guerre imminente.

Quel que fût, au reste, l'effet particulier de cette intercession personnelle du roi de Prusse, et quelle qu'ait été l'adhésion apparente de toute l'Allemagne à l'entreprise de Napoléon, rien n'annonçait du côté de la Russie l'intention de fléchir et de négocier. L'Empereur Alexandre, isolé de toute alliance continentale, mais uni à son peuple par tous les sentiments de religion et de race ardemment excités, était à Vilna, comme sur l'extrême frontière de son Empire, tandis que Napoléon tenait à Dresde sa Cour Européenne; et de ce poste, qu'il devait bientôt laisser à si grande distance, le Monarque menacé semblait attendre et épier les mouvements de l'Agresseur.

Ce fut alors que Napoléon, soit qu'il crût, comme on l'a dit, à l'impression qu'avait dû produire la réunion de Dresde, soit plutôt qu'il espérât dans son ancien ascendant sur l'esprit d'Alexandre, fit donner l'ordre à son ambassadeur en Russie, au général Lauriston, oublié pour ainsi dire à Saint-Pétersbourg, de faire demander à l'empereur Alexandre audience dans Vilna, pour y parler encore de la paix, sous le déploiement actuel de l'immense agression qui s'avançait.

Avant cela même, l'Empereur avait fait partir d'auprès de lui M. de Narbonne, pour porter à Vilna son propre *ultimatum* dans lequel, sous des expressions adoucies, il maintenait ce qui faisait la guerre, la protestation contre l'Ukase du 25 décembre 1810, et l'interdiction à la Russie, de commercer avec l'Angleterre.

L'empereur Alexandre avait refusé l'audience demandée par le général Lauriston, dont il regardait sans doute l'Ambassade comme terminée; mais il reçut M. de Narbonne, dans un entretien d'une heure. Il lui parut immuable avec calme dans sa résolution de guerre, et même, disait M. de Narbonne, dans son plan de Campagne. Lui montrant, en effet, une carte déployée de son Empire, qu'il avait sous les yeux: « Je ne me fais point
« d'illusions, lui dit-il; je sais combien l'empereur Na-
« poléon est un grand Général; mais vous le voyez, j'ai
« pour moi l'espace et le temps. Il n'est pas de coin re-
« culé de ce territoire hostile pour vous, où je ne me re-
« tire, pas de poste lointain que je ne défende, avant de
« consentir à une paix honteuse. Je n'attaque pas; mais
« je ne poserai pas les armes, tant qu'il y aura un soldat
« étranger en Russie. »

De ces réponses, de ces affirmations plusieurs fois réitérées dans l'entretien, et de ce qui apparaissait autour d'Alexandre, M. de Narbonne rapporta la conviction de l'inébranlable résolution du Czar, et en même temps l'idée claire et précise du système de défense qu'il s'était fait, de son intention d'éviter les grandes batailles, et de traîner à tout prix la guerre en longueur.

Il exposa fidèlement cette double vérité, telle qu'il l'avait recueillie, et sans y ajouter aucun raisonnement.

Napoléon témoigna quelque surprise ; puis, il ajouta : « Il faudra voir si cette constance tiendra contre l'é-« preuve des événements : trompé par les conseils de « l'Angleterre, on veut la guerre ; je la ferai ; » et bientôt après, il rompit cet enchantement de Cour, qui semblait l'arrêter à Dresde : et l'ordre du départ courut sur les diverses lignes de ses innombrables colonnes ; mais c'était déjà le 29 mai ; et le temps, cet allié si justement nommé dans les calculs de l'empereur Alexandre, avait dévoré des jours et des chances de plus, dans la terrible loterie de guerre, où jouait Napoléon.

Ce cérémonial de Dresde enfin épuisé, cette trop longue attente enfin terminée, Napoléon, que nulle objection ne peut plus arrêter, et que ne trompe plus aucune espérance, hormis celle de la guerre, reprend sa marche. Il ne voit presque de la Pologne que Posen, passe à distance de Varsovie, par une sorte d'embarras de ne point faire assez pour elle, s'arrête à Thorn comme dans un centre d'approvisionnement et de défense, traverse Mariembourg, Dantzick, Kœnigsberg, tous ces points occupés déjà par les nombreuses branches de son armée, et touche enfin le Niémen, ce rendez-vous pacifique de 1807, que va franchir aujourd'hui le plus terrible appareil de guerre qu'ait encore vu l'Europe.

C'était le 26 juin, date bien imprudemment tardive, pour commencer une Campagne d'invasion en Russie. Alors seulement Napoléon, avec ce langage altier qui tant de fois, avoué par la fortune, était devenu un des

instruments de sa puissance, déclare cette guerre, en route depuis si longtemps et apportée de si loin. « Sol-
« dats ! » disait-il dans une Proclamation distribuée en vue du Niémen, aux trois nombreuses armées qui, sous les ordres du Roi de Westphalie, d'Eugène et de lui-même, aboutissaient à cette barrière, qu'elles mirent trois jours à franchir; « soldats ! la seconde guerre de
« Pologne est commencée. La première s'est terminé à
« Friedland et à Tilsit. A Tilsit, la Russie a juré éter-
« nelle alliance à la France et guerre à l'Angleterre.
« Elle viole aujourd'hui ses serments. »

Puis il ajoutait : « La Russie est entraînée par la
« fatalité; ses destins doivent s'accomplir. Nous croit-
« elle donc dégénérés? Ne serions-nous donc plus les
« soldats d'Austerlitz? Elle nous place entre le déshon-
« neur et la guerre; le choix ne saurait être douteux.

« Allons donc en avant, passons le Niémen ; portons
« la guerre sur son territoire. La seconde guerre de
« Pologne sera glorieuse aux armes françaises, comme
« la première. »

Napoléon accordait donc à la Pologne de nommer de son nom, de consacrer d'une épitaphe à sa mémoire cette guerre terrible, que les armes françaises devaient porter si loin au delà des frontières polonaises.

Mais cette inscription était, dans sa politique d'alors, tout l'honneur qu'il faisait à la malheureuse Pologne. Du reste, il ne voulait pas réunir ses ossements épars, la toucher de son sceptre et la ranimer, par cette déclaration qu'elle était vivante encore, et s'appelait le *Royaume de Pologne*. Au moment où il aurait fallu secouer fortement l'imagination des hommes, exciter l'enthousiasme et la reconnaissance, promettre même

au delà du possible, pour obtenir les sacrifices nécessaires, il hésitait, il s'arrêtait; il promettait à demi, soit par persistance dans des ménagements contradictoires pour l'Autriche, soit par crainte et par aversion incurable de l'esprit de liberté, même entraîné à sa suite, même servant à ses Conquêtes et couvert de l'ombre de ses Aigles.

On sait, et les témoins les plus amis nous apprennent à quel degré ses paroles officielles à la grande Députation polonaise, sa réserve expresse des droits acquis sur les provinces de la Pologne, c'est-à-dire de la spoliation et du démembrement, dont elle gémissait, consternèrent les esprits et abattirent dans le Grand-Duché, sur le passage même du Libérateur, le premier élan d'espoir patriotique et d'ardeur guerrière qu'avait excité sa présence. Évidemment le grand Dominateur négligeait ou n'osait employer, cette fois, son art prestigieux d'enlever les cœurs des hommes; et s'il voulut, un peu plus tard, corriger cette fâcheuse influence par d'autres paroles, il le faisait encore d'une manière obscure, insuffisante pour les malheureuses contrées que foulait la marche de son armée, sans que sa voix leur rendît cette Vie Nationale qu'elles réclamaient en échange de tous les sacrifices, et qui dix-huit ans plus tard, en 1830, se relevait et palpitait encore sous le joug sanglant de la Russie.

Ce fut au delà du Niémen, passé sans résistance et sans autre obstacle que l'encombrement d'une si grande armée; ce fut au centre de l'ancienne Lithuanie, maintenant frontière acquise à l'Empire russe; ce fut à Vilna, tout récemment Place de guerre du Czar, que Napoléon, après les vœux qu'il avait éludés déjà, reçut l'*adresse* de la diète de Varsovie, lui demandant, comme arrhes de la guerre commencée, de prononcer ces mots : « Le Royaume de Pologne existe. »

Sa réponse à cette Ambassade si pressante fut encore ambiguë et pénible. « J'applaudis à ce que vous
« avez fait, disait Napoléon; j'autorise les efforts que
« vous voulez faire; je ferai tout ce qui dépendra de
« moi pour seconder vos résolutions. Si vos efforts sont
« unanimes, vous pouvez concevoir l'espoir de réduire
« vos ennemis à reconnaître vos droits; mais dans des
« contrées si éloignées et si étendues, c'est entièrement
« dans l'unanimité des efforts de la population qui les
« couvre que vous pouvez trouver l'espoir du succès;
« mais je dois ajouter que j'ai garanti à l'empereur
« d'Autriche l'intégrité de ses domaines, et que je ne
« puis sanctionner aucune manœuvre ni aucun mouve-
« ment qui tendent à troubler la paisible possession de
« ce qui lui reste des provinces de la Pologne.

« Faites que la Lithuanie, la Samogitie, Vitepsk,
« Polotsk, Mohilef, la Volhinie, l'Ukraine, la Podolie
« soient animées du même esprit que j'ai vu dans la
« grande Pologne, et la Providence couronnera votre
« bonne cause par des succès. Je récompenserai ce dé-
« vouement de vos contrées, qui vous rend si intéres-
« sants et vous acquiert tant de titres à mon estime et
« à ma protection par tout ce qui pourra dépendre de
« moi, dans les circonstances. »

Devant ces froides paroles et ces conditions si exigeantes, la grande Députation resta silencieuse et découragée. Il lui semblait que ce cri de mort, échappé au dernier héros de l'ancienne Pologne : *finis Poloniœ*, elle l'entendait répéter par la bouche même du Libérateur attendu. Que pouvait signifier d'ailleurs à ses yeux cette hypothèse d'un démembrement spontané de la Russie, comme indispensable appui à la renaissance de la Pologne? Quoi! fallait-il que le gouvernement de Mohilef, que l'Ukraine, que la Podolie, depuis si longtemps incorporés à l'Empire des Czars, se levassent en armes avec la même ardeur que Varsovie, pour que le Royaume de Pologne pût être nommé dans le vœu de l'Empereur, qui demandait le dévouement des Polonais?

L'assurance de sa protection, la promesse de faire ce qui dépendrait de lui, *dans les circonstances*, répondait-elle à cette invocation de tant de cœurs, à cet effort patriotique de tant de bras tournés vers lui? Et d'autre part, ce langage gagnait-il réellement l'Autriche, tout en désespérant les Polonais? Non, non; il la laissait tout bas mécontente et ennemie de l'Expédition, où elle était entraînée, comme auxiliaire. Pour elle, cet appel au patriotisme polonais des contrées le plus anciennement détachées de la Pologne, était une menace, un trouble à la possession de celles que tout récemment elle avait arrachées, et qu'elle sentait tressaillir sous sa main. La caution de l'Empereur ne la rassurait pas; et cette reconnaissance publique de ses spoliations antérieures, qui glaçait le zèle des Polonais, la laissait elle-même inquiète et offensée.

Il y avait loin de là à la pensée, à la fois politique et généreuse qui, dédommageant aussitôt l'Autriche de l'abandon de sa part de butin territorial dans l'ancien partage, et retirant aussi son lot à la Prusse, aurait fait immédiatement de *la Restauration* de la Pologne le titre ostensible et réel de la guerre déclarée à la Russie, et le premier terme de la Campagne dirigée contre elle. Il y eut donc un grand trouble et un grand découragement, à la suite de cette réponse, à la fois téméraire et timide ; car elle engageait Napoléon à s'enfoncer dans l'intérieur de l'Empire Russe, qui semblait se replier tout armé sur lui-même, pour l'attirer plus avant : et elle n'osait pas proclamer, de Dantzick à Cracovie, l'affranchissement de la Pologne.

Le sentiment secret de cette difficulté contradictoire ramena-t-il quelque incertitude dans l'esprit de Napoléon ? faut-il expliquer par là le nouveau retard de vingt jours, qu'il s'imposa dans Vilna ? ou plutôt ce retard ne fut-il pas commandé par l'embarras de mouvoir ses immenses armées, la pénurie déjà grande des magasins et des transports, les souffrances, les maladies des soldats, toutes ces choses enfin qui, ralentissant l'expédition à son début, l'annonçaient comme fatalement destructive dans ses suites ? Mille détails le font croire ; mille mots échappés l'attestent. L'Empereur, à la fois triomphant et impatienté de la retraite continue de l'ennemi, disait, à son départ de Vilna, au fidèle Négociateur qu'il avait envoyé dans cette ville, deux mois auparavant :
« Eh bien, Narbonne, que pensez-vous maintenant de la
« fermeté de l'empereur Alexandre ? trouvez-vous bien
« politique et bien militaire de nous laisser faire tant de
« chemin, sans coup férir ? » « Sire, répondit M. de Nar-
« bonne, c'est cette guerre du temps et de l'espace qu'on
« nous avait promise : l'Empereur peut en juger, par
« le séjour forcé que, même sans batailles livrées, et
« pour le seul ralliement de ses troupes en marche, il
« est contraint de faire à Vilna. »

Ainsi, ces mêmes résistances morales, cette sincérité

de prévoyance qui s'étaient opposées dès l'origine à l'expédition de Russie, se produisirent plus d'une fois pendant sa durée, et en marquèrent pour ainsi dire les haltes et les retours encore possibles. Mais une action plus puissante, celle du génie aveuglé, ou plutôt celle de la Providence, entraînait tout.

Il n'en est pas moins instructif de noter ici et ailleurs les doutes, les avertissements jetés par la prudence humaine sur la route trop obstinément suivie : et dans cet ensemble terrible de force et de destruction, dans ce déploiement inouï jusqu'alors de la grandeur matérielle de l'homme et des fléaux de la nature, on sent un redoublement d'intérêt à étudier la part réservée de l'intelligence, et à voir ce qui restait de libre arbitre et de lumières aux esprits emportés par l'impulsion d'une volonté et d'une destinée si fortes toutes deux.

CHAPITRE XVI.

SÉJOUR DE L'EMPEREUR ET D'UNE PARTIE DE L'ARMÉE A VITEPSK. — NOUVEAUX DOUTES SUR LA MARCHE DE L'EXPÉDITION. — DERNIÈRES OBJECTIONS DE M. DE NARBONNE.

Napoléon poursuivant, depuis le passage du Niémen, ce mirage d'une grande victoire qui fuyait devant lui, après une marche de vingt jours à travers la Lithuanie plutôt foulée que conquise ou ralliée, avait touché les hauteurs de Vitepsk, où il espérait enfin l'ennemi. Et là, dès le premier abord, comme un heureux augure, se manifesta le triomphe de sa volonté obéie, et la justesse de ses prévoyances dans la rencontre immédiate de ses principaux Corps d'armée, qui, des divers points de l'horizon, des routes souvent fort distantes qu'ils avaient suivies, le même jour, à la même heure, débouchaient au lieu prescrit, et se trouvaient présents au rendez-vous de leur grand Général.

C'était le 27 juillet, par une de ces journées brûlantes des courts étés du Nord. Moins nombreuse que les troupes françaises si exactement réunies, l'armée Russe, sous les ordres de l'Écossais Barclay de Tolly, couronnait de quatre-vingt mille fantassins et de dix mille cavaliers de la Garde, abrités de formidables retranchements, une partie des collines qui font face à la ville de Vitepsk. Cette forte position même était un sujet d'espoir pour les Français; car elle semblait annoncer que cette fois l'ennemi s'arrêtait, et qu'il attendait la bataille. Le roi Murat, dont l'ardeur et l'agilité guerrière était comme l'image des impatients désirs de l'Empereur, donna le signal de l'attaque, s'élançant avec un seul de ses régiments, le seizième de chasseurs, contre la masse de cavalerie, qui couvrait le front du Camp Moscovite. Puis, quand un échec suivit cette imprudence, quand notre intrépide avant-garde, sous les charges des escadrons ennemis plus nombreux et plus reposés, replia ses rangs décimés, Murat, se rejetant à leur tête, avec une soixantaine d'officiers ou de soldats d'élite, protégea si bien la retraite, étonna tant l'ennemi par son courage, que la faute et la perte disparurent dans la gloire.

En même temps plus bas, sur ce Champ de bataille restreint comme un Cirque, entre les collines imminentes et la ville, deux cents voltigeurs français, d'abord engagés à la suite du seizième de chasseurs, puis séparés de lui par le choc ennemi, arrêtèrent l'élan de la cavalerie russe avec tant de vigueur, et la tenant en respect par un feu continu, se retirèrent si bravement sur le reste de l'armée, que l'impunité de cette attaque à force trop inégale, sembla comme un premier triomphe, et un pronostic de victoire pour le lendemain. « Ce sont « des enfants de Paris, s'écria l'Empereur : allez, Nar- « bonne, leur dire que je les ai vus; et qu'ils ont tous « aujourd'hui mérité la croix de la Légion-d'Honneur. »

Puis, s'adressant au roi Murat revenu près de lui, son cheval et ses armes tout ensanglantés : « A demain, « lui dit-il, cinq heures du matin : le soleil d'Aus-

« terlitz! » Et le reste du jour s'employa, sur une vaste ligne, à distribuer en bivouacs cette grande Armée qui se croyait enfin à la veille de sa première bataille, depuis la campagne ouverte. Tous nos narrateurs militaires, et le plus expressif de tous dans ses éloquentes peintures, ont décrit comment, cette nuit même, soit que Barclay de Tolly eût d'avance la résolution inviolable de reculer toujours, soit qu'il y fût déterminé dans cette occasion, par son infériorité numérique, et par la certitude qu'une autre grande armée Russe, celle du prince Bagration, le rejoindrait quelques marches plus bas, il leva tout à coup son Camp et acheva sa retraite, avant le jour, laissant Vitepsk sans défense et sans habitants, et l'Armée française incertaine du chemin qu'il avait pris, pour s'éloigner d'elle.

On a raconté de même comment le roi de Naples qui, la veille au soir, avait planté ses tentes le plus près possible des retranchements russes, pour avoir les premiers feux du lendemain, surpris, au jour, par l'absence de l'ennemi, s'élança pendant plusieurs lieues à travers les champs qui longent la Dwina, et entraîna l'Empereur dans cette stérile poursuite, tandis que les bataillons russes, silencieusement partis depuis quelques heures, se retiraient, par une autre route, à grands pas vers Smolensk.

Ce mécompte presque effrayant par le prodige d'une telle discipline, ce Camp immense déménagé dans une nuit, avec autant de précision et d'ordre qu'il avait été disposé pour la défense, devait avertir l'Empereur, et donner une raison de plus aux inquiétudes de quelques-uns des sages esprits qui l'entouraient. Il en fut ainsi, dans le premier dépit qu'il éprouva, en revenant de cette course harassante et vaine, où, sans atteindre l'ennemi, celui qu'il avait nommé déjà un *Général de retraite*, il vit sa cavalerie épuisée souffrir assez grièvement d'une rencontre accidentelle de Cosaques. Il se rejeta sur la ville déserte, répétant avec impatience qu'il voulait s'y arrêter, y rallier, y reposer l'armée, et organiser la Pologne. « La campagne de 1812 est finie, « dit-il aux généraux près de lui; celle de 1813 fera le « reste. » C'était le soir du 28 juillet; et il sentait en ce moment que la saison était déjà bien avancée, pour commencer une marche lointaine, et en assurer le retour.

En même temps, avec cette puissance d'esprit, qui ne pouvait compenser la suspension du mouvement que par l'activité des projets, il médite un vaste établissement sur cette frontière conquise sans combat, la formation d'une grande ligne militaire partant de Riga qui reste à occuper, jusqu'à Polosk que couvre la Bérésina, dont le nom fatal, et bientôt à maudire, est compté dans ce plan, parmi nos prochaines défenses. Derrière ce rempart de deux cents lieues, gardé par la grande Armée et protégeant les deux Lithuanies reconquises, les provinces Polonaises vont se reconstituer. « C'est une guerre d'affranchissement, au lieu d'une guerre d'invasion; le campement prolongé, au lieu de la rapide victoire; l'insurrection régulière d'une partie des districts Polonais, au lieu de la poursuite et de l'étourdissement du Czar. Dès lors, plus de difficultés pour l'approvisionnement de ces masses nombreuses; le pays occupé nourrira ses libérateurs. Les garnisons de Minsk et de Vilna communiqueront sans obstacle avec Vitepsk; tout ce qui sera conquis se croira délivré ; tous les espaces entre les divers corps de la grande Armée seront amis et auxiliaires ; et la Russie, pour premier essai de l'invasion française, se sentira démembrée d'une moitié de ses anciennes Conquêtes, qu'elle n'aura pas même osé défendre sur leur sol. »

L'Empereur paraît vouloir s'affermir dans cet ordre nouveau d'idées, par une de ces prophéties qu'on se répète, pour s'engager soi-même, et dont le contraire devient parfois la vérité. Il lui échappe de dire : « Nous « ne ferons pas la folie de Charles XII. Il faut vivre ici « cette année, pour achever la guerre, au printemps « prochain. »

D'autres avis plus conformes à sa première passion viennent, il est vrai, combattre ces sages pensées : c'est d'abord le courage impétueux et le dépit du roi Murat ; ce sont les flatteries de quelques chefs qui s'indignent d'une défiance ou d'un retard dans la fortune de l'Empereur. Mais celui-ci, qui retrouve alors quelque plaisir à se montrer supérieur aux uns et aux autres, répète avec calme aux impatients : « La première campagne de Russie est finie, » et promettant à son ardent beau-frère pour 1813 Moscou, pour 1814 Pétersbourg, il ajoute : « La guerre de Russie est une guerre de trois ans. » Ce n'était pas au reste de l'opinion d'autrui, ce n'était d'aucune obsession, d'aucune flatterie même que pouvait venir pour ce grand esprit l'erreur qui le perdit. Sa tentation redoutable était en lui-même. Elle était dans son imagination et dans sa passion plus forte encore que son grand sens des choses humaines, dans cette passion, qui bientôt se retrouva vivement excitée par le court repos qu'il se donnait.

Peu de jours après le 28 juillet, l'Empereur parut agité d'un doute violent sur les avantages d'un plus long séjour à Vitepsk. Les premiers travaux de fortification qu'il ordonnait, et où sa Garde avait mis la main, sont suspendus; les mesures qui devaient s'y rapporter au dehors, pour maintenir la vaste ligne de défense de la Lithuanie, se poursuivent avec négligence. Quelques millions demandés pour armer les milices Lithuaniennes sont refusés, comme si l'Empereur les gardait pour un meilleur usage; les offres de quelques Chefs nationaux sont froidement accueillies, comme si déjà l'Empereur comptait moins sur l'importance et la nécessité de ce secours local.

Une autre idée, l'ancienne et insurmontable idée de la Conquête rapide, de Moscou emporté, de l'Empereur Alexandre effrayé et soumis, à grands coups de victoires, a ressaisi Napoléon. Les détails d'établissement et de défense organisée qu'il voulait d'abord, l'importunent. Il lui déplaît de se caserner dans cette masure conquise sans combat; son orgueil s'ennuie: sa politique même, accoutumée à tant spéculer sur l'admiration et sur l'effroi des hommes, s'inquiète, pour l'opinion européenne, d'une Campagne ainsi manquée dans sa grandeur, arrêtée volontairement à la limite obscure d'un ancien District de Pologne: et la passion, ce merveilleux sophiste, lui fait trouver que la sagesse serait dans la témérité, le calcul dans une imprudence qui consternerait l'ennemi, en étonnant le monde, et qu'enfin la sûreté, comme la gloire, est en avant. Des choses mêmes, qui devraient l'arrêter, l'irritent et l'entraînent. La dyssenterie, dont une mauvaise nourriture de seigle peu mûr multiplie les accidents, même dans les bataillons de la Garde, lui rend odieux ce séjour de Vitepsk, et lui fait dire que le changement et le mouvement seront plus salutaires, et qu'il vaut mieux habiter les champs de bataille que l'hôpital.

M. de Narbonne, placé par son service si près de l'Empereur, fut des premiers à remarquer cette reprise violente de la préoccupation qu'il avait combattue, dès l'origine, et que chaque jour lui faisait juger plus dangereuse. Il chercha, selon le tour de son esprit, à l'affaiblir par de nouvelles considérations adroitement présentées, et en invoquant d'autres appuis, surtout le témoignage de ceux qui avaient la charge principale de l'administration, et des embarras de chaque jour, pour faire vivre cette grande Armée déjà si décimée par la fatigue, le besoin et la maladie, sans la guerre.

Bien des choses, sans doute, bien des détails authentiques ont péri de cette lutte intérieure entre les puissances de l'âme d'un grand homme, tenant conseil avec elle-même aux bords de l'abîme, et paraissant parfois écouter les voix fidèles qui la rappelaient.

C'était d'abord la voix du grand Écuyer, de Caulaincourt, employé dans plusieurs missions près d'Alexandre, suspect d'attrait et de complaisance pour ce Monarque, dont il était accueilli avec faveur, mais lié d'une chaîne bien autrement forte à la destinée de celui qu'il avait trop servi; homme d'ailleurs éclairé, loyal, généreux, qui dans la libre vivacité de son langage était sincère jusqu'à l'offense, et plutôt supporté qu'écouté.

Un autre conseiller libre et accueilli dans quelques rares moments, c'était, quoique jeune encore, le plus grave des Aides de camp de l'Empereur, le comte de Lobau, dont la sagacité militaire ne pouvait pas être mise plus en doute que le dévouement, et qui marquait son blâme avec autorité par des faits précis et de courtes paroles. C'était le maréchal Berthier, aimé de l'Empereur pour son zèle, son attention aussi infatigable que docile, ne faisant d'observations qu'assez rares et assez respectueuses pour mériter d'être persuasives, mais ayant, par trop d'obéissance, perdu l'ascendant de la conviction, et même dans cette circonstance où il suppliait, dit-on, l'Empereur avec larmes, le fatiguant, sans l'ébranler. C'était Duroc, aussi sincère et aussi droit que Caulaincourt, avec plus de modération et de douceur, l'ami de l'Empereur, si ce mot peut s'allier d'une part à tant de respect et d'humble dévouement, et de l'autre à tant d'orgueil et de pouvoir. C'était enfin, avec de grandes conditions de succès par la fermeté du caractère, l'étendue de l'esprit, la science profonde des détails, le comte Daru, un des hommes privilégiés, dont l'Empereur trouvait le travail aussi rapide et aussi sûr que sa propre pensée, et qui, appelé depuis un an seulement à la Secrétairerie d'État, avait paru porter légèrement ce fardeau, et devait, dans la pensée du chef, y joindre la surveillance supérieure de tout l'approvisionnement militaire confié au général Dumas.

Duroc, victime de la guerre l'année suivante, et tant regretté par l'Empereur, qui prescrivit son éloge funèbre, fut pendant toute la Campagne de 1812, un des assidus contradicteurs que Napoléon sentait près de lui, sans pouvoir douter de leur absolu dévouement. Trop scrupuleusement fidèle pour vouloir se souvenir de toutes ses objections inutiles, le grand Maréchal du Palais avait conservé cependant, avec une expression discrète et une sorte de culte religieux, quelques traces des angoisses de volonté dont il fut témoin, et des doutes que peut-être lui-même suscitait.

Ces réminiscences d'un intrépide homme de guerre, mêlées à des détails de soins minutieux sur une Vie si chère, ces notes, partie en chiffres à peine intelligibles, étaient restées, à la fin de 1813, dans les mains d'un modeste ami du Grand Maréchal, qui les confiait avec crainte et les retirait promptement, comme une révélation trop hardie du noble cœur, dont il déplorait la perte, et qu'il souhaitait passionnément de voir compris par d'autres, et célébré tel qu'il l'avait connu.

On avait là sous les yeux la vérité dite avec une modération ferme, et parfois un accent passionné d'inquiétude pour la gloire du Maître; par exemple :
« L'Empereur ne trouvera pas la paix à Smolensk, ou
« même à Moscou plus qu'à Vitepsk; il sera seulement
« plus loin de la France. La paix fuira devant nous
« comme la bataille, et plus longtemps. Quand l'ennemi
« nous verra plus épuisés de marches, quand une
« grande partie de notre cavalerie sera démontée, il
« essayera d'une grande bataille; et, vaincu, il se re-
« formera plus loin, n'étant pas poursuivi; et il se
« recrutera vite, étant chez lui, au lieu que nous ».....
Quelques-unes de ces notes en mots détachés presque illisibles, énigmes qu'a dévoilées la mort, avaient la forme d'un journal :

«— 4 août, deux heures du matin, a pris le bain; grande agitation.—Il faut marcher; réparer vite le temps perdu; nous ne pouvons pas bivouaquer éternellement dans cette bicoque du palais du duc de Wittemberg.»

«—5 août, une heure du matin, dictée sur les mouvements des Corps. L'épreuve est vaine; les grains de seigle vert rôtis n'empêchent pas l'épidémie. — Dumbrowski n'enlèvera pas la citadelle avec 1,200 cavaliers. Que servirait de prendre Riga? Il faut une immense victoire, une bataille devant Moscou, une prise de Moscou qui étonne le monde. »

« — L'Empereur a dormi deux heures; il m'a montré le jour déjà clair à l'horizon. Nous avons encore, m'a-t-il dit, du beau temps pour près de trois mois; il m'en a fallu moins pour Austerlitz et Tilsit. »

« — 7 août, l'Empereur a été physiquement très-souffrant; il a pris de l'opium préparé par Méthivier; *Duroc*, il faut marcher ou mourir. Un Empereur meurt debout; et alors il ne meurt point. Vous avez peur des Prussiens entre Moscou et la France; souvenez-vous d'Iéna; et croyez encore plus à leur crainte qu'à leur haine : mais pour cela, il faut marcher, il faut agir. — L'Empereur a souffert encore. — Il faut finir cette fièvre du doute. »

J'écoutais, en palpitant, ces fragments de notes, et d'autres encore : je croyais entendre lire ce journal de la maladie d'Alexandre, qui m'avait tant frappé dans Plutarque, alors que le Conquérant atteint d'une maladie mortelle, à la fleur de l'âge et dans le cours le plus éclatant de ses prospérités, s'est fait porter de Babylone dans une île de l'Euphrate, et là reçoit des Ministres, des Généraux, entend la relation de son amiral Néarque, s'enquiert, écoute, imagine, ordonne et règne jusqu'à son dernier soupir. Il y avait une différence, cependant; ce n'était pas ici la vie matérielle du héros qui allait finir; ce n'étaient pas les heures de son agonie qui étaient comptées. Plus âgé qu'Alexandre, Napoléon avait encore des années à vivre et à souffrir; ce n'était ici que le bulletin de sa fortune mourante, et de son génie agité jusqu'au trouble par les crises de sa volonté.

On ne peut en douter, cependant; les objections continuèrent de la part de Duroc, sensées, précises, inspirées par le plus absolu dévouement. L'Empereur, qui n'était pas accoutumé à tant de résistance dans son État-major, voulut essayer d'un autre avis; et il eut, avant le moment de sa décision dernière et publique, un entretien de plusieurs heures, seul, enfermé avec son Ministre d'État et son Major général, le comte Daru et le maréchal Berthier. Quelque chose de ce long entretien a déjà été publié par l'histoire, et non contredit par l'homme éminent, alors plein de vie, que ce témoignage intéressait le plus.

On doit supposer également que si quelques souvenirs écrits de la main de M. Daru se conservent dans le secret de sa famille comme destinés à paraître un jour, cette époque historique de sa grande et laborieuse carrière occupe là sans doute une place considérable, et que l'entretien qui eut lieu entre l'Empereur et lui avant le 12 août y est rappelé du moins en substance.

Mais, on peut croire aussi que le point d'honneur élevé qui dominait le comte Daru, sa fidélité de Ministre, son devoir d'affection et d'état, encore aggravé du respect pour une si haute infortune, l'aura plutôt conduit à abréger les objections, pour atténuer le tort d'une persistance funeste, et aura affaibli la vérité, même en la disant. Pour qui a vu de près la droiture un peu haute et la fierté délicate du Secrétaire d'État de l'Empire, cette induction est vraisemblable. Il aura fait le contraire de bien des auteurs de Mémoires qui dans le récit des faits auxquels ils ont pris part, augmentent leur part d'influence et allongent leurs discours.

Ce qui est certain, c'est que l'Empereur demeura fort ému de ce pénible entretien, où les faits, les nombres, les détails précis sur l'état des divers services, avaient sans cesse appuyé les raisons générales de politique.

L'armée déjà réduite d'un tiers par désertion, misère, maladies, la difficulté croissante de faire vivre cette armée, à mesure qu'on avançait dans un pays plus pauvre et plus hostile, l'impossibilité des grands transports par le manque de chevaux, les inconvénients du pillage souffert, comme moyen d'approvisionnement, la rareté des victoires à espérer; puis, sous un point de vue plus général, l'absence d'intérêt national dans cette guerre si coûteuse pour la France et si dangereuse, la nécessité, en toute hypothèse, de s'arrêter, et d'affermir la délivrance de la Pologne, avant de s'engager sur le vieux sol de la Russie, tout cela fut dit avec une telle force, que l'imagination de l'Empereur n'y trouva réponse que dans les rêves gigantesques, où il se réfugiait contre le malaise de la réalité. Rien ne pouvait arracher de son esprit qu'au bout d'une courte Campagne, la journée d'Austerlitz lui avait tout à coup rendu l'adhésion et l'alliance de l'empereur Alexandre : de là, lui revenait sans cesse l'idée qu'une grande armée défaite, un grand effort sur Moscou étourdirait encore le Czar, que la fermeté de ce prince était une fermeté de théâtre, qui ne tiendrait pas contre des revers tels que les armes françaises savaient les infliger, que M. de Narbonne lui-même si sensé, si fin, avait pu s'y tromper. Il le reprit donc tout à coup sur ce sujet, après quelques jours de silence, comme s'il eût voulu le laisser mûrir son doute, et se raviser sur ce qu'il avait vu : « Eh bien, mon cher Narbonne, lui dit-il, « êtes-vous encore du même avis sur cette attitude « d'Alexandre sans abattement et sans jactance, qu'il « vous montrait à Vilna, et cette longue guerre qu'elle « vous semblait promettre ? »

« — Je crains d'y être forcé, Sire, répond le gé- « néral. »

« — Quoi, dit vivement l'Empereur, Vilna aban- « donnée, la Lithuanie reconquise, Vitepsk livrée sans « combat, cette longue fuite, bien différente d'une « longue guerre, ne vous disent rien ? Quoi qu'il en « soit, votre rapport paraît avoir agi sur d'excellents « esprits, et je le regrette. La fermeté de Daru en est « ébranlée; lui qui peut si bien aviver nos ressources, les « croit insuffisantes par l'idée exagérée qu'il se fait de « la résistance ennemie; il veut nous clouer ici, parce « qu'il croit la résolution d'Alexandre invincible à une, « à deux, à trois défaites, toutes choses que nous » sommes encore à temps de mettre entre Vitepsk et « Moscou. C'est une erreur; la chute des Empires, « comme celle des corps graves, s'accélère par son « poids; et les derniers coups abattent vite. »

« — Sire, reprit M. de Narbonne, le Czar m'a « montré sur la carte de son vaste Empire, jusqu'où il « reculerait, sans céder. Nous en sommes loin encore; « je crois qu'il veut faire ce qu'il a dit; et de plus, « je crois qu'il ne peut pas impunément faire ni vou- « loir autre chose, dans la situation d'esprit de ses « Grands et de son peuple. Je calcule la force de résis- « tance : M. Daru a, de plus que moi, de mieux juger

« les ressources de l'attaque. Ses lumières égalent son
« dévouement; et son courage est inébranlable. Puisse
« Votre Majesté le croire, quand il conclut de la néces-
« sité des faits, et du détail des besoins et des ressour-
« ces, ce que la vraisemblance conseillait! »

« — Très-bien, très-bien, dit l'Empereur; j'admets
« tout sur le courage et les lumières de l'homme. Mais
« il y a, pour l'esprit le plus ferme, des habitudes de
« profession, une manie de certitude méthodique qui ne
« s'accorde pas avec les hasards des grandes choses.
« J'aime aussi, moi, cette régularité de marche, et cette
« bonne ordonnance du succès. Je voudrais pouvoir être
« de l'avis de Daru. Mais je crains qu'il n'en soit plus
« temps. Le péril même nous pousse vers Moscou. J'ai
« épuisé les objections des sages. Le sort en est jeté.
« C'est maintenant à la victoire de nous absoudre et de
« nous sauver. » Et dès lors appelant le maréchal Berthier, il donne tous les ordres de préparatifs immédiats et de mouvement sur Smolensk, le front calme désormais, prescrivant avec sérénité et même avec douceur ces déploiements de forces qui vont entraîner de si grandes destructions d'hommes, de si affreux malheurs et avec la chute prochaine d'un Empire, le long ébranlement et peut-être le péril futur de l'Europe, sous l'ancienne loi des invasions du Nord.

L'histoire militaire décrit, par de savants détails de stratégie, ces terribles catastrophes; mais il n'est pas indifférent de recueillir dans les souvenirs privés ce qu'a pu le libre arbitre et la sagesse ou l'imprudence des hommes, et comment agissent ces causes secondes intellectuelles, dont se sert la Providence.

CHAPITRE XVII.

ANNONCE DE LA PAIX CONCLUE ENTRE LA PORTE OTTOMANE ET LA RUSSIE. — CONTINUATION DE LA MARCHE SUR MOSCOU. — INCIDENTS ANECDOTIQUES.

Ce fut à cette époque déjà plus critique de la formidable expédition de Russie, que Napoléon acquit la certitude d'un nouveau démenti donné à ses espérances, et d'un surcroît de forces disponibles rendu par la fortune à ses adversaires. Mais cette contrariété même le précipita, plutôt qu'elle ne le retint.

Il y avait déjà plusieurs mois qu'à son insu, et contre son calcul, s'acheminait la paix entre la Turquie et la Russie.—Lui-même y avait contribué[1]; et il pouvait se reprocher d'avoir, par des paroles au moins inutiles, montré d'avance à quel prix s'achèterait, à un jour donné, cette paix qu'il aurait alors tant à cœur d'empêcher.

[1] *History of Servia, and the Servian Revolution,* etc., *translated from the German of Leopold Ranke,* by Mrs. Alexandre Kerr, p. 263. L'active intervention de l'Angleterre, pour amener la paix entre la Porte Ottomane et la Russie, est assez marquée par une lettre de sir Robert Adair, où étaient posées dès 1808 les bases du traité de Bucharest : « It is ho-
« ped that this peace may be brought about, by prevailing on the Em-
« peror to give up his pretentions to Wallachia and Moldavia, and to be
« content with some augmentation to the security of his frontier, on
« that side. »

Deux ans auparavant, à l'ouverture de la session du Corps Législatif, le 23 décembre 1809, le monde l'avait entendu mentionner amicalement l'occupation par la Russie de ces deux Principautés de Moldavie et de Valachie, qui devaient, quarante ans après, tant exciter l'attention de l'Europe, et être encore le premier nœud d'un incalculable litige.

Non-seulement Napoléon, dans sa politique de ce jour, n'avait donné à la Puissance dépouillée aucun signe de regret ou d'appui ; mais il avait paru confirmer presque et admettre volontiers pour irrévocable l'envahissement accompli par *l'illustre souverain*, qu'il nommait son allié et son ami. Que l'intention de ce langage fût trompeuse dès lors, ou qu'elle eût vite changé dans le rapide revirement, qui faisait succéder aux affectueuses Conférences d'Erfurt une guerre d'extermination, l'esprit un peu lent de la Diplomatie turque put très-bien ne pas saisir assez tôt ces nuances, ou ne pas s'y fier assez complétement. Mais elle comprit très-bien l'offre que, dès mars 1812, lui fit la Russie, d'une restitution des deux Provinces, comme condition de la paix, sauf à lui imposer d'ailleurs quelques pertes de territoire.

Cette dernière restriction, seule, rendit la négociation laborieuse. Et si Napoléon eût porté de ce côté une vigilance plus inquiète, peut-être eût-il réussi à ranimer contre le Czar cette diversion hostile de la Turquie, qu'il lui importait tant de prolonger. Mais il crut à la chose qu'il voulait ; il présuma pouvoir toujours gagner le Sultan par la promesse de lui rendre d'autres conquêtes de la Russie, et d'abord la riche province de Crimée, que lui avait enlevée Catherine II ;

et pendant que ce leurre plus magnifique, mais un peu lointain, n'était pas même présenté au Sultan par l'entremise d'un Ambassadeur en titre, le général Andréossy n'étant pas encore arrivé à Constantinople, des préliminaires de paix proposés à Bucharest par le général Kutusoff, plus habile en négociations que prompt à la guerre, prévalurent près du sultan Mahmoud; et, dans le mois de juillet 1812, au moment où l'armée russe de Moldavie, si elle était dégagée par la paix, était encore à temps de prendre un rôle actif, dans la Campagne de défense contre l'invasion française, la Convention de Bucharest fut ratifiée : et la Russie, accrue, sur ce point et dans son péril même, par la Cession de la Bessarabie et de quelques districts Moldaves au delà du Pruth, n'eut plus d'ennemis que Napoléon, et put ramasser contre lui toutes ses forces.

La suite des événements, et quelques-unes même des dernières attaques, dont fut assailli l'Armée française dans sa retraite, ne montrèrent que trop l'influence de cette paix de Bucharest et de l'entière liberté de mouvement qu'elle rendit à la Russie. Napoléon, suivant l'opiniâtre fierté de son génie, ne parut pas d'abord ému de ce contre-temps, lorsque l'annonce certaine lui en parvint, vers les derniers moments de son séjour à Vitepsk. Sa résolution était prise; et il ne voulait pas en recommencer avec lui-même le pénible débat. Il ne dissimula pas cependant ce mécompte à celui-là même qui le lui avait inutilement prédit. « Vous aviez
« raison, Narbonne, dit-il; les intrigues anglaises ont
« réussi près de Mahmoud; la Turquie a perdu la dernière occasion de se rétablir; elle a signé la paix, dans
« la seule occasion, où la guerre pouvait être utile et déci-

« sive pour elle; c'est un motif pour nous de nous hâter
« et de porter un grand coup, avant que la cessation
« de cet épisode de guerre en Moldavie puisse compter
« quelque peu dans les événements généraux. Après
« tout, la question est à Moscou. » Et les ordres de
départ ne furent que plus pressants.

En dépit donc de tous les obstacles du raisonnement,
et de l'avis plus impérieux encore que venait d'y joindre la paix de Bucharest, l'ordre de marcher en avant
s'exécutait; et le 13 août, lorsque déjà aux brûlantes
journées de l'été du Nord, près de finir, succédait chaque soir une nuit humide et froide, la grande Armée
française, décimée dès lors par la désertion, la perte
fréquente des maraudeurs, les petits combats meurtriers, la maladie et le manque d'hôpitaux et de secours, s'ébranla enfin de Vitepsk et de la longue ligne,
où elle était cantonnée.

L'Empereur, qu'un échec partiel, éprouvé dans une
rencontre de cavalerie, venait d'avertir de la force de
résistance que gardait l'ennemi dans sa retraite prolongée, s'avançait avec sa vieille et jeune Garde, le
Corps italien d'Eugène, et trois divisions de l'armée du
maréchal Davoust; et il se portait au delà du Dnieper,
dépassant l'ennemi, pour aller l'attendre, et le retrouver, sous les murs de Smolensk.

Ce n'est pas aux dépositaires fortuits de quelques détails échappés du palais ou du bivouac impérial qu'il
appartient de retracer, ni même de concevoir ces grands
mouvements de stratégie, ces brusques changements
de tout un ordre d'opérations, ces surprises faites à
l'ennemi, par la puissance d'une volonté non moins
obéie que soudaine, transportant des masses énormes,

d'un plan commencé sur un autre imprévu jusque-là, et par la précision des ordres et le dévouement docile qui les exécute, faisant, à grandes distances et à jour fixe, converger au même lieu toutes les forces dont elle dispose.

J'ignore si des récits stratégiques du colonel de Chambray, aux peintures éloquentes de M. de Ségur et aux récits partiels, mais si vrais de couleur et si expressifs, qu'a publiés le Duc de Fezenzac, l'histoire aux cent yeux a fait sa revue complète et achevé son œuvre à toujours; je sais seulement que, sans notions précises et savantes, et si on n'a par instinct et par étude l'intelligence de la guerre, il n'y a point à toucher par une narration nouvelle aux détails purement militaires de ces grands faits.

Mais de leur grandeur même, de la hardiesse des conceptions exécutées ainsi, de la promptitude des marches ou contre-marches, et de ces prodiges de tactique appartenant à la science ou au génie du général, il reste, pour le bon sens vulgaire, une induction facile à tirer, quant à la dépense de forces, au surcroît de privations, aux pertes excessives qu'entraînent ces inventions mêmes de l'art militaire, et ces inspirations d'audace, qu'on se sent incapable de comprendre et d'analyser dans leurs cours.

Par là s'explique aussi comment les meilleurs, quoique inutiles conseillers de l'Empereur durant la Campagne de Russie, ce ne furent pas ces premiers Généraux d'avant-garde ou de champ de bataille, ceux qui commandaient le mieux une charge, ou concertaient le mieux sur le terrain un ensemble d'attaques, mais les hommes de réflexion et d'expérience, qui songeaient au lendemain d'une victoire, et qui se défiaient justement de cette tactique rétrograde et de cette temporisation, par laquelle l'étranger mis à la tête de la grande armée russe, l'Écossais Barclay de Tolly [1], s'était promis, plusieurs années auparavant, de vaincre et d'user Napoléon, s'il abordait jamais le territoire intérieur de la Russie.

Devant ce premier calcul, suivi depuis deux mois avec une ferme constance par le *Fabius* de la Russie, malgré les plaintes et les soupçons de l'esprit national, devant cet habile emploi de l'espace et du temps, comme le Czar l'avait prédit au porteur de l'*ultimatum*, et comme celui-ci le rappelait souvent avec une fidèle obstination, les merveilles mêmes de la science militaire, et les incidents de succès qu'elle parvenait à saisir, devenaient secondaires; ou plutôt ils n'étaient que de fatales amorces qui servaient à l'objet principal de la défense, et entraînaient le puissant agresseur.

Que l'imagination épouvantée parcoure donc rapidement la route de Vitepsk à Smolensk, et par delà; que sous Smolensk, dans la présence momentanée de la grande armée russe, venant, comme à un rendez-vous d'honneur, occuper les hauteurs qui couronnent cette ville, puis disparaissant la nuit suivante, pour ne laisser à l'envahisseur, au lieu d'une bataille espérée, que des remparts déserts et des maisons incendiées, elle voie un témoignage, et comme un degré de plus, de la fatale manœuvre qui nous attire! qu'elle suive ainsi le reste de cette route, funeste par sa longueur seule, et jonchée de nos dispersions et de nos débris avant même

---

[1] *History of Europe*, etc., by Archibald Alison, t. VIII, p. 327.

la journée sanglante que poursuit notre grand Général, journée dont la gloire, quelque mémorable qu'elle puisse être, ne saurait jamais compenser tant de pertes, et réparer tant de maux soufferts pour l'atteindre !

Quoi qu'il en soit, devant la poursuite d'un tel but et à travers les incidents glorieux qui en marquaient la route, Mojaïsk, Valoutina, d'autres combats brillants et stériles, on aurait honte de rappeler certains détails du quartier général, s'ils n'étaient pas, dans leur minutie même, utiles pour bien comprendre plus d'un péril et d'une fatalité de cette guerre.

Depuis Smolensk pénétré à travers des rues en feu, sans défenseurs, et des mourants abandonnés, depuis Smolensk désert, mais dont les ruines, un peu réparées par nous, tentèrent encore un moment l'Empereur de s'y arrêter et de s'y abriter, les obstacles furent rares et faibles, jusqu'aux abords de la Moscowa, jusqu'au point où, après avoir si longtemps et si habilement reculé sous le manteau du Général étranger qu'elle souffrait à sa tête, et dont elle affectait d'accuser la timide prudence, la vieille Russie parut s'arrêter, se concentrer, et relevant son drapeau sous un chef national, attendit enfin de pied ferme l'ennemi et la bataille.

Mais si jusque-là, si jusqu'à ce point reculé, qui, dans la tactique de la défense, était bien loin cependant d'être le dernier, peu de graves hostilités entravaient la route, elle n'en était pas moins affaiblissante et ruineuse pour des agresseurs venus de si loin ; et c'est à ce sujet que même des faits obscurs et de petits détails peuvent avoir quelque intérêt historique.

A part les vides si déplorables que la mauvaise nourriture et la fatigue faisaient chaque jour dans nos rangs, il y avait un autre dommage, dès longtemps commencé, qui frappait une des forces principales de l'Armée et de la Tactique de Napoléon. Ce n'était pas seulement la réduction rapide de sa cavalerie, par la difficulté des fourrages et la perte des chevaux, c'était aussi le mauvais attelage et le fréquent abandon, la diminution déjà considérable de cette artillerie, dont l'art particulier de Napoléon faisait un si savant et si redoutable usage. Dès Vilna même il avait dû, sous ce rapport, volontairement alléger, ou plutôt affaiblir son appareil de guerre; et, depuis lors, les accidents de la marche, les difficultés des chemins, avaient bien aggravé ce sacrifice.

La route, pendant la belle saison même, et lorsqu'il n'y avait encore à redouter que des orages et des torrents de pluie, continuait d'être marquée par de nombreux cadavres de chevaux; les pertes étaient continues, et le remplacement difficile. Les convois innombrables, attachés d'abord à l'expédition, ou qui devaient la rejoindre, périssaient et ne se renouvelaient pas. De là, de grandes pénuries pour les services les plus indispensables, au milieu d'un pays barbare et dévasté. Et cependant, par la nature même de cette entreprise, par sa forme d'invasion asiatique, un grand amas de bagages superflus, un luxe inutile aux besoins et à la défense encombrait cette marche lointaine, sur la fatale grande route de Moscou. Vainement, les injonctions sévères de l'Etat-major, avertissaient du mal et l'interdisaient; le désordre allait croissant : il naissait de la situation. Ce n'était plus ces Corps d'expédition de la guerre d'Italie, si lestes dans leur pauvreté, si agiles et si dispos dans leur insouciante humeur, ne portant que leurs armes, et trouvant tout au bout de leurs baïonnettes. Ici, sur cette terre ingrate et ennemie, on aurait voulu tout emporter, tout garder, même quelques misérables débris qu'on avait pu sauver de l'incendie de Smolensk ou de tel autre. La route était encombrée de charrois, de voitures particulières, de chevaux malades et estropiés; et les Trains d'artillerie, cette force vitale de l'armée, souffraient et s'appauvrissaient.

L'Empereur, souvent impatient de cette confusion, vint à s'en inquiéter pour le grand résultat qu'il poursuivait; et ce qui n'était qu'un des symptômes du vice de l'entreprise, le choqua, comme le mal même. Un ordre de sa main prescrivit au prince de Neufchâtel de supprimer à tout prix ce désordre dans toute l'armée, en même temps qu'il l'avertissait de prendre garde d'être obligé de commencer par *l'État-major*. Tant cet inconvénient était inévitable! tant il devait se produire, même à côté de l'Empereur!

Deux jours plus tard, en effet, Napoléon à cheval, apercevant sur la route un embarras momentané, voulut faire un exemple; et ayant remarqué dans la foule une voiture de la forme de celles qu'il croyait interdites, il donna l'ordre de la brûler sur place, sans permettre même d'en rien retirer.

On lui dit qu'elle appartenait à un officier général, à un de ses Aides de camp, M. de Narbonne. L'ordre fut réitéré et immédiatement exécuté. Ce petit fait parut, dans le moment, assez notable pour qu'un savant narrateur de la Campagne de 1812, le colonel de Chambray, le consigne dans son histoire. Mais il a omis un détail qui n'est pas la moindre partie de l'anecdote. L'Empereur regrettant peut-être sa vivacité, et, quoi qu'il en fût, voulant dédommager un homme qu'il aimait, recommanda presque aussitôt à Duroc d'envoyer de sa part mille napoléons à M. de Narbonne, qui n'était pas riche, dit-il. Toujours exact et poli, le Grand-Maréchal, après quelques doutes sur le mode à prendre, eut soin, à la première station, de faire mettre les pièces d'or dans une élégante cassette aux armes de l'Empereur, sous quelques livres de choix; et il fit porter le tout au général.

M. de Narbonne, ayant ouvert le petit coffre, regarda volontiers les volumes; mais, quant à l'or, il manda sur-le-champ, par un mot d'amitié, le Colonel d'un régiment de jeunes soldats, dont il avait vu avec peine dans la journée la démarche harassée et les rangs déjà fort éclaircis; et il pria cet officier de distribuer ce don aux hommes de son corps.

Le lendemain, avant l'heure du départ, quand il vint à l'ordre, l'Empereur lui dit doucement : « Eh bien, « Narbonne, l'avarie du bagage est réparée; vous avez « reçu. — Oui, Sire, avec reconnaissance; mais comme « Votre Majesté le permettra sans doute, je n'ai gardé « de l'envoi et de la cassette que les livres, entre au- « tres, deux traités de Sénèque : *De beneficiis* et *De* « *patientiâ*. En campagne, cela est bon à porter avec « soi. » L'Empereur saisit parfaitement ce latin au passage, et ne dit rien.

M. de Narbonne ajoutait plus tard à ce sujet : « L'Em- « pereur, si admirable parfois dans l'art d'exciter le dé- « vouement et d'enlever le cœur des masses, incline « trop à croire maintenant qu'il suffit de donner, et « qu'avec de l'argent prodigué tout se paye, ou se ré- « pare. C'est une erreur que je conçois fort bien en « temps de paix, dans une société sédentaire et amollie;

« mais cela ne va pas à notre état de guerre perpétuelle.
« La vie est là trop en jeu, pour que l'argent seul suffise
« à en faire les frais. Dans tous les cas, notre devoir, à
« nous qui recevons, c'est de donner. Le motif et l'ex-
« cuse des largesses du Chef à ses lieutenants, c'est de
« pouvoir par là faire descendre ses bienfaits, et aider
« partout le malheur. S'enrichir au service, c'est préva-
« riquer. » Et il justifiait cette doctrine par son exemple de chaque jour.

Mais est-il permis de rappeler ces sentiments particuliers, quoique si nobles, à côté de tant de souvenirs
d'héroïsme et de désastre ? Que l'excuse soit dans l'impuissance et peut-être l'inutilité de retracer encore
ces grands faits de guerre, dont ceux qui en étaient
les acteurs ont dignement parlé. Sans insister sur un
détail obscur, notons ce qui se rapporte à une des pénuries fatales qu'éprouvait l'Armée, avant les immortels
efforts qu'elle allait faire, et avant les pertes immenses
qui affligeraient sa victoire, dans ce champ de bataille
cherché si longtemps, et trouvé enfin à vingt-sept lieues
de Moscou. — Ne retraçons pas le terrible et stérile
triomphe où soixante mille combattants jonchèrent des
deux parts le sol de Borodino, où le vieux Général russe
se prétendit vainqueur, mais recula, sans emporter ses
blessés, sans ensevelir ses morts, et où les Français,
réellement vainqueurs, ne possédèrent qu'un Champ de
bataille et une route sanglante ouverte jusqu'à Moscou.
Hâtons-nous de voir, hélas ! le Conquérant passer enfin
sous ce Trophée funeste, que dévore aussitôt l'incendie
et qu'environnent de toutes parts le désert et la mort.

CHAPITRE XVIII.

SÉJOUR A MOSCOU. — CAUSES D'INCERTITUDE ET D'INUTILE ATTENTE.
— CONVERSATION DE L'EMPEREUR AU KREMLIN.

Là seulement, au milieu de ces effets du feu destructeur, et de ces spectacles de ravages et de ruines que les témoins nous ont décrits avec une énergie qu'on ne peut répéter ni oublier, l'action libre de la volonté humaine, sa délibération avec elle-même reparut tout entière; et il fut possible à l'Empereur de disposer encore de sa destinée et de revenir sur ses pas.
Moscou désert, sans autres habitants que les malfaiteurs prêts à l'incendier, Moscou, à demi-brûlé sous les yeux de ses vainqueurs, était aux mains des Français comme un gage malheureux qu'on ne leur disputait pas, et dont les décombres les abritaient, pour les ensevelir. La route sanglante et dévastée que nos troupes venaient de parcourir restait ouverte derrière elles, traversée seulement de quelques bandes sauvages, qui pouvaient intercepter quelques courriers de l'Empereur, et quelques soldats attardés pour rejoindre leurs Aigles arborées au Kremlin, mais qui n'auraient pas soutenu l'aspect d'une Avant-garde française en retraite. Sur un autre point, au midi de la ville de Moscou, une route nouvelle et intacte s'étendait vers Kalouga, et pouvait, à

travers un pays abondant, ramener les envahisseurs aux frontières de la Lithuanie et dans le voisinage de leurs premières stations ; enfin une route, sans doute inabordable alors, même à ces vainqueurs si hardis, route longue et défendue par une nombreuse armée, allait de Moscou à Pétersbourg ; et sur toutes ces issues qui entouraient le bûcher sépulcral de Moscou, brillait encore pour un mois seulement, pour le temps rigoureusement compté du retour et du salut, un jour pur, un soleil d'automne, et cette température sereine, que Napoléon, dans un bulletin, quelques semaines plus tard, comparait à celle qu'au mois d'octobre il trouvait en France, dans ses voyages de Cour à Fontainebleau.

On sait quelles illusions funestes amusèrent le Vainqueur durant cet intervalle, et, sur les bords de l'abîme ouvert pour son armée, comment un personnage important de la police russe, laissé comme par mégarde à Moscou dans la fuite universelle, reçut avec empressement de Napoléon la mission de porter au Czar une lettre autographe et des offres de paix. On sait aussi comment le vieux Général russe qui, succédant aux temporisations habiles de Barclay de Tolly, avait soutenu les feux terribles de Borodino, puis reculé lentement sur une route jonchée de morts, puis regardé brûler Moscou, comme Smolensk, et amassé dans son cœur toutes les haines de la Russie, on sait, dis-je, comment Kutusoff, du Camp rétranché où, sur la route de Kalouga, il avait réfugié les bataillons sanglants et recrutés chaque jour de sa nombreuse armée, parut tout à coup vouloir négocier par des pourparlers d'avant-poste, comment il accepta, pour son compte, une armistice particulière, reçut et fit passer à son Maître des messages de l'empereur Napoléon, en attendit longtemps une réponse, et fut enfin, avec un refus tardif du Czar, publiquement réprimandé de son entremise indiscrète et de son prétendu zèle pour la Paix.

Devant ces ruses faciles, ces ruses de barbares, pas plus savantes que celles qui trompèrent Crassus et le retinrent pour sa perte dans les sables brûlants des Parthes, le génie de Napoléon s'éblouit, se troubla, s'endormit, et laissa passer assez de temps, pour consommer la ruine de son Empire.

C'est qu'il y fut aidé par ce fatal conseiller des grandes âmes et des hautes fortunes, l'orgueil; c'est qu'il y avait dans les faits mêmes, dans les fautes déjà commises, dans les pas de chaque jour, une raison de bon sens apparent en faveur de cet orgueil, et pour ainsi dire un obstacle moral, une répugnance à se corriger si vite et à reculer sitôt.

Ce qui avait été poursuivi avec tant de ruineuses fatigues, acheté par une bataille si sanglante, peut-on le concevoir, abandonné comme inutile, sitôt qu'on y avait atteint? Quoi! à travers tant de périls, tant de morts des bivouacs et des champs de bataille, avoir touché barre à Moscou, et parce qu'on rencontre pour rivale une autre destruction, parce que Moscou est brûlée dans une nuit, repartir aussitôt, dès le 16 septembre, et pour cette année regagner la frontière! ne serait-ce pas renoncer à la fois à la gloire de l'audace et au mérite de la prévoyance? Ne serait-ce pas avouer qu'on a fait une guerre de barbares, et qu'on y a été vaincu? Et un ascendant, compromis de cette sorte devant toute l'Europe, ne serait-il pas perdu?

Ainsi de spécieuses raisons viennent donner prétexte à un ajournement insensé. Ce n'est plus cette voix de Dieu qui, parlant à l'âme humaine par les passions, lui crie jusqu'au bout : Marche, marche. Ce sera la même puissance divine et vengeresse qui, au bruit des souvenirs orgueilleux du Conquérant, lui dit à demi-voix : Demeure, demeure ; garde assez longtemps ta proie dans les mains, pour paraître l'avoir conquise.

Demeure ; c'est dans les Capitales ennemies que tu as signé toutes les Paix qui t'ont livré la moitié de l'Europe ; attends quelque temps sur ces ruines ; tu y recevras les soumissions du Prince, que tu as senti faible, après de moindres désastres, et que tu ne pourrais enhardir, qu'en reculant toi-même devant ta victoire.

Pour qui réfléchit sur les illusions naturelles à l'homme, et qui ne sont pas autres, mais seulement plus impétueuses et plus vastes dans les hommes extraordinaires, il y a ce semble ainsi des explications au séjour fatal de Napoléon à Moscou.

Les mêmes motifs cependant, les mêmes instincts d'illusion et d'orgueil n'agissaient pas sur tous les esprits dont l'Empereur était entouré. A la première revue que passa Napoléon, sur la grande place du Kremlin, avec ces Régiments déjà si décimés, mais offrant par effort de dévouement et d'adresse, au milieu de cet horizon de murs noircis et de décombres, un admirable aspect d'éclat guerrier et presque d'élégance : «Eh bien,
« mon cher Narbonne, dit l'Empereur, que dites-vous
« d'une pareille armée, manœuvrant par un si beau
« soleil ?

« Je dis, Sire, reprit M. de Narbonne, qu'elle est déjà
« reposée, et peut se mettre en route pour aller prendre

« ses cantonnements en Lithuanie et dans la Grande
« Pologne, en laissant aux Russes leur capitale, comme
« ils l'ont faite. »

L'Empereur, jetant un long regard sur le magnifique défilé des troupes, ne répondit pas; et remonté dans le Kremlin, il rentra dans son Cabinet, où s'accumulaient déjà de nombreux portefeuilles venus de France.

On sait quelle était à cette époque même et sous le poids d'une si grande attente, l'activité de son attention, à chaque moment rappelée par les affaires de son lointain Empire. Ce fut vers ce temps que par une sollicitude de détails qui n'était pas sans affectation, il signa et data du Kremlin un long décret réglementaire, en cent articles, sur l'organisation, le personnel et le recrutement du Théâtre-Français.

Singulière coïncidence des numéros du *Bulletin des Lois*, ce décret de luxe littéraire, cette ordonnance à préparer par les Gentilshommes de la chambre, ou par l'Intendant des menus plaisirs[1], précède immédiatement dans le *Recueil des lois de l'Empire* le décret de funeste urgence et de tyrannique pénurie d'hommes, qui prescrivait que les dispositions pénales relatives au recrutement militaire seraient appliquées contre les pères et mères convaincus administrativement d'avoir favorisé la désertion de leurs fils.

Que de pertes, que de maux, quelles nécessités déplorables avaient dû survenir, entre les préoccupations oiseuses du décret du 15 octobre, et le décret despotique, anti-naturel, anti-humain, du 22 décembre[1]!

Il ne nous appartient pas de marquer les degrés de

---

[1] *Collection générale des Lois*, t. XII, p. 257. — [2] *Ibid.*, p. 267.

cet intervalle si rapidement parcouru ; mais un fait singulier peut trouver place dans ces souvenirs : le soir même du 15 octobre, dans le salon où se trouvaient quelques grands de sa Cour guerrière et les premiers officiers de son service, l'Empereur parla du décret signé le matin, comme d'une nouvelle pour Paris; il en causait familièrement : on eût dit que, voulant se délivrer des angoisses de sa pensée, cherchant à tout prix une distraction, il prenait[1] la plus frivole.

Le salon du Kremlin qu'occupait l'Empereur, au-dessous du logement d'honneur de la Czarine, était éclairé de grands lustres; un feu âpre brillait dans la vaste cheminée ornée de marbre et d'or. L'Empereur se promenait à grands pas, jetant quelques paroles sur le genre de magnificence qui convient à un grand Empire, l'importance politique des arts, de l'art dramatique en particulier, le Théâtre-Français, Corneille, Talma. — On se taisait autour de lui. L'esprit le plus prêt à tous les entretiens, mais aussi le plus grave et le plus attentif aux besoins sérieux de l'armée, M. Daru, alors accablé de mille soins, n'était pas présent; quelques généraux, soit modestie, soit indifférence, écoutaient, sans rien dire. Évidemment un poids de doute et d'inquiétude pesait sur tous les esprits, et ne leur laissait guère la force d'entrer dans ce délassement, que le génie tourmenté se donnait à lui-même.

« J'aurais dû, mon cher Narbonne, dit tout à coup
« l'Empereur, vous consulter, avant d'expédier mon Dé-
« cret de ce matin, sur la chose même dont nous parlons.
« Vous avez, j'en suis sûr, fort aimé le théâtre dans

---

[1] *Collection des Lois et Décrets*, t. XII, p. 257-266.

« votre jeunesse; et vous y étiez grand connaisseur. Il
« est vrai, je crois, que c'était surtout le théâtre co-
« mique, les grandes manières du monde, Célimène,
« mademoiselle Contat. » Et à ce dernier nom rapidement jeté, une contraction de sourire sembla marquer
la grave physionomie de l'Empereur.

« Moi, j'aime surtout la tragédie, haute, sublime,
« comme l'a faite Corneille. Les grands hommes y sont
« plus vrais que dans l'histoire : on ne les y voit que
« dans les crises qui les développent, dans les moments
« de décision suprême; et on n'est pas surchargé de
« tout ce préparatoire de détails et de conjectures, que
« les historiens nous donnent souvent à faux. C'est au-
« tant de gagné pour la gloire; car, mon cher, il y a
« bien des misères dans l'homme, des fluctuations, des
« doutes : tout cela doit disparaître dans le héros. C'est
« la statue monumentale où ne s'aperçoivent plus les
« infirmités et les frissons de la chair; c'est le *Persée*
« de Benvenuto Cellini, ce groupe correct et sublime,
« où on ne soupçonne guère, par ma foi, la présence du
« plomb vil et des assiettes d'étain, que l'artiste en fu-
« reur avait jetés dans le moule bouillonnant, pour
« en faire sortir son demi-dieu d'airain.

« Je sais gré à la Tragédie de grandir ainsi quelques
« hommes, ou plutôt de les rendre à leur vraie stature
« d'êtres supérieurs, dans un corps mortel : j'aurais
« voulu seulement que nos poëtes aient su faire cela
« pour les héros modernes. Pourquoi non? Le génie
« n'est pas rapetissé, depuis César; mais nos poëtes
« n'ont rien entendu au génie moderne, pas plus à
« Henri IV qu'à Philippe le Bel. On a cru, on a dit dans
« les salons de Paris, que j'en voulais à Raynouard de

« ses *Templiers*, que je lui portais rancune d'avoir pré-
« tendu réhabiliter ces moines guerriers, tant soit peu
« factieux. Nullement, ma foi ; ai-je rien de pareil à
« craindre dans notre siècle incrédule? Mais je ne pou-
« vais lui pardonner son Philippe le Bel inactif et dé-
« clamateur, mené comme un enfant par deux fourbes
« de Ministres.

« Voilà pour moi le grand défaut de cette tragédie,
« que j'ai livrée au bras séculier de Geoffroy. Ce n'est
« pas affaire politique, comme on l'a dit sottement ;
« c'est bon sens historique, et religion de la royauté.
« Il faut que les grands rois soient montrés grands sur
« la scène. A quoi pensent les poëtes de mon règne?
« Chénier m'a impatienté avec son Cambyse. Mais, que
« n'a-t-on mis au théâtre Charlemagne, saint Louis,
« Philippe-Auguste? Je ne repousse pas même, en ce
« genre, les sujets étrangers. Quelle tragédie, par
« exemple, un homme de talent, un vrai poëte autre que
« l'ex-tribun Carion-Nisas, aurait tiré de Pierre le
« Grand, cet homme de granit, comme les assises du
« Kremlin, qui a fondé la civilisation en Russie et l'as-
« cendant Russe en Europe, et qui me force, un siècle
« après sa mort, à cette terrible expédition.

« Je ne puis revenir de mon admiration, quand je
« songe que c'est dans ce palais que Pierre à vingt ans,
« sans conseil du dehors, presque sans éducation, en
« face d'une Régente impérieuse et d'un vieux parti
« maître de tout, conçut et enfanta tout son règne,
« saisit le pouvoir, et méditant de rendre la Russie
« victorieuse et conquérante, commença par abattre
« cette milice indocile des *Strélitz*, qui semblait la seule
« force de l'Empire. Quel exemple d'autocratie morale!

« Qu'il serait beau de voir sur la scène ce jeune Prince,
« qu'on croyait occupé de quelques plaisirs grossiers,
« faisant tout à coup un 18 brumaire de Cour, en-
« voyant l'altière Sophie dans un couvent, puis entre-
« prenant à la fois toutes les fondations de la paix et la
« guerre d'invasion en Pologne et en Saxe, et créant du
« même coup une Armée, une Marine et une nouvelle
« Capitale à la Russie. »

« Quant au génie propre de Pierre le Grand, on ne
« l'a pas bien compris. On n'a pas vu qu'il s'était donné
« ce qui manque au plus grand homme né sur le trône,
« la gloire d'être parvenu, et les épreuves que cette
« gloire suppose. Pierre le Grand s'est fait volontaire-
« ment lieutenant d'artillerie, comme moi je l'ai été.
« Ce n'était pas une comédie. Il s'est dépaysé, pour
« se délivrer quelque temps de la Couronne, pour ap-
« prendre la vie ordinaire et remonter par degrés à
« la grandeur. Il s'est fait ce que la destinée m'a fait :
« voilà ce qui le met hors de ligne, parmi les monar-
« ques de race!

« Et cependant quels échecs à cette fortune et à ce
« génie!

« Concevez-vous que sur les bords du Pruth, un
« pareil homme, à la tête de l'armée qu'il s'était faite,
« se soit laissé investir, affamer, et presque prendre
« par une armée turque? Ce sont là de ces éclipses
« inexplicables dans les plus grands hommes : c'est
« César mal engagé et assiégé dans Alexandrie par de
« misérables Égyptiens. Mais César prend sa revanche;
« et l'homme de génie se retrouve toujours, après une
« faute, comme après un malheur. »

Devant ce tumulte d'idées, M. de Narbonne hésitait à

répondre; il voyait là, au milieu des tristes réalités du moment, une secousse d'attention spéculative et de libre rêverie que se commandait cet esprit puissant, ou peut-être une illusion de sécurité que, dans son inquiétude, il voulait étendre sur l'esprit des autres; il fit effort cependant, et surmontant son trouble : « Oui, Sire,
« dit-il, la Russie de Pierre le Grand est pleine de sou-
« venirs tragiques : faisons en sorte de ne pas en aug-
« menter le nombre. Ce czar Pierre, que Votre Majesté
« admire tant et qui a tiré la Russie du chaos, n'y a pas
« fait la lumière. Au fond, il l'avait trouvée barbare ; et il
« l'a laissée demi-barbare, sauf ce qu'il lui a donné d'or-
« ganisation matérielle et de discipline militaire, arrivant
« ainsi par la force du nombre à vaincre les premiers
« soldats de l'Europe, et à faire trouver à Charles XII
« un Pultava, mais cela même, bien moins par son
« propre génie que par la faute de ce roi. Si Charles XII
« en effet, ce prince plus soldat que général, s'était moins
« avancé dans la Russie, ou s'était retiré à temps, s'il
« n'avait pas continué ses manœuvres d'invasion, au fort
« même de l'hiver, alors que l'extrême froid lui tuait
« un millier de soldats dans une marche, il n'eût ja-
« mais été vaincu, il eût couvert la Pologne et tenu à
« distance de la frontière le Czar enfermé dans ses vastes
« États, avec bien du temps devant lui, pour en défri-
« cher les steppes et en peupler les déserts. Le Czar a
« donc surtout été grand par la faute de ses adversaires.
« Il a vaincu, non par sa tactique et son génie, mais par
« les obstacles de son climat; et c'est un moyen sur le-
« quel comptent encore ses descendants.

« Je vous vois venir, mon cher Narbonne, reprit vi-
« vement l'Empereur; on vous parle théâtre, et vous

« répondez politique. Au reste, ce sont choses qui se
« touchent parfois. Mais soyez tranquille; nous ne fe-
« rons pas la faute de Charles XII. Elle est écrite dans
« l'histoire, pour nous préserver. Il a bien fallu attendre
« ici quelque peu l'effet de ces coups de tonnerre, la ba-
« taille de la Moscowa et la prise de Moscou. J'avais
« lieu de croire à la paix: mais qu'elle vienne ou non, il
« y a un terme pour nous. Après que notre armée s'est,
« à tout prendre, reposée et refaite ici, et tandis que le
« temps se maintient supportable, il y a loisir de re-
« monter vers Smolensk, de joindre nos renforts éche-
« lonnés sur la route, et de mettre l'armée en quartiers
« d'hiver dans la Lithuanie et la Pologne.

« Il y a encore ce que propose Daru et ce que j'appelle
« un conseil de lion : d'amasser ici des provisions, de
« tuer et de saler les chevaux mutilés et de nous établir
« pour l'hiver dans ces débris de Moscou, qui sont une
« ville encore, de nous y tenir bien abrités, bien défen-
« dus, et au printemps, de reprendre la guerre offensive;
« mais je n'incline pas à ce projet. On peut aller loin;
« mais il ne faut pas être trop longtemps hors de chez
« soi. Je sens que Paris me rappelle, encore plus que
« Saint-Pétersbourg ne me tente. Soyez donc content,
« mon cher; à bientôt le départ, avec ou sans la paix. »

Et en effet, le lendemain de ce singulier caprice d'entretien, l'Empereur demandait à l'Intendant général Mathieu Dumas, si déjà la plupart des blessés n'étaient pas en route de retour sur Smolensk : il voulait croire accompli ou prévenu l'ordre même qu'il venait à peine de donner. Mais rien n'était fait encore; et la réponse négative de l'Intendant général était pour l'Empereur un avis assez clair du temps déjà perdu, et de la hâte à faire, pour suffire aux soins innombrables d'une si périlleuse retraite.

Tout espoir de terminer l'expédition par un traité, et de repasser pacifiquement sur la route sanglante qu'on avait parcourue, était en effet dissipé. Les vaines apparences de négociations, annoncées sur divers points, avaient cessé; les fuites apparentes s'étaient arrêtées : tout se rapprochait hostilement, se concentrait, se hérissait d'agression, comme si la vraie Campagne des Russes, la Campagne d'hiver allait seulement commencer. Kutusoff, dans son camp fortifié, laissant là le rôle qu'il avait joué depuis un mois, mettait à l'ordre du jour de l'armée et publiait en toute humilité le Rescrit Impérial, portant blâme de ses essais d'entremise pacifique et de la *trêve* provisoire, qu'il était censé avoir autorisée de son chef.

En même temps, toutes les illusions tombant du même coup, le général Lauriston, si longtemps et si inutilement demeuré près de l'ennemi, rapportait un refus d'Alexandre d'entendre à aucune proposition, tant que l'agresseur serait sur le sol de la Russie. Et d'autre part, on apprenait, par de secrètes correspondances de Pétersbourg, que les déclarations et les instances des envoyés anglais et en particulier du général Wilson, sur la nécessité d'une résistance à mort et d'une poursuite implacable, étaient plus passionnées que jamais.

Telle était cependant, et la hauteur presque inaccessible où se tenait l'Empereur au milieu des siens, et sa fascination sur les esprits que cette paix invraisemblable était espérée par les serviteurs les plus en crédit auprès de lui, uniquement parce qu'il la voulait, et qu'il en avait besoin!

Ainsi, au moment où, par son ordre, donné la veille de la retraite enfin résolue, des ouvriers étaient occupés à détacher à grand'peine du sommet de la cathédrale de Moscou la fameuse croix d'or d'Ivan, ce précieux symbole vénéré du peuple russe, que l'Empereur se proposait de rapporter à Paris, pour orner de cette dépouille triomphale la coupole d'une de nos églises, l'honnête maréchal Berthier, dans le mécontentement mêlé d'affliction que lui donnait cet acte; disait au général Mathieu Dumas[1] : « Est-il possible qu'on fasse « une telle chose, quand on a la paix dans sa poche? » Et cette parole du Major-général, recueillie par un témoin si véridique, suffit à nous faire comprendre quel nuage d'illusions l'obéissance, l'admiration, l'habitude de croire et d'être trompé entretenait autour de l'Empereur.

Ce nuage ne fut dissipé que par un incident de guerre, la reprise d'armes de Kutusoff, l'attaque de ce Général sur nos avant-postes en dehors de Moscou, et la défaite d'une partie de la cavalerie du roi Murat. Ce coup parut enfin un grave avertissement.

C'est le tocsin qui réveille en sursaut l'envahisseur engourdi dans sa triste Conquête : et faisant succéder à tant de lenteurs un départ trop brusque et mal pourvu de précautions, l'Empereur sort de Moscou dans la nuit du 19 octobre, emmenant les cent mille hommes, reste de son armée, et rencontrant la guerre sur tous les points de sa marche habilement transportée d'un chemin à l'autre, mais partout infestée d'opiniâtres ennemis.

[1] *Mémoires du général Mathieu Dumas*, t. II, p. 302.

CHAPITRE XIX.

QUELQUES DÉTAILS SUR LA RETRAITE DE RUSSIE. — MISSION DE M. DE NARBONNE EN PRUSSE. — SON RETOUR A PARIS EN FÉVRIER 1813.

On a épuisé sur la fatale retraite de 1812 les récits stratégiques, les descriptions, les anecdotes militaires, les souvenirs personnels. Depuis les temps modernes, jamais si grand désastre de guerre n'avait détruit si nombreuse armée; jamais général, dans l'exercice d'un commandement absolu, n'avait commis faute plus grave, plus funeste et, en apparence, plus facile à éviter.

Jamais aussi, à part ce courage oublié, avec lequel meurent souvent des milliers d'hommes enlevés à leurs familles, traînés au loin, abandonnés à tous les fléaux de la nature, sans secours de Dieu ou de la pitié humaine, jamais, à part ce courage ou cette insensibilité d'une foule anonyme, la force de résignation, le calme intrépide n'avaient été, dans quelques âmes d'élite, portés plus haut, devant des souffrances plus inouïes.

Il n'appartiendrait pas à un Narrateur sans expérience des faits de suivre, dans tous les détails militaires, ce récit où, par un renversement de l'histoire, inouï jusqu'alors, apparaît un Xercès civilisé allant, à la tête de la plus belle armée de l'Occident, chercher dans les déserts d'un peuple demi sauvage, la destruction que les troupes désordonnées des Perses avaient rencontrée sur le sol belliqueux et les rivages florissants de la Grèce.

Cette effroyable perte d'hommes, qui fut le délit de l'Empereur des Français, a pu se réparer par le temps, et presque s'effacer de la mémoire, ou du moins des reproches du peuple. Une terre lointaine a gardé sous ses glaces, et plus tard recouvert de ses moissons, les trois cent mille morts de race française, que nous y avons laissés. Les places restées vides dans les villages de France, et dans bien des familles désolées, se sont remplies à la longue; les générations ont refleuri, sous quarante années de paix. Sans doute même, l'excès de cette calamité a servi, pour longtemps, à préserver de la guerre, et a été pour l'ambition un obstacle d'autant plus puissant, que le désastre avait été plus affreux. Mais l'histoire impartiale peut-elle imiter l'indulgence oublieuse des peuples, et ne doit-elle pas entretenir et renouveler l'anathème de l'humanité[1] sur ce dommage si cruel fait à l'espèce humaine et à la nation française, par le chef auquel cette nation avait confié aveuglément toutes ses forces et tous ses droits, et qu'elle avait armé de toute sa puissance, sans garder elle-même pour ses enfants d'autre liberté que celle de mourir?

On sait comment les derniers moments de la retraite de Moscou surpassèrent encore et concentrèrent dans un excès de périls et de souffrances tous les maux suc-

---

[1] Tantam humani generis injuriam vel coactam non in gloriâ posuerim. *Plin. natur. Hist.*, in libro VII, § 25.

cessifs qui en avaient marqué la durée. La calamité croissante s'étendit sur tous; et la ruine de l'armée devenait l'extrême et personnel danger du général, menacé non plus seulement dans sa gloire, mais dans sa liberté et sa vie. Plusieurs fois l'Empereur faillit être enlevé par Czernicheff ou Platoff, dont les Cosaques battaient incessamment la plaine avec leurs chevaux si vites, leurs longues lances et les pièces d'artillerie sur traîneaux, qui tantôt les couvraient, et tantôt retirées en arrière de leurs lignes flottantes; puis, démasquées tout à coup, frappaient au loin, à travers leurs rangs éparpillés.

Le héros qui avait passé le Niémen, à la tête de trois cent cinquante mille Français et de près de deux cent mille tributaires ou alliés, deux fois surpris et entouré par ces bandes sauvages, ne dut son salut qu'au dévouement de quelques braves, généraux et soldats, qui chargèrent avec désespoir cette tourbe d'assaillants.

Durant ce dernier terme de l'expédition, une foule d'incidents aggravaient chaque jour le désastre et l'humiliation de cette Puissance tombée de si haut. Dans une des alertes données au Quartier Impérial, l'ennemi manqua, d'un moment à peine, la prise du chariot qui portait les papiers du Cabinet de l'Empereur, que le Ministre, M. le comte Daru, escortait lui-même à pied, piquant les chevaux et veillant à tout avec une infatigable énergie.

Deux jours après, dans une autre alerte, le précieux dépôt fut enlevé, sauf quelques papiers que détruisit de sa main M. Daru, qui, dans cette marche funèbre, donnait encore mille soins affectueux au salut de l'intendant général Mathieu Dumas, ramené de Moscou demi-mourant dans une voiture, que les Cosaques manquèrent de saisir, en même temps que le fourgon de la secrétairerie d'État.

Voyant son ami sauvé de ce péril, M. Daru rejoignit la voiture de l'Empereur qu'entourait le bataillon sacré de quelques fidèles, officiers ou généraux : et de là, il continua à donner des ordres précis et souvent efficaces, et à réunir encore quelques moyens de secours et de distribution pour les blessés et pour la Garde.

C'est à cette occasion et en souvenir de bien d'autres traits de fermeté du même homme, que M. de Narbonne nous dit un jour : « Avec le maréchal Ney, le « plus stoïque champion de la retraite ç'a été M. Daru ; « et je leur appliquerais volontiers à tous deux la phrase « du cardinal de Retz :— «Si ce n'était pas une espèce de blasphème de dire qu'il y a eu dans ce siècle un homme plus intrépide que le grand Gustave et que M. le Prince, je dirais que ç'a été M. Molé, Premier Président. » Cela était vrai, ajoutait-il, du temps de « la Fronde; et en changeant les deux noms, cela se « retrouve aussi vrai de notre temps, pour l'éternel « honneur de la force d'âme civile. »

Quoi qu'il en soit de tout ce qu'il y eut alors d'héroïsme montré et perdu dans ces déserts, on avançait vers le terme; on approchait du dernier cercle concentrique de cet enfer de glace; et, pour peu qu'on passât encore quelques nuits, on serait sauvé; ou du moins quelques-uns auraient survécu.

Quelles furent les angoisses et les crises calamiteuses de ces derniers jours? M. de Narbonne s'abstenait d'en parler, même dans sa plus familière confidence. Il fuyait ces souvenirs si honorables pour lui, mais si déchirants pour son âme. Il eût dit volontiers comme l'Empereur à cet officier qui insistait longuement sur les détails désastreux, dont il venait rendre compte : « Assez, Monsieur, assez; laissez-moi mon calme. »

J'ai présentes, j'entends encore ses premières paroles, quand nous le revîmes le 22 janvier 1813, arrivant un mois après l'Empereur, qu'il avait quitté à Smorgoni, pour une mission de confiance en Prusse, en Saxe, et s'il était possible, dans toute l'Allemagne.

Tout le monde, depuis un mois, savait le désastre de l'armée, non pas dans l'horreur des détails, mais dans l'immensité de la catastrophe générale. On le savait par ce vingt-neuvième bulletin, publié deux jours avant l'arrivée de l'Empereur, comme un relevé funèbre [1] par lequel il était devancé. On y avait lu, et on rappelait sans cesse, avec stupeur, le terrible Compte-rendu des dernières pertes de l'armée; et ces aveux, non pas complets encore, mais effroyables, éclatant comme une réaction de la vérité, après un long régime de silence et de mensonge, avaient d'autant plus épouvanté les âmes.

A l'affliction publique, aux deuils privés, aux sinistres incertitudes, ou aux annonces de mort qui désolaient tant de familles s'était joint pour la première fois, depuis bien des années, un sentiment d'indignation amère, une hardiesse de blâme excitée par ces mots malheureux, qui terminaient le lamentable bulletin : « Jamais la santé de l'Empereur n'a été meilleure. »

Paroles où il faut voir sans doute, non le témoignage d'une coupable et profonde insensibilité, sur tant

---

[1] *Moniteur universel*, n° du 20 décembre 1812.

de maux qu'on a causés soi-même, mais une sorte de bravade étrange contre la destinée, et un effort pour se roidir et s'endurcir, en proportion même de l'atteinte qui a pénétré jusqu'aux entrailles et déchiré le cœur !

On avait pu remarquer aussi, dans le vingt-neuvième bulletin, d'autres paroles, qui dans ce récit de main impériale, venant après une réflexion sévère sur l'abattement et le désespoir, dont tant de fléaux avaient frappé les plus courageux, voulaient être un éloge à part pour quelques âmes privilégiées : « Ceux que la « nature a créés supérieurs à tout, disait le terrible « bulletin, conservèrent leur gaieté et leurs manières « ordinaires, et ne virent dans de nouveaux périls que « l'occasion d'une gloire nouvelle. »

On nous avait dit de divers côtés que ces paroles, qui étonnent par l'idée de gaieté ramenée, parmi tant de souffrances, étaient une allusion à ce qui avait frappé l'Empereur et beaucoup de braves près de lui, l'inaltérable fermeté du plus vieux de ses Aides de camp, la constante sérénité de ses manières et jusqu'à l'habitude qu'il avait gardée de se faire[1], au matin de chaque bivouac, coiffer et poudrer; au milieu de la neige, un moment assis sur un tronc d'arbre, et causant d'un esprit libre avec ses camarades de l'État-Major.

Un des plus intimes amis de M. de Narbonne, le premier à sa porte le 22 janvier, ne put se défendre de mêler à l'effusion de sa joie, en serrant la main du Général, une allusion à cet éloge singulier sans doute, mais qui s'accordait, pour nous, avec ce que nous sa-

---

[1] *Histoire de Napoléon et de la Grande armée en* 1812; par M. le lieutenant-général comte de Ségur, t. II, p. 344.

vions d'ailleurs de la fermeté de M. de Narbonne, durant tout le désastre, et de l'admiration qu'elle avait inspirée.

J'aurais encore trente ans à vivre, au lieu de toucher au déclin de l'âge, que je n'oublierais jamais l'impatience et la tristesse de son regard, à ce malencontreux compliment. «Ah! dit-il amèrement; l'Empereur peut « tout dire; mais gaieté est bien fort. » Et il se détourna un moment de nous, en versant et en cachant quelques larmes.

Puis, après quelques minutes de silence, il parut livré tout entier à l'idée des efforts que la France avait à faire, et comme poussé du mouvement électrique, dont l'Empereur, qu'il n'avait pas encore revu, animait alors tout ce qui approchait de lui.

Parti depuis deux ou trois jours, sous prétexte d'une chasse, l'Empereur s'était rapidement détourné vers Fontainebleau, où il voulait traiter en personne avec son embarrassant Captif, et terminer une des difficultés qui pesaient sur la France affaiblie. Ce fut pendant les jours même de cette entrevue de Napoléon avec Pie VII que M. de Narbonne fut averti de se rendre à Fontainebleau.

Son digne fils d'adoption, son gendre M. de Rambuteau, chambellan du palais, lui porta cet avis, dès les premières heures de son arrivée : et on peut juger de l'intérêt attaché à sa mission récente, par cette impatience de le voir, au moment même d'une négociation religieuse qui, durant quelques jours, retint et parut absorber l'Empereur.

M. de Narbonne était, en effet, le plus sûr et le plus pénétrant témoin à entendre sur les dispositions actuelles de l'Allemagne qu'il venait de parcourir. Rois, princes, généraux, diplomates étrangers, hommes de lettres allemands, il avait tout vu de près, dans quelques semaines. Le 1ᵉʳ janvier, il avait assisté, à Berlin, avec le baron de Hardenberg et le Prince de Hatzfeldt, à la lecture du Rapport annonçant la défection des deux Corps Prussiens commandés par Yorck et Massemback, trois jours après le combat où, sous le Drapeau français et les ordres du maréchal Macdonald, deux régiments de Dragons prussiens avaient glorieusement repoussé les Russes. Il avait vu l'indignation officielle de la Cour de Berlin, contre le subit abandon des deux Généraux; il avait entendu, comme notre ambassadeur M. de Saint-Marsan, les promesses de fidèle alliance du Roi; et il arrivait convaincu que tout cela, même sans trahison préméditée, était vain, qu'une guerre à mort contre la France couvait en Prusse et en Allemagne, et qu'elle allait éclater.

Il le concluait non pas d'une présomption de perfidie dans les Princes, de corruption dans les Ministres, mais de la présence d'une garnison française dans Berlin et de l'impossibilité de garder pour alliés, quand on n'est pas toujours le plus fort, ceux qu'on a durement vaincus et dépouillés.

On sait du reste avec quelle impérieuse rapidité l'Empereur, sur la première communication de son Ambassadeur, avait tout fait, pour armer la France. Un Sénatus-consulte, voté le soir de la présentation, ordonnait la levée de 350 mille nouveaux Conscrits; et le Sénat, dans une Adresse rédigée par le grand Chancelier de la Légion d'honneur, les offrait à l'Empereur pour être, disait-il, « les conquérants de la paix. » Expression entendue pour la première fois, depuis bien des années, et qui, parmi toutes les emphases du zèle, laissait entrevoir la défiance et la lassitude. Mais le génie du Chef n'en était pas atteint; et dans cette fièvre active qui suivit son retour, il multipliait ces prodiges d'organisation, d'où sortit la magnifique armée de Lutzen et de Bautzen, dernier effort qui, en dépouillant nos places fortes, en déplaçant nos artilleurs de marine, en appelant au delà des frontières l'élite des Gardes nationales, rendait tout à l'Empereur, hormis assez de cavalerie, pour préparer et suivre la victoire, ou couvrir la retraite.

CHAPITRE XX.

DIFFICULTÉS RELIGIEUSES. — OBJECTIONS DE M. DE NARBONNE AU CONCORDAT DE FONTAINEBLEAU. — SES INSTANCES POUR LA MISE EN LIBERTÉ DU PAPE.

Au milieu de ces apprêts de guerre, poussés avec tant de vigueur, mais qui, par le rappel illégal sur trois Conscriptions et la levée tyrannique des Gardes d'honneur, semblaient épuiser, jusqu'à la dernière goutte, le jeune sang de la France, M. de Narbonne, par la confiance de l'Empereur, eut à s'occuper de quelques soins bien différents des travaux relatifs à la prochaine Campagne. Revenu de Fontainebleau le 27 janvier, Napoléon en rapportait signé le projet de Concordat, que ses entretiens, impérieux avec art, venaient d'arracher à la sainte douceur du pontife, plus facile à effrayer sur l'Église que sur lui-même. Cet acte, en grande partie dicté par l'Empereur avec une irrégularité de formes qui décèle semblable origine, ne mentionnait pas Rome, ni le lieu destiné au futur séjour du Pape; et même une disposition particulière semblait indirectement revenir sur la violence et la spoliation commises : car elle reconnaissait au Pape le droit de nommer seul aux six évêchés des *Églises suburbicaires*. L'acte renfermait également, par une confusion d'ailleurs assez étrange dans un Concordat réputé fondamental, la promesse que les *bonnes grâces* de l'Empereur seraient rendues aux Cardinaux, qui, par *les circonstances*, avaient *encouru sa disgrâce*. C'était, en d'autres termes, le rappel et l'admission près du pape de quinze Cardinaux arbitrairement exilés, depuis deux ans.

Mais pour prix de ces faibles concessions, le principe même du Pontificat romain, sa force vitale, son Droit de Défense et de Souveraineté religieuse, la Confirmation des évêques était abandonnée. Un article imposé stipulait : « que toute nomination épiscopale faite par « l'Empereur devrait être, dans les six mois, ratifiée « par le Pape ; que, ce délai de six mois expiré, il serait « procédé à la Consécration par le Métropolitain, ou par « le plus ancien évêque de la Province. »

Pareille disposition, qui tranchait tout au profit de César la vieille querelle des Investitures, était pire, pour la Papauté, que la prise même de Rome.

Transféré à Avignon, captif à Savone ou à Fontainebleau, le Pape cependant existait encore, s'il conservait le droit de prolonger la vacance des Siéges et d'interdire l'Épiscopat aux choix prévaricateurs ou serviles, qu'aurait faits le Pouvoir temporel. Mais, cette barrière rompue, il semble qu'il n'allait plus rester, même dans les derniers retranchements de la conscience religieuse, aucun obstacle aux volontés de l'Empire ; et le Souverain Pontife n'aurait plus été qu'un instrument docile ou superflu dans la main de l'Empereur.

Aussi, après le premier éblouissement de la visite Impériale au Captif de Fontainebleau, après surtout que quelques fidèles amis du Pape, quelques savants prêtres de l'Église romaine, eurent pu arriver jusqu'à lui, le regret, le remords suivit immédiatement la concession arrachée. Pie VII, le plus doux et le plus désintéressé des hommes, dévoué sans réserve à l'Église, et pouvant, par la crainte de lui attirer quelque grand péril, sacrifier plus que sa propre vie, Pie VII, un moment plié par l'orage, se releva de toute la hauteur de sa foi ; et, quand Napoléon, pour se mettre en possession du droit nouveau qu'il croyait avoir emporté sur la faiblesse du vieux Pontife, inséra au *Moniteur* du 13 février 1813 le Concordat dit de Fontainebleau, le pape protesta, et contre cette publication irrégulièrement accomplie avant toute ratification échangée, et contre le fait même de quelques dispositions ou de quelques réticences ; il protesta, en restant captif, et par cela même il infirmait souverainement la Convention, que son entière liberté personnelle aurait dû précéder, ou du moins suivre immédiatement.

Ainsi la querelle, loin d'être apaisée, parut aigrie et compliquée d'un incident nouveau. Mécontent alors de quelques-uns de ses conseillers ecclésiastiques, du cardinal Maury, qui naturellement n'avait pas prévu la résistance inflexible d'un Pontife honnête homme, de l'archevêque de Tours et de l'évêque de Nantes, dont la complaisance n'achevait pas ce qu'elle avait promis, l'Empereur, que tourmentait cette difficulté renaissante, en parla bientôt à M. de Narbonne : « Il ne faut
« pas déplacer les hommes, lui dit-il un matin. Mais
« je suis sûr, mon cher Narbonne, que vous me servi-
« riez bien mieux, dans une affaire de théologie, que
« l'archevêque de Malines ne m'a servi dans une mis-
« sion de politique et de guerre. Il a fait une triste
« campagne à Varsovie ; et vous, je regrette presque de

« ne vous avoir pas admis une fois, en tiers, dans nos
« Conférences de Fontainebleau avec le Pape, il y a trois
« semaines. — Que dites-vous, Sire ? reprit M. de Nar-
« bonne ; nous aurions été deux contre vous. — Com-
« ment, reprit l'Empereur, vous en êtes encore là, vous
« ancien philosophe, diplomate, ministre ? J'avais bien
« vu déjà, mon cher, votre prédilection pour le Pape,
« votre attendrissement sur les malheurs que lui ont
« attirés des Conseillers aveugles et opiniâtres ; mais je
« vous croyais, après tout, *les Principes Gallicans*. N'a-
« vez-vous donc pas les anciennes traditions de vos
« Parlements, l'esprit de résistance aux empiétements
« de la Cour de Rome, l'esprit de Bossuet ? Voyez
« Louis XIV, avant sa vieillesse et sa dévotion ; quel ton
« il a pris avec Rome ! de quel air il a soutenu son Am-
« bassadeur, et comme il a maîtrisé un Pape, non moins
« obstiné que le mien ! Songez que, sans rien changer
« au dogme, je pourrais finir tout ce bruit par la
« création d'un Patriarche. Le Czar de Russie ne se
« trouve pas mal, je crois, d'avoir un saint synode sous
« sa main : et cela, ou quelque chose d'analogue peut
« convenir encore mieux à l'état avancé de la France.

« Sire, reprit gravement M. de Narbonne, je croyais,
« je l'avoue, que ce projet de Patriarche avait passé
« un moment devant les yeux de l'Empereur, et en
« avait disparu ; et c'est pour cela que le *Moniteur* du
« 13 février m'a profondément affligé. Mais veuillez le
« considérer, Sire ; ôter au Pape la Confirmation des
« Évêques, appointer un délai, dans lequel il doit
« consentir à toute désignation, ou votre autorité
« passer outre, c'est réellement nommer un Patriar-
« che, ou plutôt c'est vous charger de l'être vous-

« même, de concert avec votre ministre des Cultes. »

« Voilà, quoi qu'on en dise, ce que n'eût jamais fait
« Louis XIV, ni conseillé Bossuet. Il y a eu sous ce
« Prince de grandes contestations avec Rome, des siéges
« longtemps vacants, des nominations suspendues. Ja-
« mais le Roi n'a prétendu seul ni destituer, ni créer
« un Evêque. L'unité du Catholicisme est là tout en-
« tière, Sire. — Voyez le cardinal Maury! reprit vive-
« ment l'Empereur; lui le grand défenseur de l'Église et
« du Trône sous la Constituante, ne fait-il pas fort bien
« ses fonctions d'Archevêque de Paris, même sans avoir
« ses bulles? — Non, Sire, reprit M. de Narbonne; il
« trompe Votre Majesté; c'est un transfuge de Rome
« qui vous conseille la guerre contre elle, de peur d'a-
« voir à lui rendre des comptes, en temps de paix. Et,
« soyez-en sûr encore, Sire, tel est l'ascendant vrai de
« la hiérarchie religieuse, telle est la nécessité de la Pa-
« pauté pour l'Église, que si votre volonté ne dominait
« pas les évêques qui vous semblent le plus d'accord avec
« vous, que si vous les consultiez, sans parti arrêté d'a-
« vance, ils vous conseilleraient tous de n'ôter au Pape
« ni la maison de saint Pierre, ni les droits de ses succes-
« seurs, de ne lui prendre ni Rome, ni la Confirmation
« des évêques. — Ah! pour Rome, reprit l'Empereur
« avec impatience, ce que vous demandez est impos-
« sible : c'est l'héritage de mon fils; c'est la couronne de
« l'Empire. Quant à ces affaires d'Investiture, je pourrais
« céder quelque chose, ou rendre seulement mon droit
« comminatoire. Voyez, cherchez; je lirai volontiers sur
« cela un avis de votre bon sens laïque. — Ah! Sire,
« cet avis serait bien net et bien prompt : ce serait dès
« ce moment de rendre le Pape à la liberté, de le réin-

« tégrer dans son Palais et son Église de Rome, et de
« laisser s'ouvrir une nouvelle négociation sur quel-
« ques points secondaires à régler dans nos rapports
« religieux, sans innover contre rien de fondamental.
« — Mais, dit l'Empereur, comment délivrer le pape
« maintenant qu'il proteste, et comment le renvoyer à
« Rome? C'est une révolution dans une ville de l'Em-
« pire; ou bien, c'est toujours Fontainebleau. Pensez,
« mon cher, à la note que je vous demande : je vous
« lirai avec grande *attention* et je *désire* vous croire. »

CHAPITRE XXI.

SUITE DE LA PROPOSITION FAITE A L'EMPEREUR. — TRAVAIL CONFIDENTIEL DE M. DE NARBONNE. — SOUVENIRS RÉCENTS ET DOULOUREUX QUI S'Y MÊLENT.

Ce fut après cet entretien que M. de Narbonne, dont l'esprit se pliait à tout, passa quelques jours enfermé entre Bossuet, Fleury et les traités érudits de Dupuy, faisant faire sous ses yeux des recherches, des extraits, des traductions, résumant tout par des notes qu'il dictait en partie, ou corrigeait heureusement par quelques mots. Il poursuivait ce travail, avec autant de secret que d'ardeur; et je fus, à cette occasion, bien des heures seul auprès de lui, feuilletant, abrégeant, recueillant, écrivant sous la dictée; et parfois témoin des souvenirs qui se mêlaient à son travail, de ces souvenirs trop récents, pour que la volonté même pût les supprimer, de ces retours de pensée qui trahissent la préoccupation habituelle de l'âme et la violence qu'elle se fait, ou la blessure qu'elle a gardée.

Il était échappé à l'Empereur de dire que ce qui rendait le Pape et les Cardinaux si difficiles, et ce qui relevait tout à coup leur langage, c'étaient les exagérations des pamphlétaires anglais sur les pertes de son armée et le coup mortel porté à son Empire; qu'on parlait aujourd'hui de cela dans l'Église, comme du *Camp dispersé* et de l'*extermination* d'un roi d'Assyrie, et qu'il fallait faire baisser le ton à cette malveillance mystique.

M. de Narbonne, dans ses notes, ne touchait pas à ce grief de l'Empereur; mais il l'avait présent, et ne trouvait, disait-il tristement, les inductions et les espérances des ennemis de l'Empire que trop justifiées par les affreuses calamités de la dernière Campagne.

Par moments, il laissait échapper toute sa douleur : « Il voyait, disait-il, comme un drapeau funèbre en « temps de peste, flotter sans cesse devant ses yeux les « Aigles de cette incomparable Armée qui, après tant de « meurtriers efforts, une si sanglante victoire, dans sa « marche d'invasion, s'était détruite, jour par jour, dans « sa retraite, par la triple agonie des blessures, de la « faim et du froid. » Les grenadiers de la Garde impériale lui étaient sans cesse devant les yeux ; et il lui arrivait de dire « qu'avec de pareils soldats, avec cette chevale- « rie populaire et soumise qu'avait créée l'Empire, on « concevait l'illusion d'aller trop loin, de trop oser et « de ne plus se défier de la guerre ni des éléments. »

Je ne voudrais pas rabaisser par des anecdotes ces grandes tragédies de l'histoire; et je redirai bien mal, peut-être, ce que j'ai entendu pourtant avec une émotion profonde; mais on y reconnaîtra, par un exemple de plus, quelle fut, même dans les plus hauts rangs, l'affreuse détresse des derniers moments de la retraite.

L'Empereur qu'on vit souvent à pied, appuyé sur un bâton, à travers la neige, marchant plié sous une bise glaciale, avait cette fois passé la nuit dans sa voiture adossée à quelques débris, sous un appentis de bois, où se tenaient alternativement couchés et debout, près d'un feu de bivouac, un petit nombre d'officiers supérieurs et de grenadiers, qui se relayaient pour monter ces dernières gardes. Des coups perdus de batteries volantes traversaient la plaine et rasaient par moments le Quartier Général, dont les foyers furent recouverts de cendre, au milieu de la nuit, pour ôter un point de mire aux ennemis.

A l'aube tardive du jour, sur un champ de neige semé de débris de chevaux et d'hommes, l'Empereur, baissant la glace de sa voiture, appela lui-même M. de Narbonne, et lui dit d'une voix affaiblie : « Quelle nuit, « mon cher général ! elle n'a pas été plus rude pour « nos sentinelles que pour moi, qui l'ai passée à réflé- « chir, sans sommeil. Voyez un peu, cependant, qu'on « les relève ; et vous, venez à la distribution, et prenez « ceci pour vous ranimer : car le courage seul ne tient « pas chaud, par ce froid de vingt-huit degrés. » Et en même temps, d'un vase chauffé à l'esprit de vin, qui était placé dans sa voiture, il verse dans une grande tasse un mélange bouillant de chocolat et de café.

L'Aide de camp reçut avec respect ce que lui offrait l'Empereur, et ayant fait quelques pas en arrière de la voiture, il heurta presque un soldat de la Garde couché sur un petit exhaussement de neige battue, serrant son fusil dans ses mains convulsives et portant, dans l'énergie de ses traits contractés, une expression indicible de souffrance vaincue.

Il se pencha vers lui : « Eh bien, mon brave, lui dit-il, voilà une mauvaise nuit passée ; mais enfin nous avons le jour ; levons-nous. » Le soldat fit un effort de puissante volonté, et parut cependant comme frappé d'engourdissement, sur tous ses muscles tendus et immobiles.

« Allons, il faut s'aider un peu, reprit M. de Narbonne lui présentant le breuvage encore chaud; prenez ceci; nous en avons d'autres au quartier général. » Le soldat hésita, avec une sorte de fierté respectueuse, porta la main à son bonnet de poil noir, puis reçut la tasse, et l'ayant vidée d'un trait, il fit un nouveau et rude effort, se souleva, et appuyé sur son fusil, dont la crosse enfonça dans la neige durcie, par une secousse violente il se redressa de toute sa hauteur, et parut ce qu'il était, un des plus vaillants grenadiers de la Garde impériale : « Ah! mon général, dit-il,
« comme la faim et le froid démoralisent les hommes de
« cœur! Est-ce que j'aurais dû accepter cela de vous,
« qui êtes mon ancien et qui vous l'ôtez de la bouche
« pour moi? Je vous en demande pardon ; et j'en suis
« tout honteux, ma foi, maintenant que j'ai l'estomac
« chaud. »

« Allez, mon brave ; ce que j'ai fait là est bien peu ; et nous devons partager en frères le peu qui nous reste. » Et en même temps, M. de Narbonne songeant que, dans ses bagages, ni dans sa bourse, il n'avait plus rien de soixante mille francs que lui avait fait remettre l'Empereur, en quittant Moscou (car il avait tout partagé sur la route à de pauvres officiers, durant ces derniers jours, où on approchait d'une terre moins ennemie, sur laquelle, avec de l'argent du moins, on trouverait le couvert et le pain), il dit au soldat qui lui rendait respectueusement la coupe d'or : « Non, non, mon
« brave; gardez ceci pour les frais de route : le dehors
« vous appartient, comme le dedans, et ne vous sera

« pas moins utile, en touchant la Pologne, où nous al-
« lons entrer. » Mais le soldat, reculant d'un pas, et faisant de nouveau le salut militaire : « Ah ! pour cela,
« dit-il, Dieu m'en garde ! mon Général ; je n'ai jamais
« rien pris, ni rien reçu au monde, que ma solde et ma
« distribution, quand il y en a. » Et il déposa la coupe
sur le chevet de neige battue, qu'il venait de quitter.

Le Général insistant avec amitié, en s'excusant de n'avoir rien autre chose à offrir à un si vaillant homme, le soldat reprit la coupe, et sous sa main de fer, pressant du pouce en rond un des coins du vase, il en fit éclater un fragment. « Puisque vous l'ordonnez, dit-
« il, Général, je garderai de cette tasse d'or ce petit Na-
« poléon. Ce sera ma médaille à moi, qui me rappellera
« l'honneur que j'ai eu de monter la garde à pareille
« fête, derrière la voiture de l'Empereur, et d'être relevé
« par vous. »

Puis, portant alertement les armes au Général, en signe d'adieu, comme s'il eût retrouvé toute sa vigueur, il s'avança à grands pas en tête de la voiture, qui venait d'être attelée et s'ébranlait, en sillonnant péniblement la neige, à travers les débris du bivouac et les morts de la nuit.

« Quels hommes ! ajoutait à demi-voix M. de Nar-
« bonne, un soir de février 1813 que ce récit lui
« échappa. Quelles âmes grandes et simples dans des
« corps endurcis à tout ! et combien, avec de pareils sol-
« dats, on pouvait sans folie être tenté de la domination
« de l'Europe ! Mais quelle inexprimable douleur de les
« laisser ensevelis sous les neiges de la Russie ! et quel
« front de bataille perdu pour l'indépendance de l'Oc-
« cident et l'honneur de la France ! »

Le jeune interlocuteur qui entendait ce récit ne put se défendre d'un vif intérêt pour ce soldat, et de questions réitérées avec la sensibilité curieuse de son âge : quel était le nom de ce vaillant homme? le général l'avait-il revu? Est-ce qu'il n'a pas survécu à la retraite? Est-ce qu'il n'est pas encore décoré de la Légion d'honneur?

Le Général, souriant avec bonté à cette ignorance de la vie, voulut bien donner encore quelques détails sur un de ces récents souvenirs, qu'il évitait d'ordinaire avec une précaution douloureuse. Ce soldat était d'un village d'Alsace; le général l'avait reconnu bien hâve et bien harassé à un autre bivouac; puis il le perdit de vue dans une dernière alerte. Peut-être était-il prisonnier.

« Hélas! ajoutait le bon Général, mon pauvre enfant,
« vous ne savez pas ce que c'est l'ahurissement de la
« guerre et surtout d'une telle guerre. Vous ne savez
« pas même ce que c'est que la précipitation et l'indif-
« férence de la vie ordinaire, au milieu de tant de soins
« qui nous poussent en avant; eh bien, cette presse
« générale de l'égoïsme humain est centuplée dans la
« guerre; c'est beaucoup là de s'intéresser un moment
« et de se souvenir une heure.

« J'ai parlé une fois à l'Empereur de ce soldat; il en
« a été touché. Mais, mon ami, ne croyez pas que Pierre
« Magin fût un être privilégié parmi tant d'autres :
« c'était là l'esprit de la vieille Garde, voilà tout; esprit
« de dévouement et de discipline, de patience, d'hu-
« manité même : troupe vraiment d'élite, formée et
« épurée au feu de la guerre, qui avait, parmi toutes les
« Gardes royales ou prétoriennes du monde, l'avantage

« inestimable de n'avoir été employée que sur les
« Champs de bataille ou dans les Capitales ennemies,
« et non dans les rues de la nôtre, et de paraître n'ap-
« puyer que par la gloire le trône, dont elle était la
« force. Honorons dans le brave Pierre toute cette noble
« race d'hommes : il en est l'image, et non l'exception.
« Hélas! combien d'autres tout semblables à lui, com-
« bien de ces corps de fer avec des âmes inébranlables
« ont jonché notre route sans un secours humain, sans
« un mot de pitié des hommes, ou de prière à Dieu!

« C'est là le mauvais rêve qui me poursuit, et dont il
« faut se distraire par le travail. Nous perdons notre
« temps. Onze heures. Soyez ici demain avant le jour
« et bien avant le Lycée. Et apportez-moi ces passages
« latins et français de Bossuet, sur le Temporel du
« Pape, et cette lettre de Louis XIV au fier[1] Odescalchi.
« Voilà les arguments qu'il faut employer près d'un
« génie qui, dans ses revers et ses fautes, ne veut en-
« core être abordé que par des souvenirs et des noms
« dignes de lui. »

[1] Le Pape Innocent XI.

CHAPITRE XXII.

CONSEILS DONNÉS PAR M. DE FONTANES. — NOTES REMISES A L'EMPEREUR.

Je fus exact à l'heure prescrite; car rien ne commande plus l'exactitude que l'affection et la curiosité ; et j'étais impatient de voir comment cet esprit de M. de Narbonne, si éblouissant de grâce et de gaieté, allait démêler ces graves questions de l'autorité du Pape et de l'indépendance des Couronnes. J'arrivai avec mes passages transcrits, mes traductions préparées. J'avais bien peu d'expérience pour un tel travail; mais j'en sentais le prix; et du premier moment que M. de Narbonne m'en avait parlé, j'avais cru ne manquer à aucune confiance, mais seulement me rendre plus capable de répondre à celle qui m'était marquée, en allant tout conter à M. de Fontanes : « Ah! me dit-il, vous me « charmez; je reconnais là l'esprit supérieur de M. de « Narbonne et son attachement à l'Empereur. Il veut « nous préserver, ou plutôt nous retirer d'une énorme « faute; que le ciel l'entende! Voyez-vous, mon cher « enfant, de tout temps, et même dans notre siècle de « fer, les questions religieuses sont les plus graves, les « plus dangereuses, les plus mortelles à qui se trompe.

« Savez-vous bien une chose? Le meilleur papier de
« l'Empereur, son meilleur titre impérial et royal,
« c'était son Concordat. C'est par là qu'il s'était mis hors
« de pair, qu'il était devenu mieux qu'un Conquérant,
« qu'il était un Restaurateur de la société moderne, et
« un Fondateur d'Empire pour lui-même.

« Qu'a-t-il fait, d'aller prendre Rome ? J'aurais mieux
« aimé pour lui une bataille perdue, que cette conquête-
« là. Je vous le dis à vous, parce que vous avez l'esprit
« sage, quoiqu'un peu voltairien, comme moi-même,
« du reste. Je l'ai dit à l'oncle de l'Empereur, à ce bon
« cardinal Fesch, qui n'est pas tout à fait assez éclairé,
« pour les excellentes intentions qu'il a. Mais, voyez,
« mon cher, ce qu'il y a de salutaire dans l'esprit
« Chrétien et dans l'Église Catholique : c'est la seule
« chose qui donne aujourd'hui la force de dire quelque-
« fois non à l'Empereur. Ce ne sera pas le cardinal
« Maury qui usera de ce privilége ; souhaitons qu'un
« homme d'esprit, un fin courtisan, comme le comte
« de Narbonne, s'en mêle un peu.

« Je voudrais bien lui mettre sous les yeux quelques
« notes du vénérable abbé Émery, que nous avons
« perdu, il y a bientôt deux ans, et qui était si bien
« placé au *Conseil* de l'Université, un prêtre vraiment
« lettré, savant, plein de foi et de courage. Tenez, je
« l'avais ici en 1810, à son retour d'une conférence aux
« Tuileries, où il avait été appelé, et avait eu fort à
« faire, ayant défendu contre l'Empereur même la
« Souveraineté temporelle du Pape. Nous avons fait du
« chemin depuis : c'est aujourd'hui sa Juridiction Spi-
« rituelle qu'on lui ôte, son droit de confirmer les
« Évêques. Mais alors Henri VIII avait raison : que

« voulait-il en effet ? Faire souverainement les Évêques
« et divorcer d'avec ses femmes. Et cependant quelle
« peinture Bossuet a faite de ce détestable règne, de
« cette impudente tyrannie sur les consciences, et de
« tout ce qui en est sorti de crimes dans le Chef et de
« bassesses dans la foule! Lisez, relisez cet admirable
« livre des *Variations*, ce chef-d'œuvre de la méthode
« parfaite, et de la parole précise et simple dans l'ora-
« teur qui a eu le plus d'enthousiasme et de génie.
« L'Empereur abuse de Bossuet ; il le cite à tout propos ;
« il se fait Gallican à sa suite ; ou plutôt il voudrait le
« faire Napoléoniste. Est-ce qu'il s'imagine justifier par
« là les procédés violents de ces derniers temps contre
« l'Église ? Non, cent fois, non. Aussi, mon cher, je
« n'ai jamais voulu dire un mot sur cette Prise de
« Rome, cet accaparement des États du Saint-Père, ce
« Titre même de Roi de Rome, ramassé dans les dé-
« pouilles de l'Église.

« L'Empereur me pressait gracieusement d'en parler,
« me disant que cela était poétique : poétique, ma foi,
« comme le Corsaire de Byron. »

J'écoutais avec ravissement cette libre verve de
M. de Fontanes, cette effusion de colère, qui de lui à
moi était alors grande marque de confiance et d'amitié.
Je recueillais en même temps bien des notions pré-
cieuses, dont je comptais, non me parer, mais faire
usage, au nom d'une grande autorité.

« Posez bien en fait, me dit M. de Fontanes, en vous
« appuyant sur la *Defensio Cleri Gallicani*, sur le dis-
« cours de l'*Unité de l'Église,* sur la Controverse avec
« Fénelon, sur le Manuscrit de l'abbé Le Dieu, que
« Bossuet, le plus sensé des hommes, comme le plus

17

« éloquent, aurait eu horreur d'un schisme royal
« contre Rome. Avec cela sans doute, il ne voulait nul-
« lement d'une *Suzeraineté* temporelle des Papes, d'un
« Pape déposant les Rois, comme le rêve tout bas mon
« ami M. de Bonald. Bossuet voulait la Royauté puis-
« sante et la Religion libre. L'Empereur en a conclu,
« qu'il voulait la Royauté despotique sur la Religion,
« comme sur le reste; et il l'admire de la servile hérésie
« qu'il lui prête.

« Du reste, comme je vous l'ai dit, il commence un
« peu à s'apercevoir de sa faute; il redoute maintenant
« la théologie. C'est pour cela qu'à l'installation des
« *Facultés* vous m'avez entendu dire, en parlant de
« cette belle science religieuse que vous connaissez un
« peu, au moins dans les écrits des Pères : «Elle a civi-
« lisé l'Europe barbare; elle n'agitera pas l'Europe
« éclairée. » Eh bien! mon cher, cela est vrai; et cela
« n'est pas vrai. La religion peut au contraire servir
« encore à soulever puissamment l'Europe.

« En Espagne, n'en fait-on pas aujourd'hui l'épreuve?
« C'est une considération qui doit frapper un esprit de
« Cour et de Diplomatie, comme M. de Narbonne. On
« peut enlever à l'Autriche Milan et le Protectorat de
« l'Italie; on peut la détrôner de toute influence à Rome;
« on peut de Paris recommencer Charlemagne; mais
« Charlemagne rendait Rome au Pape; il ne la prenait
« pas. Et aujourd'hui tenir incarcéré le Pape à Fontai-
« nebleau, et le dépouiller à la fois de ses États et de sa
« Primauté religieuse, c'est irriter profondément toute
« l'Allemagne catholique, quand déjà on pèse si lourde-
« ment sur l'Allemagne protestante.

« Aussi, depuis ce coup de main de Miollis à Rome,

« que de maux sur nous! que d'embarras surchargés
« de désastres! Savez-vous bien que, dans le moyen
« âge, on aurait cru que c'était un effet d'excommuni-
« cation pontificale! Eh! ma foi, on n'aurait pas eu
« absolument tort; car certain degré d'injustice et de
« déraison dans le génie m'a bien l'air d'une possession
« diabolique. Gardez tout cela pour vous. J'ai tort d'en
« dire tant, même à vous, jeune homme. »

Je m'inclinai et je répondis : « Oh! monsieur, je ne le redirai jamais qu'à votre honneur, et pour le bien de la vérité. »

Deux jours après, seul avec M. de Narbonne, je retrouvai en lui les mêmes vues de l'esprit, les mêmes sentiments, les mêmes craintes qu'exprimait M. de Fontanes. Après avoir parcouru, avec une rapidité infaillible, mes citations abrégées, mes fragments de traduction, il me dicta les principaux points d'une note, où il suppliait l'Empereur de faire ce qu'il fit un an plus tard, de renvoyer le Pape à Rome sans entraves, sans conditions, sans garnison française.

Il appelait cela prévenir la nécessité; et il en déduisait puissamment les motifs et les avantages.

« Il y avait, disait-il, depuis dix siècles deux grandes
« forces, l'Allemagne et la Papauté qui se disputaient
« l'Italie, l'une pour la dominer comme sujette, en
« tirer des impôts, y lever des soldats; l'autre pour l'é-
« clairer par la foi, l'embellir par les arts, lui rendre
« une sorte d'unité dans ses divisions.

« Une Puissance nouvelle est intervenue, plus iden-
« tique à l'Italie que l'Allemagne ; cette Puissance est
« sortie de ce qui semblait le moins la promettre, de la
« Révolution française, d'abord si impie, si anarchique,

« si persécutante pour les prêtres : elle en est sortie par
« l'ascendant d'un jeune guerrier, que sa vocation
« innée pour l'Empire rendait favorable à toutes les
« doctrines tutélaires de la paix et de la durée.

« Cette vocation même lui a inspiré, dès sa première
« victoire, les hommages si nobles qu'il a rendus aux
« restes mortels de Pie VI; elle lui a inspiré le Concor-
« dat, ce rétablissement de l'ordre moral en France, et
« par là même, cet appui le mieux calculé de l'ordre
« politique. Enfin elle lui a fait choisir pour son Cou-
« ronnement la seule forme de consécration qui pût
« encore imposer à un grand nombre de consciences, et
« remplacer la sanction du temps par celle de Dieu.
« Mais plus cette politique inspirée a été profonde et
« puissante, plus il serait fatal d'en dévier longtemps,
« plus il importe d'y revenir. Pour cela, il ne faut pas,
« en pleine civilisation, entreprendre contre l'établis-
« sement de l'Église en Italie, plus que n'ont osé les
« Empereurs de l'Allemagne à demi-barbare. Il ne faut
« pas forcer Rome de regretter l'influence protectrice, à
« laquelle cette Domination allemande avait fini par se
« réduire.

« La force de l'Empire d'Autriche, cette force prisée si
« haut par l'Empereur même après Wagram, réconci-
« liée depuis par un grand Acte, mais, qui s'est montrée
« dans une dernière épreuve, plutôt neutre qu'amie,
« et se voit tentée maintenant par des chances nouvel-
« les, ne doit pas être mise à portée de donner des espé-
« rances à l'Italie, et de se faire souhaiter par elle.
« Que l'Empereur n'eût voulu être que le défenseur de
« l'Église, il eût été facilement le défenseur préféré!
« Mais si, par les conséquences fatales d'une fausse

« mesure, si par l'entraînement d'une lutte opiniâtre
« il en devient l'oppresseur ; s'il persiste à la contrain-
« dre dans ses droits, à la déposséder de son héritage,
« tout ennemi redouté avant lui, toute domination an-
« térieure à la sienne, serait bientôt invoquée, rappelée,
« secondée contre lui.

« Qu'un funeste dissentiment soit apaisé, que la
« Papauté et l'Église catholique, il en est temps encore,
« reçoivent d'un retour généreux de l'Empereur plus
« qu'elles ne peuvent attendre du Protectorat toujours
« suspect de l'Autriche, le danger est écarté, l'an-
« cienne antipathie contre l'Autriche se ranime, Rome,
« affranchie et rendue au Pape, devient vraiment fran-
« çaise d'affection.

« L'Empereur le sait; c'est le vœu que forme, c'est le
« système que souhaite son fils d'adoption, le sage et
« vaillant vice-roi d'Italie. « Je ne crains pas Pie VII à
« Rome, a-t-il dit ; je crains son absence et son exil. »
« Aussi, lorsqu'il y a quelques jours, directement et
« sans ces intermédiaires qui retardent, l'Empereur
« s'était rendu près du Pape et avait traité toutes cho-
« ses avec lui dans un intime entretien, l'espoir des
« hommes les plus affectionnés à l'Empire était grand,
« et l'attente publique prévoyait la cessation prochaine
« d'une des graves difficultés de l'Empereur.

« Si cette prévoyance est trompée, si la dissidence est
« plus profonde après le Traité, si le Pape reste captif, et
« la Papauté volontairement inactive, en tant qu'oppri-
« mée, l'avantage qu'avait ressaisi l'Empereur est
« perdu, et le mal aggravé.

« L'Empereur me le disait : en politique, ce qui im-
« porte le plus, ce n'est pas la valeur de ce qu'on prend

ou de ce qu'on donne; c'est le degré d'autorité qu'on exerce et qu'on paraît exercer. »

« Eh bien ! agir ici avec grandeur, s'élever au-dessus
« des difficultés de détail, et mettre en compromis ami-
« cal le débat religieux, rétablir tout à coup avec
« honneur le Pape dans Rome, lui rendre les pompes
« solennelles de son Église et de ses Consistoires, afin
« que là il termine en pleine paix, avec de sages négo-
« ciateurs, choisis par Votre Majesté, les questions sur
« lesquelles il réclame et proteste encore, ce sera là,
« Sire, pour vos amis et en face de vos ennemis, une
« solution noble et spontanée qui, j'ose l'affirmer, dans
« la crise actuelle, est à la fois la plus prudente et la
« plus digne de vous. Elle étonnera Vienne et décon-
« certera sur un point grave bien des intrigues com-
« mencées. »

Un autre fragment de la même note touchait au fond même de la question canonique, à ce que l'Empereur s'était flatté d'avoir emporté, à ce qu'il voyait lui échapper par la Rétractation ou la dénégation du Pape, c'est-à-dire le délai fixé pour la Confirmation pontificale des évêques, et enfin l'Investiture directe transférée à l'Empereur, après six mois écoulés, sans que le Pape eût donné son consentement.

« C'est là, disait cette partie de la note, ce que l'as-
« cendant d'une impérieuse volonté, ce que la fascina-
« tion d'un esprit irrésistible a pu gagner, dans la viva-
« cité d'un entretien avec le doux et saint Pontife;
« mais c'est la *Concession* que lui-même ne peut main-
« tenir, devant les traditions et les reproches de son
« Église. Cette disposition à elle seule, en effet, frappe
« la Papauté, non pas dans ses prétentions temporelles,

« mais dans sa plus stricte Juridiction religieuse.

« C'est, sur le point le plus grave, le renouvellement
« et la décision trop dictatoriale de cette querelle des
« Investitures, qui a tant agité le Moyen âge, et dans
« laquelle certainement les Papes soutenaient la cause
« de l'intelligence, de la justice et de la bonne disci-
« pline contre le caprice et le Despotisme vénal des Em-
« pereurs de Germanie.—Rien de pareil n'est à craindre
« aujourd'hui, dira-t-on; je le sais. Les circonstances
« matérielles y résistent, autant même que les mœurs
« et les lumières. Il n'y a plus, en France du moins, de
« riches bénéfices, de grands fiefs ecclésiastiques, d'é-
« vêchés terriens et gros décimateurs qui tentent l'avi-
« dité des prétendants, et vaillent d'être achetés à grand
« prix. Il n'y a plus rien de ces tentations temporelles
« dans l'état présent de l'Eglise, lors même qu'il n'y
« aurait pas aujourd'hui dans la sévère vigilance du
« Pouvoir civil sur lui-même un empêchement absolu
« à de pareilles transactions.

« Oui, Sire, cela est vrai pour la France; mais cela
« l'est beaucoup moins pour d'autres pays, pour d'au-
« tres territoires réunis à la France. Dans beaucoup de
« ces lieux, l'importance des possessions épiscopales,
« leurs richesses intactes ou en partie conservées, ra-
« mènent tous les motifs de corruption justement im-
« putés autrefois à l'*Investiture laïque;* et en même
« temps l'éloignement de quelques-unes de ses con-
« trées et les entremises étrangères, qu'on ne peut évi-
« ter, multiplient les chances d'erreur autour du Pou-
« voir suprême.

« Tout ceci, d'ailleurs, malgré sa gravité, n'est que
« secondaire dans la question présente. Le point capi-

« tal, c'est le fait infirmé ou maintenu d'une haute Au-
« torité religieuse, sous le rapport politique et sous le
« rapport social, pour la force de l'Empire et pour
« la croyance des peuples.

« Dans l'état présent des esprits, si le Pape, qui a déjà
« perdu tant de pouvoir, ne garde pas la Confirma-
« tion, la Consécration définitive des Évêques, il n'y a
« plus de Pape, pour les pays du moins où cette nou-
« veauté aurait prévalu. Or, est-il bon qu'il n'y ait plus
« de Pape? Est-ce là une de ces destructions qui peu-
« vent entrer aujourd'hui dans les desseins d'un grand
« fondateur? Était-ce là ce que voulait le glorieux Con-
« sul de 1802, le grand Empereur de 1804? Était-ce là
« ce que préparait le Concordat? Le bienfait même de
« ce Concordat, le rétablissement de l'Église de France
« sur des bases à la fois antiques et modifiées, la réduc-
« tion régulière du nombre des Siéges, l'exclusion ca-
« nonique des personnes incompatibles avec l'ordre
« nouveau, tout cela eût-il été possible sans le pouvoir
« central et suprême de la Papauté, et s'il eut fallu
« composer avec l'esprit de secte et ses nombreux re-
« présentants, au lieu de s'adresser à la sage tutelle
« d'un seul Pontife et à la raison éclairée, à l'intérêt
« bien entendu de ses Conseillers peu nombreux?

« L'Autocratie Pontificale des Czars de Russie est, dans
« notre siècle, un anachronisme superstitieux, impossi-
« ble pour la France. La Primauté ecclésiastique exercée
« par la Couronne d'Angleterre suppose une Église dis-
« sidente, un schisme établi. C'est à la fois la sanction
« civile et le contre-poids du Puritanisme, contre-poids
« tôt ou tard impuissant. Le génie de l'Empereur a
« conçu, a cherché autre chose que cela dans le réta-

« blissement du Culte, après les sophismes sceptiques
« du dix-huitième siècle, et les cruautés impies de la
« Révolution. Il a refait une Église une et spirituelle-
« ment indépendante; il a traité avec elle, pour l'éle-
« ver aux yeux du monde; il a magnifiquement repré-
« senté l'alliance du Sacerdoce et de l'Empire; et on ne
« peut douter que, dans la gravité des événements ac-
« tuels, cette position prise ne soit encore favorable, si
« elle est habilement ménagée. Mais pour cela, Sire, au
« lieu de ces paroles : Le Concordat de 1802 n'existe
« plus, par le refus d'une des parties d'en exécuter une
« clause principale; il faudrait répéter hautement, et
« prouver par les faits que le Concordat de 1802 est
« toujours portion essentielle du Droit Public de l'Em-
« pire, comme le Couronnement de 1804 a été, aux
« yeux de la foule, une splendide Reconnaissance de
« cette union.

« Que si cette reconnaissance infirmée depuis, si les
« plaintes du Pontife, si son refus de concourir aux
« installations Episcopales, si l'emploi ou même l'abus
« de cette arme religieuse, la dernière et la seule qui lui
« soit laissée, ont gêné l'action de l'Empire, on n'hésite
« pas à dire que c'est un motif de s'arrêter devant
« l'obstacle, et non de le détruire. Il semble même que
« la magnanimité naturelle de l'Empereur avait eu
« cette pensée, il y a quatre ans. Déjà en effet, pen-
« dant la Captivité du pape à Savone, quatre prélats,
« envoyés près de Sa Sainteté isolée et malade, avaient,
« à force de discussions et de prières insinuantes, amené
« le Pontife à leur permettre d'écrire, non sous sa dictée,
« mais avec sa tolérance : «Sa Sainteté consent à ce que,
dans des Concordats, il soit inséré l'engagement pour

elle de faire délivrer *les Bulles d'Institution* aux évêques nommés par Sa Majesté, dans un délai que Sa Sainteté ne croit pouvoir être moindre que six mois, ni motivé pour autre raison que l'indignité personnelle ; et, ce délai passé, elle investit du droit de donner en son nom les bulles, le Métropolitain de l'Eglise vacante, et, à son défaut, l'évêque le plus ancien de la Province ecclésiastique. »

« Maître de cette concession importante et limitée que
« rapportaient les quatre évêques français, l'Empereur,
« qui paraissait l'avoir vivement souhaitée, ne s'en ser-
« vit pas d'abord ; il n'en fit pas le fondement d'une
« instance nouvelle ; il ne pressa pas la conclusion im-
« médiate : sa générosité avait jugé ce qu'il y avait de
« contrainte dans l'assentiment donné, et de réserve
« dans l'exception maintenue.

« Un mois après, 17 juin 1810, Sa Majesté réu-
« nit à Paris, sous forme de Concile, un assez grand
« nombre de Prélats de France ou du Royaume d'I-
« talie ; mais la difficulté s'aggrava par le débat ; et
« bientôt elle parut tout entière dans la Déclaration
« rédigée par une Commission au nom de l'Assemblée,
« et portant : qu'un Concile national était incompétent
pour changer en rien le mode de Confirmation et
d'Institution Canonique des évêques, tel qu'il existait
dans la discipline universelle, et avait été maintenu
par tous les Conciles OEcuméniques. »

« Nous avons vu cependant, deux mois après, la
« même Assemblée réunie sous la Présidence de Mgr le
« cardinal Fesch, admettre, qu'après les six mois écou-
« lés, sans l'Institution accordée par Sa Sainteté, le
« Métropolitain, et à son défaut le plus ancien Évê-

« que de la Province ecclésiastique, procéderait à l'institution de l'évêque nommé, ce qu'il fera, dans le cas même où il devra donner l'Institution au Métropolitain. »-

« Mais, Sire, dans l'intervalle de la première réunion
« du Concile à l'adoption de cet Acte, les évêques de
« Tournay, de Troyes et de Gand avaient été conduits
« à Vincennes, l'action la plus pressante, la plus indi-
« viduelle, avait été exercée sur leurs Collègues, d'abord
« séparés, puis réunis de nouveau; et enfin cet Acte
« ecclésiastique, obtenu avec tant d'effort, s'annulait
« lui-même par une dernière disposition, qui réservait
« expressément l'envoi des présents articles à Sa Sain-
« teté, pour obtenir son approbation : ce n'était donc
« qu'un avis, une proposition pour traiter, et nulle-
« ment une décision. Ce n'était, osons-le dire, qu'une
« dernière protestation, qu'une révendication extrême
« du Droit Pontifical renfermée sous l'acquiescement
« même des Évêques intimidés et contraints. Je sais
« que, touché de cette forme respectueuse, et fati-
« gué par les obsessions des évêques français et ita-
« liens qui lui apportaient le vœu du Concile, le Pape a
« laissé rédiger par le cardinal Roveredo et revêtir de
« son seing un bref approbateur de cette clause, qu'il
« avait tant combattue, et qu'il n'avait admise qu'avec
« la réserve de l'*objection d'indignité*; mais, nous l'a-
« vons vu tous aussi; quelque explicite que parût cette
« fois la concession du pontife, quelque triomphants
« que fussent les évêques zélés pour l'Empire qui enfin
« l'avaient obtenue, l'Empereur ne voulut pas en user.
« Sa Majesté n'a pas alors autorisé la publication du
« Décret; elle y trouvait sans doute quelques réserves

« trop fortes, et comme un contre-poids et un correctif
« du droit accordé. La question resta donc indécise
« pour le public, tandis que l'attention universelle
« se portait ailleurs, dans l'attente des plus grands
« événements de politique et de guerre. Peut-être aussi
« l'Empereur était-il encore en doute sur l'utilité pour
« lui-même de la concession qu'il avait tant pour-
« suivie, quand elle lui était déniée.

« Est-il plus utile, après cet ajournement et on peut
« le dire cette dissimulation volontaire de l'avantage
« obtenu, est-il plus opportun et plus juste de le re-
« prendre et de l'exercer publiquement aujourd'hui ?

« Non, Sire, ce n'est pas quand l'Autriche est si
« douteuse, qu'il faut lui rendre les vœux et l'alliance
« secrète du parti catholique en Italie. Ce n'est pas
« lorsqu'un esprit de zèle mystique et de religieuse
« ferveur circule en Europe, et s'associe sous diverses
« formes à l'hostilité contre votre puissance, qu'il
« faut donner aux scrupules religieux du Pape le mé-
« rite de la Persécution et du Martyre : ce ne sera plus,
« comme Votre Majesté l'entendait d'abord, la lutte
« intérieure de l'Église gallicane contre les préten-
« tions excessives de la Cour de Rome ; ce sera bientôt,
« dans le langage des Communions protestantes elles-
« mêmes, la lutte du Chef spirituel de la chrétienté, ou du
« moins du Pontife vénérable d'une des plus grandes
« Églises, contre le Chef de l'Empire français. Votre Ma-
« jesté, par les graves considérations qui récemment lui
« inspiraient de terminer cette querelle au plus tôt, doit,
« si elle ne peut la trancher toute en sa faveur, la con-
« cilier même à perte.

« Qu'il nous soit permis de rappeler ici ce que

« l'Empereur a dit tant de fois, ce qu'il a voulu dès
« l'origine. Il a voulu relever l'Église et la contenir,
« mais non la mettre en servitude; il s'est reporté aux
« mémorables souvenirs de l'Église gallicane, à la poli-
« tique religieuse de Louis XIV, dans la meilleure
« partie de son Règne, et avant sa funeste et aveugle
« révocation de l'Édit de Nantes. Eh bien, les mesures
« récentes, et la dernière transaction imposée au pape
« et déjà rétractée par lui, s'écartent du premier but
« de l'Empereur et des grandes autorités qu'il voulait
« donner même aux innovations les plus désirables à
« ses yeux.

« L'Église gallicane du dix-septième siècle a pu, sur
« quelques points, résister avec respect à Rome, dé-
« fendre devant elle quelques immunités, et en cela
« s'unir et servir au Gouvernement politique du Roi;
« elle n'a jamais songé à se séparer du siége de Rome,
« à se passer du Pape. Bossuet, moins qu'aucun autre.
« Au fond, ce grand homme, d'une imagination aussi
« forte que judicieuse, aimait au même degré les anti-
« quités religieuses, l'autorité apostolique de Rome,
« et les splendeurs, la toute-puissance de Louis XIV.
« Il n'était pas pour l'État contre l'Église; il était pour
« l'Église et pour l'État. Il y a eu de son temps bien
« des tracasseries de Rome avec la France, des va-
« cances de Siéges prolongées, des Bulles d'Institution
« refusées. Mais ce grand évêque n'a jamais songé que
« l'Institution définitive, transférée du Pape au Roi,
« serait un remède à cet embarras de l'Église. Il aurait
« eu effroi d'une telle nouveauté, lui l'admirateur,
« le panégyriste enthousiaste, le prêtre de la Monar-
« chie puissante et glorieuse.

« Il se serait cru alors le Cranmer d'un nouvel
« Henri VIII; il aurait supplié le Roi de ne pas porter
« la main sur l'encensoir, de ne pas envahir le temple,
« de ne pas spolier le Pontife de ses droits religieux,
« privilége plus important cent fois que ses possessions
« temporelles, et qui est la seule raison peut-être de
« sa Principauté territoriale. Car, religieusement, le
« Pape doit être libre; et en ce monde, pour être libre,
« il faut être maître quelque part.

« Bossuet, qui blâmait de si haut les conciliabules
« des Sectes, qui les redoutait tant pour l'autorité
« civile, aurait-il voulu décapiter l'Église catholique?
« Le voudrait-il aujourd'hui, lorsqu'une si grande
« partie des peuples soumis à cette Église se trouve
« englobée dans l'Empire? Que l'Empereur, qui par
« sympathie de génie aime tant Bossuet, que l'Empe-
« reur, qui veut et croit appliquer la doctrine de ce
« grand et sage évêque, me permette de lui rappeler
« les mémorables paroles que voici: « Qu'est-ce que
l'épiscopat, quand il se sépare de l'Église qui est
son tout, aussi bien que du Saint-Siége, qui est son
centre, pour s'attacher contre sa nature à la royauté,
comme à son chef? Ces deux Puissances, d'un ordre
si différent, ne s'unissent pas, mais s'embarrassent
mutuellement quand on les confond ensemble; et la
Majesté des rois d'Angleterre serait demeurée plus
inviolable, si, contente de ses droits, elle n'avait pas
voulu attirer à soi les droits et l'autorité de l'Église. »

« Ne semble-t-il pas, Sire, que ce conseil a été écrit
« pour notre temps? et, hormis cette grandeur dé-
« mesurée, ces proportions nouvelles que vous avez
« données à toutes choses, n'est-ce pas toujours le

« même problème, la dignité et par conséquent l'in-
« dépendance de l'autorité religieuse, à concilier avec
« la puissance du trône? Et Bossuet, comme vous le
« marquez par votre prédilection pour lui, est là un
« arbitre d'autant plus digne de crédit, qu'il est plus
« attaché à la Souveraineté civile, qu'il en conçoit, qu'il
« en aime au plus haut degré la force et la splendeur.
« Aussi, c'est à ce grand intérêt même qu'il a lié la
« stabilité religieuse : « On énerve la religion, quand
on la change, dit-il encore; et on lui ôte un certain
poids, qui seul est capable de tenir les peuples. »

« Or, peut-il y avoir un plus grand changement au-
« jourd'hui, dans le Catholicisme, que le renversement
« d'une discipline observée depuis tant de siècles, et le
« désinvestissement d'un droit aussi antique et aussi
« sacré que l'Institution Pontificale des évêques?

« Votre Majesté vient d'entendre sur ce point le langage
« expressif de Bossuet, jeté dans un discours politique
« et religieux, qui roulait tout entier sur les plus
« grandes catastrophes et les plus grandes questions
« du temps. Sa doctrine purement ecclésiastique est
« plus précise encore. Même dans l'ouvrage qui lui fut
« demandé par Louis XIV, dans la *Défense des quatre*
« *articles*, auxquels tient avec raison Votre Majesté,
« il n'est pas moins zélateur de l'inviolabilité du Pape
« que de l'indépendance des Couronnes.

« Et de même qu'il réprouve un abus de la Primauté
« religieuse, tendant à la dépression de la Souveraineté
« civile, aussi, ne pourrait-il pas concevoir la Suprême
« Autorité religieuse dépouillée de son domaine propre
« par la force laïque et entravée dans ses droits spiri-
« tuels, dans sa direction du sacerdoce ? »

« Sans doute, ce grand homme est animé d'un es-
« prit d'obéissance, comme d'un esprit de paix ; il craint
« tout germe de contention entre les deux Puissances.
« Mais toute séparation d'avec Rome, toute négation
« de sa Suprématie Spirituelle, lui paraîtrait le *schisme*
« même, et par conséquent l'entrée ouverte à tous les
« désordres d'esprit, à tous les fanatismes de secte
« qu'il a peints ailleurs comme si redoutables au Pou-
« voir civil et au bon ordre des Empires. Dans le dis-
« cours *sur l'Unité de l'Église*, prononcé devant un
« vrai Concile national, cette croyance intime de Bos-
« suet va jusqu'à l'expression la plus passionnée de son
« Serment d'allégeance au Chef de l'Église et de son
« dévouement à l'unité religieuse.

« Daigne, l'Empereur, embrasser dans sa pensée
« toutes ces considérations, tous ces exemples ! Une
« pierre d'achoppement peut en un moment être écar-
« tée de sa route, un démenti donné aux prédictions
« de ses ennemis, une satisfaction à beaucoup d'âmes
« honnêtes, à cette foule paisible que l'Empereur s'é-
« tait attachée par le *Concordat*.

« Les nouveaux Articles de *Fontainebleau* sont pu-
« bliés : il n'y a pas de retour possible sur ce fait.
« Mais ces articles que le Pape conteste aujourd'hui,
« dont la ratification n'a pas été régulièrement échan-
« gée, et qu'il n'exécutera pas, supposaient sa déli-
« vrance immédiate et lui rendaient la disposition des
« *Évêchés suburbicaires* de Rome.

« Si cette mesure d'équité s'accomplissait, si, en ré-
« ponse aux scrupules réitérés du Pontife et à sa de-
« mande d'un nouvel examen, la liberté lui était aus-
« sitôt rendue, et les promesses de l'Empereur immé-

« diatement réalisées, peut-on douter de l'heureuse im-
« pression qui suivrait un tel acte? Que de défiances
« et d'inquiétudes seraient dissipées, que de cœurs
« ralliés par ce mouvement généreux? Et combien
« l'Empereur, qui a éprouvé lui-même plus d'une fois
« son ascendant personnel sur la vertueuse opiniâtreté
« de Pie VII, ne trouverait-il pas, dans les nouveaux
« sentiments qu'il lui inspirerait par sa noble confiance,
« plus de facilité et d'appui que dans la persistance des
« mêmes rigueurs, impuissantes jusqu'à ce jour! »

Ces notes, plus développées encore, furent lues avec attention, et attirèrent au Général un surcroît de questions et d'objections subtiles, et, dans le nombre, quelques légères plaisanteries. Ce fut à cette occasion que l'Empereur, lui demandant, avec un sourire, dans quel boudoir du dix-huitième siècle, il avait appris tant de théologie, ajouta plus gravement, «qu'il se méprenait
« sur le temps actuel; qu'il exagérait la portée de cer-
« taines influences; que la France, à tout prendre, était
« de la religion de Voltaire. »

« Vous ne le croyiez pas en 1802, ni en 1804, répli-
« qua M. de Narbonne. Pourquoi cela serait-il devenu
« vrai depuis? La France aime l'esprit de Voltaire,
« qui est le maximum du sien; cela est incontestable;
« mais elle n'a plus les opinions de Voltaire : la Révo-
« lution l'en a corrigée. Une seule chose pourrait les
« lui rendre; ce serait un degré trop grand de pres-
« sion sur les esprits, qui paraîtrait frapper à la fois
« le Culte religieux et la pensée philosophique, se dé-
« fier de toute influence morale et ne laisser d'action
« qu'à la force. Et alors même l'esprit Voltairien, tout
« en renaissant, comme une forme de liberté, n'aurait

18

« plus la même amertume contre une Religion qui lui
« semblerait persécutée, comme la liberté même. »

« Mais comment rendre Rome? reprit brusquement
« l'Empereur. — En paraissant ne l'avoir jamais prise,
« mais seulement séquestrée, et en ne gardant de la
« possession que le titre honorifique de Roi de Rome
« pour le Prince, qui ne saurait avoir de plus grand
« titre dans le monde que celui de fils de l'Empereur.

« Que Votre Majesté veuille bien y songer, d'ailleurs!
« elle a pu être, à certaines époques, tentée d'un par-
« tage provisoire de l'Europe, entre un Empire du Midi
« et un Empire du Nord, entre la France et la Russie.
« Elle est sortie de cette voie, par son alliance intime
« avec l'Empereur d'Autriche, et sa levée d'armes pour
« mettre la Russie hors des affaires de l'Europe.

« Une seule Campagne, même malheureuse, ne peut
« changer la suite d'un si grand dessein; mais elle doit
« avoir certainement plus d'une influence sur les au-
« tres entreprises de Votre Majesté. Vos forces seront
« concentrées désormais vers un point principal; votre
« Champ de conquête sera spontanément rétréci; votre
« désir de rassurer l'Autriche, votre effort pour affer-
« mir son adhésion sera plus grand. A ce point de vue,
« Sire, les provinces Illyriennes rendues, Rome rétablie
« dans sa Neutralité politique et sa Souveraineté Spi-
« rituelle, sont des conditions indispensables, non
« pour les apparences seulement, mais pour la sin-
« cérité et la réalité de l'alliance, si elle est possible
« encore.

« — Bah! dit l'Empereur, en rejetant les yeux sur
« la note présentée : la Cour de Vienne pesait plus
« sur Rome que je ne fais; et vous n'ignorez pas

« l'antipathie profonde qui sépare les Italiens des Alle-
« mands. Il n'en est pas de même pour les Français;
« ils ne déplaisent pas à Rome, dont ils secouent un
« peu la vieille poussière, et pour laquelle j'ai entre-
« pris tant de travaux utiles avec la science de Prony
« et la bonne administration du préfet Tournon. Nulle
« ville, à mon retour, il y a deux mois, ne m'a témoi-
« gné, par ses Adresses, plus de dévouement que Rome[1].
« Et ce n'était pas un langage de protocole : par orgueil,
« les Italiens m'aiment; et ce sentiment-là est plus te-
« nace que la reconnaissance. — Oui, Sire ; mais un
« préfet français à Rome, cela seul en dit assez et ne per-
« met pas de douter des transports de joie qu'exciterait
« en Italie, et de la satisfaction que donnerait à l'Au-
« triche le rétablissement du Pape à Rome. *Vienne*
« ne se sentirait plus, non-seulement dépossédée de
« l'influence, mais prévenue dans la Conquête maté-
« rielle, qu'elle s'était interdite; et elle verrait alors,
« sans regret, le titre de Roi de Rome attaché à un
« Prince en partie du sang Impérial d'Autriche. »

« Nous y penserons, dit l'Empereur, » et pendant
quelques jours, il se fit remettre encore des extraits et
des notes touchant les droits de l'Église de Rome, les
contentions de Louis XIV avec elle et les rapproche-
ments pacifiques souvent intervenus. «Gagnerons-nous
« ce procès? disait M. de Narbonne. Je le souhaite avec
« passion, pour l'Empereur, et pour le sort de la pro-
« chaine Campagne. Il doute; et c'est beaucoup. J'es-
« père de sa puissante raison une résolution généreuse.
« Mais aura-t-il le temps ? »

[1] Adresse de la ville de Rome présentée par le Prince Pallusio Al-
tieri et le marquis Joseph Tortonia, le 27 décembre.

CHAPITRE XXIII.

ÉTAT DES ESPRITS EN FRANCE APRÈS 1812. — INQUISITION CROISSANTE A L'ÉGARD DES LETTRES ET DE LA SOCIÉTÉ POLIE. — EXEMPLE SINGULIER DE DÉLATION ET DE CENSURE. — BALZAC ET M. DE MERSAN EX-LÉGISLATEUR. — INTERVENTION UTILE DE M. DE NARBONNE. — ENTRETIEN DE L'EMPEREUR; SON UTOPIE POUR L'AVENIR.

Tandis que bien *incognito*, et trop inutilement, il se faisait près de l'Empereur cet effort pour la liberté religieuse et pour la paix de l'Église, d'autres détails caractéristiques, par leur minutie même, prouvaient tristement à quel degré d'oppression intellectuelle et d'inquiète défiance en était venu ce Règne naguère si éclatant et si orgueilleusement convaincu de sa force.

Sans doute pour le Gouvernement de l'Empereur, à toutes les époques, la vigilance inquisitoriale, la police arbitraire et multiple, la Censure établie sur toute espèce d'écrits était chose d'usage. Tout cela datait de son Avénement, s'était accru avec ses triomphes, et semblait l'accompagnement intérieur de ses Conquêtes au dehors et de sa domination, en un mot, le principe même de l'état social imposé désormais à la France. Mais enfin, il faut le dire, tout cela, sans être moins lourd, avait paru moins accablant, moins antipathique à l'esprit français, tant qu'une gloire immense, des batailles gagnées, des Coalitions détruites, des Provinces conquises, des Royaumes fondés, des alliances dictatoriales signées dans les Capitales ennemies avaient attesté sans interruption la puissance de nos armes et le génie de l'Empereur.

La servitude civile du pays disparaissait un peu dans sa gloire militaire. L'esprit national, flatté de l'agrandissement du nom français, sentait moins tout ce qu'il y avait parfois de petit et de honteux dans les ressorts et les effets du despotisme subalterne, où s'appuyait ce grand despotisme de victoires et de prépondérance Continentale. On aurait dit d'un de ces Palais magnifiques, des Temps demi-barbares, d'un de ces pompeux Monuments, dont l'œil contemplait de loin la splendeur et la hardiesse, sans apercevoir et sans soupçonner les égouts et les geôles cachés dans leurs fondements.

C'est ainsi, qu'à cette époque d'éclatante prospérité, la pression du pouvoir, sans être moins dure, avait été moins reconnaissable, et s'était dissimulée, pour ainsi dire, sous l'empressement de la flatterie publique. On se prosternait, non pas seulement par contrainte et par peur, mais par éblouissement sincère. Et l'Empire lui-même, dans la satisfaction de ses succès prolongés, l'anéantissement des résistances, le découragement ou le silence des vœux contraires, l'Empire, sans être moins absolu, ou plutôt à force de l'être sans obstacles, semblait devenir plus doux : et parfois, il avait l'air de porter respect à cette Nation, qu'à défaut de toutes garanties intérieures et de tous droits publics, il nommait du moins la grande Nation, et la rendait telle aux yeux de l'étranger.

En même temps, d'éminents honneurs, prodigués

aux travaux intellectuels, surtout dans les Sciences mathématiques et physiques, l'Institution nouvelle et grande en apparence des Prix décennaux, l'élévation même d'esprit que le Monarque se plaisait à montrer dans ses entretiens, son ambition contradictoire, mais souvent proclamée, de faire monter plus haut le génie du peuple qu'il tenait asservi, tout cela mêlait, par exception, quelques restes de grandeur morale à l'*Autocratie* de Napoléon. Et, à part même ce mouvement d'ascension, qui était la vie de l'Empire, à part ce que la loterie de la guerre, l'étendue croissante du territoire français, l'administration des Provinces conquises offrait aux ambitions individuelles, il y avait pour le Pays presque entier, à travers ses sacrifices de sang et de bien-être, un sentiment de promotion Nationale et d'orgueil en commun.

Mais semblable illusion, semblable dédommagement fut tout à coup singulièrement amoindri et remplacé par des sentiments bien contraires, quand un effroyable désastre, cherché si volontairement et si loin, eut anéanti la plus belle, la plus vaillante armée de l'Univers, et que le grand Capitaine, réputé si longtemps invincible, fut revenu, tel que le poëte Eschyle a mis en scène le Roi de Perse, fugitif et seul, *avec un carquois vide*.

Il se fit alors, non par une mobilité blâmable des esprits, mais par un retour d'équité vengeresse, une grande révolution dans les idées de la foule et dans le jugement et le langage des habiles. On osa censurer et prévoir. Au milieu des deuils privés, des afflictions de famille, si nombreuses et si déchirantes, il y eut comme un deuil public, sévère, accusateur, faisant circuler de sinistres et insaisissables sarcasmes.

Sans doute, la *Presse* restait muette et désarmée. Cette puissance morale qui, même non reconnue, avait été si grande en France, pendant plus d'un siècle, était plus que jamais légalement annulée. Tout était de longue main préparé pour cela : c'était de l'Apogée même de l'Empire, de l'année 1810, que datait le décret qui, en organisant plus en détail la Censure préalable de tous les *manuscrits*, avait ajouté, par un article final, que « [1] lorsque les censeurs auraient examiné un ou-« vrage et permis sa publication, les libraires seraient « en effet autorisés à le faire imprimer; mais que le « Ministre de la police aurait encore le droit de le sup-« primer tout entier, s'il le jugeait convenable. » Et pour que rien ne manquât à la promulgation de ce *suprême arbitraire*, une application éclatante en avait été faite presque aussitôt à *l'Allemagne* de madame de Staël, à cette œuvre de Critique littéraire et d'imagination, qui, tamisée et épurée par les Censeurs impériaux, après toute précaution prise et toute rature effectuée, au moment de paraître à dix mille exemplaires, avait été mise au pilon par une descente de gendarmes, dans les magasins du libraire.

Que si telle violence contre la pensée, telle suppression matérielle du droit innocent de raisonner sur des Philosophes et des Poëtes, avait paru opportune à l'Empire dans le plus haut point de sa grandeur, entre la Paix de *Vienne*, les fêtes du Mariage et la réunion à la France du duché d'Oldenbourg, on concevra sans peine quel surcroît de gêne dans les Auteurs, et de pusillanimité tyrannique dans les Cen-

---

[1] *Collection générale des Lois et Décrets*, t. XII, p. 170.

seurs, dut suivre les épouvantables malheurs de 1812.

Il est d'une exactitude littérale de dire que toute émission de la pensée écrite, toute mention historique, même la plus lointaine et la plus étrangère, devint une chose aventureuse et suspecte. Il n'y eut plus, dans l'ordre des idées, d'autre langage possible que le raisonnement prescrit par l'Autorité ; il n'y eut plus, dans l'ordre des faits, d'autre vérité soufferte que les innombrables déclarations d'*absence*, dont, après 1812, le *Moniteur* enregistrait habituellement, dans sa colonne d'annonces judiciaires, le relevé funèbre.

Cette aggravation de despotisme et de mutisme s'explique d'elle-même. A toutes les causes d'irritation du Pouvoir, durant et après une expédition si malheureuse, il s'était joint un incident singulier et mémorable, qui, en avertissant ce Pouvoir de sa secrète faiblesse, de son instabilité radicale au faîte même de la grandeur, avait dû redoubler sa défiance de toute force morale, de toute conviction hardie, et sa crainte, non-seulement des entreprises factieuses, mais de toute sympathie d'opinion qui pouvait les seconder ou les attendre.

L'histoire, au milieu des grands événements et des leçons formidables du règne de Napoléon, conservera à jamais, dans un coin de ses vastes récits, ce complot du général Mallet, conçu tout entier dans sa tête, fondé sur un hardi mensonge, et qui faillit presque réussir, à la faveur des armes mêmes du despotisme, l'obéissance passive et le silence.

On sait comment Napoléon, à son brusque retour, le 18 décembre 1812, ne parut mécontent et préoccupé d'aucune chose plus que de cet étrange et récent péril qui s'était déclaré au cœur même de son Empire; on sait comment, dans toutes ses Réponses aux Hommages et aux Serments renouvelés devant son trône, il fit surtout allusion à cette tentative d'un moment, si voisine du succès et sitôt anéantie. Il semblait qu'il voulût dominer les autres sollicitudes publiques et les siennes de la seule crainte des dangers d'anarchie, qui venaient de se produire dans sa Capitale même, et qu'il imputait à l'*Idéologie,* lui reprochant «de « sonder, pour les détruire, les fondements des États «et de proclamer le peuple à une Souveraineté dont « il est incapable. »

Après telle déclaration dans la bouche du Chef, après cette mise en suspicion publique du raisonnement et de la pensée, à titre d'*Idéologie,* il y eut donc, s'il était possible, un surcroît de rigueur inquisitoriale, s'attachant non plus aux nobles indépendances de cœur et de génie d'une madame de Staël, mais presque à toute pensée religieuse ou philosophique, dans le passé comme dans le présent, et proscrivant partout, jusqu'à la rencontre fortuite d'une noble maxime ou à la leçon involontaire qu'offrait un souvenir historique.

Malgré des expériences réitérées depuis, on aurait peine à concevoir entièrement cette dépression des esprits et cette anxiété tyrannique de la puissance absolue. Quelque exemple peut en donner l'idée. Au moment même où M. de Narbonne s'occupait, avec un soin si zélé des difficultés religieuses de l'Empire, un jour à la réception intime du matin, il ne trouva pas l'accueil ordinaire, et fut frappé d'un aspect d'irritation, qui semblait n'épargner personne. « Eh « bien! lui dit l'Empereur, l'audace des écrits sédi-

« tieux, la complicité du beau monde, s'accroît inces-
« samment, depuis nos malheurs. Ce n'est plus même
« le sarcasme, le misérable jeu de mots qu'emploient
« vos salons; il ne s'agit plus d'équivoquer sur ce
« qu'on appelle le *commencement de la fin.* C'est l'in-
« sulte grossière, l'anathème fanatique; on forge des
« libelles; on interpole de vieux livres, pour outra-
« ger le Vengeur, le Défenseur, le Chef de la France;
« j'en rougis pour la nation. En vérité, la Censure est
« bien inepte; Pommereuil lui-même, tout philosophe
« qu'il est, n'y voit pas plus clair que son prédécesseur.»

En même temps, il jeta sur une table, devant M. de
Narbonne, quelques notes en forme de lettres, telles
qu'il en recevait souvent de ses *Correspondants secrets.*
Habituellement, et sans doute par un scrupule des Correspondants, ce mode d'information, affectionné par
l'Empereur, était plus général que personnel. Il y était
parlé des symptômes de l'opinion publique, de certaines tendances des salons et des écrits, plutôt qu'il
n'y était fait de dénonciations nominatives. Et cela
convenait assez bien à la nature vraiment impalpable
des indices d'*opposition* et de *mauvaise doctrine,* souvent signalés dans ces mystérieux Rapports. La vive
impatience de l'Empereur ne s'en effarouchait pas
moins, par moment, de ce qu'elle entrevoyait dans ces
tristes *memento* de la délation et de la servitude. Et
plus d'un ordre rigoureux et d'une séquestration arbitraire n'avait pas eu d'autre origine.

« Voyez, dit-il à M. de Narbonne : cela est odieux,
« cela est intolérable; il n'y pas seulement là quelques
« douairières à renvoyer à quarante lieues de Paris. Il
« y a un certain de Mersan, se disant ex-Législateur, à

« mettre où j'ai mis l'abbé de Boulogne ; tout cela est
« de la même école, et bassement enhardi par les mêmes
« causes. »

M. de Narbonne, que cette affinité supposée par l'Empereur entre les écrits dénoncés et la question religieuse, intéressait doublement, parcourut avec empressement les papiers, et supplia l'Empereur de surseoir à toute rigueur, en osant assurer, dit-il, qu'il y avait là quelque méprise. — « Rien de plus clair, fut-il ré-
« pondu ; je suis un fléau de Dieu, un homme fatal, et
« même un faquin : revoyez ces insolences à loisir ; et
« nous en parlerons demain. »

M. de Narbonne, profitant du répit, emporta les papiers. Et le soir même, il les parcourait avec un ami, quand j'eus l'honneur de le voir. Une de ces notes avait d'autant plus aigri l'Empereur, que le ton en était plus circonspect et plus mesuré. « Comment, disait le fidèle
« Correspondant, ne pas s'indigner et s'inquiéter de
« voir, au milieu des efforts du dévouement national,
« certaines tendances de la Presse, certains scandales
« échappés à la vigilance de l'autorité, et exploités par
« des passions perfides, l'insulte même prodiguée au
« Chef de l'État ? Tantôt cette insulte a la forme d'un rap-
« prochement historique ; tantôt elle résulte de l'extrait
« artificieux et de la citation maligne d'un ancien texte.
« C'est ainsi que, dans un monde choisi, il a été lu
« avec applaudissement une sorte de prophétie des
« malheurs de 1812. »

Une autre note, citant quelques phrases du même passage, faisait remarquer le titre d'*ex-législateur* que prenait avec intention, disait-elle, le rédacteur ou éditeur de cette perfide attaque.

Une troisième note, enfin, appuyait sur le scandale d'approbation qu'avait excité cette lecture dans quelques salons, sur le rapide épuisement de l'édition et le danger d'un écrit à la fois calomnieux et mystique, où, en parlant des grandeurs de la terre, il était dit : « Il « devait périr, cet homme fatal, dès le premier jour de « sa conduite, par une telle ou une telle entreprise. « Mais Dieu se voulait servir de lui, pour punir le genre « humain et tourmenter le monde, etc. La raison con- « cluait qu'il tombât d'abord par les maximes qu'il a « tenues ; mais il est demeuré longtemps debout par « une raison plus haute qui l'a soutenu ; il a été af- « fermi dans son pouvoir par une force étrangère et « qui n'était pas de lui, une force qui appuie la fai- « blesse, qui anime la lâcheté, qui arrête les chutes de « ceux qui se précipitent, etc., etc. Cet homme a duré « pour travailler au dessein de la Providence. Il pen- « sait exercer ses passions ; et il exécutait les arrêts du « ciel. Avant que de se perdre, il a eu le loisir de perdre « les peuples et les États, de mettre le feu aux quatre « coins de la terre, de gâter le présent et l'avenir par « les maux qu'il a faits et par les exemples qu'il a lais- « sés. » Le correspondant, qui citait ce passage, ajoutait par allusion au jeune fanatique de Schœnbrunn : « N'est-ce pas ainsi qu'on met le poignard aux mains « d'un jeune exalté ? »

« Mais, s'écria tout à coup un des auditeurs, si cela « est séditieux, il y a bien longtemps ; et c'est le car- « dinal de Richelieu qui aurait dû s'en courroucer ; car « j'ai lu ces belles phrases dans Balzac. Il y en avait « même une de plus, que le Cardinal aurait pu prendre « pour toute personnelle, sur l'état maladif et mori-

« bond de cet homme fatal, ce qui s'appliquait tout
« juste, ce semble, à Richelieu.

« Balzac, dit M. de Narbonne, par ma foi, je ne l'ai
« guère lu; mais je l'ai ici en deux volumes in-folio,

Comme ce gros Plutarque à mettre mes rabats,

« dont parle le bon bourgeois *des Femmes savantes*.
« Voyons cela bien vite. »

L'édition des *OEuvres de Monsieur de Balzac,* avec la fière inscription : *Aut Cæsar, aut nihil*, fut en un moment retirée du coin le plus poudreux de la bibliothèque ; et on put s'assurer que les citations incriminées ne changeaient et n'ajoutaient rien à l'original. Au même instant était apporté du dehors, à M. de Narbonne, comme le corps même du délit, un dernier exemplaire du recueil abrégé *de M. de Mersan*, acheté à grand'peine chez Delaunay. La collation des textes fut prompte. Nous lûmes deux fois l'éloquent passage resté si longtemps inconnu.

Et, ce qui ne parut pas la moindre singularité du fait, c'est que la réimpression séditieuse datait déjà de 1807, et avait passé obscure pendant cinq années. Les calamités de 1812, et l'irritation des âmes venaient seules de ressusciter ce recueil, et de lui donner une signification toute nouvelle aggravée du poids de la servitude publique. « Ah! j'ai toujours pensé, dit M. de
« Narbonne, que ce sont les lecteurs qui font les écrits,
« et que la Censure ne prévient pas les plaies, mais les
« cache mal et les envenime. Quoi qu'il en soit, finis-
« sons-en de cette misère; et ne laissons pas croire à
« l'Empereur qu'on l'a traité de faquin, parce qu'il a
« plu à la verve d'un vieil écrivain français de dire fort

« énergiquement : « Cette fièvre chaude de rébellion, cette léthargie de servitude viennent de plus haut qu'on ne l'imagine. Dieu est le poëte, et les hommes ne sont que les acteurs; ces grandes pièces qui se jouent sur la terre ont été composées dans le ciel; et c'est souvent un faquin qui en doit être l'Atrée ou l'Agamemnon. » Richelieu ne s'y est pas reconnu, avec
« raison, je pense : et je conseille à l'Empereur de faire
« de même. Mais il faut se hâter. » Et faisant mettre *les pièces du procès* dans sa voiture, il retourna vite à son poste.

Qu'il ait réussi sans peine à convaincre l'Empereur, on le croira volontiers. L'ordre déjà signé et les notes des correspondants furent jetés au feu ! Et Napoléon relisant tout haut lui-même le passage entier, et insistant sur ces mots : « Quand la Providence a quelque dessein, il ne lui importe guère de quels instruments elle se serve : entre ses mains tout est foudre, tout est tempête; tout est Alexandre, tout est César. Elle peut faire par un enfant, par un nain, par un eunuque, ce qu'elle a fait par les géants, par les héros, par les hommes extraordinaires. » « Les imbéciles ! dit-il; *un nain, un eunuque,*
« cela peut-il s'appliquer à moi? Décidément la censure
« bénévole ou officielle n'est bonne à rien. »

Elle subsista toutefois plus minutieuse que jamais; et on n'osa pour lors réimprimer le choix désormais célèbre des *Pensées de Balzac*. Mais l'éditeur, M. de Mersan, *ex-législateur*, ne fut mis ni à Vincennes ni à Bicêtre.

Quoi qu'il en fût de ces habitudes prises par le Pouvoir absolu, et de ce mauvais régime de méticulosités tyranniques, dont il ne peut se défaire, pour en avoir trop usé, il semble que cette fois l'exemple ne resta pas tout à fait perdu pour Napoléon, et le fit réfléchir à certains excès de zèle. On sait que doué d'une lucidité de sévère bon sens égale à la puissance de son génie passionné, il excellait par moments à juger sa fortune et ses actes, d'un coup d'œil aussi sûr que s'il se fût agi d'un autre, et avec un désintéressement de lui-même qui semblait sa dernière supériorité, celle de sa raison sur sa gloire.

C'est par là, et non par une vaine hypocrisie, que s'explique un entretien lié de près à cette anecdote. A peu de temps de là, M. de Narbonne dans sa semaine de service, couché aux Tuileries, tout joignant la chambre de l'Empereur, dont la veille s'était prolongée fort tard, se sentit réveiller, avant le jour. C'était le Prince qui, s'asseyant près de son lit, lui dit familièrement : « Ne « bougez, mon cher Général, et causons un peu. Vous « êtes donc toujours constitutionnel, à ce que je vois, « croyant au gouvernement représentatif, à l'opinion, à « la liberté d'examen. Je ne vous ai pas encore guéri ; je « le conçois ; c'est un pli de 1789. C'est votre jeunesse, « vos lectures, votre vie tout entière ; et puis, il faut être « juste : il y a dans tout cela un coin de vérité ; c'est « entre nous moins une querelle d'opinions qu'une va- « riante de date ; ce que j'ai fait, j'ai dû le faire ; et il « n'y avait que moi, moi tout entier, pour succéder à la « Révolution, et tenir la place. Mais après moi, je com- « prends autre chose, un gouvernement de tempéra- « ments et d'équilibre, comme vous dites vous autres.

« Et cela, remarquez-le bien, vous en avez déjà le « principe, un Sénat, un Corps législatif. Que faut-il de « plus, pour arriver au reste ? rendre le Sénat héréditaire, « comme cela se peut, comme cela viendra de soi-même,

« quand le temps l'aura épuré ; puis, donner la parole au
« Corps législatif : c'est l'affaire d'un nouveau règne, c'est
« le lot de mon fils. Il sera probablement un homme ordi-
« naire, de facultés modérées ; car vous savez cette loi
« de la nature, le génie ne se transmet pas : depuis
« que le monde est monde, il n'y a pas eu que je sache
« deux grands Poëtes, deux grands Mathématiciens,
« deux grands Conquérants, deux Monarques de génie,
« dont l'un soit le fils de l'autre.

« Mon fils sera donc dans la moyenne de l'humanité ;
« eh bien, voilà votre Roi Constitutionnel tout trouvé, le
« cadre étant prêt d'ailleurs, et la fondation affermie
« par le temps. Il sera médiocre, rien de mieux ; cela
« n'empêche pas qu'il ne puisse être actif et sage, s'il
« a été bien élevé. C'est à vous que je pense pour cela.
« Tout est incertain dans ce monde, pour le plus puis-
« sant et le haut placé. Je ne m'attends pas à une lon-
« gue vie. Je serai satisfait, si, comme j'y songe depuis
« assez longtemps, mon fils est élevé par vous dans les
« sages maximes et les sentiments français que vous
« avez. »

Il n'est besoin de dire à quel point le Général fut
touché, saisi de ce langage, dont il rappelait quelques
autres traits, non moins frappants encore ; il avait oublié ses réponses.

Mais lorsque le jour vint, et que l'Empereur se fut
retiré, il ne put s'empêcher de confier les détails de
cet entretien, qui le laissait encore tout ému, à un
parent que des fonctions de Cour retenaient près de
lui, et qui méritait toute sa cordiale affection. Il en
était attendri, bien plus qu'ambitieusement flatté ; car
à ses yeux déjà, l'avenir politique était bien sombre ; et

jusqu'à cette espèce de pronostic douloureux, et de résignation plus douce dans l'âme altière de l'Empereur, tout lui semblait annoncer l'ébranlement de cette prodigieuse fortune, et comme l'an climatérique de ce génie extraordinaire.

CHAPITRE XXIV.

NOUVEL INCIDENT DU COTÉ DE L'AUTRICHE. — M. DE NARBONNE REMPLACE M. OTTO DANS L'AMBASSADE DE VIENNE. — RÉSULTAT DE SES PREMIÈRES OBSERVATIONS. — COMMENCEMENT DE LA CAMPAGNE DE 1813.

Dans les derniers jours de mars, après quelques correspondances reçues de Vienne, l'Empereur dit tout à coup à M. de Narbonne : « J'ai besoin de vous, mon
« cher Général; j'ai une vérité à savoir. Laissons pour
« le moment *Rome* et l'Institution des évêques. Ce nu-
« méro est remis dans l'urne, et n'en sortira qu'après
« une grande bataille gagnée sur l'Elbe ou sur la Vis-
« tule. Vous étiez présent, à Berlin, mon cher Narbonne,
« le jour où Saint-Marsan apprenait la nouvelle de l'in-
« fâme trahison du général York; vous avez entendu
« l'indignation du roi de Prusse, ses promesses d'une
« réparation éclatante et d'un Contingent nouveau à
« fournir à mes armées; vous avez été le témoin de tout
« cela; et j'ajouterai, pour vous rendre justice, vous
« n'y avez pas cru. Aujourd'hui, vous le voyez, tout
« éclate contre nous; la Prusse a jeté le masque; elle
« est devenue Russe.

« L'or anglais achète ceux que la haine ou la peur
« n'auraient pas suffi à déterminer. Bernadotte se livre
« à la Russie; la coalition se déclare de Stockholm à

« Breslau. Reste Vienne qui, depuis mon retour, a passé
« par trois degrés plus ou moins prononcés dans son
« langage, l'adhésion à l'alliance que Bubna venait
« m'affirmer ici, dès le 1ᵉʳ janvier, les instances pour
« la Paix, les propositions dans ce sens, toujours
« accompagnées de zèle ostensible et de sympathie,
« enfin un certain air de Puissance médiatrice, que je
« vois percer aujourd'hui, une prétention commen-
« çante de Neutralité. Voyez cela de près ; il faut arra-
« cher tous les voiles ; je veux connaître à qui j'ai
« affaire, et avoir le signalement exact de mes ennemis.
« Vous allez remplacer Otto, partir sur-le-champ et
« pénétrer Vienne. »

L'Empereur ajouta seulement, soit illusion personnelle, soit dissimulation même avec son Ambassadeur, qu'il ne pouvait supposer l'hostilité prochaine
de son beau-père, qu'il la croyait moralement impossible : que non-seulement un lien de famille si fort,
mais le plus évident intérêt politique était, à ses yeux,
le garant de cette alliance. Et alors, il redit plusieurs
fois ce qui lui semblait décisif, en telle occurrence :
« Faites vibrer la corde de famille : l'Empereur, mon
« beau-père, est sage, modéré, sensé. Il a senti tout le
« poids d'une invasion des armes françaises ; il veut
« m'adhérer fidèlement aujourd'hui, je n'en doute pas.
« Mais les intrigues de Cour, les vanités de salon, les
« belliqueuses fantaisies de grandes dames conspirent
« tout bas.

« Je sais l'accueil scandaleux qui a été fait à un agent
« russe ; tout cela doit cesser devant des yeux clair-
« voyants ; et il ne vous sera pas difficile de démontrer
« à l'empereur François la nécessité de rester dans une

« alliance naturelle et plus sûre pour lui, depuis qu'elle
« est moins prépondérante. »

Là Napoléon, avec cette vigueur subtile, ce puissant sophisme, dont il s'éblouissait parfois lui-même, affecta d'établir que le seul danger de l'Autriche était la Russie; que la Campagne de 1812 maintenait, aggravait même ce danger; mais qu'elle faisait tomber pour l'Autriche toute défiance du côté de la France, réduite désormais à couvrir l'Europe centrale contre le Nord, en s'appuyant sur l'Autriche, dans la paix et dans la guerre; il dicta même sur ce point quelques idées rapides à M. de Narbonne, le chargeant de les étudier, de les approfondir et d'en faire son argument principal près de l'empereur François et de M. de Metternich.

Le général obéit, mais avec tristesse et sans que nulle illusion d'esprit pût démentir pour lui les observations qu'il avait déjà faites, et lui donner confiance sur le succès de sa mission nouvelle. J'ai vu cette construction logique artistement édifiée, à l'appui de l'intime et nécessaire solidarité des deux Couronnes, telle que l'Empereur croyait la créer, en la démontrant. Mais, quant à ce mot attribué à M. de Narbonne, « Il me « faut aller à Vienne, comme l'empirique qu'on appelle « où le médecin n'a pas réussi, » je ne l'ai jamais entendu prononcer; et j'ai toujours quelque doute que cet esprit si délicat et si digne ait trouvé bon de faire, en matière si grave, une plaisanterie sur lui-même, pour la plus grande gloire de son Prédécesseur.

Quoi qu'il en soit de ses instructions et de sa triste prévoyance, M. de Narbonne partit, à la fin de mars, pour cette difficile mission; ce fut la dernière fois qu'il vit une famille tendrement aimée, le dernier adieu qu'il fit à quelques personnes que lui dévouaient l'admiration et la reconnaissance. La guerre allait le suivre. Dans la nuit du 15 avril, l'Empereur quittait les Tuileries pour aller au cœur de l'Allemagne se mettre à la tête de ses armées, et repousser les Russes et les Prussiens qui, de la Vistule à l'Elbe et à la Saale, s'avancent sur plusieurs lignes, formant une tête d'attaque de deux cent cinquante mille hommes.

Que va faire l'Autriche, qui jusqu'à présent n'a paru vouloir qu'envoyer des courriers et faire circuler des projets de négociations et des aperçus de paix générale demeurés sans réponse?

M. de Narbonne l'eût affirmé d'avance; mais, arrivé à Vienne, et comme il le disait, à son départ, bien sûr de deviner la pensée intime du Cabinet par l'aspect de la rue et les entretiens des salons, il pressa M. de Metternich de s'expliquer et d'appuyer par les faits le langage encore amical, que deux mois auparavant M. de Schwartzemberg était venu renouveler à Paris.

Pour cela, il posa la question précise du concours que donnerait à l'armée française le Corps auxiliaire Autrichien, maintenant placé sous les ordres du général Frimont. Obéirait-il à un ordre du Major-général français?

M. de Metternich convint que le général n'obéirait pas. Et il finit par déclarer que l'alliance avait changé de nature, que l'Autriche élevait sa simple intervention au rôle d'une Médiation armée. Que désormais elle allait paraître comme partie principale, et qu'elle se préparerait à soutenir son nouveau caractère, en organisant des forces respectables.

Ainsi, après des lenteurs et des ambiguités faciles à

pénétrer, le Ministre autrichien laissait échapper le mot vrai : c'était que l'alliance forcée de l'Autriche avec la France avait essentiellement changé, depuis la malheureuse Campagne de Moscou, que l'adhésion auxiliaire s'était transformée d'abord en médiation bénévole et stérile, puis aujourd'hui en médiation soupçonneuse et armée pour son compte, c'est-à-dire en préparatifs de guerre, sans Neutralité probable.

Cette politique peu loyale que tout révélait à M. de Narbonne, il se hâta de la mettre à découvert, et d'en constater l'évidence dans ses lettres à l'Empereur. Il était sûr, au moment même de son départ, qu'il y aurait grand effort à faire pour vaincre sur ce point l'incrédulité du Monarque, le persuader à temps de son péril, et, s'il était possible, lui démontrer ainsi l'urgente nécessité de faire la paix, même en cédant beaucoup, et même après de premiers succès. Il s'était décidé d'avance à ce devoir ; et il le remplit immédiatement.

L'Empereur approuva d'abord la prompte sagacité et la franchise résolue de son Représentant ; puis longtemps après, dans sa captivité de Sainte-Hélène, tout en reconnaissant le même fait, il s'en est plaint ; et il a dit ces paroles, qu'on peut croire exactement recueillies :
« Jusqu'à l'ambassade de M. de Narbonne à Vienne,
« nous avions été dupes de l'Autriche ; en moins de
« quinze jours, M. de Narbonne eut tout pénétré ; et
« M. de Metternich se trouva fort gêné de cette nomi-
« nation. Toutefois, ce que peut la fatalité ! les succès
« même de M. de Narbonne m'ont perdu peut-être ; ses
« talents m'ont été du moins bien plus nuisibles qu'u-
« tiles. L'Autriche se croyant devinée jeta le masque et
« précipita ses mesures. Avec moins de pénétration de

« notre part, elle eût mis plus de réserve, plus de len-
« teur. Elle eût prolongé encore ses indécisions natu-
« relles, et durant ce temps, d'autres chances pouvaient
« s'élever [1]. »

Rien ne se conçoit mieux que cette humeur de Conquérant vaincu, qui s'en prend à tout de ses défaites et accuse même l'intelligente fidélité, dont il s'était loué d'abord. Mais dans le fait, cette pénétration, ou plutôt cette franchise (car la difficulté n'était pas de deviner, c'était d'oser dire), cette franchise qui rompit les toiles transparentes de l'Autriche, n'eut pas pour effet de hâter une hostilité inévitable, ni d'aliéner l'Autriche plus qu'elle n'aurait voulu. Sa disposition (et M. de Narbonne avait deviné juste en cela) était préconçue. Les avant-coureurs, qui en préparaient la publique explosion, dataient de la Campagne de Russie. Le premier symptôme remontait à l'inaction calculée du Corps auxiliaire autrichien, dans la marche d'invasion, et durant les calamités de la Retraite. Des signes plus visibles en avaient apparu à Vienne et dans toute l'Allemagne, après le passage du traîneau de Napoléon fuyant vers la France.

Un lien secret de Coalition, embrassant l'Autriche elle-même, commençait à se nouer dès le temps où M. de Narbonne, au retour de la Bérésina, s'attardait volontairement à la Cour de Prusse; et la confiance que donnait ce lien était pour beaucoup dans la Déclaration de guerre anticipée qu'osa faire la Prusse, quoique bien plus en butte à la pression française que l'Autriche.

---

[1] *Mémorial de Sainte-Hélène*, par M. le comte de Las Cases, t. III, page 95.

Sans doute, comme le dit Napoléon, à Sainte-Hélène, la temporisation naturelle au cabinet de Vienne, le désir de frapper à coup sûr, et aussi une sorte de bienséance d'honneur et de parenté royale, firent hésiter l'Autriche, et ne devaient l'amener que la dernière dans *les Lignes de Circonvallation* qui se resserraient autour de l'Empereur. Mais qu'une pénétration plus vive, qu'une instance plus ferme dans le Négociateur français aient fait éclore plus vite l'hostilité couverte, et précipité l'attaque, on peut le nier hautement. Le même jeu se suivit; les armements commencés continuèrent de même; l'Autriche attendit Lutzen, et après ce retour de la fortune française, l'Autriche temporisa de nouveau, en armant toujours; elle parut même incliner plus fortement à la paix générale, tout en ne prolongeant que de stériles négociations : et en dernière analyse, ce ne fut ni l'imprudence, ni la fierté, ni l'importune sagacité d'aucun Ambassadeur, mais les fautes seules de Napoléon et son adversité croissante qui dissipèrent les derniers scrupules de son beau-père, firent succéder à la médiation armée la participation active à la guerre, mirent à la tête des envahisseurs de la France, le Général du Corps auxiliaire que nous avait d'abord adjoint et subordonné l'Autriche, et conduisirent sous les murs de Paris le Souverain de Vienne, comme celui de Moscou, pour y détrôner le Gendre et le Petit-fils du premier.

Maintenant, pour la préparation et dans l'attente de cette fin prévue, il y eut sans doute bien des subterfuges et bien des faux langages, tels qu'en imposent trop souvent la peur et la nécessité. Mais y eut-il ces trahisons extraordinaires, inouïes, dont s'est plaint l'Empereur, et auxquelles il imputa tous ses revers? La défection du général York était-elle en effet un événement monstrueux, invraisemblable dans les conditions que la France avait faites à la Prusse, sous le poids des charges de guerre dont elle l'avait accablée à titre d'alliance, et sous l'oppression humiliante de la Garnison qu'elle avait mise à Berlin?

Le patriotisme français même pouvait être indigné, mais non surpris d'une défection d'auxiliaires enchaînés, et de la brusque rupture d'un traité imposé par la force et si accablant pour le plus faible. L'explication, non sans doute l'apologie morale des défections de 1813, des alliances infidèles, des hostilités soudaines et implacables, était dans les abus précédents de la victoire, dans la rigueur des conditions infligées à la paix, dans la durée onéreuse des sacrifices arrachés.

Ces abandons même sur le champ de bataille, ces défections de Corps auxiliaires, qui étonnèrent et perdirent le vainqueur de l'Europe, avaient été dès longtemps remarqués dans l'histoire et prévus par l'esprit politique.

C'était d'une armée semblable à la nôtre, traînant sous un étendard imposé d'anciens ennemis vaincus, que Tacite[1] avait dit : « Assemblage forcé des nations les
« plus diverses, de même que la prospérité les retient,
« l'adversité les dissoudra, à moins que vous ne sup-
« posiez que Gaulois, Germains, Bretons, mettant au-
« jourd'hui leur sang au service d'une domination
« étrangère, et toutefois plus longtemps ses ennemis
« que ses esclaves, sont tenus par l'honneur et l'af-

---

[1] Tac. in Agricolà, § 32.

« fection : c'est seulement la crainte et la terreur, liens
« fragiles d'union ; une fois écartés, où finira la peur,
« commencera la haine. »

Cette ancienne et vraisemblable prédiction que l'habileté seule d'un Général romain avait une fois rendue vaine est l'histoire de la trahison des généraux prussiens York et Massemback, et plus tard de la défection des Bavarois à Leipsick : tout vainqueur injuste et oppressif a besoin d'être toujours heureux.

CHAPITRE XXV.

MOTIFS DE LA CONVICTION DE M. DE NARBONNE ET DE SON INSISTANCE POUR LA PAIX.

Avant cette même mission à Vienne, le coup d'œil si juste de M. de Narbonne, sa connaissance familière et littéraire de l'esprit allemand lui avaient facilement montré, dans quelques semaines de premier séjour à Berlin, au milieu du désastreux arrivage des débris de la retraite, tout ce qui couvait de colère et d'espérances ennemies dans les cœurs allemands. Il avait vu le professeur *Jahn*, le philosophe *Fichte*, *Arndt*, et quelques autres adeptes de cette *Union dite de la Vertu*, qui s'était formée après les anciennes défaites de la Prusse, l'avait ranimée d'une imprudente ardeur, avait un moment plié sous Iéna et l'abaissement du pays vaincu, rançonné, démembré, puis avait compté les jours de la fatale invasion de Russie, et maintenant, au milieu même de sa part de deuil dans ce désastre, sentait au fond de l'âme une joie d'espoir et de vengeance.

Combien la Prusse démentait en ce moment ces prophéties posthumes à l'usage du vainqueur, par lesquelles M. de Bonald avait expliqué, après Iéna, la chute facile et nécessaire d'une Monarchie fondée par un Prince sceptique, instruite par son exemple aux erreurs modernes et manquant de la force morale et du ciment religieux !

Tandis que l'éloquence officielle de l'Empire adoptait ce commentaire, comme s'il y avait eu parmi nous-mêmes alors beaucoup d'élévation spéculative et d'enthousiasme religieux, la Prusse retrouvait en effet, sous l'épreuve du malheur et dans les souvenirs communs de la vieille Allemagne, ce que ne lui avait pas enseigné le Despotisme guerrier de Frédéric; et elle se levait tout entière, à la pensée de sortir d'esclavage, de n'avoir plus dans sa Capitale de garnison étrangère, et de redevenir une nation.

Que le moment de cet effort n'ait pas été généreusement choisi, que les indécisions ou les mensonges des Gouvernants aient mêlé, pour eux, plus d'une honte à leur rupture avec la France, le mouvement national qui la provoqua et la soutint n'en était pas moins en lui-même un exemple mémorable, avertissant les vainqueurs du péril d'abuser de la Conquête, et les peuples vaincus de la puissance que l'enthousiasme ajoute à la tactique. Le génie et l'ambition de Frédéric avaient fait une excellente armée, une administration vigilante, un territoire agrandi; les malheurs de la Prusse, les vertus guerrières et civiles, le patriotisme qui fermentèrent dans son sein, durant ses malheurs, firent un peuple digne de reconquérir son Indépendance et d'atteindre un jour à la liberté politique, en sachant peut-être mieux que d'autres et la régler et la maintenir.

Ce fut cette passion, en effet, bien plus que le Traité de Kalich qui reconstitua la Prusse, qui rendit à cette nation appauvrie et si récemment épuisée de contributions de tout genre, une Armée nombreuse et un puissant appareil de guerre. Il n'y avait sans doute autour de la personne du Roi, honnête homme et judicieux, mais si longtemps malheureux et souvent faible, rien de cette admiration ardente, de ce dévouement animé d'orgueil et d'intérêt qui avait attaché tant de bras et de cœurs intrépides à la fortune de Napoléon. Mais il se déployait dans la Nation Prussienne une ardeur plus générale et plus populaire, allant du Prince de sang royal à l'étudiant, et de l'étudiant à l'homme du peuple, réunissant toutes les âmes dans une même cause, et les enflammant d'un même enthousiasme.

On sait comment, en trois mois, tous ces matériaux de haine s'entassèrent, tout ce foyer s'alluma. La Religion, la Science excitèrent l'esprit guerrier, en l'appelant patriotique et libérateur; les Prêches des temples, les chaires des écoles devinrent des tribunes. Les plus riches enfants de famille s'enrôlèrent. Tel jeune et célèbre maître, après avoir passionné son auditoire, fermait le Cours jusqu'à la fin de la prochaine Campagne, sauf à retrouver dans l'intervalle sous le Drapeau, et à commander sous le feu du Champ de bataille, ceux qu'il avait congédiés à l'école.

Les bras s'offraient de toutes parts; en dehors des Conscrits rappelés, neuf mille jeunes gens s'enrôlaient spontanément dans la seule ville de Berlin; toutes les conditions s'associaient au sacrifice commun. Les femmes Prussiennes, comme par une tradition de courage de leur belle et malheureuse Reine, animaient l'ardeur publique; riches ou pauvres, toutes envoyaient au trésor de l'État ce qu'elles avaient de parure d'or et d'argent, et jusqu'à leur anneau de mariage.

Ces offrandes étaient reçues avec un soin qui doublait l'enthousiasme. On rendait, en retour, des objets de même forme en fer, avec cette devise : « *J'ai donné mon or pour du fer*, 1813 [1]. » Et ces démonstrations, peu efficaces lorsqu'elles sont feintes et suscitées par le Pouvoir, étant alors vraies et générales, l'entraînaient, le dominaient et lui donnaient autant de force que la nation avait d'ardeur.

De là, le grand mouvement de la Prusse en 1813, mouvement que l'histoire doit honorer. Car un peuple qui, après avoir souffert et plié, se dévoue pour son indépendance et ses lois, donne un exemple utile à tous, même au vainqueur, dont il rejette le joug.

Rien ne manquait à cette ardeur patriotique. Le poëte Körner, avec ses hymnes guerriers, chantés dans les rangs Prussiens, fut un Tyrtée, mais un Tyrtée animant ses propres concitoyens, et combattant au milieu d'eux.

La Politique vint habilement exploiter cet enthousiasme civique, dont elle aurait eu peur dans un autre temps. Malgré l'aversion innée du Pouvoir absolu pour toute fédération volontaire, et pour toute société secrète, il encouragea lui-même le *Tugend Bund* (Association de la Vertu); et, dès le commencement de mars 1813, en même temps que les escadrons de la Russie passaient l'Elbe en alliés plutôt qu'en ennemis, ses émissaires excitaient tout le nord de l'Allemagne contre les Français qui s'éloignaient forcément de la rive gauche du fleuve.

L'empereur de Russie, par un acte de suzeraineté

---

[1] *History of Europe*, etc.; by Arch. Alison, vol. IX, p. 80.

militaire accueilli des peuples comme un gage de délivrance, proclamait la dissolution de la confédération du Rhin. Puis, des nombreux prisonniers de guerre faits en Russie sur les *Contingents auxiliaires* des États allemands entraînés à notre suite, il avait formé une légion nouvelle qui s'engageait à combattre Napoléon jusqu'à la mort, et « proclamait traître à la patrie tout « Allemand qui porterait à l'avenir les armes contre ses « frères. »

Ainsi les bras, dont nous avions abusé, se tournaient contre nous-mêmes ; et, du fond de la Russie, les champs de bataille et les hôpitaux où la France avait laissé, avec l'élite de ses braves, tant de soldats étrangers asservis à son glorieux drapeau, lui renvoyaient des ennemis qui se joignaient à tous les autres avec une rancune de blessés et de captifs, et revenaient nous assaillir de leurs fers brisés et de leur liberté nouvelle.

Dans cette émotion hostile de toute l'Allemagne, dans ce soulèvement armé qui gagnait si vite, et se répondait partout à lui-même, des frontières du Nord aux rives du Rhin, c'était presque merveille que la Cour de Vienne parût se tenir encore paisible, et comme isolée des passions frémissantes autour d'elle. Un parti ennemi de la domination française n'avait pas cessé d'exister dans cette Cour depuis le Mariage même de Napoléon, depuis cette espèce d'enlèvement conjugal, mêlé à l'invasion de 1809, et qui n'en avait guère adouci les rigueurs.

Qu'il y ait eu pour ce parti redoublement d'animosité et d'espérance, durant les malheurs de la retraite, nous l'avons dit assez. Il y eut un moment, où de Vilna à Vienne, on crut Napoléon captif ou mort dans les neiges de Russie. Bien des haines éclatèrent alors ; bien des masques tombèrent sans retour. On pourrait affirmer, sans le savoir, et plus d'un témoignage révèle combien dans ces mois de novembre et de décembre 1812, il y eut de projets conditionnels et d'engagements futurs, souhaités et simultanément conçus de Stockholm à Londres, de Londres à Pétersbourg, et même à Vienne ; et les paroles dites et les démarches faites, n'étaient qu'une partie de ce complot éventuel. Il faut y ajouter cette intelligence secrète des âmes, que réunit parfois dans des situations très-diverses un même péril, une même passion d'orgueil blessé et de grandeur compromise.

Le salut inespéré de Napoléon, sa présence soudaine à Paris, et les armées nouvelles qu'il créait tout à coup démentirent sans doute bien des conjectures ; mais le pronostic principal dura ; les inimitiés une fois décelées ne se cachèrent plus dans les âmes. Et puis, le contre-coup prolongé de cette défaite, à laquelle le Général seul avait échappé, cette continuation, pour ainsi dire, de sa catastrophe racontée et étalée aux yeux du monde, dans les mois qui suivirent, n'avait cessé d'exciter et d'encourager les haines. Plus on y songea, plus on la déplora, et plus on se dit que la faute et que la calamité avaient été trop grandes pour n'être pas mortelles, et que le Colosse était blessé au cœur.

Que maintenant la cour de Vienne ait hésité à faire immédiatement volte-face, dans la route où elle avait été traînée, plutôt qu'elle n'avait suivi ; que d'abord même elle ait salué le retour merveilleux de Napoléon, par de nouvelles promesses d'alliance et d'amitié ; qu'elle ait offert d'abord d'accroître son Contingent auxiliaire, ne fût-ce que pour avoir une occasion d'armer à toute fin, rien de tout cela ne doit surprendre.

C'était un deuil de Cour, un *decorum* à garder envers un Gendre, un parent si rapproché. Que, même après cette première démonstration, l'Autriche ait paru décliner les avances déjà plus directes que lui faisaient les ennemis de Napoléon, qu'elle ait en particulier rejeté alors les reprises de territoire, l'Illyrie, l'Italie, que les Russes lui proposaient pour prix de son alliance, cela ne prouve pas que la perte de ces Provinces ne lui tînt au cœur, et ne lui eût laissé contre Napoléon une rancune croissante avec les désastres, qui donnaient contre lui chance de représailles.

Déjà le même vœu était dans le cœur des trois Souverains ; la même puissance d'opinion nationale agissait sur le czar de Russie, sur l'Empereur d'Autriche et sur le roi de Prusse. Pour l'un comme pour l'autre de ces deux derniers, bien qu'à des degrés inégaux, la crainte ancienne et si juste des accroissements de la Russie et de son extension sur le Danube, cédait à la longue alarme des Conquêtes de la France Impériale, et de l'Autocratie de Napoléon. Et, bien que M. de Metternich eût redit à M. Otto, encore Ambassadeur, dans les premiers jours de mars, que l'adhésion de la Cour de Vienne à la France était aussi invariable que naturelle, que pour l'Autriche le danger et l'ennemi étaient toujours du côté de la Russie, on peut juger la vanité de ce langage par l'exemple du passé : et on croira sans peine que, si l'Autriche s'était, avant Wagram, coalisée deux fois avec la Russie, cette réunion était possible encore. Peut-être, tout au commencement, elle eût préféré la paix, mais une paix qui eût trop réduit Napoléon pour être acceptable par lui. Aussi, malgré les paroles siconciliantes de M. de Metternich renouvelées à Paris par M. de Bubna, on avait dû supposer, et on put voir bientôt la transition graduelle de l'Autriche passant de l'alliance active et de la coopération militaire, à l'alliance sans concours, puis à la Neutralité, puis à la Médiation armée, que devait suivre bientôt l'association du médiateur avec l'ennemi.

CHAPITRE XXVI.

MARCHE DE L'EMPEREUR CONTRE LES PRUSSIENS ET LES RUSSES DURANT LA NEUTRALITÉ OSTENSIBLE DE L'AUTRICHE. — BATAILLES DE LUTZEN ET DE BAUTZEN. — SITUATION DE L'AMBASSADE FRANÇAISE A VIENNE. — M. DE NARBONNE APPELÉ PRÈS DE NAPOLÉON.

Quoi qu'il en soit, cette divination trop prompte que l'Empereur reprocha plus tard à M. de Narbonne, cette assurance tristement acquise de la froideur actuelle et de la prochaine hostilité de l'Autriche, ne fut pour Napoléon qu'un encouragement à frapper vite un grand coup. Les souvenirs de sa fortune passée, proportion souvent si fausse pour mesurer l'avenir, et expérience si trompeuse à qui fut longtemps heureux, lui faisaient croire qu'il n'est guère de tentation de haine, de ligue projetée, de fédération même étroitement liée, qui tienne contre l'éclat d'un grand et soudain succès, et qui parle plus haut que l'exemple d'une grande défaite, à côté de soi, et dans la même cause.

Il avait vu, en 1805 et en 1807, se dissiper d'immenses Coalitions, sous l'accablant désastre d'un des alliés qui les formaient, et successivement la Prusse et l'Autriche tomber sous sa main, par l'isolement où les avait laissées la Russie. Il se flatta qu'il en serait toujours de même, et qu'un de ses ennemis écrasé épouvanterait l'hostilité secrète des autres, rendrait sincère leur fausse Neutralité, ou même ranimerait tout à coup leur alliance.

Convaincu donc désormais des dispositions de l'Autriche, mais se gardant de les prendre sur le fait par une épreuve immédiate, il espéra les faire rentrer sous terre par une victoire : et parti de Saint-Cloud le 15 avril, il était le 25 à Erfurt, et le 1ᵉʳ mai dans cette plaine de Lutzen illustrée déjà par le Triomphe et la mort de Gustave-Adolphe.

Que n'a-t-il été donné à Napoléon de tomber frappé, comme ce grand Capitaine, à la tête d'une armée victorieuse, laissant après lui cette armée à la France, et laissant la France elle-même aussi forte, qu'il lui était possible de l'être, après le Désastre de Moscou, et encore invincible, quant aux hommes! Sa vie alors n'eût pas offert de si étranges contrastes, la Campagne de France et l'abdication de Fontainebleau, le 20 mars et Saint-Hélène : mais combien elle eût été plus grande, et meilleure pour la patrie! Elle n'eût pas montré le grand Général vaincu par les hommes, comme par les éléments, le pont de Leipsick, après celui de la Bérésina, le chemin de Paris rouvert aux armées anglaises, et pour la première fois, enseigné aux soldats russes, par le Conquérant qui menaçait d'asservir tous les peuples et de renouveler tous les trônes ; il fût mort glorieux, et il eût coûté moins cher à la France.

Sa mort sans doute eût été la Paix de l'Europe, et une paix qui aurait maintenu, avec le territoire intact de l'ancienne France, une part de ses Conquêtes, et lui aurait peut-être donné, à travers moins de révolutions, une liberté moins instable et moins démentie.

Mais la Providence voulait sans doute prolonger l'épreuve des peuples; et, à cette date du 1ᵉʳ mai, l'Empereur, comme rétabli en possession de toute sa force, venait avec sa Garde et quatre grands Corps d'armée débouchant à la même heure, au même point, chercher les masses réunies des Prussiens et des Russes.

Le 2 mai, après une nuit de bivouac autour de Lutzen, et devant la Pyramide funèbre de Gustave-Adolphe, Napoléon s'était remis en marche sur Leipsick, lorsque sur sa droite éclata le feu de l'ennemi, et que dans la plaine s'étendirent d'épaisses et profondes colonnes, dont l'attaque inattendue aurait pris en défaut un moins grand Général.

Les renforts tout récents qu'avait reçus l'armée Moscovite, et la présence du czar Alexandre et du roi Frédéric-Guillaume avaient déterminé ce mouvement d'agression. L'Empereur, aussi prompt que s'il eût prévu, disposa son ordre de bataille sous le feu commencé. « Nous n'avons pas de cavalerie, dit-il à ses « généraux; eh bien, ce sera une bataille d'Égypte. « Partout l'infanterie française doit se suffire à elle-« même; et je m'en remets au courage naturel des « Français. » Et, jetant alors ses ordres de tous côtés, pour hâter, distribuer, concentrer les divers Corps à sa suite, il soutient au centre un combat acharné contre les Prussiens commandés par Blücher.

C'était pour ce peuple la première occasion de revanche depuis Iéna; il céda cependant. Après avoir emporté contre nous un village longtemps disputé, les Prussiens l'abandonnèrent, sous l'impétueuse attaque de quelques régiments de jeunes Conscrits menés à la charge par l'intrépide général Lobau, et couverts par la présence de plusieurs bataillons de la Garde impériale et par quelques escadrons de la peu nombreuse Cavalerie qui nous restait. Sur les autres points, la victoire est plus lente encore; six généraux français sont tués ou gravement blessés.

L'Empereur, aussi à découvert, aussi ardent au péril que dans les belles années de sa jeunesse, aux journées d'Arcole et de Lodi, arrête et ranime encore ses jeunes soldats qu'ébranlaient la tactique prussienne et la marche disciplinée des Russes; il soutient sa troupe de ligne, encore novice, avec une batterie de sa vieille Garde au commandement de l'héroïque général Drouot, et toute sa jeune Garde, sous les ordres du maréchal Mortier : et par ce choc irrésistible, il arrache enfin la victoire, fait reculer l'ennemi en désordre, et sur un Champ de bataille a reconquis l'espérance de vaincre encore l'Europe.

Toutefois cette victoire sanglante et glorieuse apporte peu de fruits immédiats au vainqueur, hormis l'inestimable avantage d'avoir rompu la série de malheurs qui affligeaient nos armes. — A peine a-t-il enlevé deux mille prisonniers sur ces masses qui cèdent en combattant. Il s'interdit à lui-même de les poursuivre, sachant que de leur Cavalerie, trop supérieure en nombre à la sienne, une grande partie n'a pas donné dans la bataille, et peut recommencer le combat, dans la nuit. Il en fit l'épreuve lui-même, à la fin de la soirée. Au moment où, vainqueur, il revenait du champ de bataille à son quartier de Lutzen, une fusillade tirée sur son escorte, et une soudaine attaque sur les premiers bivouacs de la Garde Impériale, montrèrent que la plaine était encore tout infestée d'escadrons ennemis, et de Cosaques russes et prussiens.

Toutefois, l'Empereur avait vaincu avec des forces d'un cinquième en nombre inférieures à celles de l'ennemi; quatre-vingt-cinq mille Français avaient gagné le champ de bataille et repris l'ascendant contre[1] cent cinq mille Russes et Prussiens coalisés.

La route se dégageait de nouveau sur un territoire allié encore, mais dont les habitants avaient naguère accueilli avec enthousiasme le passage de l'empereur Alexandre et du roi de Prusse. Tant l'esprit allemand tout entier était alors emporté du même courant de haine contre la France! Tant la volonté hostile des peuples était plus forte que les engagements pacifiques de quelques Princes encore liés à la fortune de Napoléon par la reconnaissance ou par la peur!

Napoléon, qui sentait ce péril, se montra modéré; et, après quelques reproches aux Magistrats de la ville de Dresde, il leur laissa pour Gouverneur un de ses Généraux, le plus fait pour rassurer une ville conquise, l'intègre et sage Durosnel.

Dans ce succès, toutefois, et dans le bon usage qu'en fit l'Empereur, partout apparaissaient les obstacles et les dangers croissants. Le faubourg de Dresde, au delà de l'Elbe, est encore occupé par une arrière-garde russe, dont les feux portent jusqu'à la grande place, et au Palais du Roi qu'est venu occuper l'Empereur: la ville de guerre, la plus fortifiée, à quelques lieues de Dresde, Torgau refuse de nous ouvrir ses portes; et le général saxon Thielman, qui commande dans cette

---

[1] *History of Europe*, etc., by Arch. Alison, t. IX, p. 102-103.

place, forcé par ordre du roi de Saxe de recevoir les Français, passe de sa personne dans le Camp russe.

La résistance populaire précède partout la défection politique : les peuples sont transfuges, avant les rois.

Le roi de Saxe cependant, sur l'appel de l'Empereur, revient de Prague où il s'était retiré, visiter fidèlement son redoutable allié établi dans son Palais. Mais l'esprit du peuple Saxon ne suit pas le Souverain. Dresde et tout le pays nourrissent l'armée française, mais ne lui adhèrent pas; ou plutôt, ils attendent impatiemment d'en être délivrés; et, en cela, il n'y a nul doute, le vœu des habitants prépare fatalement la scission des troupes Saxonnes enrôlées encore dans nos rangs.

Mais Napoléon est matériellement tout à fait maître de Dresde, sur les deux rives de l'Elbe. Les troupes Russes, séparées pour un temps des Prussiens, se retirent sur la Lusace et la Silésie, où elles vont rencontrer les forces nouvelles que leur amène Barclay de Tolly, et s'appuyer sur la Bohème autrichienne, comme sur une alliance déjà prête, tandis qu'à ce même moment l'Autriche faisait de nouveau porter à Dresde d'amicales assurances, pour contre-peser les avis trop clairvoyants de M. de Narbonne.

Ces avis toutefois prévalurent, malgré la disposition de l'Empereur à compter beaucoup sur la puissance des liens de famille, ou plutôt à juger toujours égal l'ascendant de sa fortune passée.

Il sentait son Empire vulnérable sur tant de points, que l'inquiétude le prit sur l'Italie, et qu'il se hâta d'y renvoyer le Prince Eugène, dont il venait d'éprouver heureusement l'habile et dévoué secours, à la journée de Lützen. Cependant, il accueille l'envoyé d'Autriche, le comte de Bubna, qui vient protester encore d'une alliance fidèle, et demander comme une conséquence de la Médiation active de l'Autriche, qu'elle n'ait plus à fournir ce Contingent de cinquante mille hommes, peu sincèrement auxiliaire dans la Campagne de 1812, et tout à fait retiré maintenant, à l'heure où l'Autriche accroît ses forces par de nouvelles levées, et substitue, pour nous, à la Coopération promise une Neutralité douteuse au moins.

Alors même, cependant, le Négociateur apporte à Napoléon une lettre autographe de l'empereur d'Autriche, où se lit cette phrase expressive : « Le Média« teur est l'ami de Votre Majesté; » et plus fortement encore : « Il s'agit d'asseoir sur des bases inébranlables « votre Dynastie, dont l'existence s'est confondue avec « la mienne. »

Mais cette alliance si complète, en la supposant sincère, quel en était le prix demandé? Il paraît que cette fois l'Autriche veut une compensation à ses anciennes pertes, et que Napoléon hésite alors à commencer lui-même la dislocation de ses Conquêtes, en rendant à cet allié si intime quelque chose de ce que vont lui arracher ses ennemis à découvert. Il ne s'irrite pas toutefois de l'ouverture nouvelle et intéressée qui lui est faite ; il maintient sa disposition à traiter de la Paix générale ; et, pour cela, il admet l'idée et veut hâter la réunion d'un Congrès des Envoyés de toutes les Puissances, à Prague, ou dans telle autre ville, durant un Armistice qui serait prochainement fixé.

Le comte de Bubna transmet aussitôt cette offre au Ministre des affaires étrangères d'Autriche, à M. de Stadion, en même temps que Napoléon écrit à son beau-père et répond aux assurances d'amitié, par la résolution de mourir les armes à la main, plutôt que de se laisser imposer des conditions honteuses. Puis, sans compter beaucoup peut-être sur l'Armistice ni sur le Congrès, il quitte Dresde pour joindre son avant-garde et arracher quelque chose à la fortune. Évidemment Lutzen n'a pas découragé l'ennemi; car, déjà rallié, concentré de nouveau et accru de renforts qui ont plus que réparé ses pertes, il est à douze lieues de Dresde, au delà de l'Elbe et appuyé sur l'Oder, offrant un front de bataille aux Français, dès qu'ils voudront avancer, et les défiant par un si proche voisinage, en même temps qu'il se couvre contre eux de formidables retranchements.

Sorti de Dresde le 18 mai, pour s'avancer en bataille à ce rendez-vous, près de Bautzen, l'Empereur, soit par un doute sur la fortune de la guerre, soit pour avoir l'honneur d'une démarche pacifique tentée, avant sa victoire, charge, par une lettre officielle, le duc de Vicence de se présenter aux Avant-postes ennemis, et de demander accès près de l'empereur Alexandre, afin de proposer un Armistice immédiat, dans l'attente de la prochaine réunion d'un Congrès, pour aviser aux moyens de négocier la paix ou générale ou continentale.

Mais cette demande, transmise aux avant-postes, ne fut pas même reçue; et le duc de Vicence ne put pénétrer jusqu'au Monarque, dont il avait souvent éprouvé la bienveillance publique et ostensible.

Les deux armées, que séparait seulement le cours de la Sprée, n'eurent plus en vue que la bataille. Les Français la commencent sur trois points à la fois, forçant le passage du pont de pierre, qui aboutit à la ville de Bautzen, et jetant sur le fleuve, à la droite et à la gauche de la ville, des ponts volants qu'ils franchissent, devant le feu de l'ennemi.

Le 20 juin, à midi, ce mouvement est achevé; l'armée française est dans la plaine, au delà de la Sprée; la ville de Bautzen est emportée d'assaut, comme par un incident de la bataille. Une partie des Prussiens, sous les ordres du général Kleist, a reculé jusqu'à leurs derniers retranchements, en remontant les collines traversées de ravins qui dominent la Sprée. La droite de l'armée française s'est avancée d'autant, et a chassé des hauteurs les Russes, qui lui faisaient face; et la nuit seule termine cette mêlée, où les Français semblaient monter à l'escalade, contre des assiégés plus nombreux que les assaillants.

A l'aube du jour, la bataille est reprise au point où, de part et d'autre, on s'était arrêté la veille.

A la droite, le duc de Reggio a retrouvé l'armée russe tout entière debout, avec de nouveaux renforts, et presque inexpugnable par la position et la masse. A la gauche, au contraire, après un premier succès des ennemis, la victoire est brusquement emportée par les Français.

Les Russes, sous leur plus habile général, Barclay de Tolly, après avoir accablé un Corps italien de notre armée, voient tout à coup arriver sur eux le canon du maréchal Ney avec une formidable division de Français et d'Italiens, qui renverse tout devant elle. Ils résistent cependant et maintiennent le combat douteux. L'Empereur alors, non pas comme Condé, la nuit d'avant la bataille, mais durant la bataille même, dormait, d'un plein sommeil, entre les batteries françaises, dans le pli d'un ravin.

Ayant cédé quelques heures à cet excès de fatigue, il se réveille dans la crise croissante du combat; et, d'un regard, il le décide; il lance en avant ses troupes du centre et sa Garde ménagée jusque-là, et les pousse impétueusement sur la division de Blücher, qui, plus forte que celle de Kleist, occupait depuis deux jours les mêmes hauteurs, et avait soutenu ce Général, par des renforts, sans lui faire garder la même ligne, et sans l'empêcher de reculer.

Cette fois Blücher, assailli par l'élite de l'armée française, et non secouru par l'autre division Prussienne, dont la retraite hâtive le laissait lui-même plus en avant, abandonne son Camp fortifié, et se retire en ralliant sur sa route tous les autres corps Prussiens affaiblis, mais non dispersés.

Tels étaient en effet maintenant le caractère et la limite des victoires de Napoléon : elles forçaient le passage; elles débusquaient l'ennemi; elles le contraignaient à reculer d'une marche : elles ne le consternaient plus.

C'étaient, pour les vaincus, des cessions de champs de bataille, des manœuvres rétrogrades, mais non plus des défaites entières avec les anciennes chances d'artillerie perdue, de prisonniers par milliers, et de confusion irréparable.

Ce changement si grave dans la fortune de Napoléon avait plusieurs causes matérielles et morales : d'abord le nombre toujours plus considérable des ennemis, leur puissante cavalerie, la faiblesse numérique de la nôtre, puis l'acharnement passionné des Prussiens se battant avec désespoir, et enfin l'imperturbable tactique ou plutôt l'immobilité massive des Russes, résistant et mourant aussi longtemps que le voulaient leurs chefs, et reculant avec discipline et seulement par ordre, lorsqu'on était à bout de fatigue et de sang versé.

Ainsi chaque victoire, même glorieuse, toujours bornée, mesquine dans ses suites, nous était un avertissement des difficultés de l'œuvre imposée au courage français, et comme un triste augure de l'inévitable issue de tant de luttes épuisantes et reprises sans cesse.

Cette seconde journée cependant, cette bataille de Wurschen, lendemain glorieux de Bautzen, frappa grandement les esprits : et au premier abord, elle jeta dans les Conseils politiques plus de trouble et plus d'incertitude que dans les foules armées qui leur obéissaient. Il y eut, peut-être un moment, la tentation de vouloir de bonne foi la paix avec un ennemi si terrible encore : mais ce retour causé par la crainte ne diminuait pas la haine : il était passager, et bientôt laissait place à un désir plus ardent de détruire celui qu'on n'espérait pas pouvoir assez abattre, pour être sûr de le tenir désarmé longtemps.

L'Empereur cependant avançait, sous cette reprise d'heureuse fortune si chèrement achetée.

Il suivait la retraite des Coalisés, dont Barclay de Tolly, avec ses Russes, formait l'arrière-garde marchant à pas lents, s'arrêtant à chaque hauteur favorable, faisant alors à son tour quelques charges agressives, et envoyant quelques boulets funestes, avant de reculer d'un pas de plus. C'était cette circonstance déjà remarquée de la guerre actuelle, qui arrachait à Napoléon ces mots d'impatience découragée: «Comment, après une « telle boucherie, aucun résultat : point de prisonniers : « ces gens-là ne me laisseront pas seulement un clou;» et en effet, dans les deux jours qui suivirent la victoire de Wurschen, et pendant qu'on transportait à Dresde vingt mille blessés de toute nation, seul trophée de cette victoire, l'Empereur voyait tomber, à quelques pas, ses plus fidèles généraux, Bruyère, un de ses jeunes officiers de l'armée d'Italie, Kirchener, vaillant et habile général du génie, et enfin Duroc, son ami, s'il en eut un, le pur, le dévoué, l'infatigable compagnon de tous ses périls, atteint mortellement d'un boulet à quelques pas de lui et mourant, au milieu d'atroces douleurs, dont il demandait au ciel la fin, tout courageux qu'il était.

On peut le croire, ce deuil personnel, ce coup porté au cœur, après la secousse de cette double bataille stérile, ébranla Napoléon, et dut lui donner, un moment du moins, la lassitude de la guerre et de la vie. Il accueillit donc volontiers alors un Message russe qui, sous la forme d'une lettre de M. de Nesselrode au duc de Vicence, répondait à cette demande d'admission près de l'empereur Alexandre inutilement faite, avant le combat.

Aujourd'hui, tout en refusant avec égard une communication directe, on engageait le duc de Vicence à faire parvenir, par l'entremise du Cabinet autrichien, le Message, dont il pouvait être chargé : et deux jours après, une lettre du Ministre autrichien le comte de Stadion, datée du Quartier général du czar de Russie et du roi de Prusse, adhérait, en leur nom, à l'idée d'un Armistice préparatoire aux Négociations, et annonçait l'intention de faciliter le règlement de cette mesure. Le duc de Vicence répondit en des termes, qui marquaient son empressement à la fois officiel et personnel de voir commencer les négociations; et il semblait regarder comme déjà convenu le projet d'ouvrir un Congrès; mais en même temps il insistait de nouveau dans sa lettre à M. de Nesselrode, sur sa demande antérieure d'admission personnelle près du Czar.

Il semble cependant qu'il n'y avait plus alors, dans la pensée de Napoléon, les mêmes motifs de souhaiter la fin de la guerre, et l'arrangement pacifique de l'Europe. Y avait-il une plus grande chance d'y parvenir? et, dans ce but, l'armistice avait-il pour lui les mêmes avantages que quelques jours auparavant? On peut en douter. Après Lutzen, l'empereur Napoléon, vainqueur au centre de l'Allemagne, était à la tête d'une puissante armée, qu'une seule bataille disputée, mais gagnée, n'avait encore que médiocrement amoindri. Si l'Armistice eût commencé dès lors, et que les négociations loyales d'un côté, raisonnables de l'autre, eussent été promptement conduites, Napoléon pouvait peser sur la conclusion de tout le poids de ses forces encore presque entières, après une sanglante victoire. Mais plus tard, après Bautzen et Wurschen, le temps de l'Armistice courait inégalement pour les deux parties contractantes.

Aux Prussiens qui étaient dans leur pays, aux Russes qui recevaient incessamment des renforts du leur, cet Armistice donnait moyen d'accroître leur matériel, de grossir leurs armées, de recruter des auxiliaires et d'exciter des défections dans toute l'Allemagne. Pour Napoléon, au contraire, le même intervalle ne laissait que peu de forces nouvelles à tirer de la France épuisée, et à faire venir de si loin dans la Silésie.

Dans le mois qui devait se perdre en Péliminaires, pendant la cessation d'armes jusqu'à la reprise des hostilités, il vint se réunir aux troupes russes et prussiennes plus de régiments de cavalerie qu'il ne fut organisé d'escadrons nouveaux dans notre armée.

On doit donc supposer pour motif à l'acceptation de l'Armistice ainsi retardé, ou que l'Empereur sentait lui-même le besoin d'un repos même stérile, d'une trêve même sans recrutement considérable pour ses troupes fatiguées de trois batailles, ou qu'il crut enfin à une intention sérieuse de Paix, sous le contre-coup de ses victoires, et qu'il la voulut saisir.

Il avançait cependant, par plusieurs fronts de colonnes, sur Breslau, que le général Lauriston occupa le 1ᵉʳ juin.

Ce jour-là même, après deux Conférences entre les généraux Schouvalow et Kleist d'une part et le duc de Vicence de l'autre, une première suspension d'armes de trente-six heures fut consentie; et la négociation continuée se termine, trois jours après, par un Armistice, signé le 4 juin, à Plesswich, qui nous fait abandonner immédiatement Breslau, nous replier sur Dresde, et y attendre l'ouverture prochaine d'un Congrès illusoire.

CHAPITRE XXVII.

ANNONCE DU CONGRÈS DE PRAGUE. — ROLE DE M. DE NARBONNE.

C'est là que Napoléon vit s'enlacer autour de lui la trame, où il devait se prendre. Le premier Négociateur qu'il reçut alors, ce fut le Général autrichien, dont il avait aimé la présence à Paris dès janvier 1813, et dont il louait la franchise, le comte de Bubna, qui venait l'informer que la Russie et la Prusse agréaient la Médiation de l'Autriche, et que les Conférences peuvent s'ouvrir sur cette base, sauf le refus de participation de l'Angleterre, qui déclare ne pouvoir désormais accepter même les anciennes conditions de la Paix de Lunéville.

M. de Metternich cependant se hâte de visiter Prague, où sera fixé le lieu de la négociation ; et c'est de là que l'Ambassadeur de France revient à Dresde près de Napoléon recevoir de nouvelles instructions, sur l'effort qui lui reste à tenter.

Un mot de ces entretiens a été fort répété, et tourné en reproche par quelques historiens étrangers. On a dit que M. de Narbonne, accueilli par cette question : « Eh bien, que disent-ils de Bautzen? que disent-ils de « Lutzen? » n'avait pas manqué de répondre : « Ah! « Sire, les uns disent que vous êtes un Dieu ; les autres,

« que vous êtes un Diable ; mais tout le monde con-
« vient, que vous êtes plus qu'un homme. »

On l'a répété, en prétendant que ce mot était de ceux qui servaient à rendre intraitable l'orgueil de l'Empereur. Dans la réalité, la forme de l'éloge ici permet de l'attribuer à M. de Narbonne, et rentre assez dans le ton qu'il prenait parfois avec son puissant interlocuteur. Mais ce qu'il faut nier, c'est que l'intention et la portée d'un pareil compliment public n'aient été qu'une flatterie. Bien d'autres réflexions de M. de Narbonne et plus d'une note de sa main fixent, à ne pas s'y tromper, la pensée, dont il voulait alors convaincre l'Empereur.

Cette pensée, fruit d'une prévoyance déjà longue, c'est que la situation de la France, en Allemagne, devenait chaque jour plus fausse et plus périlleuse : c'est que la solidarité Germanique se fortifiait chaque jour, que les victoires remportées sur les Prussiens augmentaient les haines secrètes du reste de l'Allemagne, en l'irritant plus qu'elles ne l'effrayaient, que l'esprit d'indépendance nationale et l'esprit de liberté allaient s'animant par chaque défaite, que le Camp Prussien semblait une Terre Sainte, pour laquelle on se croisait jusque dans Vienne, et qu'enfin l'Empereur d'Autriche, fût-il plus affectionné qu'il ne l'était à son gendre de Wagram, serait entraîné par son peuple. « Il n'y a pas, disait une note, déjà ancienne, de M. de
« Narbonne, défection plus imminente et plus inévitable
« que celle qui est involontaire, qui n'est pas projetée
« un matin par calcul ou par passion, mais qui s'ache-
« mine chaque jour. » Et ailleurs parlant de Napoléon à lui-même : « L'Empereur, disait-il, croit trop à la fa-

« mille : ces noms de Gendre et de Beau-père lui pa-
« raissent des liens trop indissolubles. Il est vrai que,
« suivant un ancien adage diplomatique, l'empire d'Au-
« triche rétablit ses affaires par des mariages ; mais
« ce qui est vrai aussi, c'est le proverbe italien : Que la
« tempête passée, on se moque du Saint. Je suis frappé
« dans toute cette Cour de la sourde et amère animosité
« qu'ont laissée les victoires de la France, et j'ajou-
« terai, ses rigueurs.

« A part même la personne de rang Impérial qui
« laisse voir, en toute occasion, sa défiance haineuse
« contre la France, il y a dans toute l'atmosphère de la
« Cour une maligne influence agissant contre nous, par
« les conjectures, par les nouvelles, par les peurs affec-
« tées, ou les joies trop visibles qui éclatent, malgré la
« contrainte. La Cour, ce n'est pas ici le simple salon
« de l'Empereur aux jours ordinaires, ni le fastueux
« Cérémonial de quelques jours de grande étiquette :
« c'est la réunion et l'esprit aristocratique des hautes
« familles liées au Trône, par la naissance, au pays, par
« de vastes domaines, des Commandements militaires
« et une sorte de possession seigneuriale de leurs Régi-
« ments. Là, sous des formes diverses, plus polies ou
« plus rudes, règne un esprit de représailles anti-fran-
« çaises, que la Déclaration solennelle de la Régence n'a
« pas changé, que le langage affectueux de l'Empereur
« n'adoucit jamais. Que si on pénètre plus avant et, si
« on descend plus bas dans la nation, on retrouve cet
« esprit partout excité, et d'abord dans la classe des hom-
« mes de lettres, moins comptée en Autriche que dans
« le reste de l'Allemagne, mais fournissant ici des Pu-
« blicistes confidentiels et des Casuistes de Diplomatie,

« dont les insinuations hostiles sont infatigables; et,
« d'autre part, ce que ces écrivains expliquent subtile-
« ment pour les Gouvernements est senti avec passion
« par le peuple, et fermente dans les masses.

« Il n'y a donc nul fond à faire sur la stabilité des
« liens de famille, tant que le hasard des batailles remet
« tout en question. La seule garantie de l'alliance par-
« ticulière, c'est une prompte paix générale, dût cette
« paix être achetée par la remise des Provinces Illy-
« riennes et l'abandon d'une moitié de l'Italie et des
« places fortes occupées dans le Nord. La France ne
« peut neutraliser l'Autriche qu'en lui donnant au-
« jourd'hui, plus que nos ennemis ne lui promettent
« pour demain. »

Ces vues anti-datées, sur la situation du mois de juin 1813, peuvent donner l'idée des conseils que l'Empereur dut entendre de la bouche de son futur Plénipotentiaire à Prague.

Bien des choses s'étaient aggravées dans le temps écoulé jusqu'à ce jour; et l'homme d'État, qui croyait une immense concession nécessaire, cinq mois auparavant, devait craindre maintenant qu'elle ne fût pas même acceptée et que toute offre de paix ne fût définitivement éludée. Il faut en effet le reconnaître aujourd'hui, le Congrès de Prague, fixé au 5 juin, tardivement ouvert, stérilement occupé, fut un simulacre dérisoire, une halte perfide qui préparait la plus sanglante reprise d'armes.

Quoi qu'il en soit, l'Empereur, renvoyant à Prague son Ambassadeur, que M. de Caulaincourt devait bientôt y joindre avec de Pleins Pouvoirs, ne songea plus qu'à se fortifier pendant l'Armistice, et à se préparer des chances de victoire au delà, si la guerre devait durer.

Un témoin officiel [1] a décrit son séjour laborieux à Dresde, ses travaux de défense pour couvrir et pour dominer le cours de l'Elbe sorti des montagnes de Bohême, d'où sans doute allait venir, dans quelques semaines, un surcroît d'ennemis et une nouvelle ligne d'attaque.

A juger de sa pensée par ses efforts, évidemment Napoléon n'avait grande confiance ni dans la sincère entremise de l'Autriche, ni dans le résultat de la négociation commencée. On peut croire aussi, qu'il n'avait pas le désir vrai d'un résultat pacifique, ni surtout une disposition à l'acheter par de suffisants sacrifices.

Autour de lui, je ne dirai pas dans son Conseil, mais dans son Etat-Major, l'empressement pour la paix était grand, et on s'effrayait, on se plaignait de tout préparatif qui supposait de sa part le dessein de concentrer ses forces sur l'Elbe, et de là, s'il le fallait, de recommencer une Campagne agressive, au risque d'être coupé de la France, et d'avoir besoin de victoires réitérées pour y revenir.

Mais cette fois encore, le passé de Napoléon lui était un dangereux mirage; et, à la crainte de s'engager trop avant et de n'avoir pas assez pourvu aux chances du retour, il répondait par les souvenirs récents encore d'Austerlitz, d'Iéna et de Wagram, où chaque fois un grand succès était venu le tirer d'un grand péril, et où le nœud gordien d'une situation compliquée avait été coupé par le fer; mais ce jeu terrible d'accumuler les

---

[1] Manuscrit de 1813, par M. Fain, t. 2, p. 20, etc.

ennemis et les obstacles, pour les abattre d'un plus grand effort, n'est pas toujours heureux. Il ne va pour ainsi dire qu'à la jeunesse du génie et de la fortune ; et probablement il se serait usé pour Alexandre lui-même, si le vainqueur de la Perse et de l'Inde eût duré plus longtemps.

Cependant, les jours de l'Armistice s'écoulaient vite et inutilement, si ce n'est pour aigrir les haines et aiguiser les armes. M. de Narbonne, revenu promptement à Prague, n'y siégeait pas encore en Congrès.

M. de Caulaincourt prolongeant son absence, les Plénipotentiaires de Russie et de Prusse, arrivés les premiers, insistèrent sur la nécessité de l'attendre, avant d'aborder l'examen d'aucune question ; et M. de Metternich, qui devait présider la Conférence, quitta lui-même Prague, pour venir à Dresde porter un dernier message d'alliance et de parenté, ou épier une dernière fois l'ennemi qu'on espérait détruire.

Cette communication directe eut peu d'effet, et irrita les blessures, au lieu de les adoucir. Napoléon était encore dans la palpitation de cœur de ses récentes victoires, mécontent de l'Autriche, croyant, si ce n'est à sa défection, du moins à la hausse calculée du prix de son alliance, ou même de sa neutralité, mais n'admettant pas que cette partialité hostile, seulement par intérêt, allât jamais jusqu'à la guerre ouverte, et surtout jusqu'au renversement du Trône, où la maison d'Autriche avait placé une Princesse de son sang. Il ne considérait pas, ce que sa propre histoire aurait dû lui montrer, l'entraînement de la fortune, et les conséquences extrêmes d'un recours à la force et d'un engagement de guerre une fois pris.

ANNONCE DU CONGRÈS DE PRAGUE. 327

Il ne se souvenait pas assez de quel poids sa puissance et son orgueil avaient pesé sur la personne, la Cour, et les États de son beau-père ; il croyait à l'éblouissement que le partage nominal de ses grandeurs, répandues sur une Archiduchesse d'Autriche, devait entretenir à Vienne, et au calcul d'avenir qui intéressait cette Cour à la stabilité du trône impérial de France, lors même qu'elle travaillerait à en diminuer aujourd'hui l'excessive puissance.

De là, sa confiance, non pas seulement affectée, mais sérieuse dans le traité déjà tant vieilli du 14 mars 1812, dans cette rançon imposée, par laquelle traînant l'Autriche à une entreprise, dont le succès possible devait la faire trembler, il en avait exigé, outre le Contingent de guerre, une garantie respective de l'intégrité des deux Empires, c'est-à-dire une confirmation réitérée des pertes et des dépouillements que l'Autriche avait subis.

Il ne se disait pas, qu'entre cette concession de l'extrême nécessité, cet abus de l'ascendant de la force et le moment actuel, s'il n'y avait qu'un an d'intervalle, il y avait l'incalculable désastre de la retraite de Moscou.

De là aussi sa colère des lenteurs et des subtilités de l'Autriche, et surtout de ces notes graduées avec trop d'art, où M. de Metternich, en commençant la séparation d'avec la France, en lui retirant d'abord toute promesse de Concours armé, puis, en substituant au rôle d'allié celui de Médiateur, puis, en armant la Médiation, dans un intérêt d'isolement et d'arbitrage hostile, avait encore soin d'alléguer, que l'Alliance n'était pas rompue, mais seulement suspendue. Or, une alliance suspendue, dans de pareilles crises, devant le choc de pareilles puissances, qu'est-ce autre chose qu'une défection commencée, et un assaillant qui se prépare?

En vue de ce procédé nouveau et de cette transformation menaçante, Napoléon accueillit le Ministre autrichien, avec une amère vivacité, dont un témoin, zélé pour l'Empire, nous a conservé quelques traits authentiques. Il accusait une telle communication venue si tard, une médiation presque hostile, à force d'être inactive, et surtout cette rétractation du Traité du 14 mars 1812 enfermée dans le refus actuel de garantir l'intégrité de l'Empire français.

Il se plaignait qu'après ses deux premières victoires, lorsque ses ennemis affaiblis étaient au moment de revenir de leurs illusions, l'Autriche, se glissant au milieu des combattants, avait tout embrouillé; que, sans cette funeste intervention, la paix serait faite; qu'aujourd'hui l'Autriche, avec son titre prétendu de Médiatrice, n'était plus même impartiale, mais ennemie, et qu'elle avait imaginé l'Armistice pour gagner du temps et compléter son armement de deux cent mille hommes.

« Aujourd'hui les recrues étaient prêtes; et on venait « lui dicter la loi et lui imposer rançon. A quel prix « donc?» C'est alors que devant cette provocation si vive à s'expliquer, le Ministre autrichien aurait offert, suivant le récit du même témoin officiel, non-seulement la Neutralité que l'Empereur voulait bien acheter par la restitution de l'Illyrie, mais le Concours armé, la lutte en commun contre les Russes et les Prussiens tous deux fortifiés déjà d'une promesse de subsides anglais, et de l'accession militaire de Bernadotte.

Mais, si les paroles dites sont en effet exactement rapportées, si cette offre fut réellement faite, elle était vaine, par la condition qui s'y mêlait : car, cette condition n'était rien moins que l'abandon de toutes les Conquêtes françaises, du Protectorat germanique, et la ruine enfin de tout cet édifice de Puissance, qui était la cause et le prix de la guerre.

Que l'Empereur ait alors passé avec M. de Metternich dans le cabinet, où de vastes cartes déployées mettaient sous ses yeux toute l'Europe, qu'il ait délibéré longtemps sur les abandons de territoire qui lui étaient demandés, il n'importe : même si l'Empereur avait consenti les plus grands sacrifices, même, s'il n'eut résisté que sur un seul des points voulus par l'Angleterre, l'Autriche, on peut l'affirmer, n'aurait pas reparu en bataille rangée à la suite de Napoléon, contre le reste de l'Europe : voilà ce qu'il faut reconnaître, et ce qui résultait non pas seulement de communications secrètes déjà bien avancées entre toutes les Puissances, mais d'une disposition irrésistible dans l'esprit des Peuples, d'une force d'opinion allemande, qui ne se serait plus divisée dans aucun cas, moitié pour défendre son ancien oppresseur, moitié pour l'abattre.

Quoi qu'il en soit, le prix de ce marché, d'ailleurs inexécutable, était apparemment trop haut, pour que l'Empereur y accédât. Ce n'était pas seulement l'Illyrie; c'était d'abord le retour du Pape à Rome, l'abandon de la Pologne, l'évacuation de l'Espagne et de la Hollande, la suppression du Protectorat de la confédération du Rhin, et pour commencement d'exécution, la remise de Dantzick, de Hambourg, de Custrin, de Glogau, de Magdebourg, de Wezel, de Mayence, d'Anvers, d'Alexandrie, de Mantoue, de toutes ces grandes Places fortes, jalons de victoires, dont les garnisons éparses sur tant de points ôtaient sans doute bien des forces à l'Armée de l'Empereur, mais le flattaient toujours d'une reprise de Conquête à l'entour.

Ces propositions même, déduites enfin par M. de Metternich, comme le prix désespérant d'une intime alliance désormais impossible, ces propositions plutôt Européennes que simplement Autrichiennes, marquaient suffisamment le Concert, où l'Autriche était entrée déjà d'intention, et la vanité de l'alternative qu'elle semblait proposer encore : « ou l'union de nos « armes aux vôtres, la guerre à vos côtés et sous vos « Drapeaux, moyennant tel et tel sacrifice, ou la réu- « nion immédiate à vos ennemis et la guerre, sous « leurs Drapeaux contre vous, si vous refusez. »

On n'en pouvait venir au fait et au prendre d'une semblable épreuve. L'orgueil et même le calcul de Napoléon se souleva tout entier contre l'idée d'une telle dislocation de son Empire, d'un tel désaveu, d'une telle amende honorable de ses anciennes et de ses récentes victoires.

La visite de M. de Metternich à Dresde, loin de calmer les esprits, ne fit donc que les aigrir, et marquer d'autant plus leur profond divorce.

Il échappa même à Napoléon, dans ce tête-à-tête, écouté par le témoin le plus honorablement dévoué, une de ces boutades injurieuses qui blessent au cœur et ne se pardonnent pas : « Ah! Metternich, dit tout à « coup l'Empereur, combien l'Angleterre vous a-t-elle « donné, pour me faire la guerre? »

Puis, après un pénible silence de l'offenseur et de

l'offensé, Napoléon, par un de ces retours affectés de calme, qui tâchent de corriger une saillie de colère, avait reporté l'entretien sur la possibilité de la Paix, sur son désir d'un Congrès immédiat et de Négociations commençantes du moins, sauf à les poursuivre, même après l'Armistice expiré, et au milieu d'une reprise de guerre. Devant la froideur prolongée et l'irritation contenue du Ministre autrichien, il lui dit enfin pour adieu, et comme manière de rapprochement, que la cession de l'Illyrie n'était pas son dernier mot.

La glace ainsi rompue, le reste de la Convention à régler ne fut plus qu'une forme facilement arrêtée entre M. de Metternich et M. de Bassano.

Il est stipulé : « que Sa Majesté[1] l'Empereur d'Autriche
« offre sa médiation pour la Paix générale et Continen-
« tale; que Sa Majesté l'Empereur des Français accepte
« ladite médiation; que les Plénipotentiaires Français,
« Russes et Prussiens se réuniront avant le 27 juillet
« dans la ville de Prague, et qu'enfin l'Armistice qui,
« précédemment signé le 4 juin, devait expirer le
« 20 juillet, ne sera pas dénoncé par l'Empereur des
« Français avant le 10 août, Sa Majesté l'Empereur
« d'Autriche se réservant de faire agréer le même en-
« gagement à la Russie et à la Prusse. »

Signée le 30 juin, cette nouvelle Convention renvoyait donc aux débats d'un Congrès ce que la réunion nominale d'un premier Congrès n'avait pas encore ébauché, et ce que les prétendues démarches intimes de l'Autriche venaient d'avancer si peu.

Napoléon avait seul cédé quelque chose dans ce

---

[1] *Manuscrit de* 1813, etc., par le baron Fain, t. 1, p. 446.

Traité préliminaire, en laissant pour ainsi dire l'Empereur d'Autriche passer officiellement de la condition d'allié solidaire à celle de Médiateur.

Mais la puissance des faits, plus forte que les traités, avait décidé déjà ce changement de relations. Heureux seulement s'il eût été sincère! Cela même n'était guère possible ; et la rupture impunie d'une alliance forcée ne laissait au Médiateur que le désir et le besoin de voir abattu jusqu'à l'impuissance celui qu'il venait de tant offenser, par son abandon.

Cette considération frappa de nouveau M. de Narbonne, revenu à Dresde, pendant le voyage et l'entrevue de M. de Metternich.

Depuis longtemps le point décisif était à ses yeux dans une satisfaction donnée à l'Autriche, et de telle nature que nulle chance de guerre et de révolution ne pût offrir davantage. Cette idée, qu'il avait, en partant de Paris, n'avait pu que s'accroître de tout ce qu'il avait vu à Vienne et sur la route; et dans ce sens même, il n'eût pas hésité à conseiller la refonte entière des traités de 1809 et de 1812. Car dans la condition inégale et opprimée que ces Traités faisaient à l'Autriche, il regardait son alliance comme provisoire, sa Neutralité même comme impossible, son hostilité comme inévitable, à un jour donné.

« Il en est, avait-il dit dans une note, des réductions
« de territoire, des morcellements arrachés à un grand
« État, comme de ces confiscations infligées autrefois à
« de grandes familles.

« C'est un mal qui ne s'oublie pas, ne s'efface pas, une
« rancune héréditaire et un motif toujours présent d'ini-
« mitiés sourdes, et dans l'occasion d'actives hostilités.

« Un prince dépouillé est humilié et affaibli devant ses
« peuples; comment serait-il puissant pour les entraîner
« à la suite et au service du vainqueur, qui maintient
« cette spoliation ? »

« Ne dépendons jamais du secours, ne comptons ja-
« mais sur la foi de celui dont nous avons démembré
« l'héritage. »

Ici le cours rapide des événements, et l'emploi que chacune des parties belligérantes avait dû faire de l'Armistice doublait la force de ces premières inductions. Napoléon, à Dresde, déploya sans doute une admirable puissance d'ordre et d'activité, pour remplir les vides de son Armée, en fortifier les cadres, amener encore des recrues de France et raffermir pour quelque temps l'accession contrainte des auxiliaires Allemands; il doubla son artillerie, le grand instrument de sa tactique nouvelle; il accrut même sa Cavalerie, ce côté si fatalement affaibli de sa force militaire; mais, et on le vit distinctement à l'issue de l'Armistice, pour un renfort de munitions et d'hommes que Napoléon tirait de France à travers l'Allemagne, ses ennemis en recevaient dix de tous les points où ils touchaient, dans le vaste cercle qu'embrassait autour d'eux la guerre.

L'inégalité de forces entre les deux partis allait donc croissante, et chaque jour plus visible, pendant cette laborieuse cessation d'armes. Évidemment l'Autriche encore à l'écart, silencieuse, mais devinée, paisible en apparence, mais amassant une grande armée derrière le rideau des montagnes de la Bohême, comme disait Napoléon, l'Autriche serait bientôt non pas la Médiatrice de la paix, mais l'arbitre prépondérante des succès de la guerre : car, venant en ligne plus tard, elle romprait, par sa présence et son choix déjà non douteux, tout équilibre entre les deux partis engagés précédemment.

Il y a parfois en politique des événements qu'on voit venir, que la plus vulgaire logique pressent comme inévitables, et que cependant on s'obstine à ne pas croire jusqu'à la fin, c'est-à-dire jusqu'au moment qui les rend irréparables. La fatalité même de ces événements excite et entretient notre scepticisme. Les conséquences en paraissent trop rudes, pour qu'on se résigne à les admettre non-seulement comme probables, mais comme imminents; on conteste la possibilité du fait, on ajourne la date; on espère, dans l'intervalle, quelque incident salutaire, quelque diversion heureuse; et on arrive ainsi, en doutant et en niant, à l'heure décisive qui ne convainc l'esprit, que pour l'accabler par la pesanteur et la surprise du coup.

CHAPITRE XXIII.

INFLUENCE DE L'ARMISTICE SUR LA SITUATION DES DEUX PARTIES BELLIGÉRANTES. — DÉSAVANTAGE DIRECT DE NAPOLÉON. — SES AFFAIBLISSEMENTS ET SES PERTES DANS D'AUTRES LIEUX.

Napoléon, dans tous les cas, ne semblait pas songer assez que, pendant ces retards, la fortune de la guerre ne s'arrêtait pas sur d'autres points vulnérables qu'offrait la vaste étendue de son Empire, ou plutôt de sa ligne d'attaque contre l'Indépendance et la Vie nationale des Peuples. Tandis qu'il se concentre et se raffermit dans la Saxe devant des ennemis croissant chaque jour en nombre, de nouveaux revers le frappent en Espagne, et lui font, de sa plus grave iniquité, sa plaie la plus mortelle, après le désastre de Moscou. Le roi Joseph vient de fuir de Madrid, à l'approche de Wellington s'avançant à la tête d'une formidable armée de vingt-cinq mille Portugais et de quarante-cinq mille Anglais; et ce dernier nombre atteste combien la guerre est profondément engagée de toutes parts, et quel puissant auxiliaire doit bientôt recruter la Coalition du Continent. L'Espagne, cette conquête si mal entreprise, si laborieusement poursuivie, nous échappe à la journée de Vittoria. L'ennemi avance sur notre antique barrière des Pyrénées.

C'est le 30 juin même, le jour où se signait enfin une promesse préparatoire d'un Congrès actuel sous la Médiation de l'Autriche, que Napoléon reçoit la nouvelle de cette lointaine défaite, qui certes ne va pas disposer à la paix ses plus proches ennemis.

L'Empereur cependant veut pourvoir à cette perte presque achevée. A défaut d'une nouvelle armée qu'il n'a point, il envoie en Espagne un Général; il se prive du premier de ses Lieutenants peut-être, en faisant aussitôt partir d'auprès de lui le Major-Général de la Garde, le maréchal Soult qui, douze jours plus tard, est au delà des Pyrénées, à Saint-Jean-de-Luz, ralliant une armée défaite, l'animant de sa présence, et couvrant du moins la France, s'il ne peut reconquérir l'Espagne.

Cependant le Congrès, au nom duquel devra se prolonger l'Armistice, ce Congrès annoncé d'abord pour le 5 juillet, est encore différé de jour en jour.

Ce n'est que le 12 juillet que l'Empereur Napoléon nomme définitivement ses Plénipotentiaires, le duc de Vicence et le comte de Narbonne. Le même décret attache à cette légation extraordinaire un personnel qui comptait plusieurs noms considérables, depuis M. Gérard de Reyneval jusqu'à M. le duc de Broglie, alors très-jeune auditeur, mais associé au travail intime de M. de Narbonne.

Les ennemis notoires, la Russie et la Prusse, ont aussi nommé leurs Représentants à ce Congrès. La Prusse a délégué M. Guillaume de Humbolt, nom doublement illustre dans la Diplomatie et dans l'Érudition. Mais le Czar semble avoir choisi, avec intention, un réfugié français, sans autre distinction que sa haine pour le Gouvernement de son ancienne patrie, M. Anstett, amer et implacable, naguère employé à la transaction qui garantissait à la Russie, pendant la guerre actuelle, un subside de l'Angleterre de cent millions par an.

Napoléon, blessé du choix d'un tel Négociateur, et peu pressé de connaître l'étendue des sacrifices qu'on lui demande, se prête lui-même au retard, dont il se plaint. Il n'a laissé repartir pour Prague que M. de Narbonne, en l'investissant, il est vrai, de Pleins Pouvoirs. Mais il retient le duc de Vicence, Négociateur si important par la confiance de Napoléon et l'estime d'Alexandre.

Aussi, malgré l'urgence des événements et le court délai de l'Armistice, rien ne commence à Prague; on allègue l'absence du Duc; et son retard devient un motif d'accuser l'intention du Cabinet français et de lui imputer répugnance pour une Paix, que les ennemis voulaient encore moins que lui.

Quant à Napoléon, loin que la démarche particulière, la confidence demi-hostile de l'Autriche, l'eût rapproché d'elle, il lui portait depuis lors une animosité croissante; et dans ses dernières Instructions au duc de Vicence, il se montrait jaloux de ne pas laisser à la mauvaise foi de cette Puissance, disait-il, le prix du crime qu'elle commettait, en violant son alliance; et il ajoutait l'expression réelle ou affectée[1] de son désir de déférer plutôt à la Russie, par des concessions glorieuses pour elle. Mais ce langage n'était pas moins trompeur, ou moins impuissant que le précédent; car il aurait eu à persuader un ennemi plus implacable

[1] *Manuscrit de 1813*, par le baron Fain, t. 2, p. 73.

encore et plus offensé que le Monarque autrichien, un ennemi qui avait trop sacrifié à sa propre défense, pour être jamais désarmé par aucune concession de son Agresseur. Évidemment le Destructeur volontaire de Moscou, ramené sur les traces sanglantes de notre armée du fond de la Russie jusqu'aux bords de l'Elbe, ne s'avançait pas si loin dans l'Allemagne pour traiter plus facilement avec Napoléon, ni pour en attendre, ou pour lui réserver aucune condition de préférence.

Quel que fût donc l'artifice, ou l'humeur violente qui dictait à Napoléon cette singulière recommandation pour M. de Caulaincourt, il faut y voir surtout, ce semble, la conviction qu'il commençait à prendre de la prochaine hostilité de l'Autriche. En la plaçant, pour ainsi dire, sur le premier plan des lignes assiégeantes, dont il se sentait pressé, il semblait surtout se préparer, sinon à la prévenir, du moins à la frapper aussitôt, par une vive attaque sur les États héréditaires ; et c'est, on peut le croire, dans la même pensée que renvoyant le vice-roi Eugène à son poste d'Italie, il avait, au prix de l'éloignement d'un allié si fidèle, assuré la vigoureuse défense des frontières du Tyrol.

Cependant, à cette époque même, Napoléon fait ressortir aux yeux des peuples le lien d'attachement conjugal, auquel il s'était trop confié dans ses hautaines exigences, et qu'il croit maintenant si près de lui manquer. Le 26 juillet enfin, les Négociateurs de la Russie et de la Prusse signant la prorogation de l'Armistice jusqu'au 10 août, il est parti la veille pour Mayence, où il a mandé l'impératrice Marie-Louise.

Il en revient, après quelques jours, ayant donné, par cette entrevue, motif à sa timide compagne de dé-

déclarer bientôt après, devant le Sénat de l'Empire français : « Qu'associée aux pensées les plus intimes « de son époux, elle avait entrevu de quels sentiments « il serait agité, sur un Trône flétri et sous une Cou- « ronne sans gloire. » Mais tout cela, alors comme auparavant, vain simulacre, qui cachait mal le ressentiment d'anciennes injures, l'espoir d'une prochaine représaille, et les derniers combats d'une grande ambition aux abois.

Pendant que Napoléon revoyait l'Impératrice à Mayence, l'Empereur d'Autriche, ayant quitté Vienne, habitait le château de Brandeitz, à quelques milles de Prague. M. de Narbonne, qui aurait vivement désiré de s'y rendre, fut retenu dès le 12 juillet par l'établissement anticipé de M. de Metternich dans cette ville, où cependant le Congrès ne s'ouvrit que le 28 juillet, sous la présidence de ce Ministre. Le Chancelier d'Autriche, en sa qualité de Médiateur, marqua cette installation tardive par une note datée du 29 juillet, où il invitait chacun des Plénipotentiaires à lui remettre, par écrit, ses assertions et réponses, qu'il se réservait, comme Médiateur, de communiquer à la partie adverse, selon la forme suivie au *Congrès* assez peu connu de *Teschen*.

Cette première prétention, cette méthode de procéder n'était pas faite pour hâter les débats d'une Négociation si laborieuse, et si compliquée par elle-même; aussi les Plénipotentiaires français commencèrent-ils par protester contre une telle invention. Le 30 juillet et le 1ᵉʳ août, ils confèrent sur ce point avec le Médiateur, qui persiste et s'appuie sur des raisonnements conformes, transmis par les Plénipotentiaires de la Russie et de la

Prusse, comme si le mot d'ordre du Congrès eût été de perdre le temps en débats préliminaires et de ne pas arriver même à s'entendre sur la forme d'un débat, qu'on n'aurait pas le loisir d'entamer au fond.

Une note des Plénipotentiaires français, remise à M. de Metternich pour réclamer le mode ordinaire de discussion, ou du moins le mélange des Observations écrites et de la Conférence orale, fut en effet communiquée aux Plénipotentiaires russe et prussien, qui ne manquèrent pas de répondre et même de récriminer. Sur quoi, le Médiateur fit lui-même une nouvelle note à l'appui du mode expéditif qu'il avait proposé, et que deux des Parties belligérantes défendaient de concert avec lui.

Engagés une fois dans ce dédale, les Plénipotentiaires français répliquent le 9 août avec autant de modération que de justesse, en rappelant les usages du Congrès de Riswick et de tant d'autres, et en remarquant que si la forme exclusive des Négociations par écrit offre quelque avantage[1], « ce n'est pas, du moins à en juger par les « notes qu'on leur a communiquées, celui d'aider à « concilier les esprits. »

Toutefois ils concluaient en insistant pour l'échange immédiat des *pleins pouvoirs*, afin d'ouvrir sans retard les Négociations selon la forme proposée par le Médiateur, sans exclure néanmoins la possibilité des Conférences orales.

Cette note était remise le 9 août à M. de Metternich; et le lendemain, sur la communication de ce Ministre, elle était combattue aigrement par M. Anstett, métho-

---

[1] *Manuscrit de* 1813, etc., par le baron Fain, t. II, p. 194.

diquement par M. de Humboldt, toujours avec la conclusion de s'en tenir exactement aux communications écrites, afin de procéder d'une manière plus précise et plus conciliante.

C'était le 10 août que cette réponse était remise; et les Plénipotentiaires français, en songeant que ce jour était, selon les termes d'une note de M. Anstett, le dernier jour des Négociations, exprimaient un regret douloureux qu'on parût ainsi renoncer dès à présent à « toute idée de conciliation, tandis que la Convention « signée à Newmark, en établissant un terme, avant « lequel il n'est pas permis de dénoncer l'Armistice, ne « fait pas une obligation absolue de le dénoncer, ce « terme échéant, et n'exprime d'ailleurs en aucune manière que, ce terme arrivé, les Négociations doivent « cesser.

« Le Médiateur, ajoutaient-ils, ne regarde-t-il pas « comme le plus saint des devoirs de concourir à faire « rejeter une interprétation qui détruirait l'espoir d'un « rapprochement, que les Soussignés hâtent de tous « leurs vœux et de tous leurs efforts? »

Dans le fait, c'étaient les Plénipotentiaires français qui donnaient eux-mêmes à la Convention sur l'Armistice une interprétation forcée, moins exacte que philanthropique. L'Armistice étant le cas d'exception dans la guerre, ne pas le proroger au delà d'un certain terme, c'était le clore à ce terme même. La condition implicite n'avait pas besoin d'être impérativement énoncée, pour être claire et prévue.

Mais le vœu exprimé, la Prorogation demandée au nom de la France n'en était pas moins honorable et digne d'égards; et si le rôle secret du Médiateur n'eût pas été déterminé d'avance, et son parti pris pour la guerre, certes il n'eût pas rejeté, même sans examen, l'appel qui lui était fait.

Quant à l'idée subsidiaire des Plénipotentiaires français, que les Négociations pouvaient du moins se continuer, malgré la reprise de la guerre, cette idée, qu'avait eue Napoléon, convenait bien peu dans une guerre terrible où, chaque jour, un grand coup porté pouvait tout changer. On ne bâtit pas, durant un tremblement de terre; on ne construit pas une digue, durant la tempête.

L'effort pour ainsi dire désespéré des Négociateurs français attestait donc, seulement avec un vœu d'humanité, leur conviction que la durée de la lutte engagée entre des forces chaque jour plus inégales, serait inévitablement fatale à l'Empereur par l'épuisement de son armée, l'éloignement de ses ressources, et la défection croissante de ses alliés, en même temps que l'armement toujours accru de ses adversaires.

Ils avaient donc insisté, dans leurs messages près de lui, par les plus instantes prières et les raisonnements les plus forts, pour déterminer un sacrifice égal à la grandeur du péril. M. de Caulaincourt en cela fut admirable.

D'une raison sévère et froide, autant que d'un cœur élevé, il avait suivi l'Empereur à Moscou, en le désapprouvant avec liberté. Il avait pressenti et annoncé dès lors tous les malheurs, sous le poids desquels il se montra le plus courageux, le plus assidu, le plus vigilant serviteur de son Prince.

Il n'avait pas donné, dans la Campagne de Saxe[1], des

---

[1] *Campagne de 1813 en Saxe*, etc., par le baron Odelben, t. I, p. 200.

conseils moins sincères; et il restait près de Napoléon, triste et zélé, mécontent et fidèle.

Cette solidarité d'un intime attachement, que n'avait scellé, quoi qu'on en ait dit, aucune participation volontaire dans le crime de Vincennes, consuma de bonne heure la vie de M. de Caulaincourt; et après quelques années du plus douloureux service qui fut jamais, l'enleva, jeune encore, à l'union domestique la plus profondément passionnée, refuge qui lui restait contre la calomnie, et les incurables regrets d'une haute fortune perdue et de tant de dévouement inutile.

Mais il n'est pas douteux que, du côté de l'Empereur, il y avait autant d'aversion pour les grands sacrifices, seule chance possible de paix, qu'il y avait peu de bonne foi et de confiance dans ceux qui les demandaient. L'orgueil du Conquérant n'était pas tout, dans cette répugnance. Il y entrait déjà la pensée d'un autre avenir, d'un compte à rendre, d'une difficulté à rencontrer devant les Chambres, ce simulacre si faible sous l'Empire, mais qui enfin existait, et pouvait avoir son heure, en retrouvant la parole. Quelques mots du duc de Bassano, en réponse à un intime et extrême Message de M. de Narbonne, attestent la réalité de ce sentiment dans l'Empereur, et près de lui.

Cependant tout se précipitait vers le dénoûment. Le formaliste M. de Metternich lui-même, si lent dans les Préliminaires, ne perdait pas un moment pour faire éclater la Rupture. Dès le 11 août, il prévenait les Plénipotentiaires français, au nom des Plénipotentiaires de Sa Majesté l'Empereur de toutes les Russies et de Sa Majesté le Roi de Prusse, que, le terme de l'Armistice étant écoulé, ces deux Négociateurs regardaient le Congrès comme dissous ; et il annonçait avec un vif regret la fin de ses fonctions de Médiateur. Et puis, tandis que le même jour les deux Ministres français [1] exprimaient leur douleur de voir l'empressement des Plénipotentiaires alliés à dérober, à l'*œuvre de pacification* qu'on avait espérée, le temps qui lui était encore réservé, M. de Metternich signait et se préparait à notifier le lendemain même la Déclaration de guerre de l'Autriche, amas de griefs qui semblent de longue main réunis, Manifeste doucereux tout imprégné de haine; et il faisait ainsi succéder, avec une rapidité sans exemple, au devoir d'allié et au titre de Médiateur, la provocation et la menace.

Notifiée de Prague, le 12 août, à M. de Narbonne seul, en sa qualité d'Ambassadeur de Sa Majesté l'Empereur des Français, Roi d'Italie, la Déclaration se terminait par l'avis à M. le comte de Narbonne que ses fonctions d'Ambassadeur cessaient dès ce moment et par l'offre des passeports réservés pour Son Excellence et sa suite.

Ainsi la terrible revanche d'Austerlitz et de Wagram était enfin tirée; la Coalition était de nouveau cimentée, plus nombreuse, plus habile et plus inviolablement unie que jamais. L'Armistice avait servi seulement à cela.

Sans doute du côté de Napoléon, le temps n'avait pas été perdu non plus, quant aux préparatifs de guerre. Il avait rempli les vides sanglants qu'avaient faits Lutzen, Bautzen et Wurschen; il avait fortifié ses cadres et doublé son artillerie, le grand instrument de sa tactique; mais il n'avait pu vieillir jusqu'à l'âge adulte ces Conscrits de

---

[1] *Manuscrit de* 1813, etc., par le baron Fain, v. II, p. 21.

dix-neuf ans déjà tout exténués des longues marches pour rejoindre, soldats avant d'avoir fait l'exercice, et recevant, après leur feuille de route et sur le chemin pour aller à l'ennemi, les premiers fusils [1] dont ils auraient à se servir. Enfin, s'il avait porté à trois cent mille hommes ses Corps d'infanterie, inégaux d'ailleurs d'expérience et de discipline, il n'avait en tout que quarante mille hommes de Cavalerie. En face de lui cependant, pouvant profiter mieux du même intervalle, les Confédérés avaient réuni cinq cent vingt mille hommes, Russes, Prussiens, Suédois, Allemands soldés par l'Angleterre., et enfin Autrichiens, naguère Alliés ou du moins Neutres, aujourd'hui non moins acharnés que les autres, ouvriers de la dernière heure, venant achever la moisson de la guerre, et recevoir la paye entière.

De cette masse d'ennemis unanimes, répartis en maints Corps tous nombreux, sortaient cent mille hommes de Cavalerie, qui couvraient la plaine, surveillaient nos mouvements, et paraient à la défaite ou pressaient la victoire. Une armée russe de quatre-vingt mille hommes, sous les ordres de Bennigsen, s'avançait encore du milieu de la Pologne, qu'elle tenait abattue, et que Napoléon ne pouvait plus songer à secourir, partagé qu'il était entre la Saxe et le cours de l'Elbe à garder, la Bohème à contenir, la Silésie à envahir, Berlin à reprendre, avec trois grands Corps d'armées seulement disponibles sous sa main, et ses garnisons éparses et sequestrées en pays ennemis ou près de l'être, depuis Dantzick et Hambourg jusqu'à Leipsick et Erfurt.

[1] *Manuscrit de* 1813, par le baron Fain.—*History of Europe*, etc., by Arch. Alison.

CHAPITRE XXIX.

REPRISE DES HOSTILITÉS. — ENVOI DE M. DE NARBONNE
A TORGAU.

L'Armistice n'avait fait qu'aiguiser les armes de guerre ; et à la reprise des hostilités, qui fut brusquée de quelques jours et n'attendit pas même le délai d'usage, nul ennemi ne manqua au rendez-vous de l'attaque, et plus d'un ami de la veille vint s'y réunir ; on remarqua surtout un officier étranger, le général Jominy, savant tacticien, attaché dès longtemps à Napoléon, comme au Chef qui, par le nombre et l'importance de ses guerres, pouvait le mieux employer et apprécier un habile maître de Stratégie. Dès le 14 août, ce Général quitta l'État-major français pour le Camp russe, où il porta son expérience, destiné qu'il était à voir tomber l'Empire, qu'il avait, quoique étranger, servi de sa science, et à revenir un jour écrire tranquillement à Paris de savants traités sur cet Art de la Guerre, dont il avait fait des applications si diverses.

A la même époque, comme pour un compte définitif, auquel sont appelés tous les réclamants à titre quelconque, arrivait des États-Unis d'Amérique sous la tente du Czar, le général Moreau, grand homme de guerre, disent les juges en cette matière, faible et vacillant politique, qui, lassé d'une patience de quelques années, prévit la chute de Napoléon et ne sut pas l'attendre, fit pour se venger ce qu'un citoyen ne doit jamais faire, et donna, pendant quelques moments, par sa prompte et triste mort, à la cause de son ennemi l'apparence alors préconisée d'un retour de favorable fortune.

Quoi qu'il en soit, cette faveur départie à Napoléon était la dernière, et devait être courte.

Ramenés près de lui, les Négociateurs du Congrès de Prague n'avaient plus qu'à le servir de leur épée, où qu'il les envoyât. M. de Narbonne fut jeté comme Gouverneur dans la forte ville de Torgau, que l'Empereur avait visitée durant l'Armistice, où il laissait une nombreuse garnison, et qu'il jugeait un point important pour maintenir une des frontières de la Saxe. M. de Caulaincourt resta près de Napoléon, remplissant avec le même dévouement les fonctions intimes du grand-maréchal Duroc; et réservé encore comme un Messager de paix plus admissible qu'aucun autre près d'Alexandre.

Mais quand les événements s'aggravent, quand le recours à la force devient seul décisif, les influences personnelles et les souvenirs s'effacent, s'ils n'entrent pas dans la passion commune.

Revenu d'une dernière et inutile visite près des Monarques alliés, et au château qu'ils avaient occupé dans le voisinage de Prague, M. de Caulaincourt ne rapportait à Dresde que l'assurance d'une guerre désormais implacable, où il n'y avait qu'à mourir, et où des victoires accidentelles ne dissoudraient pas une Coalition, fondée sur une crainte et sur une haine, que ces victoires mêmes augmenteraient.

Cette idée n'arrivait pas à la seule âme de l'Empereur ; il lui semblait toujours que la résolution des hommes ne tenait pas contre ces coups de puissance, tels qu'il en avait quelquefois frappés, qu'une nouvelle journée de Wagram lui rendrait l'Autriche, qu'une nouvelle bataille d'Iéna lui ramènerait une pacification de Tilsit, qu'en un mot, il lui suffisait de vaincre grandement quelque part pour diviser ses ennemis, et faire alors à l'un d'eux de tels avantages que les autres demeureraient abandonnés et abattus sans défense.

Il n'appartient pas à ce récit de retracer en détail les démentis funestes donnés à cette espérance. Les historiens militaires ont décrit avec un savant détail comment Napoléon, faisant de Dresde le point central d'un effort de guerre à la fois d'invasion et de défense, crut pouvoir, avant l'agression de la principale armée des ennemis contre cette ville, enlever lui-même Berlin, comment il avait dépassé et rejeté en arrière une Armée Prussienne, et avançait toujours sur sa proie, lorsqu'il fut rappelé par l'annonce que la grande Armée Russe, commandée par Barclay de Tolly, venait de forcer la route de Prague sur Dresde, et que la grande Armée Autrichienne et Russe, commandée par le prince Schwartzemberg, marchait aussi de la Bohème sur Dresde.

Ainsi le Camp naguère fortifié par Napoléon, la Capitale de son allié le plus soumis, défendue par une garnison française qu'il y a laissée, mais non plus par sa présence, va tomber aux mains de ses ennemis. Il lui faut donc, à tout prix, retourner sur l'heure, et prévenir la perte à la fois de son Camp de réserve et de son dernier allié ; et, en effet, par un de ces mouvements rapides et merveilleux qui épuisent les troupes et gagnent des batailles, par une de ces marches, qu'il renouvela plus tard, et rendit si foudroyantes dans la Campagne de France, Napoléon s'est replié brusquement, et est rentré dans Dresde, au moment même où les bataillons ennemis, débouchant des Montagnes de la Bohème, descendaient sur cette Capitale.

La bataille qu'il livra, en s'élançant d'une Porte à l'autre, les feux terribles qui enveloppèrent pendant deux jours la malheureuse ville, la plus sanglante agression repoussée d'abord sur tous les points, les bivouacs français, s'avançant avec la nuit, sur le champ de bataille, que l'ennemi avait en partie cédé, et couvrant la ville moins ravagée d'obus, la Bataille recommençant le lendemain, non moins furieuse, non moins acharnée, l'ennemi forcé enfin de se réfugier tout à fait, de remonter vers la Bohème, et Napoléon le poursuivant à son tour, et lançant sur les routes, encombrées de fuyards, l'élite de sa Cavalerie trop peu nombreuse, ce sont là de ces souvenirs que la science militaire ou l'imagination héroïque ont seules le droit de comprendre dans toute leur technique horreur et dans leur épouvantable majesté! Qu'il soit permis de rappeler seulement que, là même, allait se vérifier l'avis des sages Conseillers qui, pressant naguère Napoléon d'anticiper sur les concessions demandées et de faire promptement une part décisive à l'Autriche, lui disaient que « devant la Coalition imminente et la contagion d'hostilités qui allait gagner l'Allemagne entière, il n'y avait pas de chances de génie et de fortune assez constantes et assez complètes pour prévaloir; qu'il manquerait toujours quelque chose au bonheur des armes et au triomphe de la tactique la plus savante, et que ce peu, dans l'état présent, ne fût-ce que le sang, dont il faut acheter toute victoire, suffirait pour tout perdre. »

L'Empereur éprouva cette fois la justesse de la prédiction par lui-même et par sa propre défaillance d'un moment, à la suite d'un succès obtenu. Après ces rudes combats, il continuait à presser l'arrière-garde affaiblie et décomposée des Autrichiens en retraite ; et commençant à gagner sur eux, il espérait empêcher le ralliement de leurs forces se repliant vers la Bohème, que le général Vandamme et un Corps détaché sous ses ordres devaient leur fermer, si elles arrivaient sur lui battues et découragées.

Tout à coup le Vainqueur, dans cette vive poursuite, se sent saisi d'un douloureux malaise ; une crainte de poison l'agite ; la fièvre et les vomissements l'abattent ; il est forcé de s'arrêter ; il donne l'ordre du retour et rentre dans Dresde, où quelques soins et une nuit de plein repos dissipèrent ce mal causé par trois jours d'extrême fatigue et de Champ de bataille, sous une pluie continue ; mais l'occasion, cette Reine du monde, avait fui. Moins gênées par une poursuite que n'animait plus la présence de Napoléon, les Armées Autrichienne et Russe s'étaient promptement raffermies dans leur retraite ; les Corps séparés avaient rejoint ; les colonnes en marche s'étaient plus d'une fois volontairement arrêtées, et avaient résisté avec avantage et repris lentement la route qui les ramenait dans la Bohème, vers Tœplitz.

Ce fut à ce moment même que le général Vandamme essaya d'enlever cette ville, au lieu de garder les dernières hauteurs, qu'il aurait occupées avec tant de succès contre la marche rétrograde des ennemis, si ceux-ci avaient été en même temps puissamment attaqués, sur leur arrière-garde et leurs flancs. Mais le manque d'une telle diversion lui fut fatale; et son mouvement sur Tœplitz aggrava ses dangers. Une partie de la Garde russe, sous les ordres du général Osterman, arrêta le général Vandamme et sa Division pendant que l'Armée Autrichienne non combattue arrivait de son côté par les gorges des montagnes de Bohême, dans la plaine de Tœplitz.

Repoussé plus vivement, à mesure que derrière le rideau de Grenadiers Russes grossissait le bataillon des arrivants, Vandamme fut forcé de se retirer sur la ville de Culm; et là, il se vit attaqué de nouveau par ceux qu'il s'était flatté d'arrêter. Sa résistance désespérée le sauva de ce péril; et en abandonnant la ville de Culm, le 30 août, vers le milieu du jour, il pouvait encore regagner sur les hauteurs la position inexpugnable qui porte le nom de Péterswald; mais, dans l'intervalle, le Corps Prussien qui, ayant combattu aux journées de Dresde, se retirait depuis plusieurs jours devant la poursuite française, occupe ce rocher de Péterswald que personne ne défendait, et coupe le passage à Vandamme et aux siens.

Ceux-ci firent un grand effort, célébré même par les ennemis : une élite de Cavalerie française, qui composait en partie ce Corps d'expédition, remonta d'une force irrésistible les ravins du rocher et sabra des canonniers prussiens sur leurs pièces. Mais les Prussiens, plus nombreux, reprirent courage et attaquèrent à leur tour les Français qui gravissaient vers eux. Le combat monte et descend tour à tour; mais, lorsqu'il sa rapproche de la plaine, les Prussiens de Kleist trouvent, pour appui, l'Avant-garde Russe de Barclay de Tolly. Dans ces chocs divers le Corps français, attaqué de toutes parts, se rompt et se disperse; son artillerie, ses bagages sont pris; le général Vandamme est fait prisonnier avec une partie des siens, d'autres échappent, officiers ou soldats; et un des Aides de camp de l'Empereur, qui commandait la vaillante cavalerie détruite à cette journée, vient, à travers une fuite aventureuse, apporter à l'Empereur son sabre tout sanglant et la nouvelle du désastre.

Ainsi s'est évanoui le grand effet des batailles de Dresde; les ennemis repoussés ont, dans leur retraite, rencontré une victoire.

Ils n'ont pu, sans doute, emporter la ville de Dresde ayant pour garnison cent mille Français; ils ont laissé devant ces murs grand nombre des leurs; ils ont cédé ce sanglant territoire à Napoléon, affaibli lui-même par de nombreuses pertes : mais en reculant, ils ont vaincu : et repliés sur des forces amies qui les attendent, ils ont pris entre deux feux et anéanti le Corps qui devait les arrêter, et les renvoyer sous le feu d'une poursuite qu'aurait dirigée Napoléon lui-même. Ainsi, justifiant trop une des prévoyances exprimées par M. de Narbonne et M. de Caulaincourt, le Chef Suprême avait manqué accidentellement un jour, un seul jour; et cette absence suffisait pour tout perdre. Napoléon le comprit, sans l'avouer. Ses premières paroles recueillies près de lui accusèrent l'imprudence de Vandamme, sans parler de sa propre inaction. Et comme s'il eût porté dès lors sur lui-même le pronostic de sa chute, il lui échappa de murmurer, les yeux attachés à la carte déployée devant lui, ces vers du poëte qu'il aimait :

> J'ai servi, commandé, vaincu quarante années;
> Du monde dans mes mains j'ai vu les destinées,
> Et j'ai toujours connu, qu'en chaque événement,
> Le destin des États dépendait d'un moment.

CHAPITRE XXX.

CONSÉQUENCES DES ÉVÉNEMENTS DE DRESDE. — SUITE DE LA GUERRE ET DES DÉFECTIONS PRÉVUES. — SITUATION DE M. DE NARBONNE A TORGAU.

Tout le plan de la reprise de guerre défensive a été déconcerté. Il ne reste plus, d'un grand succès militaire, qu'une compensation de blessures et de morts entre les deux parties belligérantes et cette égalité de destructions fatale à Napoléon jeté si loin de ses ressources, en face d'ennemis recrutés sans cesse.

Ce grave échec coïncidait d'ailleurs avec d'autres pertes éprouvées sur tous les points, comme si les armes de l'Empereur n'eussent été heureuses qu'entre ses mains, et que sa fortune eût fait défaut partout désormais, où manquait sa présence. Un de ses premiers Généraux, Macdonald, dirigé sur la Silésie pour y tirer une vengeance exemplaire de la Prusse, a été arrêté dès le mois de septembre par des pluies et des débordements qui, ayant coupé du reste de ses troupes une Division entière, la livrent aux ennemis, et le forcent de revenir sur ses pas, affaibli d'une perte de quinze mille hommes, et laissant le champ libre à l'armée de Blücher.

L'Empereur à contrepesé ce désastre, autant qu'il pouvait; il est sorti de Dresde; il a couvert la ville de Bautzen, témoin récemment d'une de ses victoires; et, par le seul déploiement de ses manœuvres, il a fait reculer Blücher et rouvert la route de la Silésie. Mais à son retour à Dresde, il trouve l'annonce d'une défaite de son plus entreprenant Général, le Prince de la Moskowa, qui de Torgau marchant sur Berlin a dû, après un rude combat, se retirer devant l'armée Prussienne de Bulow, appuyée de fortes réserves Moscovites et Suédoises.

Une main française s'est fait sentir dans ce nouvel échec : c'est Bernadotte qui cette fois nous ferme la route de Berlin, d'abord par des détachements Suédois mêlés aux troupes nationales de Bulow, puis à la tête de la principale Armée des Confédérés, dont une politique habile des Souverains l'a fait Général.

Nul Chef n'est plus propre à exciter par son exemple la défection des Corps Allemands engagés encore dans l'armée française. Il en est que lui-même a commandés, sous l'Aigle tricolore. Les Saxons, par exemple, placés sous ses ordres par l'Empereur, à la journée de Wagram, que doivent-ils penser aujourd'hui? Et quand ils voient leur ancien Général français devenu transfuge de la France, comment ne le seraient-ils pas eux-mêmes de cette patrie étrangère qui les traîne à sa suite, et ne les dédommage plus au moins par la gloire militaire des souffrances et des périls qu'elle leur inflige?

C'était là, il faut le dire, le second ordre de défections qu'avaient prévu les fidèles Conseillers de l'Empereur, et qui menaçait inévitablement nos armées, dans cette guerre prolongée. Une *Adresse* de Bernadotte aux

Saxons, partout répandue de Leipsick à Dresde, fut comme un talisman de désertion qui entraîna bien vite des bataillons entiers, malgré les Proclamations contraires du Roi de Saxe et son zèle sincère pour une Cause maudite par ses sujets.

La science militaire peut seule juger ce que, pendant ce péril croissant, osait ou préparait Napoléon cantonné dans Dresde, mais de là, sortant par vives saillies sur des points divers, pour repousser une attaque, prévenir la réunion de deux forces ennemies, recueillir les débris d'une défaite, et faire face successivement à ceux qu'il ne pouvait plus braver tous ensemble. Quelque rapides et bien calculées que fussent ces marches et ces contre-marches, ce n'était là cependant qu'un trépignement sur soi-même, d'où le grand Général avait besoin de se dégager par quelque coup décisif. Car la saison avance, et les ennemis se multiplient; la Bavière est encore plus sollicitée que la Saxe de s'unir à la Coalition. Encore quelque temps, et toute l'Allemagne va se lever ensemble, pour accabler un ennemi qu'on sent faiblir, et qu'une attaque de plus peut réduire aux abois.

En vue de ce danger qui frappe tous les esprits, devant ce séjour stérile de Dresde, devant ce blocus qui se forme autour du terrain occupé par l'Empereur, on commence à penser et à dire, dans son *État-major*, que l'heure de la Retraite est venue, qu'il est grand temps de se rapprocher de Leipsick et de reporter graduellement les divers Corps d'armée sur la route de Mayence. Mais la pensée de l'Empereur est autre ; il ne peut quitter ainsi sa proie, revenir infructueusement sur nos frontières, après des batailles gagnées. Il en espère, il en veut une nouvelle plus éclatante et plus destructive.

Sortant de Dresde le 7 octobre, y laissant, avec l'illustre Maréchal Gouvion-Saint-Cyr, toute une armée de trente mille hommes, il songe à s'enfoncer plus avant, à se couvrir de l'Elbe, à marcher sur Magdebourg, à tenir avec cette ville forte cette riche Province, pour peser de là sur toute la Prusse, enlever Berlin, puis remonter l'Oder, débloquer les places que la France occupait encore, se recruter de leurs garnisons, trouver entre l'Oder et l'Elbe quelque nouveau Champ pour une bataille décisive, et enfin ne repasser l'Elbe qu'après avoir, par un grand coup, consterné et peut-être rompu la Coalition.

Quels obstacles aurait opposé à cette vaste et un peu fébrile espérance le nombre déjà double et toujours croissant des ennemis, la tactique opiniâtre de leurs Chefs et la chance toujours probable de quelque désastre particulier, dans un ensemble de tant de mouvements compliqués? la science militaire peut en raisonner. Mais un autre élément capital des choses de guerre, l'état des esprits, la disposition morale des hommes en décida souverainement, et ne permit pas même de tenter cette redoutable épreuve.

En marche sur Magdebourg, et arrêté dans le château de Duben, seulement pour y attendre un Corps de troupes qu'il faisait venir de Leipsick, l'Empereur trouva près de lui, dans quelques-uns de ses Généraux, tant de répugnance pour son hardi projet, que le doute sur sa propre résolution, ou du moins la défiance du concours des autres, commença pour cet esprit longtemps si sûr de lui-même, et si docilement obéi. Après une hésitation péniblement oisive, pendant quelques jours, il se désiste enfin, et revient sur ses pas frappé et comme découragé par un incident que naguère lui avait fait pressentir M. de Narbonne, et qui consternait près de lui le Prince de Neufchâtel : c'était la Défection de la Bavière, signée le 8 octobre, et la réunion immédiate de son Général Wrède et de son Corps auxiliaire aux troupes de la Coalition.

Ces abandons successifs, en effet, cette hostilité des plus faibles, assaillant à leur tour le Lion blessé, présageaient d'autres mouvements semblables, et toute une longue série de désertions et d'attaques nouvelles à rencontrer sur le chemin de la Retraite.

Le Wurtemberg, les États de Bade et de Darmstad allaient suivre : l'armée Autrichienne, en se rapprochant du Rhin, y trouverait des auxiliaires, pour nous arrêter et pour nous combattre; et le passage du retour se fermerait hostilement contre nous, par les bras même de ceux que nous y avons laissés pour gardiens. Il importe de prévenir et de gagner de vitesse un tel manque de foi, en se rapprochant à la hâte des frontières de France, pour ne pas livrer les rives du Rhin, par obstination à garder celles de l'Elbe.

L'Empereur cède à ces conseils répétés près de lui par ceux dont il devait estimer le plus le dévouement et la hardiesse; il renonce à lancer sur Berlin un de ses Corps d'attaque, tandis qu'il aurait achevé lui-même sa marche sur Magdebourg.

Par une de ces mobilités de desseins, toujours fâcheuses, parce qu'elles ne permettent pas les longues précautions, il se détermine à revenir aussitôt sur Leipsick qu'il avait tout récemment dégarnie, en vue d'un autre plan désormais abandonné : et dans la hâte de ce mouvement nouveau vers un point, où il a besoin.

de devancer l'ennemi, il ne réunit pas toutes ses forces.

Non-seulement il laisse toujours immobile le Maréchal Saint-Cyr, avec trente mille hommes; mais il n'a pas le temps, et peut-être il n'aurait pas eu l'intention d'appeler de Hambourg le Prince d'Eckmulh et son Armée. Trois points encore sur lesquels il aurait opéré dans son premier plan, et dont il aurait relevé ou couvert les Garnisons, Magdebourg, Wittemberg et Torgau sont irrévocablement laissés en arrière; et les troupes nombreuses, que commandait à Magdebourg Lemarrois, à Wittemberg Lapoype, à Torgau Narbonne, seront perdues pour la Retraite, sans être utiles à la défense de quelques Conquêtes isolées, au milieu de plusieurs armées ennemies, et de tout un pays soulevé.

La ville seule de Torgau gardait et annulait ainsi un corps de quinze mille hommes, que bientôt, entre d'étroites murailles, la contagion allait décimer et qui aurait été de grand usage sur le Champ de bataille de Leipsick. Mais il y a des fautes fatales qui se lient entre elles, comme les succès. Ne pouvant se dessaisir de ce qui lui est arraché, voulant garder au moins la Saxe, quand tout le reste lui échappe, laissant toute une armée à Dresde, d'où le roi s'éloigne, Napoléon ne peut pas dégarnir la forte ville de Torgau qui couvrait une partie de la Saxe. Il espère d'ailleurs, tout en se retirant vers Leipsick et en redescendant vers la rive du Rhin, qu'une grande victoire pourra tout changer et lui rouvrir le Nord jusqu'à Dantzick, à travers les points de repaire qu'il laisse échelonnés derrière lui. Ce qui nourrit ce projet, c'est l'espérance que ses manœuvres précédentes, ses menaces sur Berlin, ont appelé et retiennent près de là toute l'armée de Bernadotte, que les Russes s'attarderont, et qu'il ne·trouvera près de Leipsick que les Autrichiens, qu'un ennemi à combattre seul, et partant, à punir.

Dans cette pensée, au moment où le Maréchal Augereau, avec quelques troupes nouvelles et quelques vétérans de la guerre d'Espagne, arrivait de France sur la frontière méridionale de Saxe, et où le Roi de Naples, après avoir repoussé un Corps Russe, se repliait sur Leipsick, l'Empereur ayant concentré sur ce même point les Corps du Duc de Bellune, du Général Lauriston, du Duc de Raguse, s'y porte avec le reste de son armée disponible et réunit ainsi au même lieu, dès le premier jour, près de cent mille hommes qui vont s'augmenter encore.

Mais quelle que soit la rapidité de ce mouvement en arrière de Duben sur Leipsick, qui n'en est séparée que par un jour de marche, Napoléon à peine arrivé aux faubourgs de Leipsick, pour faire la revue de ses vaillantes Divisions déjà stationnées, entendra le canon de l'ennemi et saura que de tous les côtés les assaillants arrivent à ce rendez-vous, non pas seulement la principale armée Autrichienne de Schwartzemberg qui a longé le cours de l'Elster, mais encore les armées de Blucher et de Bernadotte, accourant à pas accélérés par les routes du Nord, puis une seconde armée toute Autrichienne qui se dirige entre Weissenfels et Leipsick pour couper la route de la France, et enfin, l'armée Russe de Pologne, commandée par Bennigsen, qui s'avance par la route désormais libre de Dresde.

Le 16 octobre vit commencer la mêlée sanglante de ces masses formidables qui dans un seul jour livrèrent trois batailles sur des points distincts du même cercle, et qui combattirent trois jours de suite. A part ce que la science seule de la guerre peut comprendre et retracer dans ce chaos de mouvements opposés, une seule chose éclate aux yeux vulgaires, et fait sentir profondément à nos esprits la nécessité déplorable où Napoléon réduisait la France.

Évidemment, par la longue durée de la guerre, par l'irritation excitée chez tous les Peuples, par le progrès et l'action dominante de l'Artillerie, par l'énormité des armées, les choses en étaient arrivées à ce point que les éclairs du Génie ne comptaient plus, que l'art le plus savant était annulé ou contre-pesé par l'excès de la force matérielle, que les feux de batterie se valaient de part et d'autre, et que les hommes avaient même courage, même obstination à mourir, dans tous les rangs qui se livraient bataille.

Dès lors, par ce dernier raffinement des Temps civilisés qui ramène souvent les effets mêmes de la barbarie, la force matérielle, le nombre, le nombre discipliné, armé, devenait l'instrument suprême de victoire ; et le jeu terrible de la guerre n'était plus, à cette loterie meurtrière, que le gain déloyalement infaillible du gros banquier contre les faibles mises. On est frappé de ce résultat humiliant pour la gloire humaine, quand on regarde mélancoliquement les états numériques des deux Armées, qui combattirent si opiniâtrement. Le premier jour, elles étaient déjà fort inégales dans l'ensemble du chiffre, les Français cent trente-six mille hommes, les alliés deux cent trente mille hommes, dont vingt mille ne furent pas engagés.

Mais comme la bataille était éparse sur trois terrains distincts, et que sur un de ces points principaux l'inégalité numérique était moindre, et beaucoup plus grande ailleurs, dans un de ces Champs Clos, le seul qui s'ouvrit à armes presque égales, l'Empereur fut vainqueur, repoussa les ennemis avec grande perte de blessés et de morts, et leur enleva maints prisonniers, dont un Général Autrichien Merfeldt, le Négociateur Allemand de Campo-Formio, ce premier témoin du génie ascendant de Napoléon. Mais sur un autre Champ de bataille voisin, sur la rive droite de la Partha, les Français, trop peu nombreux, ont cédé aux attaques obstinées des Prussiens; et enfin, sur le dernier champ de bataille, à Lindenau, qui donne passage vers la France, les Français, réduits à quinze mille hommes contre vingt mille, ont couru grand péril et n'ont conservé leurs positions qu'à la faveur d'une faute de l'ennemi.

Sous l'impression de cette victoire sanglante et partielle, Napoléon se sent donc averti de faire un effort pour la paix. La captivité de Merfeldt lui en donne l'idée et l'occasion; il se fait amener ce Général auquel on a rendu son épée, et qui vient de souper avec l'État-Major français, près du Champ de bataille; il l'accueille de paroles amies, et le charge de porter à l'Empereur d'Autriche une nouvelle offre de paix. Il allègue, suivant un témoin officiel, le spectacle même de cette journée, la violence de l'attaque et celle de la défense, « l'intérêt pour tout le monde de traiter aujourd'hui : « car qui sait les événements de demain ?

« Notre alliance politique est rompue, dit-il; mais
« entre votre maître et moi, une autre alliance subsiste,
« et celle-ci est indissoluble; c'est elle que j'invoque :
« car j'aurai toujours confiance dans les sentiments de

« mon Beau-père; c'est à lui que je ne cesserai d'en ap-
« peler de tout ceci : allez le trouver, et répétez-lui ce
« que je lui ai déjà fait dire par Bubna. » Et Napoléon
alors renouvelle les assurances, trop peu crues jusque-
là, de sa disposition à vivre en paix, à rêver le bonheur
de la France, après avoir rêvé sa gloire, se plaignant
avec une piquante liberté d'esprit « : que l'Autriche
« veuille tout à fait museler le Lion, et ne se tienne
« pas pour contente, si elle ne lui a coupé la crinière et
« arraché les griffes. »

Il ajoute même des avis qui seraient spécieux, si une
seule crainte n'avait fait taire toutes les autres. Bien loin
aujourd'hui de ce langage tout récent, qui ne parlait
que d'écraser l'Autriche, et d'offrir une paix glorieuse
à la Russie, il prétend avertir l'Autriche que désormais, pour elle, gagner aux dépens de la France, c'est
perdre : « Vous y réfléchirez, général Merfeldt, dit-il; ce
« n'est pas trop de l'Autriche, de la France, et même
« de la Prusse, pour arrêter, sur la Vistule, le déborde-
« ment d'un peuple à demi-nomade, et dont l'immense
« Empire s'étend depuis nous jusqu'à la Chine. »

Enfin, jugeant sans doute que ces considérations
spéculatives avaient besoin d'être aidées par un intérêt
plus immédiat, il vient au détail des sacrifices qu'il
offre de faire pour la Paix : « il renoncerait à la Pologne;
il rendrait l'Illyrie; il abdiquerait le Protectorat de la
Confédération du Rhin; il retirerait ses troupes de l'Espagne, de la Hollande et des Villes Anséatiques, en
laissant ces divers États à leur indépendance et à leurs
propres lois, sauf cependant à ne réaliser toutes ses
promesses qu'à la Paix Maritime, et par suite de stipu-
lations où serait entrée l'Angleterre.

Il détacherait de son Empire le Royaume d'Italie, et n'en demanderait que le maintien, comme État isolé, admettant d'ailleurs, pour le reste de l'Italie, tout ce qui serait conciliable avec ce Principe. Sur ces bases, il propose un Armistice immédiat; et pour prix de cet Armistice, il offre d'évacuer, sur-le-champ, l'Allemagne et de se retirer derrière le Rhin. »

Le Narrateur authentique de cette communication mémorable, en la rendant plus textuelle encore et plus longue, n'y mêle pas une syllabe, pas un signe du Général étranger auquel s'adressait Napoléon, et qu'il faisait, aussitôt après, reconduire avec honneur aux avant-postes. Cette omission est expressive : l'attitude du muet interlocuteur disait déjà comment serait accueilli le Message. Évidemment, pour la Coalition acharnée à la piste du sang et regardant comme une victoire une égalité de pertes entre les deux armées, l'offre de cessions éventuelles, sur transactions à venir, n'était pas sérieuse; et la proposition d'Armistice, l'engagement de se retirer au delà du Rhin, semblait plutôt un subterfuge qu'un sacrifice; car, cette barrière même, jusqu'où Napoléon promettait de reculer, les étrangers comptaient maintenant qu'il ne l'atteindrait pas; et leurs forces, croissant chaque jour avec le soulèvement contagieux de l'Allemagne, donnaient à cette espérance l'ardeur et la réalité du succès.

Ni le message de Merfeldt, ni aucun autre message ne pouvait rien dès lors; et si la bataille multiple du 16 octobre ne recommença pas dès le lendemain matin, si la journée fut immobile et silencieuse, ce n'est pas qu'il y ait eu la moindre hésitation dans le Camp des Coalisés; mais ils attendaient un renfort nouveau, l'armée que Bennigsen leur amenait du fond de la Pologne : cette trêve d'un jour les recrutait de cent mille hommes.

L'Empereur, soit qu'il espérât, soit qu'il feignît l'espérance, parut attendre dans la journée une réponse à son Message; mais à la nuit, il prépare un mouvement de retraite, afin de déplacer du moins le Champ de la bataille qu'il prévoit pour le lendemain; et, faisant traverser Leipsick aux équipages de l'armée, pour les avancer du côté de la route de France, il recule d'une lieue tous ses postes, en vue de l'instant fatal où, à la pointe du jour, le 18 octobre, va recommencer le feu de l'ennemi.

Ici encore pour nous, faible annotateur de ces grands souvenirs, et pour la Postérité qui sera curieuse de les rechercher partout, une seule vérité militaire apparaît avec certitude et confirme une observation précédente : c'est le progrès de l'inégalité numérique entre les deux armées, l'ascendant nécessaire de cette inégalité dans des conditions de Tactique, de valeur et d'acharnement à peu près égales, et enfin le résultat décisif qu'elle entraîne, quand elle devient excessive, et que toute proportion est rompue, comme dans la journée du 18 octobre, où les Français, au nombre de cent vingt-trois mille hommes, avaient à soutenir, sur tous les points d'attaque qui les environnaient, l'effort simultané de trois cent trente mille hommes.

Cette accablante disparité de nombre en amenait une autre, dans l'emploi du plus redoutable instrument de la Tactique moderne. Les batteries de l'ennemi étaient plus nombreuses et plus convergentes. La compensation alléguée par les observateurs de ce fait, c'est que les batteries françaises plus élevées et plongeant sur des Colonnes plus profondes ne faisaient pas moins de ravage; mais dans ces vastes calculs de destruction, où s'absorbait presque toute la Tactique de cette guerre gigantesque, il est manifeste que l'avantage restait à ceux qui, plus nombreux des deux tiers, avaient plus à perdre, et des masses plus longuement résistantes à user sous les coups de la mort.

A ce terrible et rigoureux calcul des quantités destructibles, et des moyens de mort, où se trouvait ainsi réduit tout l'Art de la guerre, à cette subordination du génie et du courage au nombre démesurément accru des hommes en ligne et des pièces en batterie, devaient bientôt se joindre ces accidents de la volonté humaine, ces revirements de partis, ces défections perfidement soudaines qui changent de nom, d'un peuple à l'autre, et que la domination, qu'elles ébranlent tout à coup, ne peut ni déshonorer, ni prévenir. Ce n'est pas seulement Bernadotte, un Général français devenu Suédois, qui, s'associant aux représailles des peuples du Nord, dirige ses feux contre l'armée française. Le coup bien autrement dangereux qu'il avait déjà porté, avant le combat, par ses seules Proclamations, va plus immédiatement retentir sur le champ de bataille. Son appel en masse est entendu.

Au point sur lequel marchait Bernadotte à la tête de ses Suédois et de nombreux régiments Russes, l'Armée française avait dans ses rangs douze mille Saxons et deux régiments de cavalerie de Wurtemberg. Cette troupe, qui avait combattu quelque temps sous les yeux du général Régnier, dont elle formait presque seule la division, se sépare tout à coup; et précédée d'un officier supérieur qui agite un mouchoir blanc, elle passe en plein Champ de bataille dans les rangs ennemis, et vient apporter à Bernadotte ses bras armés et quarante pièces de canons, dont elle achève de brûler la poudre, en tirant aussitôt sur les Français.

L'histoire avait transmis quelques faits analogues parmi les incidents des guerres civiles, ou dans les annales des États qui employaient à la guerre des mercenaires étrangers. Mais cette fois la forme de la désertion parut aussi nouvelle que coupable.

N'oublions pas cependant que de sages conseillers l'avaient prédite ; que c'était presque ici une guerre civile mêlée de guerre étrangère, et que les Saxons qui désertaient le Drapeau français, au milieu du combat, allaient se réunir à leurs Compatriotes, de langue et d'origine Allemandes, et qu'ils appelaient Patriotisme ce qui d'abord était trahison. Quoi qu'il en soit, Napoléon voyant de ses yeux sur le Champ de bataille cet abandon pire qu'une défaite, et pouvant dès lors le prévoir sur tous les points de l'Allemagne, ne parut pas ébranlé, et couvrit même par la vigueur de ses attaques un premier moment de vide et de désordre; mais de notre côté, l'artillerie commençait à s'épuiser, comme les hommes. Quatre-vingt-quinze mille coups de canon avaient été tirés par les Français dans la journée. A la nuit tombante, les Commandants de cette arme vinrent dire à l'Empereur que les munitions allaient manquer, et qu'il restait à peine dans les réserves seize mille coups à tirer. Le grand parc d'artillerie, qui n'avait pu suivre le mouvement rapide sur Leipsick, avait été mis à l'abri dans Torgau. Il faut atteindre Erfurt pour s'approvisionner de nouveau.

L'Empereur ne peut donc cette fois garder sur le Champ de bataille la place d'où, malgré tant de morts et une si grande inégalité dans le nombre des combattants, il n'a pas été matériellement repoussé : il ne peut y attendre une troisième journée. La retraite est forcée pour lui, dût-elle paraître une bataille perdue. Lors même que les ténèbres plus épaisses et la lassitude des survivants vont éteindre l'Artillerie ennemie, pendant quelques heures, il ne peut s'exposer à revoir le jour et à recommencer la bataille avec des caissons vides, et sans ces rangées de bouches à feu, où triomphait sa tactique, et dont la puissance meurtrière couvrait un peu l'affaiblissement de ses bataillons décimés.

L'Empereur ne rentre donc dans Leipsick épouvantée, que pour préparer le passage de ses troupes sur l'Elster, tandis que son arrière-garde couvrira la retraite, en défendant l'entrée des faubourgs de l'est et du midi. Le 10 octobre à la pointe du jour vit commencer ce mouvement et cette lutte. Les Français avaient hâte de quitter une terre funeste ; et les ennemis, malgré leurs pertes et leurs blessures, étaient ardents pour achever leur succès. Vainement l'Empereur avait autorisé les Magistrats de la ville à capituler pour leur compte, sous la condition de sa retraite immédiate : toute offre préliminaire, tout message est rejeté ; les feux des Coalisés traitent Leipsick en ville ennemie, tant que les Français la traversent.

L'Empereur cependant ne veut pas prolonger ce conflit barbare, ni incendier lui-même une partie de la Ville, pour en défendre l'entrée. Après avoir quitté son humble et malheureux allié le roi de Saxe et cette Famille Royale éplorée, où il avait songé, quelques années auparavant à prendre une épouse, il ne pense plus qu'à précipiter avec ordre sa retraite, entre l'assaut des Coalisés aux portes de la ville, et une seconde défection de troupes Saxonnes qui vient d'éclater dans Leipsick, comme un écho de l'abandon sur le champ de bataille.

C'est au milieu de cet affreux chaos, pendant les résistances dernières de Macdonald, de Poniatowski, de Marmont et de Ney, que l'Empereur et la plus grande partie de l'armée ayant déjà passé l'Elster, le pont qui devait recevoir le reste des Colonnes françaises en retraite fut tout à coup détruit par un ordre mal donné, ou mal exécuté.

La perte fut immense dans la réalité et dans l'opinion : ces corps attardés pour servir à la défense commune parurent avoir été sacrifiés; des chefs illustres, des milliers de soldats périrent. Poniatowski, le vaillant général Polonais, de race et d'âme royales, le fidèle guerrier que Napoléon venait de nommer Maréchal de l'Empire, et que, dans un Plan de Conquête mieux conçu, il aurait pu deux ans auparavant placer sur le Trône rétabli de la Pologne délivrée, Poniatowski, lançant son cheval dans l'Elster, y disparaît englouti. Macdonald ayant tenté le même passage, échappa presque seul. Une immense Artillerie, et ce qui manquait encore à la fortune des ennemis, de nombreux prisonniers français furent capturés presque sans combat; et mille rumeurs sinistres s'élevèrent de tous côtés sur la fatalité, l'imprudence ou l'égoïsme, qu'il fallait accuser d'un si grand désastre.

L'absence d'autres voies de communication sur l'Elster, la destruction soudaine et inexpliquée de ce pont unique arrêtait du moins la poursuite immédiate des

Confédérés ; mais elle leur livrait vingt-cinq mille prisonniers, y compris les malades ou blessés, et deux cent cinquante pièces d'Artillerie, tous les bagages d'une grande armée ; elle renouvelait presque, aux yeux du monde, le souvenir si funeste et si récent de la Bérésina, sans la même excuse du fléau de l'hiver, sans le même éclat de hardiesse héroïque mêlée au désastre. D'une part ici, la vigilance semblait avoir manqué ; et de l'autre, les hommes seuls avaient vaincu, sans le secours des éléments.

Aussi la douleur de Napoléon fut grande, et sa récrimination amère contre l'oubli de ses ordres et la négligence du Général qui commandait le génie. Le trouble causé par ce malheur semble se marquer même dans le Bulletin de la journée. Contre l'usage de cette éloquence militaire, si imposante et si précise, on y trouve, dans un récit peu distinct, la perturbation des troupes, l'ordre de faire sauter le Pont donné d'avance, et l'exécution hâtive de cet ordre imputée à l'étourderie d'un caporal, qu'on est étonné d'en voir seul dépositaire, et dont le Bulletin annonce la mise en jugement ; faible satisfaction qui n'aura nulle suite, on peut le croire, et qui paraît bien disproportionnée à de tels malheurs !

Plus de cinquante mille hommes manquaient à l'appel de l'armée française, après ces désastreuses journées de Leipsick ; et le reste, encore dans le désordre de sa retraite, et bientôt pressé par l'ennemi, qui à son tour a passé l'Elster près de Lutzen, hâte sa marche vers Erfurt, où l'armée va chercher moins des remparts que des munitions de guerre.

Satisfait maintenant de mettre des fleuves de plus entre l'ennemi et lui, l'Empereur a passé la Saale, le

20 octobre; puis, après avoir suivi le chemin de Fribourg, d'où il apercevait à droite les plaines de Rosbach, ce triste souvenir d'un autre désastre, il passe l'Inn, célèbre aussi dans les guerres du moyen âge, et sur lequel lui-même surveille cette fois, avec l'œil du maître, la construction d'un pont aussi rapidement jeté que sûrement franchi par tous les glorieux débris de la Retraite.

Cette fois, c'est un Aide de camp de l'Empereur qui est chargé de s'arrêter sur la rive, pour mettre le feu au pont, après que le dernier soldat de l'Arrière-garde aura passé. L'ordre est exécuté aussi religieusement qu'il a été donné; et il ne tombe aux mains de l'ennemi que quelques voitures de bagages et quelques pièces d'Artillerie, trophées de sa poursuite. L'armée, après quatre jours, touche enfin Erfurt; et là l'Empereur, dans une ville de guerre encore à lui, au milieu de l'Allemagne hostile, peut, après quinze jours d'interruption, recevoir des nouvelles de l'intérieur de ses États.

Il apprend qu'avec la facilité d'obéissance qui résulte du système de ses Institutions et de l'ascendant de son nom, le Sénat, seul régulateur alors de *l'impôt du sang*, vient de voter une levée nouvelle de deux cent quatre-vingt mille hommes, en dehors des Conscriptions ordinaires. Ainsi sa puissance était entière, sa volonté obéie aussitôt que connue; mais le langage même que cette volonté avait mis dans la bouche de Marie-Louise, n'avouait que trop la gravité croissante du péril, sans doute afin de justifier la grandeur des sacrifices commandés de nouveau. « Sénateurs, faisait-on dire à l'Im-
« pératrice Régente, les alliés veulent se venger des
« triomphes qui ont porté vos Aigles au milieu de leurs

« Capitales ; et je sais, mieux que personne, ce que nos
« peuples auraient à redouter, s'ils se laissaient jamais
« vaincre. »

Cette invocation singulière prêtée à Marie-Louise, cette invocation de ses souvenirs de haine autrichienne, au milieu de sa profession de foi toute française, n'aurait-elle pas dû être beaucoup plus tôt présente à la pensée de celui qui prescrivait aujourd'hui ce langage? et cette prévoyance, qui n'était que trop vraie, ne l'aurait-elle pas utilement averti lui-même du péril de s'engager trop avant, avec des ennemis secrets pour auxiliaires, contre des ennemis implacables, dont le nombre, déjà si grand, s'accroîtrait à chaque pas ?

Une nouvelle épreuve va constater cette imprudence. A peine arrivé dans la forte ville d'Erfurt, sur ce théâtre de son ancienne gloire, d'où il avait réglé, quelques années auparavant, le sort de l'Allemagne, et où il avait vu le jeune Czar Alexandre subir si docilement l'ascendant de son génie, Napoléon est informé que les ennemis se multiplient encore, et que le cercle se resserre autour de lui.

La Bavière, dont le roi lui a été longtemps si fidèle, la Bavière, ancienne ennemie de l'Autriche, et avantagée de ses pertes, non-seulement, il le savait déjà, adhère aux Coalisés et vient d'unir aux Drapeaux Autrichiens le Contingent qu'elle avait engagé à Napoléon; mais c'est elle qui veut se charger d'arrêter son retour; elle est si zélée maintenant pour l'honneur de la Patrie Allemande contre l'ennemi commun, que c'est à elle qu'il s'agit de confier le soin de la dernière attaque, sur un point décisif.

C'est le général bavarois de Wrède, sous le commandement duquel l'Autriche remet une Division nombreuse de ses propres soldats, pour que, représentant d'une Puissance du second ordre, mais à la tête d'une armée mixte d'Autrichiens et de Bavarois, il prenne les devants sur Napoléon, et aille, par privilége, lui fermer le passage du Rhin.

Et, il faut le dire, la menace n'était pas vaine; le séjour dans Erfurt même en fut abrégé : et Napoléon s'arrêta moins qu'il ne l'aurait voulu, pour le ralliement et le bon ordre de son armée. Cette terrible question du nombre, de ce nombre toujours croissant par le recrutement illimité de l'ennemi, pèse toujours sur nous; et la ligne de Circonvallation vivante, formée autour des restes glorieux de l'Armée française, devient chaque jour plus épaisse et plus instante par l'approche de Blücher, qui nous devance du côté d'Eisenach, et par les marches accélérées de Schwartzemberg, qui de Weimar étend ses Avant-postes jusque dans la plaine d'Erfurt.

Il ne reste plus que l'alternative d'une prochaine bataille ou d'une plus prompte retraite. Mais tel est le nombre et l'obstination des ennemis, que même une grande bataille gagnée ne suffirait plus, et qu'en écartant le péril sur un point, elle l'accroîtrait sur tous les autres, et laisserait les vainqueurs, encore diminués de nombre, en butte à une attaque aussitôt renaissante. Il faut donc quitter Erfurt, et marcher à grands pas vers le Rhin et la France.

CHAPITRE XXXI.

ÉTAT DES FORCES DE NAPOLÉON. — GARNISONS ÉPARSES DE HAMBOURG, A DRESDE ET A TORGAU. — DERNIERS MALHEURS DE LA RETRAITE. — NOBLE EFFORT DU GÉNÉRAL SÉBASTIANI. — SON CARACTÈRE, SON OPINION DE M. DE NARBONNE. — MORT DE M. DE NARBONNE A TORGAU.

La grande Armée française, avec les pertes par morts sanglantes et par maladies, les désertions, les garnisons nombreuses qu'elle a jetées à Hambourg, à Magdebourg, à Wittemberg, à Torgau, celle que l'Empereur a laissée à Dresde, la grande Armée française, après les désastres de Leipsick, n'a plus que six Divisions, réduites et affaiblies dans leurs cadres; mais du moins dans ce court passage, à Erfurt, elle a rétabli son Artillerie, garni de poudre ses caissons. Elle n'a pas le temps d'ailleurs de recueillir les soldats attardés, les détachements épars que déjà nous disputent les Cosaques partout répandus; elle a le temps bien moins encore de relever et de rappeler à soi quelques-unes de ces nombreuses garnisons, sentinelles perdues des anciennes Conquêtes, restées inutilement en arrière, et qui seraient si bien placées maintenant à nos Portes, et sur la lisière menacée de la France.

Mais, en se hâtant, l'armée est sûre d'atteindre le Rhin, avant que tout le Nord soit réuni devant Mayence pour arrêter là, sur place, l'ancien vainqueur de l'Allemagne.

Le 25 octobre, Napoléon, précédé déjà d'une partie de l'armée, et formant lui-même le centre de la retraite avec quelques bataillons de sa Garde, a quitté la citadelle d'Erfurt, où il laisse une garnison d'élite et le général Dalton. Dès le premier jour, il a touché Gotha, cette Ville savante de l'Allemagne du midi, encombrée tout à coup d'un grand appareil de guerre. Il poursuit sa marche à travers les défilés, non défendus, de la Thuringe, et en trois jours arrive à Schultern, sans avoir eu de fortes agressions à repousser dans sa marche. Les Cosaques seuls, nombreux et répandus sur les deux flancs de l'armée, infestaient la route et enlevaient, çà et là, des convois ou de faibles détachements épars.

Mais on s'afflige de lire, à ce sujet, même dans les récits[1] d'une main dévouée à l'Empire, que le danger de cette insulte perpétuelle nous était, à tout prendre, utile dans le désastre de la Retraite, parce que, toujours menaçant pour quiconque s'écartait ou restait en arrière des Colonnes de l'armée, il servait de correctif au relâchement de la discipline, et de contrainte contre la dispersion. Tant les Corps d'armées, prodigieusement affaiblis pour le nombre, étaient décomposés et n'offraient plus souvent que des masses de soldats fortuitement réunis! La Garde seule, malgré ses pertes, maintenait au front et au centre une force invincible aux épreuves qui pouvaient rester encore.

Au sortir de Schultern, cependant, et en avançant

---

[1] *Manuscrit de* 1813, etc., par le baron Fain, t. 2, p. 350.

sur une route entourée de bois, vers la ville de Hanau, on est averti que l'ennemi nouvellement déclaré, l'armée bavaroise de Wrède, appuyée de vingt mille Autrichiens, attend la tête de nos Colonnes, pour leur barrer le passage.

Souvent, dix années plus tard, à une époque heureuse de Paix et de Liberté politique, dans cet hôtel du faubourg Saint-Honoré, élégante demeure, aujourd'hui disparue en juste expiation d'un funeste souvenir domestique, j'ai entendu le général Sébastiani, jeune encore d'esprit et de cœur, heureux de sa vie nouvelle et de son rôle honorable dans la France d'alors, rappeler avec quelques détails expressifs ce jour de rude combat, où sa Cavalerie avait déblayé la route, « et nous avait, disait-il amèrement, rouvert, à coups de sabre, le refuge de la France. »

L'idée du péril qu'avait alors couru la grande Armée française, non plus dans les glaces du Nord et sous les masses militaires de la Russie, mais dans les boues d'un automne de Westphalie, et par l'insurrection tardive d'une petite Puissance de l'Allemagne, cette idée lui tenait mortellement au cœur, comme une dernière date, dans le déclin de cette fortune Impériale, dont il avait été souvent un si brave champion et un si intelligent conseiller.

Précédé de quelques centaines de tirailleurs, et couvert par les charges habiles et vigoureuses des escadrons de Sébastiani, l'Empereur, à la tête de peu de milliers d'hommes, sous le commandement immédiat de Macdonald et de Victor, put franchir les embuscades de la forêt, et n'avait plus à combattre qu'une armée quatre fois plus nombreuse que les siens, mais une arméee en plaine, étonnée de se voir assaillie par ceux qu'elle croyait tenir enveloppés.

« Ce fut là, disait quelquefois le général Sébastiani,
« une des journées utiles de ma vie : mes quinze cents
« Cavaliers, lancés à propos, nettoyèrent la forêt ; et
« avant que le gros de notre armée eût pu nous rejoin-
« dre, cinquante pièces de canon, commandées par
« Drouot, et dix mille hommes d'infanterie, voilà tout,
« sous les yeux de l'Empereur, firent une large trouée à
« travers soixante mille hommes, rangés là en bataille,
« les fendirent en deux, et marchèrent droit sur Franc-
« fort, pendant que de Wrède, étourdi de ce rude dé-
« but, remontait vers Aschaffembourg, d'où il était
« venu, croyant nous écraser. J'assurai bien vite ce
« sanglant passage, que nous venions de conquérir, en
« y jetant par échelons ma Cavalerie : et j'attendis
« l'Empereur qui bivouaquait au bord de la forêt, et
« que j'eus la joie, dans nos malheurs, de recevoir le
« lendemain aux Portes de Francfort, et de là chez
« nous, à Mayence, où il arrivait enfin le 2 novembre,
« ne ramenant cette fois encore que les débris glorieux
« d'une magnifique armée. »

Il ne nous appartient pas de rien ajouter à ces paroles d'un compatriote de l'Empereur, d'un affilié à sa tribu natale, d'un adhérent de sa fortune, admirateur de son génie, habile et heureux agent de sa Politique sur le Bosphore, en 1809, longtemps fidèle à sa Cause, mais plus fidèle encore à la Cause de la France, comme il le montra par sa judicieuse et ferme résolution dans la Chambre élective des Cent-Jours, au moment des stériles lenteurs de la seconde Abdication.

Homme de guerre distingué, sans doute, le maréchal

Sébastiani, d'un esprit très-cultivé, d'une grande fermeté d'âme, d'une sagacité de bon sens presque infaillible et d'un calme imperturbable, était surtout un Caractère politique, un homme de gouvernement tel que les emploie et les développe la Diplomatie des grands États entre eux, et plus encore peut-être cette Diplomatie intérieure d'un État librement constitué.

Hormis l'occasion importante que nous avons rappelée, la mémorable Ambassade, dont il fit une expédition de défense pour la Turquie menacée, il n'avait pu mettre, au service de l'Empereur, que la moindre partie de lui-même.

Plus tard, la participation au gouvernement de la Monarchie Constitutionnelle lui réservait une autre et plus grande carrière. Sans avoir eu jamais l'éclat oratoire du général Foy, sa parole grave et mesurée suffisait extérieurement aux affaires que personne ne conduisait, dans l'intérieur d'un Cabinet, avec plus de ténacité prudente : et il était du nombre de ces esprits rares, qui avaient pu passer du monde de la guerre et de la force au monde de la paix et de la liberté légale, de l'*État-major* d'un Conquérant aux Comités d'une Chambre législative et aux Conseils d'un Roi Constitutionnel, sans y rien perdre, ou plutôt en y déployant des aptitudes nouvelles, et toujours une raison supérieure, une pensée d'homme d'État.

Cet hommage, que nous essayons de lui consacrer ici, lui-même l'avait rendu avec une haute autorité à l'homme éminent par l'intelligence et le cœur, dont nous avons recueilli les souvenirs personnels mêlés à de si grandes catastrophes, à de si douloureux souvenirs nationaux.

M. de Caulaincourt et M. de Narbonne étaient les deux hommes dont le général Sébastiani avait le plus prisé la prévoyance et les libres avis, dès le premier début de cette fatale Campagne de Leipsick. Il estimait surtout dans M. de Narbonne, avec la sagacité du plus pénétrant coup d'œil, cet art singulier de dire toute la vérité, en la rendant supportable; et, comme il me le répétait un jour, avec un souvenir d'imagination italienne : « de vous faire épuiser le calice, en sachant « presque emmieller le fond, comme les bords. »

Malheureusement M. de Narbonne, ce sage conseiller, si justement apprécié par de plus jeunes amis de Napoléon, allait bientôt lui manquer et devait être emporté et promptement oublié dans les innombrables pertes de la Campagne de 1813. La mission au moins inattendue qui, dès son retour de Prague, l'avait relégué dans le Commandement d'une ville de guerre qu'il fallut abandonner, avait été regrettée et blâmée, même auprès de l'Empereur ! On y vit je ne sais quelle impatience ingrate d'un langage trop sincère et de loyaux services inutilement rendus. Peut-être le reproche est-il injuste; et, dans la pensée de l'Empereur, cette destination n'était qu'un poste provisoire, dont il se proposait de retirer lui-même, dans ses mouvements ultérieurs, et l'homme éminent qu'il y jetait, et les précieux dépôts d'hommes et d'armes laissés sous sa garde. Mais cette prévoyance fut déçue, et ce projet abandonné, sous la pression plus forte des événements de la guerre.

Rentré, comme nous l'avons dit, à Mayence, le 2 novembre de cette fatale année, après avoir perdu, de degré en degré, la ligne du Niémen, la ligne de la Vistule, la ligne de l'Oder, la ligne de l'Elbe, et compromis jusqu'à celle du Rhin, Napoléon avec cette élastique vigueur du génie qui rebondit de sa chute, s'était élancé de Mayence infectée déjà par la contagion sur Paris épouvanté, pour y toucher du pied cette terre morte qu'il semblait vivifier, et pour en faire sortir encore des armes et des soldats.

Il venait faire décréter par le Sénat des Conscriptions nouvelles, verser une partie de son Trésor particulier dans les Caisses épuisées de l'État, occuper et vendre à l'encan, comme ressource dernière, une masse de biens communaux. Il espérait susciter, à force de dangers imminents, l'esprit public qu'il avait tour à tour éteint par son Despotisme, et fatigué ou irrité par les épouvantables mécomptes de son ambition. Enfin, il allait aborder avec les Représentants du pays, ce Compte à fond des pertes et des besoins de l'État, toujours embarrassant, quand il est rare et forcé : et il lui restait d'entendre, après un long silence, ce premier cri légal de doléance publique, qui même timide et restreint est puissant contre un Pouvoir ébranlé par la fortune.

Durant les merveilleux efforts d'activité, et même les actes de prudence et de sage expiation qu'il faisait, pour suffire à tant de nécessités, le malheur ne s'arrêtait pas au dehors, et la ruine s'appesantissait. Napoléon était de retour à Paris dans la nuit du 9 novembre; et ce même jour, le maréchal Gouvion-Saint-Cyr, et l'armée qu'il commandait à Dresde, trente-trois mille hommes d'élite, étaient tout d'un coup contraints de capituler dans une grande Ville mal fortifiée, que pressaient de nombreuses armées et le soulèvement de toute l'Allemagne. Ils avaient espéré et stipulé formellement leur retour en France. Mais un abus de la force les retenait prisonniers, et en retirant à la France un si précieux secours, n'attestait que plus hautement, par ce parjure même, le recours désormais exclusif à la violence seule, et la guerre implacable que la Coalition dirigeait contre l'Empire.

Quinze jours plus tard, dans la forte ville de Dantzick, la Garnison française succombait au même piège; et après avoir, par Convention, ouvert ses portes, elle était également retenue par le seul droit du plus fort. C'était même destinée, et même perte, à Stettin, à Yanosk, à Modlin, trois Places de guerre importantes, où l'Empereur avait aussi laissé des détachements nombreux de la grande Armée.

La ville de Torgau, mieux pourvue de munitions de tout genre, et où s'étaient concentrés plus de quinze mille hommes de troupes régulières, tint ferme plus longtemps, malgré les maux du siège et de la contagion et la perte qu'y firent les Français dès le 19 novembre.

Retombé des embarras frauduleux de la Diplomatie à ce poste de guerre, M. de Narbonne y était arrivé malade et affaibli par toutes les tristesses de cette funeste campagne. Une lettre qu'il écrivait vers la fin d'octobre, la dernière du moins qui soit arrivée à ses amis de France, laissait voir, sous une résolution courageuse, toute la plaie de son âme. Il se disait encore satisfait de sa forte garnison, de ses grands dépôts d'Artillerie, du bon nombre de ses hommes valides; et il promettait qu'une armée de cinquante mille hommes ne prendrait pas Torgau, avant la fin de l'hiver et le retour du beau temps. On sentira ce que l'affreux désastre de Leipsick, qu'il ignorait encore, et ce que la perte de tant d'amis durent ôter de calme à ce courage.

La fièvre contagieuse, cette suite des grands amas d'hommes et des grands désastres, vint ajouter son fléau à tous les autres. Une moitié de la garnison encombra les hôpitaux; ou plutôt toute la ville devint un hôpital militaire. M. de Narbonne, prodiguant partout ses soins et sa présence, fut bientôt atteint très-gravement du typhus.

Il ne s'alita guère que pour mourir, donnant des ordres utiles et s'occupant du salut des soldats jusqu'à son dernier jour. A sa mort, qui consterna les Français, et même le peu d'Allemands restés dans Torgau, on vendit ses chevaux de guerre, pour acquitter ses funérailles. Il ne laissait rien que son nom à sa noble famille, et des vœux pour ses filles et pour sa mère, qui lui survivait âgée de soixante-seize ans, revenue à Paris sur la foi de sa fortune et de sa tendresse, et maintenant frappée d'une perte si cruelle. L'appui d'un tel souvenir ne manqua pas cependant à la mère de M. de Narbonne, même à travers nos révolutions si rapidement successives.

L'Empereur, au moment où il apprenait, parmi tant d'autres morts, la mort de son Aide de camp préféré, n'avait pu sans doute y être indifférent : alors même, sous le coup de la nécessité, il cédait à un des conseils que M. de Narbonne lui avait le plus instamment réitérés; il rendait la liberté et Rome au souverain Pontife; et il écartait, quoique trop tard, cette faute et cette honte de son règne. Plus tard encore, il eût à vérifier, dans la série croissante de ses malheurs, d'autres témoignages de la même prévoyance et des mêmes lumières. Il marqua du moins qu'il n'avait pas oublié M. de Narbonne dans ce qui pouvait être le plus consolant hommage à sa mémoire ; et au milieu de la tempête des Cent-Jours, en passant, il voulut assurer par ses bienfaits le repos et la dignité de la vieillesse de madame la duchesse de Narbonne, pour les années qui lui restaient à vivre.

M. de Narbonne, qui, selon le propos d'un homme d'État célèbre et d'un ami plus calme que lui, « était « mort à temps ; car dévoué comme il était, il eût suivi, « deux ans après, l'Empereur à Sainte-Hélène. » M. de Narbonne mourait à cinquante-huit ans, dans toute la force de l'esprit le plus pénétrant, le plus maître de lui-même, comme le remarquait alors même un jeune Colonel d'une haute distinction militaire, qui récemment nommé, sur sa recommandation[1], au grade de Général, passa quelques jours près de lui, dans ce triste exil de Torgau. M. de Fezenzac l'avait trouvé là, comme toujours, gracieux et infatigable, mêlant à la plus grande sérénité de courage, les plus claires prévoyances d'un avenir qui s'aggravait à chaque moment. M. de Narbonne souriait intrépidement à sa mort prochaine, loin de tout ce qu'il aimait, dans un poste perdu, sans influence possible sur le jeu terrible qui se jouait encore, sans communications, sans nouvelles, sinon des plus grands désastres.

Quelle eût été sa destinée s'il eût vécu plus longtemps ? Oserait-on affirmer que sa vie conservée lui eût donné l'occasion de rendre quelques services importants, d'épargner quelques malheurs à son pays, et de mourir plus utilement pour la Cause nationale ?

---

[1] *Mémoires inédits de M. le duc de Fezenzac.*

Une nécessité irrésistible entraînait tout. Le dévouement même le plus éclairé ne pouvait rien. Et le génie qui s'était laissé emporter si loin à ce torrent d'orgueil et de prospérité était maintenant soumis à des lois de chute accélérée, non moins insurmontables, et que sa volonté, même mieux conseillée et mieux servie, n'aurait pu désormais ni prévenir, ni corriger.

M. de Narbonne est mort sans avoir vu l'invasion du territoire intérieur de la France, la prise de sa Capitale, mais en la pressentant avec une affliction profonde, et une amère défiance de l'avenir qui sortirait de tels désastres. « La Révolution, disait-il un jour, trop sanglante dans « sa phase de violence, trop abattue et trop servile « dans son retour à la raison, a perdu la liberté légale. « La compression des espérances généreuses de la Révo-« lution, l'abus de la force et de la guerre perdra un « jour la Stabilité en Europe, sans y ramener la liberté; « et, longtemps peut-être, elle ne laissera plus au Con-« tinent que le règne alternatif des grandes Insurrec-« tions et des grandes Armées. »

La mémoire de M. de Narbonne, en France et à l'étranger, resta chère et entourée d'un affectueux respect pour ceux qui avaient vu de près cet homme rare et cet excellent homme, toujours égal à son devoir dans les fortunes les plus diverses, dévoué jusqu'à l'insouciance de lui-même, et d'un cœur héroïque, avec un esprit facile et supérieur.

Avoir voulu conserver quelque chose des pensées et de la part d'action d'un tel homme, au milieu des crises les plus graves pour le courage, les plus troublantes pour la sagesse d'esprit, ce sera l'excuse de ces souvenirs. Si une main trop faible y a mêlé aux détails personnels quelques esquisses des grands événements, quelques scènes des grandes tragédies de notre siècle, c'est que M. de Narbonne en avait été un des plus clairvoyants témoins et des plus nobles personnages, et que dans son existence aussi désintéressée que haute, ses confidences intimes ne pouvaient être que quelques-uns des détails les plus rares et parfois des secrets de l'Histoire de son Temps.

Et aujourd'hui que ce Temps s'éloigne de nous, qu'emporté par la fuite des ans, couvert et caché par des perspectives nouvelles qu'amène la face changeante du monde, il n'est plus raconté et compris qu'au gré des intérêts du jour, peut-être ne se plaindra-t-on pas du mode de reproduction que j'ai essayé, tout incomplet qu'il paraîtra. Connaître la vérité par fragments est encore quelque chose; et il y a eu, dans le demi-siècle écoulé avant ces dernières années, de si prodigieux spectacles et de si profonds enseignements que, sous l'impuissance de les embrasser dans toute leur étendue, il est utile encore d'en décrire exactement quelques parties et d'en tirer, selon le besoin des esprits, quelques leçons applicables.

SOUVENIRS

DE LA

SORBONNE EN 1825.

DÉMOSTHÈNE ET LE GÉNÉRAL FOY.

> ..... Nilne salit lævâ sub parte mamillæ ?
> (Pers. in Satir.)

Dans le temps où, un peu reposé de l'Empire, la France avait, depuis quelques années, retrouvé deux Tribunes politiques et des hommes de cœur et de talent pour y monter, un de ces hommes, le plus populaire peut-être et certainement le plus agréable à l'esprit français par l'origine de sa renommée, les souvenirs de sa vie, la grâce loyale de son langage et tout son aspect militaire et spirituel, le général Foy, étant un jour apparemment fort de loisir, sans séance de la Chambre, sans réunion dans les bureaux, avait pris la route du quartier latin. Il venait assister au cours vulgairement appelé d'*éloquence française*, qui se faisait dès lors à la Sorbonne, et qui attirait grande affluence, surtout pendant l'interruption temporaire d'un célèbre enseignement de philosophie ancienne, que récemment, pour plus de sûreté, on a supprimé tout à fait.

La leçon commençait à peine, dans cet Amphithéâtre du Concours général, dont les deux grandes tribunes étaient ouvertes et remplies jusqu'au faîte, comme la salle. Soudainement, un immense cri est répété coup sur coup : *Place au général Foy! vive le général Foy!* La foule debout dans les corridors se presse et se resserre ; la foule assise se lève pour saluer ; et entre deux rangs épais qui se fendent à grand'peine, porté, soutenu sur les bras, le général Foy arrive dans l'hémicycle, et est déposé sur le banc d'honneur, à la place où siége, à certains jours solennels, M. le préfet de la Seine, tout cela au milieu d'un tonnerre d'applaudissements et d'acclamations.

Le professeur, assez déconcerté de cet incident, je m'en souviens, après quelques efforts inutiles pour obtenir un moment de silence et apaiser cette tempête d'enthousiasme, réussit enfin à dire, de manière à être entendu : « Messieurs, ici nous ne devons applaudir que les orateurs antiques, et nous n'avons de couronne à décerner qu'à Démosthène. » Puis, se raffermissant, le moins mal qu'il peut, contre ce choc subit d'une popularité si éclatante, dont la présence accablait la parole pacifique de la Sorbonne, en même temps qu'elle la compromettait, il reprend son discours interrompu et sa thèse du jour. Elle portait épisodiquement sur la *Rhétorique* d'Aristote et sur les grands principes de morale et d'art que l'élève indépendant de Platon et le précepteur d'Alexandre avait recommandés à l'éloquence de tous les temps et par conséquent à la nôtre.

Mais ce sujet, un peu éloigné du titre même de la chaire et choisi par la circonspection du professeur, devait paraître, en ce moment, bien technique et bien froid pour la passion de la jeunesse, toute distraite et tout agitée par un nouvel auditeur qui semblait lui-même la vive image de l'éloquence militante, au milieu de tous ces souvenirs de gloire patriotique et de liberté, seule âme de la parole, et laissant si fort en arrière la scolastique de l'art et la science des rhéteurs. Ce n'est pas tout : à part l'émotion du public, la personne même du Général, l'air de supériorité naturelle empreint dans tous ses traits, l'expression de sa physionomie, toujours en mouvement comme sa pensée, rendait fort périclitant de parler devant un esprit d'une si pénétrante et si vive nature.

Ayant à peine dépassé le milieu de la vie, quoique d'apparence moins jeune que son âge, non pas fatigué ou refroidi, mais cicatrisé par la guerre, le général Foy, avec son front large et chauve, où retombaient de loin quelques mèches de cheveux blanchis, son profil ouvert et martial, et surtout le feu incessamment mobile de ses regards, portait en lui une sorte de fascination, de séduction impérieuse, donnée bien rarement à l'homme de tribune, et sous laquelle j'avais vu souvent ailleurs s'incliner l'esprit de parti, et se courber, en frémissant, l'intolérance politique.

Par moments, sur ce visage sévère et fier, et aux deux coins de cette bouche expressive, passait un sourire à glacer l'*improvisateur* le plus confiant ou le plus modestement résigné aux vicissitudes de la parole.

Promptitude d'esprit et hauteur d'âme, merveilleuse facilité à tout saisir, impatience naturelle de toute lenteur et de toute faiblesse dans autrui, c'était, au premier abord, la disposition imminente et comme l'irrésistible instinct du général Foy. Ajoutons que l'ardeur d'opinion commune alors, le mouvement public vers des Institutions de liberté, un certain zèle libéral répandu dans l'air tournait les esprits à n'estimer que l'éloquence vigoureuse et pratique servant à la défense des intérêts nationaux, ou parfois à la passion calculée qui simulait habilement cette défense.

Quoi qu'il en soit, même devant cette préoccupation générale, et pour cette époque animée d'une si généreuse ardeur de Droit et de Légalité, il pouvait y avoir plus d'un attrait, piquant alors, dans l'étude de la grande *Rhétorique* d'Aristote, et surtout dans ce qu'on pourrait nommer sa *Psychologie politique*, dans son analyse originale et profonde des caractères nationaux et individuels, des mœurs et des passions, sur lesquelles doit agir la parole oratoire. En dehors de cette monnaie courante de la parole banale si fort usitée dans le gouvernement des États modernes, libres ou non, paraissaient là, gravées et rangées par la main d'un sage, comme autant de médailles de la nature humaine, reconnaissables, après deux mille ans. Ces types de vérité, choisis et définis par le grand Philosophe, comme la matière vivante que doit connaître à fond et dominer l'Orateur, ramenaient sous nos yeux les images du même ordre, éparses dans les historiens et surtout dans Thucydide, homme de guerre, homme d'État, et proscrit politique, avant d'être historien, et comme pour s'y préparer.

Rien, par exemple, ne pouvait paraître alors moins suranné, et n'est plus instructif pour tous les temps, que le portrait tracé par Thucydide du Peuple dont les orateurs d'Athènes se disputaient la conduite, de ce Peuple mobile avant tout, ardent, découragé, fier, humble, vif, ingénieux, inerte, se laissant lourdement tromper, de ce peuple esclave ou tyran, dont Aristophane se moquait en face, et qu'un peintre, Parrhasius, selon Pline [1], avait représenté sous les traits prodigieux d'un personnage qui réunissait tous les contrastes imaginables de caractères et de passions, tous les extrêmes de violence et de douceur, d'élévation et de bassesse. Le portrait qu'en avait fait Thucydide était plus grave et moins satirique, sans être moins vrai.

« Les Athéniens [2] sont grands faiseurs de nouveautés,
« également vifs à concevoir et à réaliser par l'exécu-
« tion ce qu'ils ont conçu. Vainqueurs de leurs enne-
« mis, ils vont à tout; vaincus, ils s'abattent au der-
« nier degré; ils usent de leur corps au service public,
« comme de la chose qui leur est le plus étrangère, et
« de leur esprit, comme d'une propriété qui appartient
« à la patrie, et doit sans cesse être en action pour elle.
« N'emportent-ils pas ce qu'ils ont projeté, ils se croient
« dépouillés d'un bien à eux. Une fois maîtres de ce qu'ils
« poursuivent, ils en font peu de cas, par comparaison
« aux chances à venir. Échouent-ils au contraire dans

---

[1] Pinxit et δῆμον Atheniensium, argumento quoque ingenioso. Volebat namque varium, iracundum, injustum, inconstantem, eumdem exorabilem, clementem, misericordem, excelsum, gloriosum, humilem, ferocem, fugacemque et omnia pariter ostendere. *Plinii Histor. natur.* lib. XXXV, c. 36, § 5.

[2] Thucydid., *Hist.*, lib. I, § 70.

« quelque entreprise, ils ont aussitôt rempli ce vide, en
« se faisant une espérance inverse. Seuls en effet, la
« chose dont ils ont l'idée, ils la tiennent, en même
« temps qu'ils l'espèrent, par leur promptitude de main
« à exécuter ce qu'ils résolvent ; et tout cela, ils le font,
« à travers des peines et des périls renouvelés toute leur
« vie. Ils jouissent peu des biens présents, par cela qu'ils
« y voient possession toujours uniforme, et que pour
« eux il n'y a jour de fête que celui où ils achèvent
« une œuvre nouvelle, ne regardant pas la tranquillité
« sans trouble comme un moindre mal que l'agitation
« sans relâche, de sorte que si quelqu'un disait d'eux,
« en général, qu'ils sont mis au monde pour n'avoir
« jamais de repos, et pour n'en laisser jamais aux
« autres hommes, il dirait juste. »

Ces paroles, fidèlement copiées de l'original et librement redites, si près de nos grandeurs et de nos revers, dans un temps où le souffle de la France, même en paix, semblait encore agiter l'Europe et semer partout les Révolutions, en Grèce, à Naples, en Espagne, en Piémont, ces paroles toutes historiques intéressaient vivement le Public d'alors ; et nos jeunes Athéniens de 1825 n'étaient pas fâchés de croire s'y reconnaître.

D'autres leçons, bien anciennes, mais toujours oubliées, sortaient de cette étude de l'homme, dont Aristote a fait si justement le fondement de l'art de persuader, ce grand art, le premier de tous chez un peuple libre et éclairé, mais le plus inutile et par conséquent le plus abandonné sous la Conquête, ou sous le Pouvoir absolu, qui n'est que la Conquête à l'intérieur.

On écoutait donc avec ardeur, dans cette studieuse Assemblée, la reproduction exacte de quelques-unes de

ces pages antiques, qui ne sont devenues des lieux communs que parce qu'elles sont des vérités profondes. Le portrait de la jeunesse surtout attacha le jeune auditoire, si souvent alors ému par les passions et les controverses du temps : « Les jeunes hommes [1] sont d'hu-
« meur changeante et promptement dégoûtés dans
« leurs désirs; ils souhaitent fortement et se lassent
« bientôt. Leurs volontés sont vives, elles ne sont pas
« grandes; elles passent, comme les soifs et les faims des
« malades.

« Impétueux, ardents, emportés par leur fougue, ils
« ne se gouvernent point ; passionnés pour ce qui ho-
« nore, ils ne supportent pas d'être comptés pour rien,
« mais s'indignent, s'ils se croient offensés ; ils aiment
« les distinctions, surtout celle de la victoire ; car la
« jeunesse est jalouse de prééminences; et la victoire
« est une prééminence. Ils ressentent ces deux ambi-
« tions, bien plus que la convoitise d'argent ; ils sont
« très-peu avides, parce qu'ils n'ont pas fait encore
« l'essai du besoin. Leur disposition naturelle n'est pas
« malveillance, mais candeur, parce qu'ils n'ont pas
« encore eu le spectacle de nombreuses perversités; et
« de même ils sont confiants, parce qu'ils n'ont pas en-
« core été souvent trompés; ils sont prompts à l'espé-
« rance, parce qu'ils sentent en eux une ardeur venant
« de nature qui les anime, comme des gens échauffés par
« le vin, et aussi parce qu'ils n'ont pas encore éprouvé
« beaucoup de mécomptes. »

« Ils vivent surtout dans l'avenir. L'espoir appar-
« tient à l'avenir : la souvenance fait elle-même partie

---

[1] Aristot., *Rhet.*, lib. II, c. 12.

« des choses passées. Or, chez les jeunes gens, l'avenir
« est vaste, le passé fort court. Aux premiers jours de
« la vie, il leur semble qu'ils n'ont à se souvenir de
« rien, mais qu'ils doivent espérer tout; et, par là
« même, ils sont faciles à décevoir ; car ils espèrent ai-
« sément : ils en sont plus hardis à entreprendre, étant
« chauds de cœur et bien présumant des choses : deux
« conditions, dont l'une ôte la crainte, et l'autre donne
« l'audace ; car l'homme ardemment excité ne redoute
« rien, et celui qui s'attend à quelque avantage est en-
« treprenant. Ils sont sensibles à la honte, parce qu'ils
« ne savent pas encore prendre pour belles les choses
« qui ne le sont pas, et qu'ils n'ont encore reçu que l'en-
« seignement de la Loi. Ils ont l'âme généreuse ; car ils
« n'ont pas encore été rapetissés par la vie, et ils n'ont
« pas l'expérience des nécessités du monde : et puis, la
« générosité d'âme, c'est de s'estimer soi-même digne
« de ce qui est grand; et cela va bien avec l'espérance.
« Ils aiment mieux aussi faire ce qui est beau que ce
« qui est utile; car ils vivent de sentiment plus que de
« raisonnement ; or le raisonnement relève de l'intérêt;
« le sentiment ne relève que du beau moral.

« Ils ont, plus que les autres âges, le goût de l'amitié,
« de la camaraderie, par l'attrait de vivre ensemble, et
« aussi parce que, habitués à ne porter encore nulle
« part une vue d'intérêt, ils n'en portent pas non plus
« dans le choix des amis. En tout, ils pèchent par l'ar-
« deur et l'excès, à l'encontre de la maxime du sage :
« ils font toutes choses trop; ils aiment trop; ils haïssent
« trop, et de même pour tout le reste; ils croient tout
« savoir; et ils dogmatisent. Cela même est la cause de
« l'exagération qu'ils mettent en tout ; s'ils font quelque

« mal, c'est plutôt insolence que malignité. Ils sont sen-
« sibles à la pitié, sous une impression qui les porte à
« croire tous les hommes honnêtes et bons; car ils jugent
« autrui par l'innocence d'intention qu'ils ont eux-
« mêmes, de telle sorte qu'ils croient volontiers que les
« autres souffrent injustement. Ils aiment à rire, et par-
« tant, ils sont moqueurs; la moquerie est de l'insolence
« bien élevée. Voilà, ce me semble, en général, les carac-
« tères des jeunes gens. »

Pour concevoir l'effet direct, l'involontaire allusion que pouvait offrir, il y a plus d'un quart de siècle, ce calque fidèle d'antiques observations gravées, il y a deux mille ans, par le génie, d'après le peuple le plus civilisé du monde, il faut se reporter à notre France de 1824 et de 1825, à l'ardeur d'étude, à l'émulation publique et privée, au goût, aux habitudes de discussion qui régnaient alors, grâce au jeu libre des Institutions et au mouvement des esprits, plutôt excité qu'amoindri par les tendances ou les velléités contraires du Pouvoir.

Cette peinture de la jeunesse semblait être la peinture même de la nation, dans le noble travail dont elle était préoccupée, et qui, de la Tribune éclatante et libre, rejaillissait sur tout le pays tranquille et animé, industrieux et savant, réunissant au même degré les profits du commerce, la splendeur du luxe et l'élégante activité des arts. L'illustration des grands talents dont brillaient les chambres, l'écho prolongé de leurs débats, la liberté quelque peu contenue, mais réelle des discussions extérieures, l'avénement d'une école nouvelle en littérature, et l'heureuse inspiration de quelques-uns de ses Chefs, inspiration plus durable et plus vraie que leurs théories, tout concourait à élever le niveau de la pensée française et à entretenir la nation dans un progrès d'émulation et d'espérance.

Ce qu'il pouvait y avoir de résistances et de vœux rétrogrades dans une partie de la société n'arrêtait pas un si noble et si naturel élan. Ce que la pratique et la prospérité même du Gouvernement Parlementaire amenait çà et là de vues intéressées et de corruptions ne détruisait pas les germes heureux que la liberté jetait dans les âmes. Le mot profond, littéralement traduit d'Aristote : « Ils ont l'âme généreuse ; car ils n'ont pas encore été rapetissés par la vie, » fut senti vivement du jeune auditoire, qui semblait se l'appliquer volontiers, par maligne comparaison à quelques exemples, en ce temps-là célèbres, de désertions et d'apostasies, bien dépassées depuis, il faut en convenir. L'esprit français alors se croyait, se sentait, se voulait prédestiné à la possession d'un Gouvernement libre et régulier, fondé sur l'intérêt de tous, la participation effective dans les affaires de la classe indépendante et éclairée, l'extension laborieuse et continue de cette classe, et la promotion de l'expérience et du talent, sous les yeux du public et avec l'assentiment de l'opinion.

La France jouissait déjà d'un grand nombre de réformes, obtenues au milieu de ces Controverses spéculatives et pratiques qui sont la vie morale des Peuples. En dix ans de Gouvernement Représentatif incomplet d'abord, elle s'était remise des plus grands désastres que les fatalités de l'esprit de Conquête aient jamais attirés sur un peuple, et elle était parvenue à un point élevé de bien-être et de liberté réunis.

Il ne faut donc pas s'étonner que le sentiment, le

reflet, l'effervescence même de cette vie publique, si heureusement réalisée dans les grandes choses, pénétrât partout, se reproduisît sous toutes les formes, et se mêlât presque aux études, comme aux affaires. S'il restait encore quelque trace des rancunes militaires ou des réminiscences démagogiques qui, par voie d'affiliation ou même de complots, avaient paru menacer d'abord l'heureuse forme de Gouvernement inaugurée pour la France par la Charte de 1814, ces souvenirs et ces obstacles semblaient s'affaiblir chaque jour et se perdre dans le progrès d'un ordre légal affermi. Dégoûtée de l'esprit de trouble et d'impatience révolutionnaire qui s'était réveillé après 1815, la jeunesse n'était pas lasse, Dieu merci, de l'esprit d'émulation et de liberté que légitimait la Constitution même de l'État.

En vue de ce noble avenir, tout ce qui dans cette jeunesse était distingué par le talent naturel, aidé par la fortune ou stimulé par la pauvreté, se livrait avec ardeur à de laborieuses études ; et, mettant à cette ambition scolaire une sorte de patriotisme, se croyait destiné à vivre et à s'élever sous de libres Institutions, dont ses efforts serviraient un jour à garantir et à marquer honorablement la durée. Cette pensée, répandue dans l'élite de la jeunesse (et le mot d'*élite* ne s'appliquait pas alors par privilége à la profession des armes), cette pensée, dis-je, pouvait être encore exagérée ou mal comprise, et aboutir parfois à des démonstrations imprudentes ; mais le caractère général, l'esprit dominant de la société nouvelle était de plus en plus analogue aux Institutions espérées et méritées par la France.

On sentait surtout cette conviction utile et vraiment morale, que la Liberté Politique n'est pas seulement une force, un droit, une puissance du grand nombre, qu'elle est une science qu'il faut acquérir et perfectionner par l'étude, une vertu qu'il faut maintenir par le caractère, et au besoin par les sacrifices. Ainsi l'idée du devoir était entrée dans l'esprit de la jeunesse avec les idées de liberté constitutionnelle. L'amour de la Patrie, inséparable de l'orgueil pour la Patrie (car on n'aime que la patrie, dont on s'honore), se fortifiait par la pensée du grand rôle que la France paisible et libre avait en Europe.

On se disait que ce peuple guerrier, qui pendant quinze ans avait troublé ou dominé le monde de ses Victoires et de sa Dictature, et n'avait pu parler que par les sanglants Bulletins et les Décrets absolus de son Chef, il était beau de l'entendre aujourd'hui reprenant la parole, pour faire assister tous les peuples à l'œuvre Législative de fondation et de bien-être national qui s'accomplissait dans son sein. On savait que partout, à l'étranger, les yeux étaient fixés sur la France, les esprits attentifs aux délibérations de ses Assemblées, au caractère d'équité, de modération, qui parfois en dépit des hommes, par la force des Institutions, par la vertu de la Tribune publique, se communiquait à nos lois nouvelles.

De nos jours, ce n'est guère l'usage de flatter le passé, à moins que le présent n'y soit intéressé : nos souvenirs ne peuvent donc être suspects d'exagération ; mais quelle ne fut pas alors, quelle n'avait pas été, dès 1819, l'influence extérieure de la Législature de France ! Quels n'avaient pas été surtout l'éclat et l'enseignement des mémorables discussions touchant la Liberté de la Presse et l'organisation légale de l'Armée ! Quel ne fut pas, en 1823 et dans les deux années qui suivirent, le retentissement des débats sur l'expédition d'Espagne, sur les réfugiés espagnols, sur les lois électorales, sur la formation des listes du jury, enfin sur les flux et reflux divers d'une liberté plus développée ou plus restreinte, mais toujours du moins garantie par la publicité et la loi! Quelle célébrité, quelle autorité n'avaient pas obtenue dans toute l'Europe les noms des Lainé, des Royer-Collard, des Camille Jordan, des de Serre! N'était-ce pas, en quelques années, comme un titre nouveau acquis à l'esprit français? Quelle lumière semblait au dehors portée dans l'administration et dans les finances de la France par la parole intègre et précise d'un Benjamin Delessert, le Fondateur charitable de l'Institution des Caisses d'épargne, ou par la polémique instructive et piquante de M. Casimir Périer et de M. Laffitte lui-même!

De toutes parts éclatait, pour ainsi dire, une noble rénovation de l'esprit français. Des hommes qui, entraînés et comme absorbés dans la dévorante activité de l'Empire, y avaient silencieusement occupé de grands emplois, rendu de grands services, déployaient, à l'air libre de la France constitutionnelle, un autre ordre de talents, une supériorité meilleure, et les Pasquier, les Molé, les Daru, faisaient apprécier au loin, avec l'habileté politique et la science des affaires, l'ascendant naturel, quoique nouvellement exercé par eux, de la discussion publique et de la parole applaudie.

Le problème d'une double Assemblée à fonder dans ce pays d'extrême égalité était résolu par l'éclat intellectuellement aristocratique dont brillait l'Assemblée où siégeait, à côté de M. Molé, M. le duc de Broglie, armé d'une science de publiciste si élevée et si exacte, et d'une parole si forte avec simplicité, et où, près des traditions variées et de l'esprit supérieur avec grâce de M. de Talleyrand, se rencontraient le duc de Fitz-James avec sa vive éloquence, M. de Tracy, le courageux Lanjuinais, et la splendeur oratoire de M. de Chateaubriand.

Là souvent la discussion la plus approfondie et même les opinions les plus généreuses corrigeaient l'apparente inégalité de faveur populaire entre les deux Chambres, et donnaient à la Pairie judicieuse et modératrice plus de crédit que n'en avait l'impétuosité de zèle Monarchique prédominante dans la Chambre Élective.

Ainsi, malgré les difficultés de toute Restauration, malgré les entraînements inévitables de tout parti vainqueur après une longue attente, même sous une administration fréquemment abusive et sans grandeur, la France, libre et prospère, était le spectacle de l'Europe. L'activité, la richesse, le mouvement général des intelligences et l'esprit de légalité s'y developpaient à la fois; et la Nation reprenait, par l'ascendant heureux de ses lois, plus d'autorité morale qu'elle n'en avait exercé par ses victoires.

L'arbre cependant était piqué au cœur; et il y avait un défaut grave, un péril prochain dans ce grand succès qui suivit la guerre d'Espagne, et qui permit, quelques années après, l'expédition d'Alger; mais ce péril, cet écueil caché, si redoutable à la Monarchie restaurée, ne semblait pas menaçant pour la Nation même, que l'on vit, à la suite des secousses profondes de 1830, reprendre et mûrir encore, avec l'active habileté du Gouvernement Représentatif, tous les avantages de la paix, et tous les genres de prospérité qui s'accroissent par l'ordre et la liberté. Ce danger prochain et non soupçonné de la Monarchie en 1825, c'était le triomphe même de ses dernières entreprises, le progrès apparent de sa force, et la tentation pour elle de s'affranchir un jour, comme d'un obstacle, de la *Constitution* qui lui était une contrariété et un appui. Pour tout Pouvoir en effet, il y a deux sortes de dangers, la lutte intérieure, les résistances à vaincre, les ennemis à désarmer, puis la pleine et excessive victoire, sans obstacles survivants et sans libres remontrances. De ces deux périls, le premier n'est pas le plus grand.

La pensée que la Restauration, puissante dans le cercle des lois, ayant comprimé ou découragé ses ennemis, relevé et indemnisé ses amis, aspirait encore au delà, et voulait se délivrer un jour de la Charte, cette pensée, vraie ou supposée, était le poison du règne de Charles X. Il s'y mêlait encore cette considération relative aux personnes, toujours si capitale dans les chances qui décident du sort des États, la vieillesse et l'esprit à la fois léger et opiniâtre du Roi, le peu de supériorité du Dauphin, le peu de popularité de son héroïque et sainte épouse.

Il y avait donc à la fois en France beaucoup de bonheur et point de sécurité, beaucoup d'ordre matériel et une grande agitation des esprits.

Le général Foy, le moins conspirateur des hommes, était cependant très-accessible à cette anxiété publique; et souvent il l'excitait par la vivacité de son langage et ses colères de tribune; dans les abus d'administration qu'il combattait et dans l'action permanente de la *Majorité* dite Royaliste, il voyait un danger continu pour

26

les intérêts de révolution et de liberté; et contre cette crainte, il aimait, comme les hommes populaires de ce temps, à s'appuyer des manifestations extérieures de la jeunesse, des journaux, de la littérature, et de tout ce qu'on appelait alors l'opinion publique. Il sortit donc de la Sorbonne singulièrement satisfait et flatté de cette ovation accidentelle, que quinze cents jeunes gens, destinés pour la plupart à recruter les professions savantes de la société, avaient improvisée pour lui, autour d'une Chaire qui, toute scolastique et innocente qu'elle était, leur paraissait, en quelque sorte, faire partie des habitudes légales et des mœurs nouvelles de la France.

Mais, aux yeux de certaines personnes importantes, les choses ne pouvaient se passer ainsi. On fit grand bruit de cette séance, et du fanatisme littéraire et politique de la jeunesse pour le général Foy.

Quelques esprits extrêmes voulaient la suppression immédiate du Cours; d'autres, l'interdiction future des Cours publics à toute personne étrangère aux études; d'autres, le changement du professeur. L'affaire fut discutée à fond; mais d'après le décret du 17 mars 1808 et même une ordonnance de 1815, les professeurs étaient alors réputés inamovibles; et de plus le Ministre de l'instruction publique et des cultes était un homme considérable, un évêque d'un caractère grave et doux, célèbre pour avoir lui-même parlé en public avec mesure et dignité dans des jours de défiante oppression. Il écouta peu les plaintes et les exclamations des personnes zélées; et il se contenta de répondre que « le professeur d'éloquence française aurait bien mal fait son devoir, si les jeunes gens qui l'écoutaient, et qu'on ne pouvait pas empêcher de lire les journaux monarchiques et libéraux, n'avaient pas pris un goût très-vif pour la parole brillante du général Foy. » Le mot scandalisa certains politiques, qui se plaignirent de la faiblesse de Mgr l'évêque d'Hermopolis, et insinuèrent avec tristesse qu'il était d'ailleurs malheureusement un peu *gallican;* mais on lui en sut gré dans la minorité de la chambre des députés; et à la discussion, très-longue alors, du Budget, lorsque vint le chapitre jusque-là très-attaqué du Ministère de l'instruction publique et des cultes, M. Casimir Périer, un des rares adversaires que l'opposition fort réduite pouvait mettre en campagne contre le Ministère, combattit le Prélat-ministre avec une expression particulière d'égards et une courtoisie vraiment édifiante, où la Majorité vit avec satisfaction un signe du *progrès religieux.*

Cependant, dès les premiers jours, le général Foy, un peu grondé par M. Royer-Collard sur l'explosion inévitable de ses visites en Sorbonne, et se la reprochant lui-même avec cette chaleur de bienveillante inquiétude qui lui était innée, était venu voir le professeur, qu'il craignait d'avoir compromis. Celui-ci parut assez confiant, cita les décrets de 1808 et de 1810, l'article 26 de l'ordonnance royale de février 1815, qui déclare les *Professeurs de facultés nommés à vie;* et du reste il affirma qu'il n'avait entendu parler de rien, hormis une dénonciation très-violente dans quelques journaux ultra-monarchiques. Le général Foy, calmé sur son scrupule d'affectueuse bonté, se livra tout entier au plaisir que lui avait fait cet élan cordial d'une jeunesse studieuse.

« Quel noble pays, disait-il, que cette terre qui don-

« nait, il y a douze ans, de si vaillants *Conscrits* pour
« les Champs de bataille d'Espagne ou de Russie, de si
« intelligents officiers après un an de *Fontainebleau*, et
« qui aujourd'hui, sans que nous ayons de moins
« braves gens dans nos armées de paix et de police mo-
« narchique au dehors, peuple nos écoles d'une si bril-
« lante jeunesse! Avec quelle émotion je les voyais se
« lever, se pencher de toutes parts vers moi! Quels
« auditeurs! combien de bon sens et d'esprit dans leurs
« approbations et parfois dans leurs silences! Il y aura
« là des gens qui vaudront mieux que nous, déjà vieux
« ou demi-jeunes. Quels avocats! quels magistrats!
« quels futurs députés dans cette jeunesse ainsi nourrie
« de grec, de latin, d'histoire, de Droit public, à l'oc-
« casion du Droit civil, et tout entretenue d'Aristote et
« de Bossuet! Vous faites bien de ne les occuper que
« de l'admiration des grands écrivains. Comme disait
« l'Empereur, « il n'y a que les grands esprits qui for-
« ment les grandes nations. » Malheureusement, lui,
« il ne voulait pas que les esprits, grands ou petits,
« fussent libres le moins du monde, de sorte que dans
« tout son Empire il n'y avait, ou il ne restait de grand
« esprit que le sien. Cela ne nous a pas profité; car un
« seul ne suffit jamais à tout.

« Mais revenons à ce temps-ci, continua-t-il. Que
« j'aime la jeunesse de vos écoles! et que ne deviendra
« pas ce pays lorsqu'il aura seulement, par-dessus nos
« souvenirs de révolution et de gloire militaire, vingt
« ou trente ans de bonne liberté constitutionnelle! Ce
« qui doit y préparer surtout, ce sont les sérieuses, les
« opiniâtres études. Rien n'est meilleur pour élever et
« pour discipliner l'âme.

« Voilà ce dont je sais gré à votre Université. Je suis
« sûr que bien des jeunes gens ne sortent de vos cours
« publics que pour aller aux bibliothèques demander
« de vieux livres, et s'y accouder pour le reste du jour.
« C'est là où je les aime. Il y a deux ans, à l'époque des
« escobarderies *de Villèle* sur la loi électorale, j'étais dé-
« solé quand je voyais des encombrements d'étudiants,
« qu'on appelait *des émeutes*, entassés autour de la
« Chambre et sur le pont de la Concorde ; et j'étais im-
« patienté plus que je ne puis dire le jour où Benjamin
« Constant faisait écho à ces démonstrations, et nous
« parlait de cette jeunesse *vénérable* que repoussaient
« assez brutalement les agents de police. Ce sont là de
« ces ridicules de parti que je ne subis pas, et de ces
« vaines provocations que je déteste ; mais qu'après de
« fortes études dans les lycées, des études concentrées et
« vigoureuses, comme les voulait l'Empereur, il y ait
« de grands Cours publics librement suivis où, pendant
« les trois ou quatre années des *Inscriptions* de Droit
« et de Médecine, et pendant le premier stage du Bar-
« reau et parfois de la Magistrature, on se fortifie dans
« les connaissances générales de philosophie, d'histoire
« et de lettres anciennes ou modernes, cela me charme,
« cela me paraît la vie morale et la perpétuité crois-
« sante d'un peuple.

« Dans nos temps modernes, pour aimer la liberté et
« pour en bien user, il faut beaucoup savoir, beaucoup
« comparer, beaucoup juger.

« Que l'éducation prépare à cela : il ne restera plus
« qu'à supprimer cette barrière de quarante ans, qui
« ne nous laisse passer que trop vieux, et attarde nos
« successeurs ; alors, quel que soit le mode électoral,

« ce pays d'esprit et de travail donnera d'excellents dé-
« putés. Ah! je ne puis vous dire combien je suis heu-
« reux de ce que j'ai vu. On serait bien coupable et
« bien maladroit de vouloir, par esprit de réaction et
« de défiance, ôter à la France un tel avenir ; et on n'y
« réussirait pas, du moins pour longtemps. »

Tout ceci n'est qu'une bien faible image des expressions mêmes du général Foy dardées de sa voix et de son regard, avec cet air de franchise et de passion qui faisait sa physionomie. — Déjà cependant la fatigue de cinq ans de tribune, succédant à plus de vingt ans de guerre continue, était fort sensible en lui, et mêlait par moments une impression de souffrance à cette parole vibrante et forte, à cette intonation toujours émue et rapide, où semblaient retentir les battements trop précipités de son noble cœur. Je l'écoutais, je le regardais ; et, muet devant lui, j'avais l'air sans doute d'avoir appris de mémoire les paroles que je disais naguère en Sorbonne, avec assurance, devant un si nombreux auditoire. Subjugué ainsi, j'éprouvais en toute humilité l'ascendant de l'éloquence effective et virile sur la spéculation studieuse : c'est ce que Pascal exprimait si bien, quand il parlait de la satisfaction d'avoir devant soi, *non pas un auteur, mais un homme*.

Je me bornai enfin à remercier le général Foy de la bonne opinion qu'il avait, du bon augure qu'il tirait de nos études classiques ainsi prolongées; puis je hasardai là quelques souvenirs, qui m'étaient déjà familiers, sur la forte éducation et l'éloquence savante, quoique libre et pratique, des orateurs anglais.

Le général Foy avait médiocre sympathie pour eux. Ce qu'il en avait lu, me dit-il, était trop technique, trop

local, trop peu marqué de cette philosophie généreuse, de cet esprit d'humanité, autant que de patriotisme, qui lui semblait à bon droit l'honneur de la tribune française. « C'est un grand pays, disait-il, que l'An-
« gleterre; mais c'est un pays de droit coutumier; oh!
« si la France pouvait être régulièrement libre et stable
« pendant un ou deux Règnes constitutionnels, comme
« elle établirait mieux le droit et l'égalité! Et puis,
« ajoutait-il, je sortais de l'école d'artillerie de La Fère
« en 1792; j'ai vu la première invasion et la terreur;
« et, jeune lieutenant, je dis en face son fait au pro-
« consul Joseph Lebon, sauf à être guillotiné quelques
« jours après, s'il n'était survenu le 9 thermidor. Je ne
« pouvais tenir à cet excès d'horreur; mais aussi, j'ai
« gardé du même temps grande aversion pour la poli-
« tique anglaise. M. Pitt, si froid est si dur, est pour moi
« Machiavel à la tribune. »

« — Ce jugement est bien sévère, Général, essayai-je
« de dire. Le discours de M. Pitt pour l'abolition de
« *la traite des nègres*, ses touchantes paroles sur le
« malheur des indigènes arrachés à la côte d'Afrique,
« ce rapprochement si pathétique entre le sort des races
« encore barbares et opprimées et la splendeur sociale
« de cette Angleterre qui, du temps de César, conquise
« et sauvage elle-même, ne semblait pas, nous dit
« Cicéron, capable d'envoyer au marché de Rome un
« esclave intelligent, cela me semble animé d'un souffle
« sublime de morale et d'éloquence. Que j'aime dans
« là discussion sur la traite des noirs, à la fin de cette
« longue séance de nuit dominée par la parole de M. Pitt,
« ce beau souvenir de Virgile qui se rencontre avec le
« lever du jour, et qui semble l'image allégorique du

« réveil alternatif des Peuples et de la pitié secourable
« qu'ils se doivent l'un à l'autre!

> Et nos primus equis oriens afflavit anhelis ;
> Illic sera rubens accendit lumina Vesper. »

« — Bien, bien, dit le général en riant; vous êtes
« trop candide; c'est là de la rhétorique, fort belle,
« j'en conviens, comme M. Pitt, premier Ministre à
« vingt-deux ans, en apportait au Parlement; c'est de
« l'humanité ostensible et bruyante, comme il lui en
« fallait, pour se recommander à la grâce divine des
« méthodistes et de M. Wilberforce. Que les Anglais
« abolissent la traite des blancs dans l'Inde! qu'ils
« n'aient pas gardé Malte contre les traités, incendié
« Copenhague sous la caution de la paix, et soldé quatre
« Coalitions pour forcer une Révolution égarée à de-
« venir atroce, et un grand Capitaine, digne d'être un
« législateur, à se perdre dans une guerre à mort
« contre l'Europe! alors je croirai à leur pieuse philan-
« thropie... Non, continua-t-il avec impatience; j'aime
« la liberté anglaise, l'industrie anglaise, la valeur an-
« glaise même, telle que je l'ai vue de près en Espagne,
« en Portugal et à Waterloo; mais tout cela, je le tiens
« bon pour l'Angleterre; et je veux les mêmes choses
« autrement et plus grandement encore pour la France.

« Ce n'est pas à leur mesure qu'il faut régler nos dis-
« cours, pas plus que nous ne marchons de leurs pas;
« je n'aime ni qu'on les cite sans cesse, ni qu'on les
« imite trop. Nous ne datons pas du *bill des droits*,
« mais de 1789, et des grands *interim* nationaux qu'avait
« remplis la Royauté sous Henri IV, sous Richelieu,
« sous Louis XIV. La France, au lieu du gouvernement

« par vieux précédents parlementaires et par influences
« aristocratiques, doit avoir une Tribune éclatante,
« agissant directement sur l'opinion du pays, et une
« administration tirant toute sa force et son meilleur
« titre de cette Tribune. Avec cela, de très-grandes
« choses seraient encore possibles, même pour la vieille
« Dynastie des Bourbons, même avec quelques émigrés
« dans le Ministère, pourvu qu'ils soient éloquents
« comme de Serre, et loyaux et honnêtes, comme ce bon
« M. de Corday... »

Et le général, s'animant, allait tomber tout à fait dans la politique, et bien loin de la distraction qu'il avait cherchée dans la visite, dont il m'honorait; mais, s'arrêtant tout à coup, avec un demi-sourire : « Je di-
« sais donc, reprit-il, que votre littérature anglaise,
« vos orateurs anglais, leurs énormes discours, leurs
« démonstrations sans fin ne sont pas à notre usage.
« En France, on ne sait pas s'ennuyer, bien que cela
« arrive souvent. Il faut une parole plus agile, plus
« prompte à l'assaut, plus vive à la riposte, comme la
« course de nos Vélites, qui emportaient une redoute
« avant que Wellington eût, en arrière, déployé toute
« sa ligne. Le modèle que je souhaite à nos orateurs,
« l'inspiration efficace, après l'étude profonde des choses
« s'entend, c'est l'éloquence antique; c'est pour cela
« que j'aime les fortes études des lycées de l'Empire,
« bien que le maître ne songeât guère à cet avantage,
« en les fondant; c'est ce que j'approuve encore dans
« la jeunesse actuelle, et ce qui me fait lire avec une
« extrême satisfaction les écrits de nos jeunes publi-
« cistes, de nos jeunes historiens, de votre ami Thierry,
« éloquent avec des lambeaux de chroniques barbares,

« et qui a pour moi découvert le moyen âge, comme
« Colomb l'Amérique, de mon ami de Barante, si tou-
« chant et si neuf dans ses *Mémoires* de madame de La
« Rochejaquelein, de Philippe de Ségur, vraiment ad-
« mirable et d'un intérêt qui dévore dans son récit de
« Moscou, enfin de deux jeunes gens de notre bord,
« qui ont grand succès et grand avenir, je crois, Mignet
« et Thiers, avec leurs *Histoires de la Révolution*, tant
« soit peu polémiques, selon la loi du temps, mais sin-
« gulièrement intelligentes et instructives, ou par l'a-
« nalyse habile qui concentre les choses, ou par la
« narration facile et complète qui les déploie.

« J'apprécie surtout à ce titre les solides et nerveux
« écrits de Guizot. Voyez comme l'Antiquité lui sert,
« même pour la polémique du jour. Par exemple, dans
« sa brochure *de la Peine de mort en matière politique*,
« quelle citation et quel commentaire de Tacite! et
« par là comme la Controverse est élevée à la hauteur
« du Droit éternel et de la Morale! Jusque dans une
« simple notice, celle du colonel Edmund Ludlow, on
« sent sous sa plume un coloris tout empreint de cette
« vigueur classique des anciens. Nous l'attendons à la
« Tribune en personne et pour son compte; et je ne
« doute pas qu'il n'y grandisse, trouvant là autant de
« matière à la passion sérieuse qu'il apportera de savoir
« et de talent.

« Les anciens, ajoutait-il, outre le génie, avaient
« l'âme libre et haute, même sous l'Empire. Je suis per-
« suadé que, malgré toutes les différences de conditions
« sociales et de mœurs, l'étude des anciens est encore
« aujourd'hui la plus excitante et la plus nourrissante
« pour notre Tribune de France. Où voulez-vous qu'on

« se prépare à cette éloquence mâle et sensée que de-
« mande le bon gouvernement d'un État libre? car c'est
« là qu'il faut aboutir. Sera-ce dans Voltaire, qui se
« moque de tout, qui sape et mine, même sans vouloir
« abattre, et qui pensait pouvoir n'ôter du monde que la
« Foi et le Respect, le Christianisme et l'Honneur, sauf
« à garder d'ailleurs tout l'ancien régime, y compris les
« maîtresses de Princes et les gentilshommes de la
« chambre? Sera-ce dans Rousseau, qui voit si souvent
« faux, qui déclame tant et qui confond perpétuellement
« le Despotisme du nombre avec la Souveraineté de la
« justice? Sera-ce même chez Montesquieu, que je relis
« sans cesse, que j'admire passionnément, mais qui,
« dans son style si fort et si brillant, ne donne guère
« que la raison du passé, ne célèbre que ce qui n'est
« plus, et nous ouvre si peu de voies nouvelles, si peu
« de perspectives sur l'avenir, sauf son fâcheux pro-
« nostic, que je ne veux pas admettre : *L'Europe se per-*
« *dra par les gens de guerre ?*

« Je ne parle pas de notre dix-septième siècle, aussi
« grand, mais non pas plus grand dans l'éloquence et
« les lettres que dans la science de la guerre et dans le
« gouvernement : il est admirable; mais il vivait d'une
« autre vie que la nôtre; il met la grandeur dans le
« Pouvoir Absolu corrigé par le sentiment de la gloire.
« Ce n'est pas là ce qu'il nous faut, ni ce qui est pos-
« sible aujourd'hui. Il fait coexister la dignité des
« classes, l'honneur des individus, le génie des écri-
« vains et la toute-puissance du Monarque. Aujour-
« d'hui, sans la Liberté Parlementaire et Civile, nous
« n'aurions que la nullité des classes, la servitude inté-
« ressée des individus, et le Despotisme onéreux au

« dedans et sans force à la frontière. Inspirer en France
« l'esprit de justice et de liberté, faire des hommes pu-
« blics, créer une génération dévouée à la défense et à
« la science des intérêts de l'État, c'est là l'œuvre du pa-
« triotisme, et l'intérêt bien entendu de la Royauté,
« dont je suis fort partisan, vous le savez, pourvu
« qu'elle soit française et libérale.

« Pour cela, le dix-huitième siècle ne nous donne
« rien, quoiqu'il ait eu par moments, à la tête des af-
« faires, de grands hommes de bien, Turgot, Males-
« herbes. Mais ce n'étaient pas des hommes de bien as-
« sez armés en guerre; ils n'auraient pas vécu dans le
« feu des débats publics; ils n'auraient pas discipliné
« une Assemblée par l'ascendant de la raison munie
« d'éloquence. Mirabeau seul était capable de cela;
« mais la maison était en ruine, quand on l'appela pour
« la soutenir; il ne parut lui-même qu'un homme de
« destruction. Parlements, Noblesse, Royauté qu'il
« voulait garder, il abattait tout cela à coups de hache;
« et il mourait au milieu de cette démolition, sans
« qu'on voie ce que vivant il aurait pu faire, pour en
« relever quelque chose.

« Par là, ses discours ont peu d'application pour
« nous. Lorsqu'il n'était que véhément ou emporté par
« le souffle du temps, il nous paraît déclamateur. Que
« nous fait aujourd'hui d'ailleurs la *Déclaration des*
« *droits de l'homme* et la constitution civile du clergé?
« Qui concevrait le droit de paix et de guerre, comme
« Barnave ou Mirabeau l'étendaient ou le resserraient?
« Il nous faut maintenant quelque chose de plus précis
« et de plus pratique. Il ne s'agit pas des *droits de*
« *l'homme*, mais de garanties légales bien déterminées

« pour le citoyen ; pas de tribunaux d'exception, com-
« missions militaires ou autres : personne distrait de
« ses juges naturels ; le jury pour tous les crimes ou
« délits politiques, et les délits de la presse compris
« dans cette catégorie : tout cela est simple et d'une lo-
« gique usuelle ; tout cela se coordonne et se tient. De
« Serre a posé là-dessus les vrais principes ; et, il faut
« en convenir, admirablement. Je ne connais rien, en
« débats législatifs, au-dessus des mémorables discus-
« sions sur la loi de la presse en 1819 : ce sont des
« vérités acquises. Un peuple serait bien à plaindre
« de les oublier jamais. Il peut y avoir ensuite des
« réactions, des revirements de Majorité, des mutila-
« tions partielles du Droit ; mais le principe est fondé,
« et ce qui en reste ramènera tôt ou tard ce qu'on a
« perdu.

« Quant au Droit de paix et de guerre, et à toutes les
« formes de droit extérieur, nul doute que cela n'appar-
« tienne à la Royauté, quand il y a Royauté ; mais par le
« fait aussi, tout cela relève indirectement des Chambres
« par le vote de l'impôt et la fixation des dépenses et des
« recettes de l'État ; car on ne fait la guerre qu'avec de
« l'argent, beaucoup d'argent, et les Chambres seules
« peuvent donner l'argent du pays.

« La monnaie est marquée à l'effigie du Prince ; mais
« c'est le peuple seul qui bat monnaie, ou qui du moins
« par son travail fournit le lingot d'or.

« Mais ne faisons pas de polémique actuelle. Ce que
« je vous disais donc, c'est que sauf l'imprévu, toujours
« à prévoir en France, malgré la réaction commencée
« dès 1820, malgré la guerre d'Espagne votée contre
« nous et mieux conduite que nous ne l'aurions cru, les

« Principes Constitutionnels s'enracinent chaque jour
« en France, et que ces principes, trop souvent décla-
« matoires et destructeurs au temps de Mirabeau, sont
« aujourd'hui précis, sensés, conservateurs. C'est à la
« science positive, à la connaissance approfondie des
« affaires, au bon sens parlant juste et bien, qu'il ap-
« partient de les accréditer de plus en plus et de les
« perpétuer.— La France, comme me disait l'Empereur
au retour de ma mission à Constantinople, a toujours
besoin de commander, par les armes ou par l'esprit,
et souvent par tous deux ; si on lui ôtait l'un et l'autre, elle ne se reconnaîtrait plus, et elle se croirait
morte. »

« Dieu merci, ce péril est loin ; mais il n'est pas im-
« possible. Malgré le juste-orgueil de notre renaissance
« constitutionnelle après 1815, malgré le spectacle de
« laborieux progrès que donne aujourd'hui la France
« et l'influence électrique de sa parole dans l'Europe,
« je ne me fais pas illusion sur l'état général du monde ;
« j'ai souvent regardé d'un œil fixe, dans le cabinet de
« mon camarade Haxo, cette carte topographique des
« accroissements de la Russie depuis un demi-siècle,
« qui en dit plus que tous les livres. Je vois distincte-
« ment cette puissance d'organisation, ces forces im-
« menses amoncelées au Nord de l'Europe, et avancées
« d'un siècle sur nous par la folie de notre grand Ca-
« pitaine.

« Je me figure de quel œil, là, on doit suivre notre
« travail de liberté et l'ébullition constitutionnelle des
« États du Midi. Par moments, je me dis que nos efforts
« sont peut-être en pure perte, et que nous courons
« risque de ressembler à ces villes grecques du temps

« de Philippe¹, qui discutaient admirablement sur la
« place publique, pendant que de la Macédoine et de
« la Thrace s'acheminait la phalange organisée qui
« devait les asservir; mais je me réponds bien vite à
« moi-même qu'une Athènes qui a trente millions
« d'âmes et peut mettre en campagne douze cent mille
« soldats est invincible, à moins qu'elle n'ait, à jour
« donné, par une fatalité singulière, réuni tous les
« peuples contre elle. Son Généralissime, son Empe-
« reur a pu être renversé par la Coalition des Rois
« entre eux et des Nations avec les Rois ; mais hors de
« là, elle seule, avec un drapeau libre et des lois sensées
« qui lui rallieraient la moitié du monde, elle est inex-
« pugnable. »

Et le Général, en achevant ces mots, se levait, marchait à pas précipités, avec un feu d'expression dans les
regards inoubliable comme ses paroles.

« Mais, continua-t-il, comme il arrive toujours, après
« de longues guerres, comme il est arrivé en Europe
« après les Conquêtes et les revers de Louis XIV, nous
« sommes, je le crois, destinés à une longue paix trou-
« blée tout au plus par de courts incidents, par des

---

¹ « Lorsque le colosse russe aura un pied aux Dardanelles, un autre sur le Sund, le vieux monde sera esclave; la liberté aura fui en Amérique. Chimères aujourd'hui pour les esprits bornés, ces tristes prévisions seront un jour cruellement réalisées; car l'Europe, maladroitement divisée comme les Villes de la Grèce devant les rois de Macédoine, aura probablement le même sort. » (*Histoire du Consulat et de l'Empire*, par M. Thiers, tome VIII, p. 448.) Cette réflexion confirme l'inquiétude et le parallèle qui se présentaient à l'esprit du général Foy; et nous regrettons qu'elle ne soit pas, chez le célèbre historien, accompagnée du démenti motivé que le Général opposait, sur ce point, à ses propres craintes.

« expéditions de police monarchique, telles que le *Prin-*
« *cipe d'intervention* en autorise aujourd'hui. Avant que
« les masses de l'Océan se déplacent de nouveau, avant
« qu'on revoie, au grand complet, des États-majors de
« Souverains en campagne et des *conscriptions* de peu-
« ples, il faut bien des années de repos, et qu'une ou
« deux générations soient mortes ailleurs qu'au bivouac.

« Malgré les fanfares parlementaires de Canning, je
« crois donc que, de notre vivant, nous n'assisterons
« pas derechef à la grande guerre.; et tant mieux pour
« la liberté ! Mais cette liberté, il faudrait qu'elle se
« hâtât de former en France des âmes fortes et fidèles,
« des esprits animés d'un sentiment sérieux du Droit et
« du Devoir légal. Des bras, des cœurs de soldat, il
« n'en manquera jamais! cette terre de France les pro-
« duit dans chaque sillon. Des esprits patriotes autant
« qu'éclairés, une succession d'hommes publics poursui-
« vant la même voie, nourris dans les mêmes doctrines,
« les défendant, les honorant, et ne les exagérant pas,
« cela est plus difficile !

« Que de fois nous avons changé (on ne peut presque
« y penser sans que la tête ne tourne) ! De la Conven-
« tion au Directoire, du Directoire au Consulat, du Con-
« sulat à l'Empire, de l'Empire aux Cent-Jours, et des
« Cent-Jours aux phases diverses de la Restauration,
« que de principes proclamés, rejetés, repris! que de
« masques plusieurs fois empruntés ! Il est temps que
« la lumière continue de la vie publique nous donne,
« par conviction ou du moins par pudeur, des carac-
« tères plus fixes, des hommes voués à une cause, à
« une vérité. Je suis frappé de ce que, sous ce rap-
« port, malgré les misères du temps et les misères de

« l'homme en général, le Régime constitutionnel a
« déjà fait pour nous, des corruptions publiques qu'il
« a réprimées ou déshonorées, de la clarté qu'il a portée
« dans les finances, de l'élan généreux qu'il commu-
« nique aux esprits, de l'élévation qu'il rend aux lettres,
« et je reviens à mon dire : qu'à l'enseignement des
« Chambres et du débat public se joigne une forte édu-
« cation de la jeunesse, et nous aurons une grande
« époque de fondation et de durée ! Je mets en premier
« rang, pour cela, ces études approfondies de lettres et
« de sciences, dont l'Empereur voulait faire ses drape-
« ries de couronnement, et que je demande pour étais
« de notre édifice légal.

« Ce n'est pas l'élégante parole de Regnault qui nous
« convient ; ce n'est pas non plus l'avocasserie bruyante
« de Bedoch ou de Dumolard ; c'est la vraie parole po-
« litique, une parole grave, nourrie de la connaissance
« intime des faits, et étendue, enhardie par la médi-
« tation philosophique et l'histoire. C'est là le grand
« ascendant, la prédominance morale de Royer-Collard
« dans cette Chambre, où nous avons tant d'hommes
« d'affaires habiles et de parleurs diserts. Mais quelles
« études cet homme a faites, toute sa vie ! quel travail
« de lecture et de réflexion ! J'en suis honteux pour
« nous, réquisitionnaires de 1792, toujours en cam-
« pagne depuis, et qui, jusqu'à Waterloo, n'avions pas
« eu même un seul quartier d'hiver tranquille, pour
« étudier un peu. »

Le général Foy se calomniait, ou se vantait, en exagérant ainsi son défaut de savoir. Malgré sa vie errante et
guerrière dès l'âge de dix-huit ans, peu d'hommes
étaient plus instruits, avaient plus ajouté aux premières

études une assidue variété de lectures et d'observations, et mieux saisi les principales parties des grandes connaissances. Nul esprit de notre temps peut-être n'était plus promptement sagace et plus attentif. La science militaire, liée à l'étude de l'histoire, avait été sa passion de jeunesse. Les récits d'Arrien, de Polybe et de César lui étaient présents, comme les Campagnes de Turenne et de Napoléon. La plus belle littérature avait charmé sa vive imagination, comme elle colorait son langage.

Depuis son entrée dans la vie sédentaire, ou, comme il disait, dans la rude milice de Tribune, nul n'avait appliqué à l'examen approfondi des Questions et à l'art de les exposer un travail plus ardent et plus opiniâtre. Je le savais par lui-même ; car ce noble esprit était au-dessus de toute dissimulation vaniteuse : malgré les heureux accidents de sa parole soudaine, ses discours le plus librement, le plus hardiment jetés, étaient le fruit d'une laborieuse préparation. Il disait parfois avec modestie, qu'il était obligé de suppléer ainsi à ce qui lui manquait d'art et de science acquise ; mais, en réalité, il ne faisait là que ce que veut la perfection même de l'art, en si haute matière. Seulement, par la vivacité de sa nature, le travail solitaire, la préparation le consumait, comme la lutte même. Fortement étudié dans tous les documents matériels, médité longtemps, dicté avec ardeur, déclamé à quelques oreilles amies, et souvent à sa noble et spirituelle femme, chacun de ses discours était aussi un rude et passionné labeur qui se reprenait et s'achevait enfin à la Tribune, où le général ne récitait pas de mémoire, mais retrouvait d'instinct et d'enthousiasme tout l'ordre de ses pensées, ses mouvements, ses images, suppléant de verve à ce qui pouvait manquer encore, ou paraître trop faible dans le feu de l'action même.

Je savais tout cela très-bien; et j'avais lu quelques pages de ses attachants récits de la Guerre d'Espagne; je pouvais donc contredire le Général, et je le fis en peu de mots. « Oui, me dit-il alors, je me donne beaucoup
« de peine; je respecte la Tribune; je respecte cette
« grande mission de traiter en public les intérêts de l'É-
« tat, de servir nos Concitoyens, de les éclairer, de les
« modérer; car tout cela est dans le mandat étroit du
« Député. Je voudrais donc que, comme en Angleterre,
« mais par le droit du travail, au lieu du privilége de
« la naissance et de la fortune, on se préparât de bonne
« heure à la vie politique; que les études dans la jeu-
« nesse, la profession dans l'âge adulte, la manière
« d'être avocat, propriétaire, industriel, officier, magis-
« trat, concourût à faire des hommes de choix pour la
« Députation, ce but de la notabilité et du patriotisme,
« cette force incessante du pays, où le Pouvoir gouver-
« nant doit trouver tout ce qui fait régner, conseil, ac-
« tion, crédit extérieur, adhésion populaire, et dont il
« doit par conséquent se servir et non se défier, qu'il doit
« mettre en vue, et non en cage.

« Quant aux études premières qui peuvent conduire
« à cette noble vocation, et qui sont si péniblement
« remplacées plus tard, je cherche parfois quel est le
« meilleur mode de les fortifier et de les prolonger.
« Franchement, je ne crois pas que ce soient nos petits
« *Clubs* de jeunes gens aristocrates ou libéraux. On y fait
« plus d'esprit de parti que de besogne; et on obtient
« des succès trop aisés en prenant la facilité, accrue

« par l'exercice, pour cette *Improvisation*, la seule
« bonne, qui, lentement nourrie de faits et d'idées,
« trouve, sous le coup de la nécessité et de la passion,
« le mot nécessaire. Pour arriver là, j'estime bien
« plus, je regarde comme bien plus efficace l'étude inté-
« rieure, laborieusement faite, l'étude de nos grands
« anciens.

« Rien ne prépare à la facilité que l'effort. On ne parle
« puissamment, que lorsqu'on a beaucoup médité. Cicé-
« ron, Démosthène, les grands historiens de l'anti-
« quité, voilà les maîtres qu'il faut encore de nos jours
« aux orateurs politiques. Je l'avouerai seulement,
« Cicéron a pour moi trop de *longueries d'apprêts*,
« comme disait votre Montaigne ; il me paraît trop beau,
« trop pompeux ; il me semble M. Lainé devenu cor-
« rect et grand écrivain. Je crois que j'aimerais mieux
« Démosthène ; je dis Démosthène tel que je le pres-
« sens, tel que je le conjecture ; car toutes les tra-
« ductions me le changent et le gâtent plus que de
« raison, j'en suis sûr. Où est-il donc ? Où le trouver
« dans son langage comme dans sa puissante méthode,
« dans son attitude et sa physionomie comme dans ses
« os et ses muscles, que je sens partout ?

« Je ne sais si c'est la faute des mots de notre langue ;
« mais on me le fait lourd et long, même dans un dis-
« cours assez bref ; et j'affirme que sa parole était vive
« comme son raisonnement, qu'elle saisissait, qu'elle
« entraînait, qu'elle broyait. Autrement, eût-il été ce
« que nous dit l'antiquité ? eût-il vécu et fût-il mort,
« comme il a vécu et comme il est mort ?

« Je crois donc de foi à un Démosthène, dont j'ad-
« mire la stratégie, l'ordonnance, l'opiniâtre courage,

« mais dont je ne puis entendre la voix et reconnaître
« le cri de guerre.

« Voyez, me dit-il alors en jetant la main sur une
« tablette de mes livres : je ne prendrai point un tra-
« ducteur vulgaire, ni trop éloigné de nous ; je ne
« choisirai ni le bon abbé Auger, ni Tourreil, qui ap-
« pelle les Athéniens *Messieurs*. Je m'arrête à un de nos
« maîtres modernes, à un critique justement célèbre,
« qui, de 89 à 93, avait entendu des orateurs politiques
« et des hommes éloquents à faire trembler ; je le prends
« au chapitre où, plein d'admiration pour l'éloquence
« de Démosthène, il nous le montre, dans un discours
« à la fois judiciaire et politique, revendiquant l'hon-
« neur de sa vie et de tous ses actes de tribune contre
« les calomnies d'un rival. Eh bien ! je l'avouerai, je ne
« puis me faire à cet exorde, comme l'appelle M. de
« La Harpe, du plaidoyer de la Couronne. Dans Athènes,
« dans cette ville des grands monuments et des immor-
« tels exploits, je cherche un langage digne de la ma-
« jesté des uns, et de l'héroïsme des autres ; je cherche,
« j'attends l'âme de ce Démosthène qui a lutté dix ans
« contre Philippe, qui lutte encore contre Alexandre,
« qui n'est dompté au dedans de lui-même ni par la
« défaite de Chéronée, ni par la Conquête de l'Asie, et
« qui réclame de ses concitoyens une Couronne pu-
« blique pour son patriotisme, comme un désaveu de
« leur faiblesse et une protestation contre leur servi-
« tude. Le cœur me bondit à cette pensée ; j'ouvre la
« traduction, et je lis :

« Je commence par demander aux Dieux Immortels
qu'ils vous inspirent à mon égard, ô Athéniens ! les
mêmes dispositions, où j'ai toujours été pour vous et

pour l'État ; qu'ils vous persuadent, ce qui est d'accord avec votre intérêt, votre équité et votre gloire, de ne pas prendre conseil de mon adversaire pour régler l'ordre de ma défense. Rien ne serait plus injuste et plus contraire au serment que vous avez prêté d'entendre également les deux parties, ce qui ne signifie pas seulement que vous ne devez apporter ici ni préjugés ni faveur, mais que vous devez permettre à l'accusé d'établir à son gré ses moyens de justification. Eschine a déjà dans cette cause assez d'avantages sur moi; oui, Athéniens, et deux surtout bien grands. D'abord nos risques ne sont pas égaux : s'il ne gagne pas sa cause, il ne perd rien[1]. »

« Où sommes-nous? s'écria vivement le général, en
« interrompant sa lecture. Plaidons-nous une affaire
« de mur mitoyen? *Établir à son gré ses moyens de jus-*
« *tification, gagner* ou ne pas *gagner* sa cause, est-ce là ce
« que j'attends de cette lutte à mort entre deux enne-
« mis, sur leur politique, leur vie entière, leur part à
« chacun dans la gloire ou l'oppression d'Athènes? On
« aura beau me dire :

Que le début soit simple et n'ait rien d'affecté ;

« je cherche là Démosthène et ne le retrouve pas, même
« à cet état de dignité calme et de méditation imposante
« qui précède l'ardeur de la parole. J'éprouve le même
« mécompte dans la suite du Discours; je me perds
« dans les décrets et les dépositions de témoins cités
« et commentés par l'orateur ; je cherche cette parole
« de feu qui incendiait la Grèce.

[1] *Cours de Littérature ancienne et moderne*, par La Harpe, t. II, p. 220.

« En vérité, Général, repris-je alors, votre indignation
« de bon goût m'instruit plus que toutes choses et me
« prouve ce que je soupçonnais : que le seul art pour
« traduire Démosthène serait, en le lisant beaucoup,
« d'arriver à le sentir, à le prendre sur le fait, comme
« vous le devinez, vous autres orateurs, puis de le tra-
« duire bien littéralement, avec des mots expressifs qui
« rendissent, s'il est possible, l'ordre, le mouvement,
« la couleur de ses paroles et comme l'accent de sa voix.
« Ce mot à mot, par exemple, vous choquerait-il ? ajou-
« tai-je en prenant quelques pages retravaillées bien
« des fois :

« Avant tout, ô hommes athéniens ! je supplie dieux
et déesses ensemble que le bon vouloir, dont je suis
animé sans cesse pour la ville et pour vous tous, je le
retrouve en vous tout entier pour moi, au combat de
ce jour; puis, ce qui importe souverainement à vous, à
votre religion et à votre gloire, que les dieux vous inspirent de ne pas prendre mon adversaire pour conseil, sur
la manière dont vous devez m'entendre (car ce serait
une bizarre injustice), mais de consulter les Lois et votre
serment, où, parmi toutes les autres conditions d'équité,
est inscrite l'obligation d'ouïr semblablement les deux
adversaires. Et cela consiste, non pas seulement à
n'avoir rien présumé sur eux, et à leur partager également votre bienveillance, mais encore à les laisser chacun disposer son ordre d'attaque et de défense, comme
il l'a voulu et l'a prémédité. J'ai dans ce combat plusieurs
infériorités devant Eschine, deux surtout, ô hommes
athéniens ! deux grands désavantages : l'un de ne pas
lutter pour un prix égal ; car ce n'est pas chance pareille aujourd'hui, pour moi de déchoir de votre fa-

veur, ou pour lui de ne pas emporter son accusation. »

— « Bien, me dit le général. Mon admiration n'est plus
« dépaysée par quelques méchants mots. Je ne suis plus
« au greffe de la Tournelle; je sens l'air libre et le jour
« de la place publique d'Athènes. Jusqu'à cette invoca-
« tion aux dieux et aux déesses ne m'étonne pas trop
« devant les statues sublimes du Jupiter olympien et de
« la Minerve éloquente et guerrière. Mais poursuivez,
« je vous prie. »

Je repris ma lecture.

« Moi, si... Mais je ne veux pas commencer par une
parole de sinistre augure. Lui, au contraire, bien à
son aise, ne compromet rien, en m'accusant. Mon second désavantage, c'est que par nature il appartient
à tous les hommes d'écouter volontiers sur autrui le
blâme et l'invective, et d'être fatigués de ceux qui se
louent eux-mêmes. »

« De ces choses donc, celle qui plaît et attire lui a été
donnée; et moi, pour dire le mot, celle qui est importune à tous m'est laissée en partage. Et si, par précaution contre ce danger, je ne raconte pas les choses
que moi-même j'ai faites, je paraîtrai n'avoir ni de
quoi repousser les accusations qu'on m'intente, ni de
quoi justifier mon titre à vos honneurs; et cependant,
si je touche à ce que j'ai fait, à mes actes politiques, je
serai contraint à parler souvent de moi. »

« Je tâcherai donc de le faire le plus modérément
qu'il est possible; et cette nécessité, que la situation
même m'impose, celui-là seul en est justement responsable, qui a voulu établir un tel combat; mais vous, ô
juges, vous reconnaîtrez, je crois, que ce combat m'est
commun à moi, autant qu'à Ctésiphon, et que ce n'est

pas de ma part qu'il mérite moins d'efforts. Se voir dépouillé de tout est en effet une intolérable souffrance, surtout si elle nous arrive par la main d'un ennemi, surtout encore si c'est votre bienveillance et votre affection qu'elle nous enlève, et d'autant plus que les avoir acquises est le plus grand des biens. »

« La lutte étant donc engagée sur cela même, je vous adjure et vous supplie tous également de m'écouter avec équité, comme les lois l'ordonnent, ces lois que Solon, alors qu'il les promulgua dans un esprit tout affectionné pour vous et tout populaire, voulut rendre maîtresses, non pas seulement par l'inscription publique, mais par le serment que vous leur prêtez tous, avant de juger. — Il ne se défiait pas, en cela, de vous, je le crois; mais il voyait que, contre les griefs et les calomnies dont s'arme l'accusateur, grâce à l'avantage de parler le premier, il n'est pas possible à l'accusé de prévaloir, à moins que chacun de vous qui jugez, gardant fidèle respect aux dieux, n'accueille avec même bienveillance les choses justes dans la bouche de celui qui parle le dernier, et, donnant à l'un et à l'autre audience également favorable, ne forme ainsi son jugement sur le débat entier. »

« Ayant donc aujourd'hui, comme il me semble, à rendre compte de toute ma vie, et aussi des choses que j'ai faites en commun avec l'État, je veux, ainsi qu'au commencement, invoquer derechef tous les Dieux; et en face de vous, je les supplie d'abord, que tout le bon vouloir dont je suis animé sans cesse pour la ville et pour vous tous, je le retrouve en vous pour moi, au combat de ce jour; puis, ce qui doit profiter à votre bonne renommée, à la religion de chacun de vous, que les dieux vous inspirent de le discerner dans cette accusation. »

« — A la bonne heure, dit le général, j'entrevois
« Démosthène : il y a bien encore çà et là quelques pa-
« roles qui languissent, et que je mets à votre charge ;
« mais en principe vous devez avoir été écho fidèle ; car
« vous m'avez ému. Quel cœur de citoyen on sent là !
« quelle gravité, quel calme dans la véhémence ! quelle
« puissance de mépris !

« Ah ! je conçois la grandeur qu'aura cette défense
« d'un homme, où est enfermée l'apologie d'un peuple
« et la justification des derniers et stériles combats, qu'il
« a livrés pour la liberté de la Grèce. Au fond, c'est
« Athènes qui va juger si, dans sa défaite, elle mérite
« encore une Couronne. Pour Athènes, Chéronée était
« mieux qu'un Waterloo ; car elle y combattait aussi
« l'étranger ; mais pour elle-même, et non pour un
« Maître intérieur. Et cependant nous aussi, nous
« avons mérité la Couronne civique au pied du mont
« Saint-Jean, sous ces hauteurs hérissées de feu, sous
« ces batteries plongeantes ; car ce n'est pas le succès,
« mais le dévouement qui fait la gloire ; et ce que nous
« défendions là, c'était le sol et le drapeau, la substance
« et le signe extérieur de la Patrie. Que n'avions-nous
« alors à défendre aussi des Lois, des Institutions, des
« mœurs publiques, une Liberté ancienne et inviolable !
« Cette garde-là ne serait pas tombée à Waterloo ; elle
« se fût relevée dans chaque village français. De la
« Loire au Rhin, elle eût couvert et revendiqué le sol
« de la France. Mais j'ai tort, dit le général ; pas de re-
« gards en arrière, à de si courtes distances ; pas de ces
« revues d'un passé récent, qui importune comme un

« remords inutile, qu'on touche presque et qu'on ne
« peut changer. Soyons encore dans l'antiquité.

« A travers ce bon abbé Auger que j'ai voulu lire
« cent fois, comme on cherche impatiemment à déchif-
« frer, sous une mauvaise écriture, une nouvelle qui
« intéresse, j'ai présent le squelette de Démosthène, sa
« nerveuse méthode, son bras tendu pour écarter les
« obstacles. Je le crois bien, il n'accepte pas pour
« début de son Discours les questions de forme et de
« droit; il court à ce qu'il a de commun avec le peu-
« ple, son juge : la question de courage et de liberté,
« l'entreprise, même malheureuse, pour l'indépendance
« de la Grèce. On dirait qu'il ne daigne pas même s'oc-
« cuper de son honneur privé, jusqu'à ce qu'il ait relevé
« l'honneur public d'Athènes, le drapeau de la Guerre
« sainte contre Philippe; mais revoyons, je vous prie,
« un peu au vrai, s'il est possible, avec quelles couleurs
« il a retracé cette division des Grecs, présage de leur
« servitude, ces accroissements de Philippe, Despote et
« Conquérant, et cette corruption qui est de tous les
« temps, et qui achemine si facilement les peuples au
« Pouvoir Absolu. Il y a, sous ce rapport, dans Démos-
« thène mille traits historiques toujours contemporains,
« toujours applicables. Il n'y a plus là d'antiquité. L'in-
« térêt égoïste, la corruption, cela est toujours vieux,
« toujours jeune, toujours vrai. Cherchons le passage
« sur l'abaissement et l'accaparement des villes grecques
« par Philippe, sur les trahisons des principaux, et la ser-
« vitude de tous, pour le loyer de vente de quelques-uns. »

Je tournai quelques feuillets, et je lus le passage suivant [1] :

[1] *Orat. græc.*, t. I, p. 262.

« Les villes de la Grèce se trouvaient alors malades, ceux qui avaient le gouvernement et l'action étant gagnés par des présents, corrompus à prix d'or, et les particuliers, la foule étant d'une part sans prévoyance de l'avenir, et d'autre part leurrés à l'attrait du repos et de l'inertie, tous enfin affectés de l'un ou de l'autre de ces maux, chacun croyant d'ailleurs que le danger ne viendrait pas jusqu'à lui, mais qu'aux dépens du péril des autres, il garderait en sûreté ce qu'il possède, pourvu qu'il le voulût sérieusement. Mais bientôt il advint, ce me semble, que les peuples, pour prix de leur grande et inopportune indolence, perdirent leur liberté, et que les Chefs, ceux qui croyaient avoir tout vendu, hormis leur personne, comprirent qu'ils s'étaient tous vendus eux-mêmes les premiers ; car, au lieu de ces noms *d'amis* et *d'hôtes* dont ils étaient salués, quand ils s'étaient livrés pour argent, désormais ils s'entendent appeler *sycophantes, ennemis des dieux,* et autres noms qui leur vont si bien. C'est justice ; car personne, ô hommes athéniens, à l'heure où il donne de l'argent, n'a en vue l'intérêt du lâche qui le reçoit. Personne, une fois maître de ceux qu'il a achetés, ne prend le traître pour conseil sur ce qui reste à faire. Autrement il n'y aurait rien de plus fortuné que le traître ; mais il n'en va pas ainsi ; non, il n'en va pas ainsi ! Comment donc ! il s'en faut de tout. »

« Aussitôt que celui qui aspire à dominer s'est mis en possession des affaires et se sent maître des hommes qui les lui ont vendues, connaissant bien leur corruption, alors surtout, alors il les hait, les soupçonne et les crosse du pied. Soyez bien attentifs à cela : car, si le moment de semblables transactions est passé, le moment d'en bien connaître est toujours là pour les esprits sensés. Lasthenès était nommé l'ami de Philippe jusqu'au jour où sa trahison livrait Olynthe, Timolaüs jusqu'au jour où il perdait Thèbes, Eudic et Simos de Larisse jusqu'à ce qu'ils aient mis la Thessalie sous Philippe. Après cela, chassés, outragés, en butte à tous les maux, de ces traîtres la terre a été remplie. Qu'est devenu Aristrate à Sicyone et Périlaüs à Mégare? Ne sont-ce pas les balayures de la terre? Et de là peut se voir clairement que qui défend le mieux son pays, qui résiste le mieux à de tels hommes, celui-là, ô Eschine, vous ménage, à vous autres traîtres et mercenaires, l'occasion d'être payés; et c'est grâce au nombre et à la fermeté de ceux qui contredisent vos projets que vous êtes maintenus en sûreté et en salaire; car, abandonnés à vous-mêmes, dès longtemps vous seriez perdus. »

— « Quelle peinture! quelle leçon! interrompit vive« ment le général. Quelle image de tous les temps ! « L'avidité des corrompus, l'apathie de la foule, le calcul « de quelques habiles, et finalement l'ingratitude très-« juste des corrupteurs : on ne dira pas, j'espère, qu'il « n'y a rien là de pratique pour nous; que c'est un « autre monde, une autre société. Je tiens cela pour « vrai dans le présent, pour vrai dans l'avenir; mais, « franchement, cela m'intéresse moins, par l'excès « même de la ressemblance.

« Ce qui me ravit dans l'antiquité, ce que je saurais « gré de voir exhumer, comme une statue dont les « belles proportions nous étonnent, c'est ce qui s'éloi« gne de notre égoïsme moderne, de notre esprit mer« cantile, sujet à passer trop vite de l'intelligence des « arts utiles au trafic des personnes. Demandons aux

« anciens de préférence ce qui est rare parmi nous,
« les illusions de gloire et d'enthousiasme, illusions
« bien justement appelées ainsi du temps de Démos-
« thène, car elles ne purent rien sauver, rien prévenir.
« Et cependant ce n'est que lorsque ces illusions-là sont
« tout à fait mortes qu'un peuple tombe en décadence.
« Nous en sommes loin, j'espère, si la liberté se conserve
« en France. Mais voyons aujourd'hui cette noble inspi-
« ration dans l'homme qui ne voulut pas survivre à la
« liberté de son pays.

— « Mon travail, peu digne de Démosthène et de
« vous, n'est pas achevé, dis-je au général ; j'aurais be-
« soin de votre aide. J'ai lu quelque part qu'un livre
« des *Sections coniques* d'Apollonius, perdu dans l'ori-
« ginal grec, ne s'étant retrouvé que dans une version
« arabe, un célèbre mathématicien, Viviani, qui ne sa-
« vait pas un mot d'arabe, et un honnête arabisan,
« Abraham Echellensis, qui ne savait pas un mot de
« mathématiques, se réunirent pour interpréter ce texte
« unique, et qu'il sortit de là une très-bonne traduc-
« tion. Il faudrait de même, Général, pour donner l'idée
« de cette magnanimité de Démosthène, joindre à mon
« grec de collége votre âme oratoire, ou, pour dire plus,
« votre âme guerrière et les épreuves de votre vie ; car,
« je le crois, ce Démosthène tant calomnié, dont la
« jeunesse, avant d'être toute dévouée à la patrie, est
« mêlée de quelques faiblesse ou de quelques obscuri-
« tés, fut un cœur héroïque. Je ne sais s'il s'est mal
« battu à Chéronée ; mais il y avait plus de courage et
« de péril à faire décréter la guerre et à l'organiser,
« qu'il n'y en aura jamais dans aucun combat ; et vous
« savez d'ailleurs comment il est mort.

— « Voyons, dit le général, ce qu'il a dit dans cette
« dernière défense de sa vie publique : prenons votre
« traduction ; et ne comptez pas sur la *nôtre*. La chose
« fût-elle possible, je n'en ai pas le temps ; je suis pour
« cela trop occupé à mettre en pièces les marchés *Ouvrard*
« sur le dos de M. de Villèle. »

Et, feuilletant avec rapidité mes pages incomplètes,
il tomba, comme d'instinct, sur le passage mémorable
où Démosthène, après avoir résumé, comme il résume,
tout ce qu'il avait espéré, conseillé, machiné pour la
Guerre contre Philippe, déclare avec serment que, si la
défaite eût été prévue comme infaillible, il aurait encore
fallu tenter l'entreprise et livrer la bataille. Il y attacha
les yeux avec passion, et, se levant, il lut à haute voix,
pour un seul auditeur, ce que Démosthène appelait le
paradoxe de son discours, la pleine revendication du
projet de guerre, après la défaite :

« Puisque cet homme [1] insiste tant sur le hasard des
événements, je veux lui opposer en réponse un hardi
paradoxe : et, par Jupiter et tous les dieux, que nul de
vous ne s'étonne en cela de mon exagération ! mais que
chacun considère avec bienveillance ce que je dis ! Si
les choses de l'avenir nous avaient été manifestes à tous,
si tous les avaient sues d'avance, et que toi, Eschine,
tu nous les aies prédites et attestées avec tes cris et tes
beuglements, toi qui n'as pas soufflé mot, alors même
Athènes n'aurait pas dû se départir de la voie qu'elle a
suivie, pour peu qu'elle tînt compte de sa gloire, de
ses ancêtres et de la postérité. Aujourd'hui, en effet, elle
paraît avoir échoué dans une entreprise, ce qui est la

---

[1] *Orat. græc.*, t. I, p. 294, 295, 296.

chance commune à tous les hommes, quand la Divinité le veut ainsi; mais alors, après s'être elle-même jugée digne de se mettre à la tête des autres, elle eût encouru le reproche d'avoir ensuite abandonné la place et livré tous les peuples à Philippe.

« Si elle eût abandonné sans combat de tels honneurs, lorsqu'il n'est pas de dangers que nos ancêtres n'aient affrontés pour les défendre, quel homme ne t'aurait pas conspué? Car le mépris ne serait pas retombé sur Athènes, ni sur moi. Mais alors, de quels yeux, par Jupiter! oserions-nous regarder les hommes qui arrivent dans cette ville si, les choses en étant où elles en sont aujourd'hui, et Philippe élu Général et Maître de tout, le combat, pour qu'il n'en fût pas ainsi, eût été soutenu par d'autres, en dehors de nous, et cela lorsque la ville d'Athènes, dans les temps qui ont précédé, n'avait jamais, un seul moment, préféré une sûreté sans honneur aux périls cherchés pour la gloire?

« Qui des Hellènes, qui des barbares ignore que, soit les Thébains, soit les Lacédémoniens, maîtres avant eux, soit même le roi des Perses, auraient concédé volontiers de tels biens à la ville d'Athènes, avec la liberté de prendre la part qu'elle eût voulu et de garder ce qu'elle avait, pour peu qu'elle eût consenti d'obéir et de laisser à un autre la domination sur la Grèce? Mais cela n'était pas, à ce qu'il paraît, dans les usages héréditaires des Athéniens d'alors, ni supportable pour eux, ni conforme à leur génie; et dans toute la durée des siècles, il ne fut jamais au pouvoir de personne de persuader à cette ville de se tenir, sous la main d'oppresseurs puissants et injustes, dans un tranquille esclavage. Mais lutter sans cesse, aventurer son salut, pour les plus nobles prix de l'honneur et de la gloire, voilà ce que, dans tous les temps, Athènes a fait avec constance. Et cela, vous le jugez si digne en soi, et si d'accord avec nos mœurs, que vous réservez surtout vos éloges à ceux de nos ancêtres qui l'ont pratiqué. C'était justice : qui n'admirerait, en effet, la vertu de ces hommes capables de quitter la patrie et la ville, montant sur des galères, pour ne pas se soumettre, alors que, Thémistocle leur ayant conseillé ce départ, ils l'élurent aussitôt pour Chef, et Cyrcile, au contraire, leur parlant d'obéir, ils le lapidèrent sur place, et non pas lui seulement, mais vos femmes, la sienne. Car, les Athéniens d'alors ne cherchaient pas l'orateur ni le Général par qui ils pourraient jouir d'une heureuse servitude : ils ne croyaient pas même digne d'eux de vivre, s'il ne leur était donné de vivre libres. Chacun d'eux pensait qu'il avait été mis au monde, non pas seulement pour son père et pour sa mère, mais aussi pour son pays. Quelle différence y a-t-il entre ces deux choses? La voici. L'homme qui se croit né seulement pour ses parents attend la mort fixée par le cours du destin et venant d'elle-même à son heure; mais celui qui se croit aussi né pour sa Patrie veut mourir, pour ne pas la voir esclave; et il juge plus affreuses que la mort les humiliations et les injures qu'il faut subir dans une ville asservie. »

« Si donc je me hasardais à dire que c'est moi qui me suis mis en avant, pour vous inspirer des pensées dignes de vos aïeux, il n'est personne qui ne dût avec raison me prendre à partie; mais aujourd'hui, moi, je confesse que telles déterminations étaient les vôtres; et je prouve qu'avant moi Athènes avait à elle cette manière de penser. Une part d'action auxiliaire dans chacune des choses qui ont été faites, voilà ce que je dis m'appartenir aussi. Mais cet homme, au contraire, qui incrimine tout, et vous ordonne d'être implacables pour moi, comme pour l'auteur des alarmes et des dangers de la ville, en même temps qu'il aspire à me dépouiller, dans le présent, d'un titre d'honneur, il vous arrache à tout jamais votre gloire; car, si par cette considération que ma politique n'a pas été la meilleure, vous condamnez Ctésiphon, vous paraîtrez avoir failli vous-mêmes dans le passé, et non pas seulement avoir succombé à la malignité de la fortune. Mais, il n'en est pas ainsi : non, vous n'avez pas failli, hommes athéniens, en ayant choisi le parti du péril à braver, pour l'indépendance et le salut de tous. Non, je le jure par ceux qui se hasardèrent les premiers à Marathon, et par ceux qui étaient rangés en bataille à Platée, et par ceux qui combattirent à Salamine et aussi à la journée d'Artémise, et par beaucoup d'autres gisant aujourd'hui sous la pierre de nos Monuments publics, vaillants hommes que la ville, les jugeant dignes du même honneur, a tous également ensevelis, ô Eschine! et non pas ceux-là seulement qui avaient triomphé; elle était juste en cela; car l'œuvre des hommes de cœur, tous l'avaient accomplie; mais ils avaient eu la part de destinée que le Dieu avait faite à chacun d'eux. »

J'écoutais, sous la voix grave et passionnée du lecteur, ce serment immortel, reconnaissant à peine mes faibles paroles françaises, que remplaçait l'accent d'une âme antique; et, suspendu entre le souvenir de l'original qui retentissait tout bas en moi et l'expression vivante qui m'en rendait le sens véritable et toute la grandeur, je sentais pour ainsi dire dans chaque son une sympathie, une complicité généreuse de l'éloquent Général avec l'héroïque Orateur de la liberté grecque. Ce sentiment d'un périlleux effort tenté sans succès, et qu'il aurait fallu tenter, malgré la certitude du revers, jaillissait comme un cri du cœur, et confondait, à deux mille ans de distance, deux douleurs patriotiques, dans un même élan de résignation enthousiaste.

Je restais muet d'admiration devant l'œuvre de Démosthène ainsi interprétée, ainsi retrouvée : la lecture inspirée avait anéanti la traduction, à peu près comme une admirable harmonie, jetée par l'artiste sur les lignes d'un *libretto*, remonte, par delà les paroles, à la pensée première, à la passion du personnage, à son agonie de douleur ou à sa crise de délivrance, et traduit directement par la musique ce que la langue n'avait pas assez exprimé.

« Que cela est beau ! reprit lentement le Général,
« comme épuisé par ce court, mais complet effort. De
« quelle main cet homme relève le peuple, auquel il
« s'associe ! et à quel degré il se relève lui-même, en se
« rendant indépendant de la destinée, et en se propo-
« sant un but moral plus haut que le succès et qui n'en
« a pas besoin ! A la guerre, dans le monde, dans la vie
« publique, partout, il faut ainsi se faire un idéal de
« devoir et d'honneur, en dehors de tout calcul sur les
« chances de succès, et même avec la chance contraire
« volontairement choisie. De cette sorte, on n'est jamais
« trompé ; car dans l'amertume des revers, il reste au
« cœur la satisfaction et la justice de l'entreprise. Les
« peuples, comme les individus, doivent ainsi se faire
« une perspective dominante, un horizon de gloire. De
« nos jours, près de nous, nous voyons tomber et avor-

« ter bien des tentatives de liberté. Vaudrait-il mieux
« cependant qu'elles n'eussent pas été faites? et l'essai
« même n'est-il pas du moins une protestation, et la
« protestation un accroissement du droit?

« Je ne suis pas encore, ajouta-t-il, pleinement as-
« suré des progrès continus de la France dans la noble
« carrière où elle est entrée. Ce n'est pas l'étranger que je
« redoute pour elle : sans lui, elle peut pécher par excès
« ou par inconstance; mais qui voudrait, n'importe
« l'avenir, que la France n'eût pas donné un si bel
« exemple? Qui voudrait qu'elle n'eût pas travaillé à
« cette œuvre glorieuse du Gouvernement Constitution-
« nel, de l'impôt librement voté, de la Loi librement
« faite, du Droit individuel garanti, de l'arbitraire aboli,
« du Droit public fondé sur la liberté de chacun et la
« puissance de tous, dans les limites de la Loi? »

En achevant ces mots, le Général prit congé de moi,
pour aller à la Chambre, me laissant sous une impression bien souvent présente depuis à mon souvenir, mais
qu'aucune parole de moi ne peut assez rendre. Peu de
jours après, à l'occasion des comptes de la Guerre
d'Espagne, et d'une de ces liquidations financières, conclusion finale de la gloire dans nos temps modernes, il
prononçait son dernier et en même temps son meilleur,
son plus simple, son plus austère discours.

Quelques mois encore, et il n'était plus : la tribune
avait consumé ce noble survivant de la guerre; à cinquante ans à peine, le général Foy, dans toute la vigueur de son talent, dans le progrès de sa raison politique, au milieu d'une estime justement croissante et
d'une admiration salutaire à l'esprit public, était enlevé,
je ne dirai plus à son parti, mais à la France, qu'il eût

servie dans toutes les épreuves, avec non moins de modération et d'énergie honnête que Casimir Périer; et il laissait seulement, dans le spectacle inouï jusqu'alors de ses obsèques vraiment nationales, une grande leçon trop tôt perdue pour notre oublieuse patrie.

DE M. DE FELETZ

ET DE

QUELQUES SALONS DE SON TEMPS.

M. de Feletz, que l'Académie française et la bonne société ont perdu avec beaucoup de regret, il y a bientôt quatre ans, a été un des hommes les meilleurs, les plus aimables, et à tout prendre, les plus heureux des époques bien diverses qu'il a traversées. Sa longue vie, trop courte pour ceux qui l'ont connu, a été mêlée, sans ambition, sans vanité, sans autre intérêt que la conscience et l'affection, à de pénibles épreuves fortement supportées, et à des devoirs délicats noblement remplis. Cette conduite d'homme d'honneur, bien plus que de bel esprit, lui a valu ce qui a toujours été rare et l'est encore de nos jours, autant de considération que de célébrité. C'est par là que sa physionomie nous plairait à peindre, à part même tout souvenir de reconnaissance et d'amitié privée. Elle est un type attachant de cette honorable vie des Lettres, indépendante et simple, qu'on est heureux de reprendre, et plus heureux de ne quitter jamais, quand on a osé une fois la choisir.

Sans grands efforts, sans longs ouvrages, presque sans travail (car le mouvement libre et sûr de sa pensée était un jeu pour lui), M. de Feletz a pris rang dans les lettres et dans le monde, et a montré de l'originalité et de la dignité dans la polémique littéraire, parce qu'il avait de la distinction dans l'âme. Sans prétentions d'auteur, et se croyant à peine écrivain, il fut un des premiers Critiques d'une époque où la littérature critique a dominé; il en fut surtout, je crois, le Critique le plus naturel, en étant fort classique, et le plus loyal, comme le plus spirituel, en étant fort sévère. En lui, l'homme d'honneur surnageait à tout, aux malices naturelles de la profession, comme aux préjugés et aux ressentiments d'opinion, ou aux complaisances de parti. Étranger aux fonctions publiques, tout à fait en dehors de la sphère officielle, fort indépendant avec tout le monde, et même avec les siens, lorsqu'ils étaient les plus forts, il eut cependant, à quelques époques, une véritable influence, et n'en fit jamais qu'un sage et noble emploi.

Ami des hommes les plus élevés par le rang ou par le génie, il n'était dans la conversation l'inférieur d'aucun. Il paraissait gentilhomme, à côté des ducs de Richelieu et de Montmorency, et causeur très-habile, en face de M. de Bonald ou de M. de Chateaubriand. Ces traits si distincts, et si marqués dans un temps où bien des physionomies semblaient se confondre, en s'effaçant, ne s'expliquent que par la sincère unité de toute la vie. Ce sera là notre excuse, si nous essayons aujourd'hui de revenir sur le nom de M. de

Feletz, après ce qui en a été dit dans une occasion solennelle, avec beaucoup d'autorité et de talent [1] ; et c'est par là aussi que ce nom si honorable nous paraît naturellement appeler quelques autres souvenirs de la même date, que nous mêlerons au juste hommage qui lui est dû, et que nous reproduirons, à défaut de l'art du peintre, avec la fidélité d'un témoin qui n'oublie pas.

Mais il faut d'abord indiquer brièvement, comme une tradition un peu ancienne même pour nous, d'où venait M. de Feletz et de quel point il était parti, à quelle éducation des événements et des hommes s'était formé celui que nous avons commencé de connaître, dans la maturité de l'âge et la jeunesse toujours présente de l'esprit, au milieu d'un monde où il plaisait, qu'il représente doublement, et dont il était à la fois un modèle très-honorable et un historien très-piquant.

Né dans le Périgord, d'une noble famille qui avait compté plusieurs officiers généraux illustrés dans le service de la Marine, M. de Feletz avait été destiné dès l'enfance à l'état ecclésiastique ; et il y apportait surtout pour vocation une grande facilité d'apprendre. Après des études faites en province avec distinction, il fut, comme l'avaient été Thomas et Delille, attaché à l'enseignement d'un collége de Paris, et il suivait en même temps ces Cours supérieurs de philosophie et de théologie qui étaient le noviciat du Sacerdoce. Son esprit et ses sentiments lui concilièrent déjà de graves amitiés ; et ce jeune abbé, comme on l'était alors, fut estimé des

---

[1] Discours de MM. Saint-Marc Girardin et Nisard, dans la Séance Publique de l'Académie française.

le premier jour par quelques-uns des vénérables et austères prélats qui, peu d'années après, devaient héroïquement mourir sous le fer du bourreau ou des assassins de prisons.

M. de Feletz, fort jeune encore, se préparait à prendre les derniers degrés du Ministère ecclésiastique, lorsque la Révolution vint mettre toutes les âmes à si rude épreuve. La sienne ne faiblit pas. Il trouva même contre d'affreux périls une force, une constance que la douceur d'une vie plus heureuse et les tentations d'un monde paisible ne lui auraient probablement pas permis de soupçonner en soi. C'est ici un trait de caractère qui mérite d'être relevé; car l'éloge, tout en étant mérité, n'est pas personnel et s'étend à d'autres.

Lorsque 1789, annoncé dès longtemps par tant de symptômes publics et amené par tant de fautes fatales, surprit cependant la France, les mœurs libres du temps avaient fort pénétré dans les rangs du clergé. La frivolité de la vie, cette extrême élégance mondaine, qui, si elle n'était pas coupable, était au moins fort près du péril et fort sujette au soupçon, avait gagné même l'Episcopat. Quelques-uns manquaient de foi, beaucoup de sévérité dans la conduite. Quand vint la plus sanglante épreuve, presque aucun ne manqua d'honneur. Un grand nombre, opiniâtres par conscience, furent intrépides jusqu'au martyre; d'autres, dans l'exil et la misère, édifièrent ceux qui les secouraient, par le plus noble courage et la plus irréprochable austérité.

L'influence de cet exemple fut grandement ressentie à l'étranger, et contribua en particulier au retour de pureté évangélique et morale qui se fit alors en Angleterre, après le Scepticisme de Hume et de Gibbon et les conséquences licencieuses et anarchiques qu'en tiraient Thomas Payne, Godwin et tant d'autres. C'est à ce sujet qu'un ingénieux écrivain français, qui, deux fois, à quinze années de distance, avait interrogé un de ses amis, membre du Parlement d'Angleterre, sur le nombre probable de *croyants* que renfermait la Chambre des Communes, s'étonnant la seconde fois de la très-grande augmentation du chiffre, l'Anglais lui répondit : « Ah oui ! cela est singulier ; mais que voulez« vous ? dans l'intervalle, il y a eu 1793 et l'Émigration « du Clergé catholique français. »

Quoique M. de Feletz n'eût pas émigré, sa part d'épreuves et de souffrances ne fut pas moins grande et moins honorable. Elle le fut doublement, par la fermeté de la volonté, d'abord, puis par l'excès des maux supportés du même cœur qu'ils avaient été bravés. Affilié au Sacerdoce en 1792, il fut ordonné dans une chambre, par un Évêque insermenté, et proscrit, en secret, comme on est reçu dans une association illicite. Il n'était conduit par aucun autre attrait que la foi devant Dieu et l'honneur devant les siens ; et, sous l'impression de cette fidélité à une vocation commencée, que le malheur des temps n'avait pu changer, la sainte profession dont les devoirs ordinaires auraient pu l'effrayer, il s'y voua de grand cœur et sans hésitation ni regrets, quand elle ne promettait plus que le péril et l'outrage. Cette condition ne lui manqua pas : poursuivi, emprisonné pour refus de serment, il fut jeté, à Rochefort, sur un ponton infect, où la contagion décimait autour de lui. Un mot aurait suffi pour le délivrer ; il refusa de le dire ; et, après dix mois de souffrances, sorti de cet enfer, le cœur brisé des maux qu'il avait vus, mais plein de courage sur lui-même, il revint, malade et pauvre, près de siens.

C'est de là, qu'après quelque temps d'une vie obscure et même un peu oisive, M. de Feletz fut conduit à Paris, où, dans la renaissance du commerce du monde, il devait trouver tant de faveur et jouir d'un succès qui pendant bien des années ne s'est pas démenti, et s'adressait à la personne non moins qu'aux écrits.

Cette célébrité fut liée sans doute à celle d'un Journal, dont l'influence tenait elle-même à l'état extraordinaire de la société et ne peut pas plus aujourd'hui se concevoir que se reproduire, fût-ce à toute condition de talents égaux, ou même supérieurs. Quoi qu'il en soit, le tour particulier de caractère et d'esprit de M. de Feletz servit beaucoup à cette influence, et par les qualités les plus honorables. Avec autant de verve spirituelle que le feuilletoniste Geoffroy trop célèbre sous l'Empire, il tirait sa gaieté d'un autre fonds, et la rendait bien autrement digne du rire et de l'approbation des honnêtes gens. Malgré la facilité de la France à tout supporter par moments, et quoiqu'on y ait plutôt des engouements que des principes, la liberté de la presse y semble à peu près immortelle ; et la preuve, c'est qu'elle y exista toujours, en quelque sorte, malgré la plainte de La Bruyère, *qu'un homme né chrétien et Français est embarrassé pour écrire, les grands sujets lui étant interdits.* Dans la réalité, depuis les chansons narquoises du treizième siècle, et les ballades de Villon, jusqu'aux satires jansénistes du dix-septième siècle, et aux pamphlets sceptiques ou licencieux du dix-huitième, la liberté d'écrire, devenue la liberté de la presse, ne manqua jamais tout à fait en France. Réfugiée dans les mœurs, quand les lois ne l'abritaient pas, elle brava les parlements, et quelquefois s'en étaya. Elle fleurit par moments, à côté des *Censeurs royaux*, ayant Voltaire pour insurmontable organe, et çà et là Malesherbes pour complice. Il n'y a guère jusqu'à nos jours que la Terreur et l'Empire, l'Échafaud et la Conquête qui l'aient complétement écrasée, durant quelques années. La Royauté la rétablit, la constitua : et cette Royauté, tout en changeant elle-même d'origine et de principe d'action, subit ou respecta la liberté de la presse, et finalement la conserva à peu près identique, pendant trente-deux années de suite, ce qui semblait former un droit, une habitude et une durée de pouvoir plus longue qu'il n'appartient à personne en France, depuis bientôt un siècle.

On était loin de là sous l'Empire ; et cependant, comme la *presse* asservie gardait encore la forme la plus active qu'emploie sa liberté, le *journal*, comme la dictature, pour son compte personnel, usait et abusait de cette forme, et en augmentait ainsi l'importance, il s'y attachait, sous le joug même du Despotisme et de la Gloire, une signification très-étendue et historiquement très-curieuse. Mais comment, de nos jours, et dans l'organisation si précaire de cette Liberté, bien apprécier le caractère à la fois plus opprimé et plus puissant de la Presse, sous l'Empire, en face d'une Autorité irrésistible, mais qui croyait avoir besoin des suffrages éclairés et voulait conquérir l'admiration, comme le Trône? Comment bien juger l'influence que dut exercer alors un Journal qui semblait presque seul défendre les traditions de l'ancienne Société et le Droit de discussion de la société présente, prolonger une sorte d'Opposition politique par la critique littéraire, et servir la cause de la justice et du malheur, en plaidant celle de la raison et du goût? Cette occasion, cet ascendant ne se reverront jamais.

Le *Journal des Débats*, tant accusé de flatterie, fut pendant longtemps une des bien rares libertés qui restaient au pays, et qui, fuyant de poste en poste, de débris en débris, tantôt se cachant sous la rigueur abstraite d'une certaine logique proscrite comme *Idéologie*, tantôt prenant la forme piquante d'une polémique anti-voltairienne tolérée plus longtemps, mais suspecte à son tour, perpétuaient une résistance imperceptible. Dans ce journal, on célébrait encore, sous couleur de vieilles traditions et de souvenirs classiques, quelques anciennes franchises nationales; on y vantait cette indépendance de la Conscience judiciaire, cette religion de la justice, ce point d'honneur du Magistrat que l'esprit de Révolution et de Dictature ne supportent pas longtemps. On y défendait indirectement plus d'une victime ou plus d'un adversaire du Maître tout-puissant : on y était fidèle à la gloire même disgraciée. On y louait constamment Delille, dont le silence inflexible déplaisait tant. On y exaltait le génie de M. de Chateaubriand, cet autre rebelle qui avait été un moment si près de l'admiration et de l'obéissance. On y combattait l'esprit de Scepticisme et de violence révolutionnaire, mais avec plus de regrets de la Royauté que de zèle pour l'Empire.

Dans tout cela, la part de M. de Feletz était considérable et son langage des meilleurs. Sans cesse des vérités hardies, des éloges courageux, des sentiments vraiment libéraux, parce qu'ils étaient nobles, se mêlaient à son agréable polémique ; et par une exception alors assez rare, cette liberté de sa part n'était rachetée par rien. Il ne donnait pas une flatterie pour correctif à une vérité ou à un touchant hommage. Pendant dix ans, il écrivit avec succès sous l'Empire, sans jamais abandonner une conviction ni une amitié, et sans louer jamais l'Empereur.

Pour être juste envers tous, il faut l'avouer, cette discrète ténacité d'opinion, cette réserve d'indépendance si peu commune alors, et depuis, était aidée par l'exemple et l'amitié. Elle s'appuyait sur l'intime solidarité d'opinion et d'honneur, qui liait M. de Feletz aux premiers fondateurs du *Journal des Débats*, à deux hommes, à deux frères, de physionomies très-diverses, mais également remarquables, dont le caractère et l'influence méritent, à plusieurs titres, d'être notés dans l'histoire anecdotique et même politique de notre temps.

L'un, M. Louis Bertin, singulièrement doué pour le monde par la noblesse des traits et des manières, le naturel distingué de l'esprit, la passion et le sentiment délicat des arts, avait eu de bonne heure un rôle actif et courageux dans la polémique de Renaissance sociale qui suivit la *Terreur*. Royaliste et libre penseur, homme d'honneur surtout et d'une parole hardie contre la bassesse et le crime, il avait été fort poursuivi, sous le Directoire, et ensuite sous le Consulat, comme par tacite *reconduction* de police, emprisonné, renvoyé de Paris, mis en surveillance, relégué quelque temps à l'île d'Elbe, et enfin laissé libre de voyager hors de France.

Son goût des arts l'avait conduit vers l'Italie; et c'était là que, rapproché de M. de Chateaubriand, à Florence, où il assistait avec lui aux funérailles d'Alfieri, à Rome, où il le consolait près d'un autre cercueil, il se prit de la plus vive et de la plus constante admiration, pour ce brillant génie, dans tout l'éclat de son avénement littéraire.

D'une instruction classique, d'un goût sévère et fin, avec une lecture très-variée, M. Bertin, comme admirateur et comme ami, fut très-utile à M. de Chateaubriand, non pas seulement par le zèle ingénieux de ses louanges publiques, mais par ses habiles conseils et la franchise intérieure de son culte.

A cet égard seul, il mériterait de tous les amis des lettres un souvenir justifié par bien d'autres mérites d'affabilité généreuse, d'attention amie, d'encouragement éclairé pour la jeunesse, et d'invariable fidélité au talent bien plus qu'au succès.

Cet hommage d'estime, il y avait droit encore, sous un point de vue plus haut, par sa constance dans les opinions saines et libérales, qui conservent quelque reste de dignité aux Lettres sous le Pouvoir absolu, et qui les rendent puissantes et tutélaires dans les États libres.

Pénétré des maximes politiques de Montesquieu et connaissant à fond l'histoire du vivant *Modèle*, où ce grand homme les avait surtout puisées, dévoué à l'Esprit de la Monarchie légale, et l'ayant servi de ses sacrifices personnels, comme de sa conviction et de ses idées, il fut, quelquefois de sa plume, et toujours par sa judicieuse influence, un des plus importants Publicistes, qui contribuèrent à cet Enseignement constitutionnel, que la France parut écouter avec ardeur et profit, pendant plus de trente ans, et dont elle éprouve aujourd'hui sans doute la privation plutôt que l'oubli.

Les mêmes préférences politiques, avec plus de pénétration active et d'ascendant pratique, marquaient l'esprit de M. Bertin de Veaux, homme arrivé trop tard à la Tribune pour en user avec pleine possession, mais supérieur dans les entretiens, par l'abondance des idées, la fermeté du raisonnement, et la justesse du sens, sous le coup même de la passion. Moins modeste que son frère, moins volontiers satisfait de la vie spéculative, tour à tour Polémiste hardi, Député considérable, et Pair de France paisible, mais presque toujours conseiller fort accrédité du Pouvoir, M. Bertin de Veaux eut pendant bien des années, sur les *Ministères* de son pays, quelque chose de cette influence spirituelle et temporelle que Swift et d'autres lettrés célèbres avaient exercée même dans l'Aristocratique Angleterre. Tant l'intelligence indépendante et nette prend un ascendant nécessaire là où la discussion est libre et l'opinion puissante!

Mais ce rôle, qui, sur de graves questions, fut parfois utilement rempli par l'instinct politique de M. Bertin de Veaux, n'était admissible, on le conçoit, qu'aux trois époques de liberté Parlementaire que nous réservait l'avenir, de 1814 à 1847.

Sous l'Empire, cet esprit actif et décidé ne pouvait que se débattre un peu à l'étroit, dans la Controverse anti-sceptique et anti-révolutionnaire, sous laquelle se cachait la protestation anti-despotique. Là même il fut longtemps supporté avec peine, souvent averti, et à la fin frappé comme son frère par la spoliation dictatoriale, qui transféra la propriété du *Journal des Débats*, et en dota, sous un titre nouveau, de nouvelles *parties prenantes* substituées aux Fondateurs.

Pareille iniquité n'était pas faite pour concilier plus d'affection à l'Empire.

M. de Feletz, à cette époque même, parut se retirer du Journal, d'où ses amis étaient expropriés ; et il se rapprocha du *Mercure*, dont la rédaction toute littéraire admettait des morceaux plus étendus et à quelques égards *moins surveillés ;* mais il garda le même esprit, qu'il reporta bientôt après dans le journal même de l'Empire, sauf à ne le marquer souvent que par l'allusion très-voilée ou par la réticence.

Par goût littéraire et par affection politique, partisan de M. Bonald et de M. de Maistre, dont un seul ouvrage alors était connu en France, ennemi comme eux de la philosophie du dix-huitième siècle, il n'était pas tenté, comme eux, de passer des anathèmes contre l'Anarchie à des acclamations pour le Maître qui la comprimait. En homme qui avait beaucoup souffert et s'était beaucoup indigné sous la Démocratie, il aimait assez la Dictature; mais il s'arrêtait toujours en deçà de l'éloge du Dictateur ; ou plutôt on sentait sous son expression fière et piquante une certaine impatience de ce joug, qu'il trouvait trop lourd, pour consentir à l'appeler jamais glorieux.

Il fut exposé, sous ce rapport, à quelques tentations, d'abord celle des offres flatteuses, des avis impérieux, puis celle de l'exemple. Un jour, entre autres, qu'un personnage célèbre le pressait de se rallier, selon l'expression du temps, et de donner enfin quelque gage à l'Empire, « Ne voyez-vous pas, lui disait cet ami
« puissant, que tout le monde y vient, et de tous les
« côtés? il n'y a presque plus de dissidents, même
« dans les hommes de votre opinion. L'Empire hérite
« du Royalisme, comme de la Liberté; » et il citait à l'appui le morceau éloquent, qu'un écrivain très-célèbre

du parti religieux et monarchique venait d'insérer dans le *Mercure* contre la mauvaise philosophie de Frédéric II, la faiblesse de sa Monarchie, et finalement à la gloire du foudroyant Vainqueur d'Iéna.

Comment hésiter, après cet exemple, à payer un tribut d'hommage au génie de l'Empereur ? serez-vous plus difficile que M. de Bonald aujourd'hui, et que M. de Chateaubriand, il y a quelques années ? « Je « voudrais bien ne pas l'être, répondait M. de Feletz ; « mais cela m'est impossible. J'ai trop d'honneur pour « être acheté ; et je n'ai pas assez d'imagination et de « métaphysique en tête pour être innocemment séduit « à force de gloire et de batailles gagnées. »

La Restauration, tant désirée par lui et toujours espérée dans son cœur, même contre toute vraisemblance, vint mettre son caractère à une bien autre épreuve.

Il ne s'agissait plus de se défendre par le silence et la réserve, et de se tenir, au milieu de l'obéissance commune, en garde contre un servage particulier, et contre les bienfaits qui en auraient été le salaire. La tentation, cette fois, venait d'un Pouvoir aimé, cru seul légitime, servi dans la souffrance, et dont il semblait bien juste de partager un peu les prospérités : M. de Feletz n'était pas seulement royaliste de principe ; il l'était d'esprit, d'opinion, d'habitude ; il appartenait à l'ancien régime par tous ses souvenirs et par ses sacrifices. Il en avait les passions ; et s'il avait eu moins de droiture, il en aurait eu l'intolérance. Il était du parti à peu près maître en 1815 ; ou du moins, il ne s'en séparait que par une chose fort rare, dans tous les temps et chez tous les partis, le désintéressement. Tout lui plaisait dans le triomphe de sa cause, hormis ce dont il ne s'occupa jamais, les chances de fortune que ce triomphe lui apportait. Heureux de la prospérité de ses nobles amis, il n'en accepta que la durée de leur confiance, en retour de sa libre amitié.

Fort répandu dans le monde et s'y plaisant, il n'approcha pas de la Cour qu'il aimait, et où son opinion et son esprit étaient si sûrs d'un accueil favorable. Attaché à l'Enseignement public par un titre modeste, il n'en voulut jamais de plus considérable. Il évita d'être Conseiller de l'Université, même dans un temps où on croyait, comme l'avait cru l'Empereur, qu'un Corps savant et l'Éducation publique d'un pays ne doivent pas être exclusivement gouvernés par l'arbitraire du Ministre et l'obéissance des bureaux. Il se tint à l'écart pour laisser, disait-il, passer d'abord un de ses amis aussi zélé que lui, puis un indifférent, homme de mérite, qu'il fallait gagner, disait-il encore; tant il était ingénieux à se desservir lui-même, au profit de la cause qu'il aimait! Et quand le duc de Richelieu, qui n'était pas accoutumé à rencontrer de telles excuses, lui disait avec un peu d'impatience : « Ah çà, mon cher abbé,
« vous ne me trouvez donc pas d'assez bonne maison
« pour vous obliger? Décidément vous ne voulez rien
« de nous?... — Pardon, monsieur le duc, répondit-il,
« je veux de vous, d'abord votre durée au ministère,
« et puis que vous fassiez un peu grâce aux Émigrés,
« comme si vous n'étiez pas un des leurs. »

Ce dernier mot indiquait la seule exigence de parti, ou, si vous voulez, la seule prévention de M. de Feletz. Fort partisan de la Chambre des députés de 1815, il n'approuvait pas, même dans le loyal et très-monarchique duc de Richelieu, la résistance aux préjugés et aux pétitions de ceux qu'on appelait alors les *ultrà*, non qu'il fût lui-même vindicatif, ou qu'il eût en tête aucune utopie d'arbitraire; mais son cœur généreux s'indignait de certains oublis qui lui paraissaient une ingratitude, et de certaines faveurs persévérantes qui lui paraissaient une faiblesse : il éprouvait ce sentiment que le Tory Walter Scott a très-bien peint dans un de ses Romans vrais, où il montre un pauvre royaliste qui, la seconde année de l'heureuse Restauration de Charles II, meurt de faim, ou à peu près, sur le passage du Roi.

En France, seulement, ces exemples-là étaient rares, tandis que l'exploitation intéressée du dévouement monarchique étaient assez fréquente; et peut-être la juste rancune de l'ancien détenu des pontons de Rochefort ne lui laissait-elle pas distinguer assez nettement de la Fidélité malheureuse le zèle solliciteur.

Quoi qu'il en soit de ses loyales recommandations pour autrui, et de sa partialité pour tous ceux qui semblaient avoir souffert, son propre désintéressement, que rien n'avait pu séduire, cessa d'être mis à l'épreuve. Lorsque tant de personnes demandaient ou s'irritaient d'être passées par oubli, on se lassa d'offrir à qui refusait toujours. Cela convenait fort à M. de Feletz; il ne voulait du monde que ce qu'il y portait lui-même, la grâce, l'esprit aimable, le droit du libre penser et du bien dire. C'est par là qu'il plaisait sans effort, dans ces réunions devenues aujourd'hui trop rares, d'où la politique n'avait pas écarté la politesse, où les rangs, et même les opinions, étaient rapprochés par la meilleure et véritable égalité, celle du savoir et des nobles sentiments, où des hommes, occupés de grandes affaires, trouvaient encore à s'instruire, où les hommes de science étaient accueillis par les hommes de loisir, et tous plus ou moins inspirés de ce bon goût que l'influence des femmes avait mis dans la haute société, et qui souvent ne servait pas moins au progrès des vérités utiles qu'à la grâce des entretiens.

C'est dans ces salons qu'un esprit qui ne s'imprime pas dans les journaux ou dans les livres, et qu'ils ne peuvent remplacer, brillait d'un naturel charmant, tempérait même la polémique de secte ou d'ambition, et aidait, en les corrigeant, aux débuts du Gouvernement représentatif, par une tradition de finesse et d'élégance qui devrait bien ne pas mourir en France. M. de Feletz semblait un des mieux placés pour entendre et pour parler, dans ce monde délicat et choisi : il en était, sans en dépendre ; il l'aimait, sans le flatter ; il n'en recevait que ce qu'il lui donnait, le plaisir d'un agréable entretien, et souvent aussi cette communauté de pensées généreuses, le meilleur lien des hommes, et le fondement des meilleurs amitiés.

L'esprit de *la société polie*, comme l'appelle M. Rœderer, qui avait été fort mêlé à d'autres Temps un peu rudes, le *langage des honnêtes gens*, comme on disait au dix-septième siècle, en un mot, cet art naturel de la conversation, toujours à la mode en France, et qui fut à certaines époques la principale, et pourra bien être la dernière liberté du pays, si elle lui reste, avait alors à Paris plusieurs salons très-justement renommés. Les uns, dont je ne prétends pas médire en ce moment, étaient des Quartiers Généraux de *partis politiques*, et gardaient avec une grande vivacité, ou les regrets ambitieux et tout récents de l'Empire détruit, où les rancunes et les espérances démesurées de l'Émigration.

D'autres, tout ranimés et tout brillants, après deux invasions, occupés surtout de luxe et de plaisirs, attestaient, par leur élégance, cette prospérité que, malgré tant de pertes, l'activité de la paix, du commerce et du crédit public rétablit en France dès 1819.

Enfin, il y avait quelques sociétés particulièrement aristocratiques où régnait, d'une manière prédominante, le goût de l'esprit et du savoir, où les hommes de toute opinion, distingués dans les Lettres et les Arts, étaient accueillis avec un empressement marqué, où la politique proprement dite n'était admise que sous la condition du talent, où le Gouvernement représentatif était fort bien venu, à cause de ses orateurs, mais où la littérature française et étrangère, la poésie, les sciences, l'érudition même, pourvu que la forme en fût piquante et curieuse, avaient toute faveur.

Là, un poëme de Byron, *Lara ou le Giaour*, dans le premier éclat de la nouveauté, était un grand événement; une *Méditation*, ou une *Harmonie*, de M. de Lamartine, un grand triomphe; lui-même quelquefois, durant ses passages à Paris, ses retours *de la légation* de Florence, était attiré à quelque inauguration de sa gloire; et rien n'égalait le tressaillement d'admiration, la flatterie sincère dont il était environné, lorsque, le soir, dans un salon de cent personnes, au milieu des plus gracieux visages et des plus éclatantes parures, dans l'intervalle des félicitations ou des allusions jetées à quelques députés présents, sur leurs discours de la veille ou du matin, lui, bien jeune et reconnaissable entre tous, debout, la tête inclinée avec grâce, d'une voix mélodieuse que nul débat n'avait encore fatiguée, récitait *le Doute, l'Isolement, le Lac*, ces premiers-nés de son génie, ces chants qu'on n'avait nulle part entendus, et que la langue française n'oubliera jamais.

Il faut renoncer à peindre le ravissement que tant de beaux vers, si bien dits, excitaient dans une part de l'auditoire, la plus vive et la moins distraite alors; mais tous étaient presque également émus. Le général Foy, que sa chaleur d'âme intéressait à tout, et qui vivait dans la palpitation de cœur continue de la Tribune, du travail solitaire et des entretiens animés, serrait les mains du jeune Poëte, le louait d'enthousiasme sur ses sentiments, ses expressions, son éloquence, et l'assurait qu'il serait un jour l'honneur de la Tribune, s'il venait y défendre les vrais Principes de la Monarchie constitutionnelle et de la Liberté légale, comme on disait, et comme on espérait alors.

Un autre Publiciste et Député célèbre, M. Benjamin Constant, plus calme dans l'éloge, admirait aussi, d'un air gravement ironique, et ne manquait pas de nous féliciter sur cette veine nouvelle de poésie qui s'ouvrait enfin, disait-il, pour la France, et qu'il comparait à la forme mélancolique et rêveuse de Schiller dans ses *Poésies fugitives;* et les dames trouvaient le parallèle bien flatteur pour Schiller, dont alors elles n'avaient guère entendu parler, et qui leur paraissait peu poétique dans la traduction abrégée et versifiée que M. Benjamin Constant lui-même venait de donner de la tragédie de *Wallenstein,* à l'appui d'une préface sur le théâtre romantique.

Devant le début si brillant et la personne si naturellement privilégiée de M. de Lamartine, la critique avait perdu toutes ses rigueurs. Les salons donnaient sur ce point le ton aux journaux, et leur reprochaient seulement de ne pas atteindre assez haut en admiration. M. de Feletz, par sympathie religieuse, monarchique, aristocratique, fut des premiers à suivre ce mouvement du goût public; et malgré ses anciennes prédilections pour Delille, et le tour particulier d'esprit qui lui faisait mieux aimer en poésie l'art soigné que le naturel heureux, abondant avec négligence, il eut, pour M. de Lamartine, un entraînement d'admirations et de louanges ingénieuses, que d'autres noms célèbres, de la même école, se plaignaient de ne pas obtenir, en accusant le préjugé classique d'un Critique trop spirituel et trop vrai pour avoir jamais aucun préjugé contre le talent.

La faveur des salons auxquels M. de Feletz eût cédé plus volontiers qu'à l'autorité des écoles nouvelles, continuait à s'attacher à tout essai heureux, à toute promesse brillante dans l'art et la poésie. On célébrait les premiers vers d'un poëte encore enfant, mais que M. de Chateaubriand avait nommé l'*enfant sublime;* et le goût des lettres accrédité, comme un retour aux belles époques de la Monarchie, pardonnait à Victor Hugo, au jeune et éclatant Poëte fils d'un brave Général de l'Empire, les hyperboles admiratives, dont il saluait la gloire sanglante et les souvenirs redoutés que la Restauration remplaçait par une liberté réelle trop peu sentie, et malheureusement trop peu durable.

Mais, à part même la faveur due partout à ces talents d'une si grande supériorité, ou d'une si grande espérance, la passion des lettres, la prédilection pour l'esprit, sous toutes les formes, distinguaient singulièrement plusieurs Salons de Paris, et s'y marquaient par l'hospitalité la plus impartiale, l'accueil le plus aimable et le mieux approprié, les entretiens le plus libres avec goût et le plus piquants avec grâce.

Ce n'était pas, comme sous Louis XIV, l'influence personnelle du Souverain qui appelait, qui excitait cette ingénieuse émulation. Fort lettré pour son compte et dans son cabinet, Louis XVIII communiquait peu au dehors; et dans les occasions toujours solennelles, où il admettait près de lui, le *jeu* du *roi* était le seul délassement permis.

Cela était plus vrai encore des Princes de son sang, et de la sainte et héroïque femme qui en était la gloire. Là, nulle distraction cherchée dans les arts, nulle habitude de ce noble plaisir; et cependant un respect héréditaire pour les Lettres, et un souvenir présent de ce qu'elles avaient fait pour la gloire de Louis XIV, mêlé à une sorte de rancune et d'alarme contre leur puissance dans le dix-huitième siècle.

A tout prendre donc, il n'y avait dans l'esprit très-littéraire de quelques salons de la grande société, rien d'officiel, rien d'imité de la Cour, rien de calculé pour lui plaire. C'était un mouvement fort libre, une manière de ressentir l'heureux progrès d'intelligence qui marqua l'établissement un peu suivi du Gouvernement constitutionnel en France.

Une des conséquences, et comme une heureuse propriété de ce Gouvernement, c'est qu'il engageait, il entraînait, il faisait servir à son développement et à sa splendeur des gens mêmes qui ne l'aimaient pas.

Dès 1814, même en 1815, et toujours après, la publicité complète de la Tribune existait pour la Chambre des Députés : chacun, la voulant pour soi, était obligé de la souffrir dans les autres; et cette liberté reconnue en appelait heureusement d'autres à sa suite. Par exemple, un célèbre théoricien de Pouvoir absolu, M. de Bonald, qui en principe, dans l'intérêt de la religion et des mœurs, disait-il, demandait la Censure préalable sur les livres, réclamait la liberté des journaux, en tant que puissance auxiliaire de la Tribune, destinée à reproduire, à discuter, à contrôler, à défendre au besoin les Discours qu'on y prononce; et on peut affirmer sans témérité que M. de Maistre lui-même, le prophète des opinions dont M. de Bonald était le dialecticien, s'il eût réussi dans l'ambition très-légitime que nous révèle sa piquante *Correspondance*, et s'il eût siégé comme Pair dans la Chambre héréditaire, fondée par Louis XVIII, aurait demandé la publicité des séances, et sans se contenter des sages et uniformes *extraits* de M. Cauchy, aurait tenu à parler lui-même à la France et à lui faire entendre, dans son brillant et nerveux langage, ses anathèmes contre l'erreur et la licence.

C'est ainsi que l'importance politique des Législateurs, et leur juste prétention d'être utiles, servait et devait servir à la liberté des lettres et à celle des esprits en général; et dans ce concours de dispositions différentes, d'intérêts opposés et souvent de motifs contradictoires, on aidait, Dieu merci, de toute part à la construction de cet Édifice constitutionnel un peu bruyant et agité, mais où les Peuples trouvent un abri meilleur et, quoi qu'on en dise, plus durable encore que tous les *interim* d'arbitraire.

Ce n'étaient pas seulement les journaux qui, comme l'admettait même M. de Bonald, étaient les appuis de ce système de Liberté constitutionnelle et parlementaire, tout en le servant quelquefois assez mal, par l'hyperbole et l'injure : de 1815 à 1830, et par delà, ce beau et laborieux Système avait au fond l'assentiment et le concours de tout ce qui était le plus distingué en France par les anciens ou les nouveaux services, la fortune et le mérite personnel. Et malgré les injustices des partis, malgré ces frais d'installation considérables que coûte en irrégularités et en violences l'avénement d'un Pouvoir nouveau, malgré les torts enfin des ambitions personnelles, ce Système et les garanties qu'il entraîne étaient le principe souhaité, préféré, ou du moins admis pour nécessaire dans l'élite de la société de Paris, comme dans la plus modeste bourgeoisie.

Parmi les réunions élégantes, où l'esprit constitutionnel, sans y être indigène et en y trouvant même quelques préjugés de naissance à vaincre, s'était promptement introduit et se trouvait associé à tous les goûts de libre discussion et de science variée qui lui vont si bien, il faut compter deux salons ou deux chambres, comme disait quelquefois M. de Talleyrand, placées d'ailleurs sous des auspices fort aristocratiques : c'étaient le salon de madame de Duras et celui de madame de Montcalm, de la femme d'un homme de Cour par charge héréditaire, et de la sœur d'un premier Ministre fort attaqué par les partis d'alors. Mais toutes deux avaient beaucoup d'esprit; et la première était une des âmes les plus délicates, les plus désintéressées, les plus fières que le monde ait formées, sans les amoindrir, unissant à beaucoup de finesse élégante une chaleur de dévouement sans égale.

Fille d'un membre de la *Convention* et de la *Gironde*, du noble et courageux Amiral de Kersaint, de cet offi-

cier loyal et patriote qui aurait payé cent fois de sa vie
la liberté de son pays, mais qui se dévoua, sans hésiter,
à la mort, pour couvrir inutilement de son vote le malheureux Louis XVI, madame de Duras avait dans le
sang toute la noblesse, toute la générosité de son père;
et son esprit était plein d'élévation et de lumières.
Aimant par devoir, par raison, par liens de famille la
Monarchie des Bourbons, élevée et mariée dans l'exil,
ayant uni sa première et charmante fille d'abord au
Prince de Talmont, et après la perte bien prématurée de
ce noble époux, à un Larochejaquelin tout Jacobite et
tout guerrier, elle ne concevait cependant la *Restauration* que fondée sur un Droit nouveau, et protectrice
sincère de toutes les libertés légales. Ayant horreur
des vengeances politiques, en mémoire de l'échafaud
de son père, elle n'avait eu dans les jours de réaction
que des vœux d'intercession et d'Amnistie; et au premier aspect de l'ordre rétabli, elle n'exprimait et n'accueillait avec plaisir que des pensées de dignité nationale et de liberté publique.

L'affluence choisie qu'attirait près d'elle son nom, la
noblesse de son caractère, l'agrément et le sérieux de son
esprit, donnaient grand pouvoir aux opinions qu'elle
adoptait. Née en Bretagne comme M. de Chateaubriand
et M. de La Feronnays, elle avait pour ses deux compatriotes une sympathie qui devint à l'égard du premier la
plus vive, la plus constante, la plus généreuse amitié :
et, si on pense à l'ascendant considérable qu'a exercé
M. de Chateaubriand sur la Restauration, à la part
plus ou moins volontaire d'abord, mais très-efficace
qu'il eut dans la noble tentative du Gouvernement
représentatif en France, il sera juste d'en attribuer

quelque chose à l'influence de raison et d'amitié qui fut peut-être la plus puissante près de lui.

Avant 1814, et sauf une courte velléité d'ambition, répudiée à propos, M. de Chateaubriand était un Émigré de génie, rappelé et mécontent. Après 1815, il était un proscrit de trois mois, rentrant tristement victorieux, et redoutable par la passion et le talent. Si des premiers écrits où il exhalait ses ressentiments, si de son éloge des *Cours prévôtales* et de sa proposition de la peine de mort pour certains délits de presse, il est arrivé graduellement à la plus correcte théorie de la Monarchie parlementaire, si même il en a, comme Ministre, appliqué les principes, s'il a été, surtout par l'inviolabilité du talent, le grand Fondateur de la Liberté de la Presse en France, dans tout cela, sans doute, il faut compter l'action du Temps, de la raison publique, et aussi de cet esprit généreux qui est l'âme des lettres et se communiquait à leur plus éloquent interprète. Mais la voix d'une admiratrice et d'une amie, et autour d'elle les échos de cette voix eurent grande part aussi à cette transformation constitutionnelle de M. de Chateaubriand : non qu'il fût beaucoup du monde. Il traversait les salons, plus qu'il ne s'y arrêtait; il en recevait des hommages, plutôt que des opinions, et y paraissait peu, afin d'y être plus regardé.

On dit en histoire naturelle, que les aigles ont leurs nids à grande distance l'un de l'autre, parce qu'il leur faut à chacun, ce semble, un vaste espace libre pour leur chasse. M. de Chateaubriand était de cette humeur, planant de haut sur le monde, et par les holocaustes nombreux qu'il fallait à son amour-propre, s'accommodant mieux de la solitude que du voisinage d'aucune célébrité et de la comparaison avec aucun mérite. Son heure n'était donc pas l'heure de la foule. Son entretien ne se mêlait pas à l'entretien ordinaire, même des personnes d'élite. Seul, devant un très-petit nombre d'adeptes, il se plaisait davantage; et là surtout, son génie, un peu silencieux et chagrin dans le grand monde, retrouvait l'aisance de l'esprit, la grâce du langage et parfois même l'abandon et la gaieté. Mais le Dieu, après s'être communiqué à ses prêtres, se retirait, avant que le Temple fût ouvert; et le culte continuait, en son absence.

Assez d'autres mérites, les plus brillants, les plus divers, assez d'illustrations de rang, de science, étrangères ou nationales, animaient le salon de madame de Duras, et s'y partageaient une attention que M. de Chateaubriand aurait eu besoin d'absorber.

On sait quels visiteurs armés avait reçus la France en 1815, comment, après avoir elle-même porté ses armes et sa Dictature dans huit grandes Capitales, dont plusieurs visitées plusieurs fois, elle eut quelque temps à demeure dans la sienne garnison étrangère. Pendant toute cette époque, madame de Duras, grande dame de Cour, mais Française, comme une digne fille de Kersaint, n'avait pas ouvert sa maison, disant « qu'elle ne « voulait ni fermer sa porte à lord Wellington, ni le « recevoir, tant qu'il ne serait pas un simple voya- « geur. » Mais lorsque la sage fermeté d'un Ministère plus patriote qu'on ne l'a dit eut accéléré le départ de tant d'hôtes incommodes et que la France fut seule chez elle, ceux mêmes qui blâmaient cette généreuse confiance et auraient volontiers crié à la trahison contre les libérateurs, sentirent un allégement de cœur.

Le monde financier se dévouant, au risque de s'enrichir, avait pris part avec ardeur aux emprunts qui hâtaient la délivrance du territoire; le monde aristocratique donna des fêtes; les chambres discutèrent avec un grand éclat de talent et de faveur populaire; et le pays parut chercher et trouver en partie dans la liberté, l'industrie, le commerce, les arts, une juste indemnité de tant de pertes et de malheurs soufferts.

Rien de plus brillant que l'aspect de Paris à la fin de 1819 : les rigueurs législatives avaient cessé; les derniers exilés étaient rappelés; une mesure hardie et parfaitement sage[1] venait de tenter la reconstitution du Patriciat politique, en plaçant à côté des anciennes familles, les fortunes et les talents le plus estimés de l'époque nouvelle, en nommant Pairs héréditaires les Généraux et les Ministres de l'Empire récemment abattu, et d'autres noms justement célèbres, le duc de Plaisance, le maréchal Jourdan, le maréchal Davoust, le maréchal Suchet, le maréchal Mortier, le maréchal Lefèvre, le général Dejean, M. Daru, M. Mollien, M. de Champagny, M. de Montalivet, M. Mounier, M. de Barante, etc., etc., à côté des La Rochefoucauld et des Montmorency, soixante noms enfin qui représentaient une grande part des illustrations françaises, depuis un quart de siècle.

Là où, malgré l'âpreté des partis et des ambitions parlementaires, il était tant concédé à l'éclat personnel et à des services encore tout récents, l'influence de l'opinion devait être fort grande : et en effet, à côté même de la presse affranchie, les salons restaient ou

---

[1] Ordonnance royale du 5 mars 1819.

devenaient une puissance considérable. Ils se dessinaient à peu près comme les partis qui composaient la Chambre. Il y avait des salons purement *libéraux* et fort *démocratiques,* sauf l'élégance qu'ils ne se refusaient pas, des salons *ultrà-royalistes* et *même congréganistes,* des salons *monarchiques,* des salons *doctrinaires,* enfin, qui, malgré la forme un peu disgracieuse du nom, n'étaient pas les plus mal partagés en orateurs, en publicistes, et même en belles et spirituelles personnes.

Le salon de madame la duchesse de Duras était naturellement *monarchique,* mais avec des nuances très-marquées de *constitutionnalisme* anglais, de *libéralisme* français, d'amour des lettres, de goût des arts, et en particulier d'admiration pour M. de Chateaubriand et d'impatient désir de le voir ministre. Espèce de terrain neutre sur beaucoup de points, par l'esprit généreux et tout littéraire de celle qui en était l'âme, il réunissait de grandes inégalités de fortune et d'opinion, des rangs et des talents très-divers. On y voyait beaucoup l'Ambassadeur d'Angleterre, le savant et capricieux chevalier Stuart, celui qui a fait magnifiquement imprimer pour les amateurs un très-ancien *Cancionero* Portugais, et qui a rapporté de Rio-Janeiro à Lisbonne une des avant-dernières Constitutions du Portugal. On n'y rencontrait pas moins l'Ambassadeur de Russie, le compatriote et le vieil ennemi de Napoléon, le très-habile et très-lettré comte Pozzo di Borgho. Il s'y pressait encore, outre les étrangers officiels, les étrangers illustres, et, au premier rang, M. de Humboldt, aussi encyclopédique, aussi infatigable dans le monde que dans la science, ayant tout étudié, tout vu, parlant avec le même intérêt, la même clarté d'une singularité naturelle, d'une découverte scientifique, d'un chef-d'œuvre des arts ou d'une anecdote de salon, soit Mexicain, soit Parisien; racontant beaucoup et ne se répétant jamais, presque jeune alors, ou du moins dans toute la vigueur de la plus active maturité, s'intéressant avec passion à la France, à son Institut, à son Parlement nouveau, à ses libertés, à ses hommes de lettres en faveur ou compromis, se montrant, dès ce moment, comme toujours, l'hôte, le témoin, l'ami de cette grande Nation, et tenant sur elle, sur tous ceux qui la servaient un bon et affectueux langage. Avec lui se trouvaient, on peut le croire, bien des hommes importants ou célèbres de la France, ceux du jour et de l'avenir, un, entre autres, précieux à la *Restauration,* et alors en butte à de violentes haines, le maréchal Marmont, si loyal malgré l'apparence et la renommée du contraire, homme d'imagination et de cœur, que des fatalités bizarres conduisirent au rôle de Monk avec un caractère opposé, et par des voies toutes différentes, beaucoup plus de probité et beaucoup moins de bonheur.

C'étaient aussi, à part quelques autres hommes de Guerre et de Cour, plusieurs noms illustres de France, et d'abord M. Cuvier, dont l'esprit si éminent dans une Académie, dans un Conseil d'État, dans un Comité d'enseignement public, et parfois à l'une ou à l'autre des Tribunes Parlementaires, n'était pas cependant connu tout entier de qui ne l'avait pas entendu dans un salon, chez madame de Lavoisier, chez madame de Duras, chez M. de Marbois, ou chez lui, au milieu de sa digne et spirituelle famille, à son cercle du soir, causant des heures entières avec la liberté d'un homme de loisir, la facilité d'un grand esprit qui sait tout, et l'agrément d'un esprit naturel qui veut plaire.

Curiosités de la science et de l'histoire, littérature étrangère dans ses hardiesses et sa variété, notions universelles, depuis la chronologie jusqu'à la poésie, et depuis la science héraldique de l'Allemagne, qu'il rendait intéressante, jusqu'à sa philosophie, qu'il rendait claire, tout était présent à la vaste intuition de M. Cuvier et revenait à propos dans ses entretiens. Nul homme, je crois, ne donnait mieux l'idée de ce grand Leibnitz, que le roi d'Angleterre, par son privilége de roi de Hanovre, voulait avoir toujours à ses côtés pour le faire parler de toute chose. Un certain piquant d'esprit français, qui ne gâte rien, ajoutait encore à la conversation du nouveau Leibnitz, et y répandait une grâce amusante et sévère, dont quelques passages de ses *Éloges des Savants* peuvent seuls donner un avant-goût.

Nul esprit ne plaisait autant à madame de Duras, parmi ceux qu'elle jugeait encore; et une de ses distractions préférées était d'aller au Muséum ou au Collége de France, entendre un des *Cours*[1] du grand *Professeur* des sciences naturelles, et d'en rapporter, de redire avec grâce à ses amis quelque chose du trésor de réflexions et d'idées qu'avait prodiguées ce merveilleux esprit, puis de le ramener lui-même, dans un entretien inattendu, à quelque sujet favori de ses leçons, et d'exciter

---

[1] Voir, sur le génie de M. Cuvier, le beau et savant travail de M. Flourens, son successeur comme Secrétaire de l'Académie des sciences, et un des hommes qui, dans cet art de l'éloge scientifique encore illustré par M. Cuvier, ont le plus approché de l'élégante sobriété et du goût ingénieux de Fontenelle.

encore sa pensée par une contradiction flatteuse et spirituelle. Quelquefois aussi, sous la garde savante de M. de Humboldt, elle s'avançait, royalisme à part, jusqu'à l'*Observatoire,* pour écouter la brillante parole et les belles expositions astronomiques de M. Arago, alors dans tout l'éclat de ses opinions et de son talent.

Un autre homme justement célèbre, et dont la mort prématurée fut une grande perte pour l'érudition et le goût, charmait encore cette curiosité si intelligente de madame de Duras : c'était M. Abel de Rémusat, avec sa *Grammaire chinoise,* ses dissertations sur les *Tartares Ouigours* et sur la philosophie spiritualiste de *Lao-Tseu,* et sa traduction du roman d'*Iu-kiao-li.* La première occasion de cette amitié avait été toute noble et digne de souvenir. M. Abel de Rémusat, après 1815, sachant M. Daunou menacé de destitution même académique, avait cherché pour ce maître illustre quelque appui dans le grand monde d'alors, où lui-même était fort accueilli. Madame la duchesse de Duras s'était intéressée, s'était indignée, d'abord qu'on eût éloigné de la *garde des Archives* un homme si érudit, puis, qu'on ne lui rendît pas au moins une Chaire au Collége de France. A tous les scrupules des *zélés* du temps, à tous les reproches de *philosophie,* de *libéralisme,* de *républicanisme,* elle répondait avec une vivacité charmante : « Allons donc !
« Comment, la Monarchie constitutionnelle rejetterait
« l'honnête et savant homme qu'a supporté l'Empire !
« Comment ! la Monarchie légitime épurerait celui qui,
« à la Convention, dans le procès de Louis XVI, a voté
« presque aussi noblement que mon père ! Vous dites
« qu'il est un peu Républicain : eh bien ! il fallait lui

« laisser les *Archives*, pour qu'il gardât lui-même le
« dépôt des gloires de l'ancienne France; et il faut lui
« donner la Chaire d'histoire et de morale, pour qu'il
« nous parle quelquefois des gloires de la nouvelle. »
Ce raisonnement ne prévalut qu'à moitié; et ce n'était
pas peu pour les passions du temps. M. Daunou demeura déchu de la *Direction des Archives*, qui ne lui
fut restituée qu'après 1830. Mais devant une insistance
généreuse et spirituellement impérieuse, comme celle
des femmes, on n'osa pas faire davantage; et M. Daunou,
depuis 1817, professa sans interruption l'Histoire au
Collége de France, dans des circonstances personnelles
analogues à celles qui enlèvent en ce moment à l'enseignement, dans la force de la jeunesse et du talent, un
homme non moins recommandable que M. Daunou
par la probité politique et la science [1], M. Barthélemy
Saint-Hilaire.

Depuis cette intervention ignorée peut-être de M. Daunou, mais réclamée et exercée si à propos, M. de Rémusat était aussi assidu que bien écouté chez madame
de Duras. L'ayant, pour ma part, longtemps après, entendu là bien des fois avec un grand plaisir, j'ignore
cependant et ne suis pas capable de juger s'il possédait

---

[1] Cet éloignement de M. Barthélemy Saint-Hilaire, de la savante École, qu'il a momentanément dirigée, et de la Chaire qu'il remplissait avec une supériorité et un zèle si reconnus, ressort chaque jour davantage par la dignité de sa laborieuse retraite. Une telle exclusion paraît surtout inexplicable au Public de la France et du Monde civilisé, qui lit fréquemment les témoignages nouveaux de l'érudition croissante du Professeur éliminé, et les belles recherches, les études originales, que l'habile Traducteur d'Aristote publie maintenant sur les Monuments sacrés de la Langue et de la Poésie sanscrites.

l'étonnante science philologique de M. Stanislas Julien, que nous avons vu, dès l'âge de vingt ans, enlever si rapidement toutes les difficultés de la langue et de la poésie grecques, et se perdre ensuite à nos yeux éblouis dans les profondeurs de l'érudition chinoise, où personne, dit-on, n'a pénétré plus avant, depuis le père *Premare* et le père *Parennin*. Mais, à part même toute philologie orientale, M. Abel de Rémusat était admirablement doué, sachant et devinant toute chose avec une supériorité facile, et écrivant comme il parlait, d'un tour simple et fin, avec une nuance de malice voltairienne, malgré son attachement au parti religieux et monarchique; de telle sorte qu'un fragment érudit de sa main sur les chrétiens de Saint-Thomas, établis dans les Indes, donnât l'alarme un jour, comme un chapitre égaré du Dictionnaire philosophique, et qu'il fallut, pour prévenir les conséquences fâcheuses de ce malentendu, tout le zèle d'une puissante amitié.

Dans le fait, M. Abel de Rémusat était un esprit sage, autant que supérieur. Sous son costume sévère, avec sa physionomie grave, de forme un peu chinoise, surmontée d'épais sourcils et de cheveux d'une blancheur prématurée, c'était un curieux intérêt de l'entendre causer du nord de l'Asie, de la cour de *Kien-Long* et de la secte du *Nénuphar blanc,* comme M. de Humboldt du Mexique et du Thibet, et donner par extraits choisis le journal de ses Lectures, comme l'illustre voyageur celui de ses découvertes et de ses impressions à la fois si vives et si savantes.

Une littérature moins grave, moins nouvelle, mais de forme non moins piquante, était représentée dans le même salon par la conversation variée et la critique toujours élégante de M. de Feletz, par la confidence de quelques *satires* de M. de Frenilly, homme de lettres *classique* et Député de *la droite,* qui avait fort étudié Horace et Perse, et les appliquait dans des imitations parfois heureuses, aux ridicules et aux vices de tous les temps, et spécialement du nôtre. Faut-il ajouter l'esprit charmant et les lectures de *Nouvelles,* de *Réflexions* et d'*Esquisses morales* de quelques dames, que je crains de nommer, parce qu'elles écrivaient et ne publiaient pas? Il sied mieux de rappeler les souvenirs intéressants de voyage qui échappaient encore à M. Alexandre de Laborde, après ses cinq volumes sur l'Espagne, et les chansons originales qu'on lui redemandait souvent, puis les lectures dramatiques de M. Alexandre Duval, dénoncé ailleurs comme révolutionnaire, mais accueilli là comme homme d'honneur et de talent, et se trouvant fort bien d'avoir mis au théâtre le sujet et quelques-unes des inspirations de la touchante Nouvelle d'*Ourika.* Là étaient fort goûtés encore l'entretien si juste et si fin, et parfois les excellents vers de l'auteur de *Ninus II,* et de *Rosamonde,* de M. Brifaut, dont l'esprit est aujourd'hui, dans la retraite, ce qu'il était alors dans l'éclat et le bruit du monde.

On y entendait aussi, non pas des *lectures,* mais des récitations inspirées, où le charme de l'extrême jeunesse relevait encore la grâce du talent et de la beauté. Lorsque la voix si poétiquement accentuée de mademoiselle Delphine Gay (madame de Girardin) redisait *la Veuve de Naïm,* ou *Velleda,* ou le *Parthénon,* tout le cercle diplomatique, politique et scientifique se taisait, toutes les opinions semblaient un moment d'accord; et, dans ce silence, la jeune *Muse de la Patrie,* commé elle-même s'était nommée sans contradicteur, était couronnée sans rivale.

A qui trouverait frivoles ces nobles plaisirs de l'esprit, on pourrait rappeler qu'ils n'étaient pas sans puissance pour inspirer d'utiles et fortes résolutions, et agir à propos sur la Politique du Temps. C'est ainsi que se conçut, se prépara, s'acheva l'expédition de Morée, cette bonne action Européenne, si peu secondée d'abord en Europe, si barbarement traversée, et à laquelle une grande et philanthropique Nation était commercialement très-opposée, trouvant sans doute que le *nolis* à bon marché des petits vaisseaux grecs d'Ipsara et d'Hydra méritait peine de mort. « Je suis Turc, moi », disait d'abord avec affectation l'Ambassadeur d'Angleterre à Paris, d'accord en cela avec la politique de son cabinet et celle du nôtre; mais on lui redit tant, sur tous les tons, qu'avant d'être Turc, ou même Anglais, il fallait être homme et chrétien, on fit tant de conversations, d'exhortations, de quêtes, de souscriptions en faveur des Grecs, qu'à la fin la dureté diplomatique s'ébranla; toutes les opinions s'émurent, et Charles X, poussé, sans trop de résistance, par le flot de sentiments généreux qui s'amassait depuis trois ans, entreprit une Croisade libérale. On cessa d'égorger ou de vendre les enfants et les femmes des Grecs. La bataille de Navarin fut gagnée sous le pavillon français; et les Anglais, bon gré, mal gré, contribuèrent à cette victoire, que leurs hommes d'État en Parlement nommèrent ensuite *malencontreuse*[1], mais qui sauva la vie de la Grèce et l'honneur de l'Europe.

[1] Untoward.

La France conquit la Morée pour les Grecs ; le royaume de Grèce fut fondé pour un Prince Allemand ; et il nous resta seulement, avec les semestres d'intérêt de l'emprunt grec à payer, le récit de l'*expédition* et l'école normale d'Athènes établie quinze ans après par une heureuse pensée sur le sol, que l'Aide-de-camp et l'ami du maréchal Marmont, le vaillant général Fabvier, avait défendu comme *volontaire* libéral, avant que le drapeau de la Restauration vînt officiellement l'affranchir.

A parler vrai, pour être peu profitable à la France, l'expédition de Morée n'en fut pas moins belle et sainte ; et on peut donner comme exemple de la politique généreuse et sensée, cette coalition d'honneur et d'humanité qui réunit alors, sous l'influence *de la société polie*, des hommes de toute opinion et de tout état, fut célébrée par de beaux vers de Casimir Delavigne et de M. Lebrun, comme par les chants célèbres de M. de Lamartine, enrôla sous la même bannière le général Sébastiani et M. Lainé, le vrai poëte Béranger et M. l'abbé de Genoude, le *Journal des Débats* et la *Gazette de France*, envoya le noble duc d'Harcourt en Grèce comme le Représentant du *Comité* français-hellénique, et enfin obligea par l'opinion le Gouvernement monarchique de France d'obliger l'Europe à faire ou à souffrir un acte d'humanité, qui lui plaisait peu et l'inquiétait beaucoup, venant à travers les Révolutions libérales de Naples et de Piémont.

L'esprit, l'influence, la société de madame de Duras furent, dès le premier moment et toujours, un des instruments zélés de cette œuvre mémorable ; et c'est elle qui, aux scrupules de Charles X, et à ses inquiétudes sur tout ce bruit en faveur de l'Insurrection grecque et contre la *Légitimité* même ottomane, répondait la première : « Après tout, Sire, la Grèce, aujourd'hui, c'est « la Vendée du Christianisme. »

Noble et spirituelle femme, ne se servant des grâces de son esprit que pour des œuvres généreuses, toujours occupée de secourir, de louer, de consoler, d'animer au bien, sans amour-propre pour elle-même, avec un talent plein de passion et d'élégance, dont les deux nouvelles d'*Ourika* et d'*Édouard* sont un heureux essai, que surpassait bien son éloquence du moment, sur les choses qui la touchaient au cœur!

Consumée par l'activité de son âme, cette personne si aimante et si faite pour être honorée eut une vie trop courte, trop agitée de la joie des prospérités de ses amis, ou trop tourmentée de leurs revers. Presque jeune encore, après quelques mois de langueur, elle fut enlevée au monde en 1828, hors de France, dans un voyage essayé pour sa santé, au milieu des soins les plus tendres de sa seconde fille, madame la duchesse de Rauzan, qui, restée toujours près d'elle, avec un époux, un gendre digne de l'esprit et du cœur de l'une et de l'autre, avait tant ajouté à la douceur de sa vie et au charme de sa maison.

Sous l'impression douloureuse de sa perte cessa la réunion qu'animait cette femme supérieure, que madame de Staël avait distinguée entre toutes, comme madame de Duras avait vivement aimé l'auteur de *Corinne* et de l'*Allemagne*, par cet attrait d'admiration qu'elle suivait dans le choix de ses amitiés, et qui lui faisait dire « qu'on était heureux du talent, des nobles « actions, de la gloire et des succès d'un ami, comme « d'une prospérité personnelle, parce que toutes ces

« choses doublaient le prix de l'amitié et le bonheur et
« l'orgueil d'avoir si bien choisi. »

Avec madame de Duras, se dispersait une société formée sous de si bienveillants auspices, et qui pouvait paraître un des meilleurs souvenirs du monde élégant d'autrefois mélangé d'esprit moderne.

M. de Chateaubriand avait été, nous l'avons dit, le dieu rarement visible, mais toujours présent du salon de la rue de Varennes. Une autre Puissance très-contraire, M. de Talleyrand, y avait paru souvent, mais pour y plaire seulement, pour distraire son grand loisir politique d'alors et amuser celui des autres, sans aucune vue de combinaison actuelle. Par là même, il y était parfaitement simple et d'une conversation charmante par cette simplicité et cette liberté d'esprit d'un tel homme, soit dans le cercle choisi de madame de Duras à Paris, soit dans la retraite qu'elle avait à Montmorency, dans cette petite et pittoresque maison, qu'il nommait *un œil ouvert* sur la forêt, et qu'après beaucoup d'éloges il avait fini par acquérir de madame de Duras, pour l'y recevoir souvent, disait-il, loin du bruit, avec les amis graves qu'elle préférait.

Un peu avant ce temps, un autre salon, présidé avec une grâce plus inégale et moins affectueuse, était tout dédié à un autre homme d'État, à un autre Ministre fort différent des deux hommes célèbres que nous venons de rappeler; c'était le salon de madame de Montcalm, sœur du duc de Richelieu. Ce nom en dit assez. Le duc de Richelieu, premier Ministre aussi, près de deux siècles après le grand Cardinal, fut, on le sait, le moins ambitieux des hommes d'État, acceptant le pouvoir par résignation, le quittant par impatience, et n'en jouissant que par la certitude ou l'espoir de rendre quelque indispensable service à l'État. Le plus désintéressé des hommes dans sa vie privée, comme il était le plus droit dans sa vie publique, s'installant au Ministère ou en sortant avec la même valise de voyage, et donnant aux *hospices* de Bordeaux la riche dotation que lui avaient votée les chambres, il était détaché non pas seulement de tous avantages matériels (ceux-là étaient trop au-dessous de son âme), mais de tout amour-propre et de toute part de succès, qui n'était pas le bien public même.

Un tel homme ne songeait guère à ménager à sa renommée quelques échos dans le grand monde, ou dans les journaux accrédités. Mais l'amitié faisait pour lui ce dont il ne s'avisait pas; et le salon de madame de Montcalm, fréquenté par la Diplomatie, les hommes de Cour, les hommes du monde, quelques personnages importants des deux Chambres et de la littérature polémique, alors si puissante, fut et devait être un appui très-utile pour l'homme le moins soucieux et le plus digne de la popularité. La conversation était là moins spéculative et moins brillante que chez madame de Duras : on ne s'y occupait des lettres que par diversion; et la politique de M. de Richelieu, sa politique honnête et pure, mais plus loyale que Parlementaire, était le but principal, le fonds de toutes les pensées. Il s'y mêlait peu lui-même aux entretiens, non par hauteur, mais par modestie. Une fois seulement, après un de ces froids et cruels mécomptes que l'esprit de Cour réserve au dévouement, nous le vîmes s'occuper avec ardeur d'un Amendement improbatif à présenter à la Chambre des Pairs. Tant cette forme de gouvernement, cette Machine Motrice du Droit et de la Liberté attire et entortille ceux même qui d'abord en avaient défiance et crainte !

Mais ce moment de velléité active *d'opposition* fut court ; et après, comme pendant les deux Ministères du duc de Richelieu, le salon de sa sœur resta surtout un rendez-vous de Modérateurs monarchiques, d'esprits graves et sages, voulant se servir des lettres pour distraire de la politique, non pour l'instruire ou l'animer, se défiant des nouveautés généreuses et prêchant l'ordre et la prudence bien plus que le mouvement. Plusieurs des amis de madame de Duras, étrangers ou français, étaient aussi du salon de madame de Montcalm ; mais y respirant un autre air, souvent ils y semblaient autres. M. de Humboldt presque seul y portait son uniformité encyclopédique, et ses mêmes prédilections constamment libérales, mais un peu perdues dans sa conversation scientifique, qui nulle part n'était plus intéressante et plus variée. M. Pozzo di Borgho s'y plaisait, et y était plus libre qu'ailleurs, montrant là, comme dans un lieu parfaitement ami, sinon toute sa pensée d'Ambassadeur, abîme qu'on ne voit jamais jusqu'au fond, au moins tous les dons précieux de son esprit, et toutes les acquisitions de cette expérience qui avait tant vu, tant réfléchi, qui n'aimait pas la Révolution, mais qui aimait la France, et lui voulait tout le bien compatible avec la perte de la Conquête de l'Europe. Depuis le temps où il avait siégé comme citoyen français dans l'Assemblée législative, et figuré dans ses Comités diplomatiques, jusqu'au jour où il suggéra, dit-on, aux Rois Coalisés la pensée la plus fatale de la Campagne, et ensuite, depuis l'avénement jusqu'à la fin de la Restauration, cet homme semblait n'avoir eu qu'une pensée, voir la France contenue ou ramenée dans ses limites naturelles et se donnant un Gouvernement intelligent et modéré.

Hors de là, et malgré son ancien indigénat français, M. Pozzo di Borgho était de sang et d'affection un Italien, goûtant avec passion la langue, les arts, la poésie de sa patrie méridionale, vers laquelle il aspirait toujours, envoyant une grande part de sa fortune en Italie pour y acheter de magnifiques terres, dont il aimait à parler, et qu'il ne vit guère. Comment expliquer, autrement que par cet instinct du pays, la disposition d'un diplomate, déjà mûr, à prendre souvent un chant du Dante et à l'interpréter d'enthousiasme devant des amis ou devant ceux qu'il appelait ainsi, s'il les voyait émus, et s'interrompant quelquefois lui-même par des exclamations et des larmes?

L'intérêt et la singularité s'accroissaient encore, lorsqu'une autre imagination du Midi, également attachée à la diplomatie du Nord, le noble et aimable Capo d'Istria, se mêlait à cet entretien. S'il y a dans le monde une noblesse originelle, marquée par la distinction de la physionomie, la pureté intelligente du regard, la simplicité gracieuse des manières, l'élégance spontanée de la parole en toute langue, personne ne fut plus naturellement noble que le comte Capo d'Istria de Corfou; et la suite des événements montra qu'il n'avait pas seulement la dignité extérieure, mais aussi l'héroïsme de l'âme. Sa disgrâce quelque temps prolongée sous l'empereur Alexandre, sa retraite vouée tout entière à l'étude des monuments classiques laissait voir en lui, pendant ses séjours à Paris, avant sa Présidence et sa mort en Grèce, un philosophe passionné pour les arts, un lettré plein de goût et d'âme, parlant avec éloquence de cette belle littérature antique, où il retrouvait sa patrie, cette patrie si malheureuse, que longtemps il avait espéré servir, en s'attachant à la Cour de Russie. Je ne sais si c'était précaution de diplomate et choix calculé d'un terrain neutre pour tous; mais, quand parfois, dans l'élégant salon de la rue de l'Université, devant quelques esprits distingués dans notre littérature, M. de Feletz, plus assidu et aussi accueilli que personne, M. de Forbin, voyageur, peintre et homme de goût, M. de Marcellus, orné du plus élégant savoir classique, et quelques femmes douées de cet esprit délicat, qui devine la science, ces deux étrangers, ce *Grec* et cet *Italien* parlant si bien notre langue, revenaient à des études chéries qui étaient toute l'occupation de l'un et la distraction de l'autre, rien n'égalait le plaisir de les entendre ; et, oubliant qu'on avait devant soi deux Ministres de la Russie, on croyait assister aux élégants débats littéraires des amis de Médicis, dans ses galeries de Florence ou sa villa de Careggi.

Par une fidélité touchante, cette réunion, que madame de Montcalm, spirituelle et malade, avait vouée à l'appui indirect de la politique et de l'administration de son frère, elle la maintint plusieurs années après la perte prématurée de M. de Richelieu, si voisine de sa dernière sortie du Ministère. Lorsque la mort brisa, dès 1822, les espérances de cette tendre sœur et l'objet de son culte, le salon de la rue de l'Université demeura, pour les amis fidèles à la mémoire du duc de Richelieu, un centre de souvenirs et de regrets, qui ne fut pas sans influence sur la suite des affaires, et qui représentait une époque et un des caractères de la Restauration.

Là se rencontrait l'homme qui fut l'honneur de cette nuance d'opinion, M. Lainé, plus courageux contre la tyrannie de l'Empire que ferme contre les fautes de la *Restauration*, mais homme d'un cœur élevé, véritable homme de bien éloquent, ami sincère de cette portion de liberté politique, qui est inséparable de l'idée et de l'habitude du Droit, et digne, par là, de contribuer à la fondation si difficile du Gouvernement Constitutionnel en France. Vivant loin du monde, solitaire et studieux, M. Lainé était un des hommes dont la conversation offrait le plus d'intérêt et de lumières. Son profond souvenir de M. de Richelieu, sa résolution de ne plus rentrer aux affaires, sous d'autres auspices, semblait le rendre un juge désintéressé de la politique présente. Seulement, l'émotion habituelle de son âme, et une disposition de défiance et de tristesse marquée dans les traits de sa noble physionomie, ne lui laissait pas le calme et la prévoyance de quelques hommes publics de la même opinion, mais longtemps utiles et considérables, après lui.

Là se remarquait à une distinction d'esprit qui le suivait dans le monde comme dans les affaires, M. le comte Molé, héritier d'une grande race, et en gardant jusque dans la physionomie plusieurs traits reconnaissables, mêlés à l'élégante urbanité d'une autre époque, M. Mounier, héritier d'un nom nouveau, mais honoré depuis 1789, esprit rare d'ailleurs par la sagacité, et prodigue d'un piquant savoir dans tous les entretiens, M. Portal, négociant de Bordeaux, mais homme politique par le caractère et la justesse du sens; et enfin

M. Pasquier, orateur et ministre également habile, se servant de la parole comme d'une arme de gouvernement, et du gouvernement comme d'une force modératrice qui doit calmer, pour affermir, ne tenant guère à la liberté que par supériorité de raison, et par intérêt politique bien compris, mais y tenant alors avec autant de fermeté que d'à-propos. C'est lui qu'on a vu, dans les crises diverses des vingt années qui suivirent, montrer tant de modération judicieuse et d'expérience, et s'honorer en particulier dans l'épreuve, toujours si redoutable, des Procès politiques.

Entre ces hommes un grave personnage, plus lettré que parlementaire, occupait une place remarquable. C'était le cardinal de Bausset, que l'Empereur avait autrefois distingué, en le plaçant dans son Conseil de l'Université, et en lui demandant la *Vie* de Bossuet, après celle de Fénelon. Moins apostolique et moins simple que ces grands Évêques, mais nourri dans le commerce de leur génie et de leur belle littérature, M. de Bausset était surtout aimable dans le monde, parlant avec une douceur et une politesse singulière, qui ne laissait voir que le désir obligeant de plaire, sans la nuance d'art un peu trop marquée dans ses écrits, et qui respirait en même temps un esprit de modération politique et religieuse trop rare dans les dernières années de la Restauration.

Nulle part M. de Feletz, dont nous nous sommes écartés, sans le perdre de vue, n'était mieux placé et mieux accueilli que dans ce salon de madame de Montcalm. Sans y être considérable par la situation personnelle, il y était au premier rang par la confiance et l'estime, par la sûreté de son commerce, par son adhésion fidèle et désintéressée. Il avait défendu M. de Richelieu, sans croire tout à fait à sa politique; il avait honoré sa mémoire et y restait attaché plus que personne, sans avoir besoin d'être averti, comme il le fut, de l'appui qu'il avait perdu, en perdant M. le duc de Richelieu.

Ne craignons pas d'entrer ici dans quelques détails. Par là, en effet, ces souvenirs anecdotiques touchent à l'histoire d'une Époque encore près de nous, et déjà si souvent défigurée. Après s'être défendu des prospérités que lui offrait la Restauration, M. de Feletz eut à se prémunir dans un sens tout différent. L'opinion qui dominait, après l'éloignement du duc de Richelieu et de ses principaux amis, devenant plus exclusive par la durée du succès, commença à s'épurer elle-même, faute ordinaire des partis, à laquelle n'échappent pas les meilleurs et ceux qui se croient les plus justes. Cela se vit bientôt dans le Gouvernement, l'Administration, la société, lorsque le Royalisme parlementaire se fut emparé du pouvoir, et eut écarté les hommes d'expérience qu'avait formés le régime précédent, et les hommes de principes qui voulaient dater de la Charte.

On ne pouvait, dans la Cause royale, rien objecter à M. de Feletz; il avait servi la défaite; il honorait et servait encore la victoire. Sans faire de controverse purement politique, ni surtout déclamatoire, tout ce qu'il écrivait, sa littérature pleine de l'esprit du dix-septième siècle, ses admirations et ses blâmes, son goût poli et fin, sa verve, parfois très-sévère, contre le scepticisme corrupteur et le mauvais goût anarchique, flattait, dans le meilleur sens, les idées de la Restauration. M. de Feletz était homme monarchique, autant qu'on pouvait l'être, en tenant à l'indépendance de la conscience et de l'honneur ; et il était homme monarchique de beaucoup d'esprit, au jugement de tous les partis. On ne pouvait pas dire qu'il ne fût pas religieux dans ses opinions, dans ses écrits, et, ce qui est plus rare, dans les sacrifices de sa vie ; mais, dès l'origine, jeté par la révolution hors de son état, après en avoir été martyr, il n'en portait plus les signes extérieurs.

Devenu journaliste, pour être indépendant et défendre plus hautement les croyances de sa vie entière, il n'avait pas repris l'habit ecclésiastique. Ce qu'il n'avait pas fait en cela sous l'Empire, il ne voulut pas le faire sous la Restauration. Nul de ceux qui connaissaient son caractère ne fut d'abord étonné de cette conduite ; plus tard, quelques personnes devinrent plus exigeantes ; mais lui garda le même scrupule d'honneur ; et il différa de faire ostensiblement ce qui pouvait paraître un calcul d'ambition.

La même délicatesse, animée par un vif sentiment d'équité, lui fit, malgré l'ardeur de ses opinions monarchiques et religieuses, défendre, contre des influences trop puissantes, les droits de l'Enseignement laïque. Lorsque la grande école de Sorrèze allait succomber sous une intolérance mauvaise pour ceux qui la favorisent et pour ceux qui en profitent, on se souvient avec quelle fermeté et quelle ironie spirituelle il réclama dans quelques lettres d'une haute raison et de l'effet le plus piquant. C'était là un de ces avertissements hardis, mais utiles, que les amis doivent donner, et dont l'absence et l'oubli deviennent si funestes aux *Restaurations*.

Cette fois, l'avis fut en partie écouté ; car l'auteur inspirait confiance ; et même en déplaisant, par sa franchise, il gardait l'ascendant de l'estime et l'autorité d'un dévouement trop désintéressé, pour n'être pas invariable. On savait que son affection ne pouvait pas plus faiblir que son indépendance. Il ne suivit pas, en effet, le mouvement regretté depuis peut-être, qui, par rigueur de logique ou impatience d'ambition, poussa de grands talents, de grandes puissances polémiques à faire bien rude guerre aux avant-dernières fautes de la Restauration, qu'ils avaient tant servie, et à briser le char, pour le redresser.

Quand cette redoutable diversion commença, quand le Siége de *Constantinople chrétienne* par les Croisés eux-mêmes suspendit tout autre intérêt, ou plutôt rallia contre un seul point toutes les hostilités, non-seulement le royalisme de M. de Feletz, mais sa raison prévoyante s'inquiéta et se désespéra. Son attachement, si constant à des collaborateurs, à des amis dignes de lui, fut alors mis à une grande épreuve. Son admiration pour M. de Chateaubriand n'y tint pas. Fidèle à cet illustre écrivain, et séparé hautement de ceux qui s'étaient séparés de lui, il le suivit dans sa disgrâce, mais non dans sa colère, l'avertissant, avec une fermeté piquante, qu'il préparait une nouvelle Émigration, sauf à la pleurer plus tard, et qu'en aidant à appeler la *Gauche* pour chasser plus vite l'extrême *Droite*, il allait la rendre seule maîtresse au logis.

Quand sa prédiction se vérifia, quand, après bien des fautes couronnées par un Coup d'État impossible alors, la Restauration fut enlevée en trois jours, il n'est besoin de dire le sentiment amer du royaliste fidèle et de l'esprit pénétrant qui, depuis deux ans, redoutait ce dénoûment fatal. Malade de chagrin, blessé dans le culte de sa vie, dans sa foi, dans ses amitiés, M. de Feletz dès lors se démit de sa modeste fonction d'Inspecteur académique ; et se renfermant dans la fonction de Conservateur de la Bibliothèque Mazarine, qu'il remplit toujours avec autant de soin habile que d'aménité, il cessa d'écrire dans les journaux ; et son esprit, toujours plein de jeunesse et d'agrément, ne servit plus qu'à la libre culture des lettres et à ses amis.

Dans les dernières années de la Restauration, en 1826, M. de Feletz, dès longtemps si distingué par la pureté et le naturel du goût en littérature, était entré à l'Académie française, où il avait remplacé un homme estimable et fort oublié, dont il sut faire l'éloge avec autant de vérité que d'intérêt, M. l'abbé Villars, ancien membre de la Convention nationale. Le jour de sa Réception, M. de Feletz, en regardant autour de lui, aurait pu, comme un Poëte célèbre, se féliciter d'être appelé dans une Compagnie, d'où plusieurs raisons particulières semblaient l'écarter ; mais, lorsqu'il fut bien connu de tous ses Confrères, il n'y en avait aucun qui n'eût voté pour lui. La sûreté de son commerce, l'agrément infini de son esprit, sa franchise et sa tolérance, son attention aux travaux de l'Académie, sa parole juste et de bon goût le rendaient aimable à tous. On trouvait qu'il s'était fait d'excellents titres littéraires, en jugeant ceux des autres, et surtout en mêlant toujours à la critique une foule de vues ingénieuses, de vérités morales, et de détails piquants sur une société qui a bien changé depuis.

Recueilli en plusieurs volumes, le choix de ses articles, au *Journal des Débats*, forme un bon livre qui permettait d'en espérer d'autres de la même main. L'auteur excellait dans la peinture du monde qu'il avait bien étudié; et il avait la plus vive intelligence de notre histoire à toutes ses époques. Aussi, parmi tant de morceaux heureux, dus à sa plume facile, les analyses de *Mémoires* et de *Correspondances* doivent être surtout distinguées; et elles forment un des meilleurs monuments de notre littérature critique, solide, varié pour le fonds, original par le naturel aisé du langage.

Mais M. de Feletz, sans ambition littéraire et peut-être parce qu'il connaissait trop le monde, se contenta des mille esquisses accidentelles qui lui étaient échappées, et n'essaya pas un tableau plus étendu, à laisser après lui. Il n'écrivit plus que dans des occasions assez rares, pour remplir quelque devoir, toujours avec justesse et dignité. Ce fut le mérite de sa Réponse en recevant à l'Académie un savant et éloquent écrivain, M. Cousin, dont il loua dignement les travaux philosophiques et le talent. Le même mérite, avec une nuance plus heureuse encore, se fit remarquer dans son éloge du Cardinal de Bernis, personnage fait pour lui, type de la Monarchie et de l'Église qui lui rappelait ce qu'il préférait, et ce que personne ne savait mieux honorer par la manière noble et délicate d'en parler.

Au milieu de ces douces études, M. de Feletz vieillissait, sans s'appesantir, toujours habile et attentif aux fonctions qu'il avait conservées, toujours d'un esprit aimable et piquant qui semblait plus affectueux avec l'âge, privé de la vue, mais n'ayant ni moins de vigilance active, ni moins de sérénité d'humeur. Un bonheur mérité lui était échu. Après une vie mêlée longtemps aux distractions du monde le plus choisi, il se voyait dans ses dernières années entouré des soins de famille les plus tendres.

Une nièce [1] ou plutôt une fille adoptive lui faisait trouver sans cesse à ses côtés l'appui consolant et la société d'une âme noble comme la sienne, et d'un esprit qui rappelle l'agrément du sien. Avec cette affection de famille et d'autres qui lui étaient chères, il avait de quoi supporter les peines de la vieillesse et aussi les disgrâces qui viennent des hommes. Malheureusement celles-ci ne furent pas épargnées à M. de Feletz.

Après la première secousse d'une catastrophe politique, dont il ne fut ni trop surpris, ni peut-être fort affligé, M. de Feletz semblait inébranlable dans l'honorable fonction qu'il avait conservée jusqu'ici, comme administrateur de la Bibliothèque Mazarine.

Maintenu en mars 1848 par un Ministre, fils d'un Conventionnel célèbre par lequel il avait été destitué au 20 mars 1815, il semblait cette fois devoir attester par son exemple un progrès de modération dans nos mœurs politiques. Une si paisible fonction aux mains d'un homme si généralement estimé était sans doute à l'abri des révolutions de Dynasties et des changements de Constitution. Pour comble de sécurité, le jeu du sort lui donnait plus tard, comme Ministre sous la République, un noble Vendéen, un légitimiste de cœur et d'origine, et enfin un homme de talent bien fait pour honorer dans M. de Feletz la dignité du caractère et la grâce durable de l'esprit. Tout cela fut inutile; et après quelques avis semi-officiels et quelques réponses défensives, dont le tour ferme et spirituel était un excellent certificat d'ap-

---

[1] Mademoiselle Pauline de Foucault, mariée depuis à un officier distingué, M. Dupuch, que douze ans de Campagnes en Afrique ont élevé au grade de Général.

titude, M. de Feletz se vit éloigné par suppression d'emploi, économie rarement utile et cette fois très-injuste.

Il en fut blessé, non dans un sentiment d'intérêt peu connu de lui, et près de lui, mais dans sa juste fierté et dans sa confiance aux égards qu'il méritait. Il lui semblait voir là une de ces duretés, ou de ces indifférences ingrates qu'il n'avait pas pardonnées, dans un autre temps, au Pouvoir qu'il aimait le mieux.

La sympathie de ses Confrères de l'Académie, leur intervention inutile, mais zélée, lui fut cependant une consolation. Car son cœur sentait bien mieux l'amitié que l'injure, et, comme il disait, « un bon procédé lui « faisait plus de bien, et lui laissait plus de souvenir « que plusieurs mauvais procédés ne lui faisaient de « mal. »

Mais cette vieillesse si saine encore, si pleine de présence d'esprit et d'application, et entourée d'un respect et d'une affection qui lui rendaient sa tâche facile, avait été méconnue dans ses droits et affligée sans nécessité. On ne peut y songer qu'avec peine, en regrettant qu'une injustice si gratuite ait eu lieu, si près de la fin dernière. Il y a en Europe un pays, non moins libre que la République française, où les fonctions longtemps remplies avec honneur sont un titre, non pas à la retraite, mais à la confiance, où l'on vieillit et on meurt à son poste et à son rang d'activité. Ce respect de la vieillesse nous semble d'une politique plus morale et meilleure que les anticipations hâtives sur la mort, pour faciliter l'avancement de la jeunesse.

Au retour de la campagne, où M. de Feletz avait joui pendant quelques mois du trop grand loisir qui lui avait été rendu, sa santé, encore forte à 83 ans, fut attaquée par un mal, dont les reprises opiniâtres triomphèrent de tous les efforts de l'art et des soins de famille les plus assidus et les plus tendres.

A l'entendre, à voir sa fermeté dans la souffrance, le calme, l'agrément de sa parole dans les intervalles de ses crises dangereuses, on eût espéré pour lui quelques années de plus. Mais cet espoir fut vain ; et un des hommes les meilleurs parmi les bons, un de ces esprits modestes, mais rares, supérieurs à ce qu'ils ont fait, et qui laissent avec leurs écrits un souvenir durable et affectueux d'eux-mêmes, fut enlevé au plus filial attachement et à des regrets qui ne s'effaceront pas.

Mais les longs regrets sont sentis par le petit nombre ; et le temps passe, effaçant tout ce qui n'imprime pas après soi un souvenir de vérité durable et d'utilité. A ce titre, on peut regretter qu'un des esprits les plus justes et les plus fins de la Critique contemporaine n'ait pas laissé un monument, comme il lui convenait de l'entreprendre. Homme vrai, homme du monde et homme de goût, M. de Feletz eût écrit d'excellents *Mémoires* sur la société de notre Temps. Il en eût transmis de curieux souvenirs et dépeint sans illusions et sans amertume bien des choses, qui déjà se comprennent peu. Car le monde va vite de nos jours, et la fuite des années qui nous changent est démesurément hâtée par le choc des Révolutions qui nous emportent.

Ce qu'il n'a pas fait, et ce que les courtes réminiscences jetées dans cette notice n'auront guère suppléé, c'est encore aux fragments épars de sa critique qu'on peut en demander les plus heureux échantillons : et par là, le recueil trop abrégé de ses *Mélanges* de journaliste dominera dans le flot d'*Analyses critiques* et d'*Esquisses morales*, multipliées de nos jours, sera recherché pour le piquant de l'esprit et le goût du vrai, et pourra fournir de précieux détails et de nobles sentiments à tout homme qui voudra peindre, en dehors de la grande et officielle histoire, les petites révolutions de mœurs et les nuances anecdotiques de notre siècle, si mobile avec des retours si uniformes, dans quelques-uns de ses incidents.

FIN.

TABLE DES MATIÈRES.

M. DE NARBONNE.

	PAGES
Chapitre Ier. Sujet de cet écrit. — Naissance et jeunesse de M. de Narbonne.	1
Chapitre II. M. de Narbonne mêlé aux événements de 1789.	16
Chapitre III. M. de Narbonne ministre de Louis XVI en 1792.	25
Chapitre IV. Séjour de M. de Narbonne à Londres. — L'Émigration française. — Le Parlement britannique. — Procès de Louis XVI. — Offre généreuse de M. de Narbonne.	42
Chapitre V. Dernière entrevue de M. de Narbonne avec M. Pitt ; son départ de l'Angleterre.	62
Chapitre VI. Retraite de M. de Narbonne en Suisse. — Ses relations avec d'autres bannis. — Son jugement sur l'un d'eux. — Sa correspondance avec M. Fox. — Son doute sur la paix. — Son refus de rentrer en France, aussitôt après la *Terreur*.	69
Chapitre VII. Correspondance de M. de Narbonne avec Mallet-Dupan. — Ses vues sur une Restauration possible. — Son éloignement de Suisse. — Sa rentrée en France à l'époque du Consulat.	79

TABLE DES MATIÈRES.

PAGES

CHAPITRE VIII. Rentrée de M. de Narbonne en France. — Amis puissants qu'il y retrouve. — M. de Talleyrand. 90

CHAPITRE IX. Aspect de la France dans la seconde année du Consulat. — Affluence d'étrangers célèbres. — M. de Narbonne revoit à Paris M. Fox. — Conséquences politiques de leur intimité. 95

CHAPITRE X. Retour de M. Fox en Angleterre. — Considérations sur les événements généraux du temps, et sur la difficulté de la paix. — Mission confidentielle de M. de Narbonne, rendue tout à fait vaine par la mort de M. Fox. 103

CHAPITRE XI. Retraite continuée de M. de Narbonne. — Sa vie d'étude et de méditation politique. — Quelques souvenirs de sa société particulière. 112

CHAPITRE XII. Rappel inopiné de M. de Narbonne dans l'armée active. — Sa présence à Vienne. — Son commandement à Raab, en Hongrie. — Sa désignation pour le gouvernement de Trieste, aussitôt après la paix. — Son séjour près de sa mère à Trieste. — Sa nomination de Ministre plénipotentiaire en Bavière. — Incident de son passage par Vienne. — Son rappel en France au moment du mariage de l'Empereur. — Sa situation à la Cour. 117

CHAPITRE XIII. Une visite à l'École normale en 1812. . . . 131

CHAPITRE XIV. Des projets de l'empereur Napoléon, et de quelques objections qui précédèrent la Campagne de 1812. — Répugnance de l'Empereur à rétablir la Pologne. — Confiance à l'égard de la Turquie. — Vues gigantesques sur l'Orient. — Quelques fragments des notes de M. de Narbonne. — Curieux témoignage de l'illusion du temps. 161

CHAPITRE XV. Départ de l'empereur Napoléon. — Son passage à Dresde. — M. de Narbonne porteur de l'*ultimatum* à Vilna; son retour et la réponse qu'il rapporte. — Premières incertitudes et séjour prolongé dans Vilna, pour le ralliement des troupes. 185

CHAPITRE XVI. Séjour de l'Empereur et d'une partie de l'armée à Vitepsk. — Nouveaux doutes sur la marche de l'Expédition. — Dernières objections de M. de Narbonne. 195

Chapitre XVII. Annonce de la paix conclue entre la Porte Ottomane et la Russie. — Continuation de la marche sur Moscou. — Incidents anecdotiques. 209

Chapitre XVIII. Séjour à Moscou. — Causes d'incertitude et d'inutile attente. — Conversation de l'Empereur au Kremlin. 220

Chapitre XIX. Quelques détails sur la retraite de Russie. — Mission de M. de Narbonne en Prusse. — Son retour à Paris en janvier 1813. 233

Chapitre XX. Difficultés religieuses. — Objections de M. de Narbonne au Concordat de Fontainebleau. — Ses instances pour la mise en liberté du Pape. 242

Chapitre XXI. Suite de la proposition faite à l'Empereur. — Travail confidentiel de M. de Narbonne. — Souvenirs récents et douloureux qui s'y mêlent. 248

Chapitre XXII. Conseils donnés par M. de Fontanes. — Notes remises à l'Empereur. 255

Chapitre XXIII. États des esprits en France après 1812. — Inquisition croissante à l'égard des lettres et de la société polie. — Exemple singulier de délation et de Censure. — Balzac et M. de Mersan ex-législateur. — Intervention utile de M. de Narbonne. — Entretien de l'Empereur ; son utopie pour l'avenir. 276

Chapitre XXIV. Nouvel incident du côté de l'Autriche. — M. de Narbonne remplace M. Otto dans l'Ambassade de Vienne. — Résultat de ses premières observations. — Commencement de la Campagne de 1813. 290

Chapitre XXV. Motifs de la conviction de M. de Narbonne et de son insistance pour la paix. 299

Chapitre XXVI. Marche de l'Empereur contre les Prussiens et les Russes durant la neutralité ostensible de l'Autriche. — Batailles de Lutzen et de Bautzen. — Situation de l'Ambassade française à Vienne. — M. de Narbonne appelé près de Napoléon. 307

	PAGES
Chapitre XXVII. Annonce du congrès de Prague. — Rôle de M. de Narbonne.	321
Chapitre XXVIII. Influence de l'Armistice sur la situation des deux parties belligérantes. — Désavantage direct de Napoléon. — Ses affaiblissements et ses pertes dans d'autres lieux.	335
Chapitre XXIX. Reprise des hostilités. — Envoi de M. de Narbonne à Torgau.	346
Chapitre XXX. Conséquences des événements de Dresde. — Suite de la guerre et des défections prévues. — Situation de M. de Narbonne à Torgau.	354
Chapitre XXXI. État des forces de Napoléon. — Garnisons éparses, de Hambourg à Dresde et à Torgau. — Derniers malheurs de la retraite. — Noble effort du général Sébastiani. — Son caractère, son opinion de M. de Narbonne. — Mort de M. de Narbonne à Torgau.	374
SOUVENIRS DE LA SORBONNE EN 1825. — Démosthène et le général Foy.	387
DE M. DE FELETZ ET DE QUELQUES SALONS DE SON TEMPS.	439

FIN DE LA TABLE DES MATIÈRES.

Paris. — Imprimerie de GUSTAVE GRATIOT, rue Mazarine, 30.

www.ingramcontent.com/pod-product-compliance
Lightning Source LLC
Chambersburg PA
CBHW060227230426
43664CB00011B/1573